Dup#

CATALOGUE
DES INCUNABLES

DE LA

BIBLIOTHÈQUE SAINTE-GENEVIÈVE

P.-C.-F. DAUNOU

(18 Août 1761 — 20 Juin 1840).

CATALOGUE
DES INCUNABLES

DE LA

BIBLIOTHÈQUE SAINTE-GENEVIÈVE

RÉDIGÉ PAR

DAUNOU

PUBLIÉ PAR M. PELLECHET

INTRODUCTION DE

H. LAVOIX

Administrateur de la Bibliothèque

PARIS

ALPHONSE PICARD, LIBRAIRE ÉDITEUR

82, rue Bonaparte, 82

M DCCC XCII

INTRODUCTION.

Claude François Daunou et la Bibliothèque du Panthéon—(Ste-Geneviève).

Il est fort de mode aujourd'hui d'accuser nos générations modernes de mépriser les anciens, d'exalter nos propres mérites au détriment des choses et des hommes d'autrefois, d'oublier volontiers le passé au bénéfice du présent. Jamais grief ne fut moins fondé. En littérature, en histoire, en art, nous nous sommes au contraire passionnés depuis près de cent ans pour tout ce qui touchait aux temps anciens; nous avons voulu entrer chaque jour davantage dans la vie de nos ancêtres, collectionner leurs moindres écrits, classer le moindre document venu d'eux; jamais époque ne fut plus que la nôtre amoureuse de l'archéologie. Agir ainsi n'était-ce pas en réalité honorer le passé? Il faut avouer à la vérité que dans cette sorte de revue de l'histoire humaine, bien des procès ont été révisés que l'on pensait gagnés depuis longtemps, bien des hommes que l'on croyait grands ont singulièrement diminué de taille, lorsque nous les avons mesurés de plus près; notre esprit, devenu méfiant, a cessé d'admirer sur la foi de nos anciens maîtres, et nous n'avons voulu accepter l'héritage du passé que sous bénéfice d'inventaire. Mais, à mon avis, cette critique sévère des faits, cette recherche passionnée de la vérité et de ses conséquences, loin de prouver notre mépris, affirment au contraire notre respect pour nos anciens, c'est l'oubli, ou ce qui est pire, l'admiration crédule et irraisonnée, qui est la réelle injure faite aux hommes du passé; l'étude sérieuse et approfondie est au contraire l'hommage qui leur est dû et que nous leur rendons.

C'est surtout dans nos bibliothèques que ce respect du passé devient un véritable culte; là est son temple, là sont ses fidèles; je ne veux point seulement parler des travailleurs, pour lesquels la moindre brochure est devenue une sorte de relique, pourvu qu'elle ait seulement cent ans de date, mais de nous autres, les bibliothécaires. Nous avons compris que ces trésors dont la garde nous était confiée, n'étaient pas seulement des curiosités, bonnes pour faire pâmer d'aise quelques chercheurs, mais bien un héritage sacré que nous devions transmettre à nos successeurs, amélioré et enrichi, comme une partie du patrimoine intellectuel de notre pays; de tous côtés, depuis vingt ans, à Paris, comme en province, les catalogues ont surgi, faisant connaître et apprécier les richesses bibliographiques de la France. Parmi celles-ci, les monuments anciens de l'Imprimerie, les collections de livres imprimés jusqu'à 1501, les *incunables* en un mot, ont surtout éveillé l'attention des bibliophiles et des bibliothécaires; on ne s'en est pas tenu aux répertoires généraux; on a voulu connaître quels incunables contenait chacune de nos bibliothèques.

La Bibliothèque Ste Geneviève ne pouvait rester la dernière dans cette sorte de lutte de travail. Elle aussi possède une belle et célèbre collection de livres du XVe siècle, riche de près de 1200 volumes presque tous en parfait état, et rendus plus précieux encore par les ex-libris et les notes manuscrites qui couvrent leurs reliures, leurs gardes et leurs marges. Faire connaître ces raretés aux bibliophiles, en publier le catalogue, était un devoir et nous n'y devions pas manquer. Nous aurions certainement fait nous-même ce long et délicat travail et mes excellents et érudits collaborateurs m'auraient volontiers secondé, si un de mes prédécesseurs, Pierre-Claude-François Daunou ne nous en avait épargné la peine. Parmi les nombreux travaux de catalogues des collections de notre bibliothèque que Daunou nous a laissés écrits de sa main, nous comptons un inventaire détaillé de nos livres du XVe siècle; ce répertoire est encore en usage avec ses cotes et ses divisions; pourquoi ne pas l'imprimer et par là faire bénéficier le public et nous-mêmes d'un excellent ouvrage de bibliographie qui nous rendait encore des services de chaque jour? Une raison plus haute encore nous faisait désirer de voir publier ce travail; nous désirions rendre hommage à Daunou, à cet homme exceptionnel qui fut une des gloires de la Bibliothèque Ste Geneviève. Malheureusement l'exiguïté de notre budget rendait bien difficile l'exécution de ce vœu; comment faire imprimer et offrir au public un catalogue que nous pourrions appeler de luxe par la spécialité de son sujet, lorsque des séries moins curieuses il est vrai, mais d'un usage plus pratique pour la majorité de nos lecteurs, ne pouvaient être publiées? C'est alors que Melle Marie Pellechet est venue à notre aide; elle s'est chargée de l'impression du manuscrit, nous apportant, ce qui valait peut-être mieux encore que les moyens matériels qui nous manquaient, le secours précieux de son érudition bibliographique et de son expérience des travaux ce genre.

Tel Daunou a composé son catalogue, tel Melle Pellechet le publie aujourd'hui, respectant non seulement le texte et les notes, mais même les dispositions graphiques de chaque article. Notre rôle de commentateur se bornera donc à ajouter quelques remarques explicatives au manuscrit primitif. Nous dirons en effet de notre mieux l'histoire et l'origine de notre collection d'incunables, nous mentionnerons certains détails que nous croyons dignes d'être notés, mais que l'on nous permette auparavant de nous arrêter quelques instants devant cette belle et curieuse figure de Daunou, figure historique et intéressante pour tous, mais particulièrement chère aux bibliothécaires de Ste Geneviève, puisqu'elle évoque une des époques les plus brillantes, j'allais dire les plus glorieuses de notre maison.

Nous n'essaierons pas d'esquisser ici, même légèrement, une étude sur Daunou. Il serait au dessus de nos forces et hors des proportions de ces quelques pages, de dire ce que fut cet homme, un des esprits les plus élevés de la révolution, une des intelligences les plus éclairées de cette époque, où brillèrent tant d'hommes supérieurs. Sa science et sa puissance de travail sont prouvées par la liste énorme de ses ouvrages et la variété de leurs sujets. La grandeur de son caractère et son courage se manifestèrent avec éclat lorsque lui, ancien oratorien, sorti des rangs de l'église et républicain inébranlable il osa, tout en condamnant Louis XVI, qu'il savait coupable, invoquer en sa faveur les droits toujours sacrés du citoyen. Un mot de lui mérite d'être conservé qui donne la mesure de l'élévation de son intelligence: « l'autorité, a-t-il dit, n'est pas faite pour l'orgueil de celui que commande, mais pour l'avantage de ceux qui sont gouvernés. » Un homme de cette trempe ne devait pas facilement se laisser éblouir par l'éclat prodigieux de Bonaparte. Ancien président du Conseil des Cinq-Cents et du Tribunat, il n'avait pu pardonner au vainqueur les atteintes portées à l'indépendance du pays; il avait soutenu le principe de la liberté dans la constitution de l'an VIII; même après Marengo, il était resté républicain et l'avait déclaré hautement au Premier Consul. Aussi Napoléon ne l'aimait-il pas; il le classait parmi les philosophes *idéologues* qui lui portaient ombrage; cependant l'autorité de Daunou était telle, par sa science, par son caractère, par la vaste étendue de son esprit, qu'il dût plusieurs fois lui rendre justice. Il voulut le nommer conseiller d'État, il essuya un refus, mais il fut plus heureux lorsqu'il lui donna la place d'archiviste de l'Empire. Ici Daunou n'avait qu'à déployer sa prodigieuse puissance de travail et à faire bénéficier la science de son inépuisable érudition; il accepta cette place où il pouvait rendre service à son pays, loin de toute politique, et l'on sait comment il remplit ses hautes fonctions. Un mot de l'Empereur résume son opinion sur cet homme qui n'était pas des siens, mot qui, du reste fait honneur à tous deux: M. Daunou, disait-il, a les talents pour bien faire tout ce qu'il se chargera de faire. »

Napoléon avait raison et Daunou fit bien tout ce qu'il fit, littérature, science, philosophie, administration. Il le fit avec cette ténacité volontaire, avec cette intelligence juste, bien pondérée et un peu froide, avec cet esprit extraordinairement cultivé, avec toutes ces qualités, en un mot, que l'on retrouve dans toutes les oeuvres qu'il a écrites, dans tous les actes qu'il a accomplis. Mais nous ne voulons que rappeler ici quelques traits de cette figure avant d'entrer dans notre sujet, et aller plus loin serait dépasser notre but. Assez d'autres ont raconté sa vie et analysé ses livres; Ste Beuve a étudié le lettré et le philosophe dans ses *Portraits contemporains* (T. III.); Walckenaer, Mignet, Guérard, V. Leclerc ont fait l'éloge du savant et de l'académicien; on a écrit sur lui un grand nombre de biographies, d'articles, de notes, etc.; un des meilleurs travaux sur Daunou est, à mon avis, le livre de M. A. H. Taillandier, membre de la Chambre des députés, conseiller à la cour royale Paris, intitulé *Documents biographiques sur Daunou*. Cet ouvrage a eu deux éditions, en 1841 et 1847. Ancien élève de Daunou, au collège de France et resté ami de son maître, M. Taillandier reçut son dernier soupir; il l'a bien connu, bien apprécié, et son livre écrit simplement est, comme le dit l'auteur dans le titre, un document biographique plutôt qu'une histoire, mais il a pour nous un attrait tout particulier. M. Taillandier a été l'exécuteur testamentaire de Daunou et, à ce titre il s'est trouvé en rapport avec nous et nos catalogues contiennent des notes intéressantes de lui que nous retrouverons plus loin.

Cependant, il faut bien le dire, tous ces éloges, toutes ces biographies, quelque soient leur incontestable mérite, ont un peu laissé de côté la seule partie de l'existence de Daunou qui nous touche réellement. Daunou fut deux fois président du Conseil des Cinq-Cents, Daunou présida le Tribunat, Daunou eut l'insigne honneur d'inaugurer l'Institut, reconstitué par la République française, Daunou fut garde général des archives de l'Empire, professeur au Collège de France, secrétaire perpétuel de l'Académie des Inscriptions et Belles-lettres, Daunou fut gouverneur d'une province et pair de France, Daunou, enfin fut pendant, près d'un demi-siècle, un des premiers de son temps et cependant, au milieu de toutes ces dignités, de tous ces titres, de toutes ces charges importantes dans l'état, il occupa une fonction, la plus modeste à coup sûr, mais qui rend pour nous sa mémoire digne de toute notre reconnaissance; il fut pendant près de huit ans conservateur en chef de la Bibliothèque du Panthéon, aujourd'hui Bibliothèque Ste Geneviève. Si humble que fut l'emploi à côté des places qu'il avait déjà remplies et qu'il devait remplir plus tard, Daunou avait le droit de s'enorgueillir de ce titre de bibliothécaire; nul ne sut se rendre plus utile dans un plus court espace de temps, nul d'entre nous n'a laissé en héritage à ses successeurs de plus beaux et de plus utiles travaux. Les répertoires les mieux faits et les plus scientifiques que nous possédons, viennent en grande partie de lui, ou ont été dressés sous sa direction; il fut aussi bon bibliographe, qu'il avait été remarquable savant. Ce sont ses ouvrages de bibliographie que nous allons tenter d'analyser ici, avant de donner quelques détails sur les livres mêmes qu'il a décrits, ce sont ces quelques années si fructueuses pour nous, passées à la bibliothèque du Panthéon, que nous allons essayer de raconter.

En transmettant à la Bibliothèque, comme son exécuteur testamentaire, les catalogues de nos collections, laissés manuscrits par Daunou, M. Taillandier a joint à l'un d'eux une courte notice, résumant les travaux de son illustre ami, comme administrateur; que l'on nous permette de reproduire ici, cette notice à laquelle nous n'aurons à ajouter que quelques détails. « M. Daunou, fut nommé administrateur de la Bibliothèque du Panthéon, le 6 ventôse an IV, (29 Février 1796) et il occupa cette place jusqu'au 24 Frimaire an XIII (13 Décembre 1804), époque ou il devint garde général des archives de l'Empire, mais comme les lois défendaient alors le cumul, M. Daunou, ayant été envoyé par le Directoire en mission à Rome le 8 Nivôse au VI (28 Décembre 1797), puis élu membre du Conseil des Cinq-Cents, le 24 Germinal suivant (13 Avril 1798), puis enfin membre du Tribunat, d'où il fut *éliminé*, au mois de Janvier 1802, pendant ces quatre années, il eut pour suppléant à la Bibliothèque du Panthéon, M. Cotte, ancien oratorien, mort à Montmorency en 1815, qui touchait les émoluments à sa place.

« Sur les huit années qu'il passa à la Bibliothèque du Panthéon, Daunou n'en consacra donc exclusivement que quatre, au service de cette bibliothèque, mais on peut dire qu'elles furent on ne peut mieux remplies.

« Il examina d'abord les catalogues et fit à leur égard de nombreuses observations, puis il dressa le catalogue des livres qui manquaient le plus essentiellement dans cette Bibliothèque. En outre il établit celui des livres qui existaient au dépôt dans lequel on avait réuni les ouvrages confisqués sur les corporations supprimées et sur les émigrés, et qui pouvaient convenir à la Bibliothèque du Panthéon; plus de vingt mille de ces livres ont été par ses soins, réunis à la Bibliothèque. « Ce n'est pas tout. Il a dressé le *catalogue historique des livres imprimés avant 1501 qui se trouvent à la Bibliothèque Nationale du Panthéon*. Deux copies de ce catalogue, écrites de sa main, existent, l'une à la Bibliothèque du Panthéon, l'autre dans ses papiers. Enfin il a encore écrit de sa main plusieurs catalogues in f° qui se trouvent à cette Bibliothèque.

« Ce ne sont pas là les seuls services que M. Daunou a rendus à la Bibliothèque du Panthéon. Pendant sa mission à Rome, en 1798, il se fit autoriser par le Directoire à envoyer à cette bibliothèque un grand nombre de magnifiques ouvrages, dont plusieurs sont sortis des presses de Sweynheim et Pannartz. Ils avaient fait partie de la Bibliothèque du pape Pie VI, laquelle avait été confisquée et au moment d'être vendue par les agents du fisc.

« Je me fais un devoir de déposer le présent manuscrit de M. Daunou, à la Bibliothèque du Panthéon, où il sera bien placé auprès des catalogues écrits de la main de ce savant.

« Paris, ce 16 Février 1849.

A. TAILLANDIER,
Exécuteur testamentaire de M. Daunou.

On ne pouvait mieux résumer l'histoire de la courte, mais brillante, administration de Daunou à la Bibliothèque Ste Geneviève. Nous rectifierons seulement quelques dates sans importance ; c'est ainsi que la note que nous venons de citer indique le 6 ventôse an IV pour la nomination de Daunou, tandis que dans son livre, M. Taillandier indique le 17 Floréal an V ; cette dernière date est la bonne, car Lemonnier, auquel succéda Daunou, comme conservateur, ne mourut que le 15 Germinal an V et les états d'émargement portent encore son nom à la date de Ventôse de la même année. M. Taillandier nous dit que Daunou fut envoyé à Rome le 8 Nivôse an VI ; ce jour du 8 Nivôse an VI est celui où le général Duphot fut assassiné ; l'on trouve aux archives des affaires étrangères l'arrêté du Directoire constituant une commission chargée de punir cet attentat ; il est daté du 12 Pluviôse an VI, et le 5 Ventôse de la même année, les trois commissaires Monge, Daunou et Florent écrivent « Citoyen Ministre, nous vous annonçons notre arrivée à Rome, qui n'a pu avoir lieu qu'hier au soir ; nous nous sommes transporté chez le général en chef et nous y avons trouvé le général Masséna qui le remplace ici. »

Ces menus détails réglés, nous n'avons plus, pour ainsi dire, qu'à suivre et développer un peu la note de M. Taillandier.

Ce fut une époque terrible pour les Bibliothécaires, que celle de la révolution, terrible et heureuse à la fois ; l'état avait confisqué les biens des communautés religieuses, il avait saisi ceux des émigrés, et un nombre immense de livres, de manuscrits, de gravures, était tombé entre ses mains ; jetés pêle-mêle, dans les dépôts dits littéraires, il s'agissait de les reconnaître, de les distribuer, de les classer et aussi, disons le, de les bien garder. Beaucoup de nos livres portent sur leur garde les deux majuscules B. N., rapidement jetées au crayon et je croirais volontiers que ces lettres signifiaint *Bien National*, mais ces signes cabalistiques ne défendaient pas toujours les livres contre la rapacité des amateurs, qui ne se faisaient pas faute de profiter du désordre inévitable en pareilles circonstances. Des rivalités de ville à ville, de bibliothèques à bibliothèques s'étaient allumées; chacun voulait prendre sa part des conquêtes de la nation; — heureuses les Bibliothèques qui eurent à ce moment des conservateurs à la fois lettrés, énergiques et zélés, mais cela ne suffisait pas encore; il fallait que ces hommes fussent puissants, en mesure d'exiger et d'obtenir; Daunou était cet homme. Admirablement préparé par ses études à l'Oratoire, esprit large et éclairé, s'étant beaucoup occupé de bibliographie, d'une probité sévère et sans tache, il connaissait son devoir; homme politique important, membre de l'Institut, il pouvait le remplir. La Bibliothèque du Panthéon était dans une situation toute particulière; les Génovéfains, comme chacun sait, possédaient une magnifique collection; au lieu de la disperser, comme celle de St Germain des Prés ou de St Victor, on eut l'heureuse idée de la conserver en bloc; est-ce à sa situation au centre des écoles? est-ce à une tradition, car on sait que l'abbé de Ste Geneviève était chancelier de l'Université, qu'elle dût ce privilège? Je l'ignore, mais en somme, telle elle était avant la Révolution, telle nous pourrions la reconstituer aujourd'hui, mais singulièrement enrichie, en partie grâce à Daunou. Ceux de Ste Geneviève avaient dressé à parter de 1733 un double catalogue par matières et par auteurs, qui nous sert encore aujourd'hui pour nos recherches quotidiennes. Grâce au catalogue de matières, Daunou put voir d'un rapide coup d'œil les lacunes de nos collections, et dresser l'état des ouvrages qu'il fallait réclamer au dépôt des livres confisqués. Ce travail, à mon avis, dût être son premier acte de conservateur. Le Manuscrit dont nous avons parlé plus haut, et auquel M. Taillandier a ajouté la note que nous avons citée, se compose en grande partie de la liste des ouvrages confisqués aux émigrés et aux communautés religieuses, et que Daunou signalait comme devant venir compléter les séries des Génovéfains; or beaucoup de ces livres et particulièrement des incunables se retrouvent dans nos collections et figurent même aux catalogues que Daunou rédigea dans les dernières années de son administration. Dès ce premier travail préparatoire nous reconnaissons, jusque dans les plus petits détails, l'esprit d'ordre et de précision de l'homme éminent qui nous intéresse en ce moment. Daunou ne tarda pas à être interrompu dans ses travaux de bibliothécaire par des soins plus importants, et l'on peut presque suivre son histoire sur les états d'émargement qui nous sont restés. Nous y voyons son nom le 29 Messidor an V en qualité de Conservateur-Bibliothécaire aux appointements de 3500 francs; en l'an VI nous retrouvons la même signature. Mais on sait que jusqu'en 1802 Daunou ne put remplir ses fonctions. Pendant ce temps on lit sur les états la signature de célèbre météorologiste Cotte, ancien oratorien comme lui, qui fit l'intérim et toucha les appointements qui montaient alors à cinq mille francs. C'est avec ce traitement que nous retrouvons Daunou, lorsqu'éliminé du Tribunat il revint en l'an X administrer la Bibliothèque. C'est de ce moment que date sa véritable direction. Si simple que fût le petit gouvernement d'un personnel fort restreint et sous un maître comme Napoléon, qui n'était pas fort disposé à favoriser l'indiscipline, l'administration de Daunou ne paraît pas avoir été sans quelques orages. Parmi les bibliothécaires placés sous ses ordres, il en était un, Ventenat, botaniste distingué et membre de l'Institut, qui lui suscita plus d'une difficulté. A l'époque de la révolution Ventenat avait occupé déjà une situation importante à la bibliothèque puisque nous voyons son nom à côté de ceux de Pingré et de Viallon, qui signèrent le procès verbal constatant la remise des livres des Génovéfains entre les mains des commissaires chargés d'en prendre possession au nom de l'État. Ventenat ne put pas voir sans chagrin la direction passer entre les mains de Lemonnier, puis entre celles de Daunou. Il attendit cependant et vers la fin de 1804, fort de l'appui de l'impératrice Joséphine, dont il était l'inspecteur des jardins, il demanda ouvertement la place de Daunou, en qualité de conservateur perpétuel. Les choses durent aller fort loin et l'on devine combien dut être terrible cette guerre de petites ambitions, puisque Daunou voulut offrir sa démission au ministre. Il écrivit à l'empereur le 23 Brumaire an XIII (14 9bre 1804). " La lettre fut remise à Napoléon par Davoust. L'empereur s'empressa de faire savoir à M. de Champagny, ministre de l'Intérieur, que son intention était que Daunou continuât de jouir de tous les droits et prérogatives attachés à la place d'administrateur perpétuel de la Bibliothèque du Panthéon, sans que personne pût les lui disputer. " L'ordre était formel, et les choses paraissaient devoir rester longtemps en l'état, lorsque le 9 Frimaire suivant Napoléon écrivit à Daunou pour lui annoncer sa nomination d'archiviste de l'empire. Ventenat prit alors enfin ce titre d'administrateur perpétuel de la Bibliothèque Ste Geneviève, qu'il avait eu le tort d'ambitionner trop tôt, mais dont il se montra digne à tous égards. De la sorte, l'empereur donnait satisfaction à l'impératrice Joséphine en nommant Ventenat, et rendait à la fois justice à l'incontestable mérite de Daunou en l'appelant comme il le disait dans sa lettre, " dans une place plus éminente pour le bien de l'état et pour son service. "

Nous avons dit quels services Daunou rendit à la Bibliothèque du Panthéon par son travail, son érudition et son influence, lorsqu'il était présent et à la tête de sa bibliothèque; absent, et même loin de Paris, chargé de hautes missions politiques, il en rendit de plus importants peut-être encore. Son séjour à Rome peut compter parmi les plus belles pages de l'histoire de notre maison.

En effet cet épisode considérable dans l'histoire de la France aux dernières années du XVIIIe siècle, se rattache étroitement aux annales de la Bibliothèque Ste Geneviève, et ce serait matière à longues méditations, de voir comment l'assassinat d'un général français dans une rue de Rome, eut pour résultat de faire entrer de bons et beaux livres sur les rayons d'une bibliothèque de Paris. Le lecteur connaît les faits : au mépris du traité de Tolentino, à peine signé, au mépris de toute bonne foi, obéissant à une politique tortueuse, poussé par l'Autriche et surtout par la perfide cour de Naples, le Pape Pie VI, faible et malade avait laissé la 8 Nivôse an VI, massacrer le général français Duphot dans un carrefour de Rome, par la populace qu'excitaient au crime la secte des *Zélantes* et le cardinal Albani, Doyen du sacré collège. Une lettre de Joseph Bonaparte, alors ambassadeur de la République auprès du Saint-Siége, datée du 11 Nivôse, avait raconté les faits au Directoire. Celui-ci ne voulut pas laisser impunie une telle trahison. Un arrêté du 12 Pluviôse an VI, nommait « Daunou, Florent, Monge, commissaires du gouvernement en mission fortuite à Rome, pour recueillir les renseignements exacts sur les faits qui s'y étaient passés le 8 Nivôse, et en empêcher le renouvellement. Les commissaires devaient recevoir 3000 livres d'appointements par mois, payables sur les contributions Romaines (archives du Ministère des affaires étrangères.) Le 5 Ventôse, la mission arrivait à Rome, et entrait immédiatement en fonctions.

C'est une page curieuse de notre histoire diplomatique; que le récit des quelques mois pendant lesquels dura la nouvelle République Romaine et nous devons la résumer rapidement, car elle est intimement liée au récit de l'administration de Daunou à la Bibliothèque du Panthéon. La mission se trouva dès les premiers jours aux prises avec mille difficultés, luttant contre l'autorité militaire française elle-même qui entravait leur action, joûtant de finesse avec ces italiens déliés qui se faisaient républicains dans l'espoir de profiter d'un trouble momentané, organisant l'administration, les finances, rétablissant à grand peine un gouvernement probe et solide; ces détails ne sont point de notre compétence, mais nous pouvons dire que Daunou, devenu chef de la mission, surtout après le départ de Monge, qui avait été remplacé par Faypoult, se montra tel que nous l'avons déjà vu à la Convention, loyal, libéral et ferme tout à la fois. Nous avons sa correspondance aux Archives Nationales et surtout aux Archives des Affaires Étrangères; c'est merveille de voir avec quelle élévation d'esprit, avec quelle netteté de vues et quelle intelligence ce savant, que l'on aurait pu croire plus disposé aux combinaisons de cabinet qu'à l'action, cet *idéologue*, comme disait Napoléon, sut constituer le petit état qui lui était confié, étudiant les hommes, tentant de concilier les idées nouvelles avec les vieilles traditions de ces Romains plus turbulents que résolus, plus avides d'anarchie que de république.

On sait comment il nous fallut abandonner Rome et laisser s'effondrer la République Romaine, à la suite de la malheureuse campagne de Naples, mais Daunou, nommé membre du Conseil des Cinq-Cents, était déja revenu en France, et avait quitté les collègues de la mission le 21 Messidor an VI ; il était donc resté cinq mois à Rome. Pendant ce temps, il n'avait pas oublié qu'il portait toujours le titre de Conservateur de la Bibliothèque du Panthéon. Pour châtier le pape Pie VI et les familles Albani et Busca complices de l'assassinat, le Directoire avait ordonné que leurs biens fussent saisis et vendus ; Daunou ne manqua pas de profiter de cette circonstance pour enrichir nos collections ; il arrêta la vente et dressa une liste des livres qui devaient convenir et à la Bibliothèque Nationale et à celle dont il était le directeur. Ces livres nous les avions chèrement payés, car on peut dire qu'ils étaient le prix du sang. A son retour à Paris, et plus tard rentré dans ses fonctions de Bibliothécaire, Daunou fit placer sur nos rayons ces magnifiques ouvrages, dont plusieurs sont décrits dans son catalogue des incunables et font encore partie de nos séries.

Ces beaux volumes, qu'il faut bien se garder de confondre avec les trésors qui furent triomphalement rapportés en France, après la paix de Campo-formio, et que l'on montra solennellement au Champ de Mars, comme des dépouilles opimes, à tout le peuple Français rassemblé, eurent avant d'arriver à Paris une odyssée des plus étranges, et des plus mouvementées. Grâce à la collection si bien classée de nos archives, on peut la suivre presque de station en station, cette caisse 416, qui contenait les ouvrages destinés à la Bibliothèque du Panthéon et qui faisait partie d'un convoi confié aux soins du citoyen Carrett. Dès le 23 Messidor an VI, elle est prête à quitter Rome ; la liste est dressée, on va faire l'expédition, mais nos affaires tournent mal en Italie, la Méditerranée est infestée de corsaires, les commissaires demandent une frégate pour escorter l'envoi. Carrett a un instant l'idée de prendre la voie de terre, si longue qu'elle puisse être ; on profitera pour cela, dit-il, de ce que des boeufs et autres bestiaux devront être envoyés dans les départements du Mont-Blanc et de l'Ain, et passer par le col de Tende pour leur faire porter en même temps les précieuses caisses ; cette idée singulière n'est pas mise à exécution, grâce à une lettre du Directoire qui promet la frégate. Voici Carrett parti sur une felouque et avec lui notre caisse 416. A peine a-t-il pris la haute mer que, ne voyant pas venir nos navires et apprenant les échecs de l'armée française, il relâche à Lucques. Enfin l'escadre française apparait, la mer est libre, Carrett et la caisse 416 arrivent à Gênes, puis à Marseille. A peine sur la terre de France, nos livres éprouvent de nouvelles difficultés que nous apprenons par les dépêches des divers administrateurs dont le couvoi traverse les départements; les chariots manquent, on prend la voie des canaux, mais une crue subite des eaux interrompt le voyage; il faut attendre, et longtemps, que le passage soit libre, enfin vers l'an VIII, le citoyen Carrett a fini sa mission; on a payé à un entrepeneur nommé Bonafous, le 20 Thermidor an VIII, la somme de 16,477 francs, pour les frais de transport du convoi tout entier, et c'est vers la même époque que la caisse 416 fait son entrée à la Bibliothèque du Panthéon, après un voyage de près de deux ans.

Daunou n'avait pas encore repris ses fonctions; et de graves occupations l'éloignaient des paisibles travaux de la bibliographie, car il rédigeait en ce moment même la Constitution de l'an VIII; mais aussitôt éliminé du Tribunat par Bonaparte, on comprend qu'il dut se reposer de si graves soucis, par des études plus en rapports avec ses goûts. C'est donc de Janvier 1802, époque où il reprit des mains de Cotte l'administration de la Bibliothèque, à Décembre 1804, date de sa nomination aux archives, qu'il faut placer les travaux de catalogue que nous conservons précieusement et particulièrement le catalogue des incunables que nous publions aujourd'hui.

Même en admettant que Daunou ait eu des copistes, et qu'il se soit fait aider, on est émerveillé de l'effort prodigieux de travail que représentent ces répertoires dont quelques uns sont entièrement écrits de sa main, et qui tous portent des traces de son écriture, et on est étonné peut-être plus encore, en pensant à la somme de connaissances qu'il possédait et dont il a fait preuve dans ces travaux en apparence mécaniques et matériels. C'est que Daunou n'était pas seulement un laborieux bibliothécaire, un patient bibliomane, c'était un érudit, un savant aux vues larges st élevées, un bibliographe, dans le sens le plus noble du mot. Pour lui la bibliographie n'était pas la description plus ou moins détaillée d'un nombre d'ouvrages grand ou petit, c'était la base de toutes les sciences historiques ou philosophiques, l'introduction indispensable à toutes les connaissances humaines. De l'étude scientifique et littéraire des livres, il était passé à l'histoire matérielle du livre lui-même et de ses origines. C'était l'époque des grands bibliographes; Mercier de St Léger, notre illustre Genovéfain venait de mourir, Van Praet inaugurait la série des beaux travaux dont s'enorgueillit la Bibliothèque Nationale, Brunet publiait la la première édition de son *Manuel*; Daunou vit dans ces travaux un sujet digne de son érudition et de sa haute intelligence; même après avoir quitté la Bibliothèque du Panthéon, il n'abandonna pas la bibliographie. En l'an IX il lut à l'Académie des sciences morales et politques un mémoire sur la *classification des livres;* (T. III.) en l'an X, dans le même recueil, on trouve, *Une analyse des opinions diverses des origines de l'imprimerie*, qui fut tirée à part l'année suivante (Paris, Renouard, an XI); enfin, après sa mort, parut dans le *Bulletin du Bibliophile* de Septembre 1842, un mémoire intitulé *progrès de l'imprimerie depuis 1460 jusqu'en 1500*. De nombreux articles insérés dans *l'histoire littéraire de la France* et dans la *biographie universelle*, renferment d'excellents renseignements bibliographiques. M. Taillandier a donné un résumé d'un travail immense que Daunou avait terminé et qui est resté inédit, intitulé: *Cours de Bibliographie ou essai sur l'histoire, la connaissance et le choix des livres.* « J'ai entrepris cet ouvrage, dit l'auteur au commencement du discours préliminaire, en 1799, au moment où des cours publics de bibliographie s'élevaient dans plusieurs villes de France. » Nous renvoyons pour plus de détails à l'analyse qui se trouve dans le livre que nous avons cité plus haut, et nous indiquerons seulement les lignes principales de l'ouvrage, tracées par Daunou lui même. « La partie technique doit renfermer des notions précises sur les principaux procédés typographiques, des explications claires sur tous les termes usités en bibliographie. La partie historique doit offrir et distribuer dans l'ordre des siècles, les principaux faits de l'histoire des peuples, des lettres et de l'imprimerie. La partie systématique enfin, a pour objet la classification des livres. Les derniers volumes de cet ouvrage ne contiendront qu'un simple catalogue bibliographique, accompagné, selon l'importance des articles, de notes, d'analyses et de descriptions, et suivi de tables chronologiques et alphabétiques des auteurs. » On peut juger, d'après ces quelques lignes, sur quelles larges bases l'ouvrage était conçu, et combien il est regrettable que le *Cours de bibliographie* de Daunou n'ait pas été publié; à près d'un siècle de distance et malgré les progrès accomplis, nous aurions aujourd'hui un guide qui nous manque. Daunou avait adopté un système de classification assez différent de celui qui est généralement admis dans nos bibliothèques. Il mettait au premier rang les belles-lettres, puis l'histoire, la philosophie, les arts, la médecine, la jurisprudence et la théologie. Les bibliographes s'étonneront peut-être un peu de trouver la théologie nommée la dernière des sciences, tandis que dans nos catalogues elle occupe presque toujours la première place. Ce classement nouveau indiquait l'estime que Daunou avait de chaque science et contenait sans en avoir l'air, une véritable profession de foi. Daunou, nourri des idées philosophiques du XVIIIe siècle, esprit précis, net et, disons le, un peu froid, méprisait profondément les vaines discussions sur les mots, les subtiles distinctions qui constituent l'art compliqué de la théologie, cet homme si grave trouvait des traits malins aussitôt qu'il touchait à cette science si vénérée autrefois; indiquant dans le catalogue autographe dont nous avons parlé plus haut, le classement qui convenait à la

Bibliothèque du Panthéon, il place les ouvrages sur la secte des tolérants à la fin des livres de religion et ajoute « on ne saurait mieux terminer la théologie que par la tolérance. »

Ces divers travaux traitaient de la bibliographie générale, et Daunou pouvait y montrer sans contrainte ses connaissances si multiples et son esprit philosophique si puissant; d'autres, d'un ordre scientifique moins élevé, mais d'une utilité plus pratique surtout pour les bibliothécaires de Ste Geneviève, doivent fixer notre attention. Il n'est pas une section où l'on ne retrouve la trace d'un travail quelconque de Daunou; ici c'est une note, là une observation historique ou bibliographique, plus loin, nous voyons un catalogue entier écrit de sa main. Passons en revue ces divers répertoires avant de nous arrêter sur le catalogue des livres du XVe siècle. Daunou avait, nous l'avons dit, des idées personnelles sur la bibliographie et sur le classement des livres, mais s'il les appliqua dans quelques parties des sections nouvelles qu'il forma, il était trop pratique et trop intelligent pour perdre le fruit des travaux de ses prédécesseurs. La Bibliothèque Ste Geneviève était venue entre ses mains toute classée d'après le système des anciens bibliographes, il se garda bien de détruire l'ordre établi, se contentant de corriger les parties qui lui paraissaient trop défectueuses. En effet, depuis la seconde moitié du dernier siècle, tous les bibliothécaires qui s'étaient succédés à l'abbaye, avaient laissé des marques de leur passage dans les répertoires dont nous nous servons aujourd'hui. Tantôt c'étaient des catalogues entiers, là une série de dates rectifiées, plus loin, une description complète d'ouvrages, ou une annotation historique. Voici d'abord les neuf volumes composant le catalogue systématique établi en 1754, ensuite viennent les trente deux volumes par ordre alphabétique. On les a dit dressés sous la direction de Daunou, mais ils sont antérieurs à son administration et sont datés de 1791. Daunou les a peut-être fait compléter, mais tous, depuis un siècle, nous y avons mis la main. Après Daunou les répertoires n'ont pas été abandonnés, et nous pouvons citer ceux de Ventenat, de Massabiau, de Cohen, les fiches dites capsenthétiques de Pinçon, homme remarquablement laborieux, auquel il ne manqua qu'une instruction plus complète pour être une merveilleux bibliothécaire, il nous faut noter aussi les inventaires, les fiches, les relevés de M. Henry Trianon et les notes rapides dont il couvrait nos catalogues.

Au milieu de tous ces travaux qui l'ont précédé ou suivi, il n'est pas toujours facile de reconnaître la part qui revient à Daunou, et d'indiquer avec précision les catalogues qu'il a rédigés lui-même, ou fait rédiger sous ses yeux, cependant il en est quatre dont nous pouvons sans crainte lui attribuer l'honneur. Le premier est le relevé préparatoire dont nous avons parlé plus haut, le second, le répertoire

méthodique de l'histoire générale, le troisième, celui des auteurs dramatiques, enfin le quatrième, qui nous intéresse tout particulièrement ici, celui dit *des livres placés hors des cinq classes bibliographiques connues;* c'est dans ce dernier que se trouve le catalogue des incunables que nous publions aujourd'hui.

Le premier de ces manuscrits n'est pas à proprement parler un catalogue, mais plutôt un plan avec titres à l'appui. Daunou dans ce curieux travail étudie, complète, critique, rectifie les classifications de la Bibliothèque qui lui a été confiée; il supprime des sections et en crée de nouvelles; chaque chapitre est précédé d'observations générales, où l'on retrouve l'immense érudition de l'historien et la clarté d'esprit du philosophe. Quelques unes des nouvelles lettres de division qu'il indique, comme le W, (Livres à estampes) et l'Œ, dont nous reparlerons plus loin, ont été conservées jusqu'à nous; d'autres ont disparu ou n'ont même jamais été en usage. Dans la dernière partie du manuscrit, Daunou avait signalé les ouvrages qu'il fallait choisir et réclamer parmi les livres confisqués chez les émigrés et dans les communautés religieuses, et qui devaient compléter avantageusement les collections de Ste Geneviève; nos répertoires nous disent que ses indications furent suivies; ce document autographe vraiment curieux, suffirait seul à prouver combien était immense l'érudition, la mémoire de l'homme dont nous parlons ici. C'est en tête de ce manuscrit, que M. Taillandier a écrit la notice que nous avons citée plus haut. Le volume avait été d'abord gardé à Ste Geneviève, comme l'indiquent sa reliure fleurdelysée et ses initiales S. G, mais il se trouvait chez Daunou au moment de sa mort, et nous fut rendu par son exécuteur testamentaire.

Le second catalogue est celui de l'histoire générale et de la géographie (coté fº Q. F. 6 bis); ce n'est plus de la théorie, c'est l'application même des principes de Daunou sur les livres de notre collection. En voici les divisions principales, tracées par lui. 1º Préliminaires et généralités de l'histoire. (Dictionnaires historiques, manière d'écrire l'histoire, etc.) 2º Géographie et voyages. (Géographie générale, traités de la sphère, etc.) 3º Géographie ancienne. 4º Géographie moderne. 5º Géographie ecclésiastique et monastique. 6º Atlas et cartes géographiques. Hydrographie, voyages et descriptions particulières. 7º Voyages en Europe. 8º Voyages en Asie. 9º Voyages en Afrique. 10º Voyages en Amérique. 11º Topographies et voyages pittoresques. Voyages historiques,.... romanesques.... imaginaires.... Table alphabétique des matières. On voit par cet aperçu, comment Daunou savait classer avec clarté et précision les séries les plus difficiles de nos collections. Nous rappellerons encore une fois que si Daunou avait un système particulier de classement, il ne l'appliqua que dans les détails à notre bibliothèque; il garda les grandes lignes et les anciennes divisions principales avec leurs lettres, pensant avec raison que dans des dépôts aussi considérables que les nôtres, un classement, même défectueux devait être conservé, dans son ensemble au moins, sous peine de jeter la confusion là où on avait voulu mettre de l'ordre.

Le troisième catalogue dû à Daunou et rédigé sous sa direction, sinon écrit entièrement de sa main, offre cette particularité qu'il n'a aucun rapport avec les études habituelles de l'auteur; c'est celui des pièces de théatres. Il est intitulé *catalogue méthodique des auteurs dramatiques* et porte le N° Q. f 6 ⁴. Il est daté de l'an XII, c'est dire qu'il a dû être le dernier que Daunou aît établi avant d'être nommé archiviste de l'empire. Sur la première feuille on lit de l'écriture de Daunou des observations préliminaires, des explications sur les divisions et sur les signes employés; en regard, le plan général que voici:

Plan.

Introduction.
Histoire ⎫
Théorie ⎬ de l'art dramatique.
Influence ⎭
  I. Grecs.
  II. Latins anciens.
  III. Latins modernes.
  IV. Italiens.
  V. Espagnols et portugais.
  VI. Anglais.
  VII. Allemands.
  VII bis. Collections de théatres étrangers.
  VIII. Français.
    1° Recueils, extraits, etc.
    2° Mystères, farces, etc. jusqu'à 1500.
    3° Jusqu'en 1630.
    4° Jusqu'en 1699.
    5° XVIIIe s.
      1° 1700—1750.
      2° 1750—1778.
      3° 1778—1803.
    6° Auteurs vivants en 1803.
    7° Pièces anonymes.

Catalogues alphabétiques:
  1° des pièces.
  2° des auteurs.

Si une branche des lettres semble avoir été étrangère à Daunou, c'est certainement la littérature dramatique, et voilà cependant une division qui laisse peu de chose à désirer pour l'époque où elle fut rédigée. Le reste du répertoire est digne de cette excellente introduction et on trouve dans le corps du catalogue de nombreuses annotations à l'encre rouge et des pages entières comme au N° 361 par exemple que Daunou a écrites de sa main.

Nous voici enfin arrivés au quatrième catalogue, celui où Daunou, a décrit la partie purement bibliographique de la collection; il est intitulé *catalogue des livres du XVe siècle, des livres rares et des Estampes*, coté f° Q. F. 6³ bis; c'est sur cette partie de la Bibliothèque, que Daunou parait avoir porté tous ses soins, ce fut à elle qu'il pensa surtout lorsqu'il enrichit nos collections de nouveaux trésors. Elle comprend trois grandes séries; 1° Les livres du XVe siècle et les éditions rares, (Œ), 2° les livres d'estampes (W), 3°. les antiquités (ZZ.). Des deux dernières nous ne dirons rien, mais nous nous arrêterons quelques instants sur la première, qui comprend le catalogue des incunables.

Notre bibliothèque est une des rares qui comptent une série spéciale, classée au point du vue purement bibliographique des dates, des imprimeurs et des lieux d'impression. Cette division n'est pas sans présenter quelques inconvénients dans une collection qui a pour base le classement systématique des sciences, et nous ne la recommanderons pas volontiers aux bibliothécaires modernes, mais on doit reconnaître qu'elle facilite singulièrement l'étude de l'histoire bibliographique. Elle n'existait pas dans nos anciens répertoires; tous les livres quelles que fussent leurs dates, quels que fussent leurs imprimeurs, étaient dispersés dans la masse; les grands volumes d'estampes avaient pour demeure des armoires spéciales, désignées par leurs numéros. Daunou nous apprend que cette section Œ est récemment créée; en effet dans le catalogue de 1791, les anciens numéros ont été effacés pour faire place à ceux de la nouvelle série; on peut donc attribuer sans trop d'erreur sa création à Daunou lui-même, cependant de nombreuses notes manuscrites de Mercier de St Léger semblent prouver que ce savant bibliographe avait lui aussi eu l'idée de former un tout avec les livres sortis des presses des imprimeurs du XVe siècle et de celles des maîtres les plus célèbres, tels que les Aldes, les Elzevier, etc.

Quoiqu'il en soit, le catalogue que nous avons sous les yeux est tout entier composé par Daunou, il comprend : 1° Les éditions du XVe siècle, avec les livres sur vélin et les livres très rares. — 2° Les collections des Aldes, 3° les éditions publiées par les Elzevier — (Elzevier-signés, Elzevier déguisés — républiques —) 3° les éditions dites *Variorum*. — 4° Les impressions Bipontines. 4° Editions ad usum Delphini. — 5° Guerin — Coustellier — Barbou. — 6° Prault, Delalain, Molini, etc. — 7° Tomson, Pine, Brindley, Baskerville, etc. — 8° Ibarra et Bodoni. — 9° Les Didot. — 10° Imprimerie royale et impériale. —

11° Impressions en très petits caractères. On est surpris de ne pas trouver dans cette liste les noms des Estienne ou des Plantins; ils y auraient figuré avec honneur, car ils sont brillamment réprésentés sur nos rayons, mais quelques indications nous permettent de croire que le travail a été commencé sans pouvoir être mené à bonne fin.

C'est un véritable cours de bibliographie pratique que ce catalogue que Daunou a composé, écrit, fait copier. Non content de signaler les articles, il a groupé autour de chaque titre tous les renseignements qui pouvaient être utiles au lecteur, citant les auteurs qui avaient parlé du livre, les détails connus sur lui, les indications des éditions intéressantes à connaître et que ne possédait pas la bibliothèque du Panthéon. Enfin de ce catalogue si complet Daunou avait tiré un inventaire séparé qui formait à lui seul le répertoire des livres du XVe siècle, c'est celui que nous publions ici.

Tout cet immense travail montre chez Daunou une connaissance approfondie des livres et une solide érudition bibliographique. Nous avons vu que lorsqu'il fut nommé bibliothécaire à Ste Geneviève, il était tout particulièrement disposé par ses études antérieures à des travaux de ce genre, mais d'un autre côté il avait trouvé le terrain merveilleusement préparé par un autre bibliographe, Mercier de St Léger. Celui-ci avait étudié de près et augmenté nos collections, commencé leurs description, couvrant les feuilles de garde d'annotations curieuses suivant son habitude. Il n'est donc pas étonnant que Daunou ait montré une tendresse toute spéciale pour notre trésor d'incunables. Il l'enrichit, le reclassa, le détailla avec amour, en fit au milieu d'autres travaux plus importants son délassement de bibliographie érudit.

Elle en valait certainement la peine, du reste, cette collection d'incunables des Génovéfains. Exemplaires sur vélin et de choix, lettres peintes, armes, ex libris, notes manuscrites, reliures artistiques et curieuses, elle contient tout ce qui peut faire la joie d'un amateur et d'un savant. Nous ne passerons pas ici en revue des 1173 volumes imprimés jusqu'à l'an 1501 qui la composent, mais nous demanderons, avant d'en venir au Catalogue de Daunou lui-même, la permission de signaler quelques unes des particularités qui ajoutent à l'intérêt de ces livres déjà si précieux. L'origine de la collection est celle de la Bibliothèque toute entière : beaucoup de livres appartiennent à l'ancien fonds, ou proviennent du don fait en 1624 par le Cardinal de La Rochefoucauld; d'autres, et en grand nombre, reconnaissables aux armes du donateur et à la note qui se retrouve sur tous les livres venus de cette source, furent légués par le Cardinal Charles Maurice Letellier, archevêque de Reims. Beaucoup aussi furent achetés par Mercier de St Léger, particulièrement aux Carmes de Dijon; enfin nous avons vu avec quel zèle Daunou rechercha les exemplaires d'ouvrages rares, faisant profiter la Bibliothèque, et des confiscations opérées sur les émigrés ou les communautés religieuses, et des acquisitions venues de l'étranger et faites par ses soins.

Nos livres portent tous les traces de ces diverses origines; leurs reliures ou leurs feuilles de garde font passer pour ainsi dire l'histoire de la Bibliothèque devant nos yeux ; ici paraît le nom de quelque Génovéfain célèbre, là un ex dono évoque la mémoire d'un illustre ami de la maison, plus loin ce sont des faits inconnus ou des souvenirs de famille que l'ancien propriétaire du livre a voulu consigner. Daunou ne pouvait charger son catalogue de toutes ces annotations, mais nous n'avons pas manqué dans l'inventaire manuscrit que nous avons dressé, de les relever ; ces particularités sont comme le signalement de nos exemplaires. Je ne m'arrêterai pas longtemps sur la description des volumes, leur titre seul dit leur valeur pour ceux qui connaissent et aiment les livres, cependant nous ne pouvons nous empêcher de citer quelques uns des plus rares de la collection. Pourrons nous oublier le *Rationale* de Durand de Mayence 1459 (N° 1) ou la Bible de 1462 sur vélin, ce bijou royal avec les peintures qui ornent ses majuscules (N° 4) et les *Constitutions* de Clément V, sur vélin, chef d'oeuvre de Schoiffer avec son texte si artistiquement encadré dans les commentaires avec ses lettres aux couleurs éclatantes (N°10)? Dans ce véritable musée bibliographique, je citerai les N°s 580, 543, 17, 36, et le N° 971. Ce dernier est le rarissime bréviaire d'Elne, imprimé à Perpignan en 1500 et que M. Thierry-Poux a décrit dans ses *Premiers Monuments*, Pl. XL N° 3—4. Il est, un des plus précieux trésors de la riche collection de Ste Geneviève. Le Cicéron de 1469 avec les lettres ornées et armoriées de sa première page, est une véritable oeuvre d'art. Signalons encore le N° 27, sur vélin, puis le Valère Maxime de 1471, qui fut autrefois payé 900 francs, dit une note manuscrite (N° 57). L'impression de l'Appien de 1477 (N° 231) a frappé par sa beauté un des anciens propriétaires du livre, car nous trouvons sur une des gardes cette note tirée de Braun: "Caracteres elegantissimi ita ut ex argenteo fusi videantur." Le Missel de Tours de 1492 (N° 658) est à noter, aussi bien pour sa rareté, que pour sa magnifique exécution. Voici enfin avec les deux volumes de *la mer des histoires* de 1488 (N° 516,) un réel chef d'oeuvre, de l'impression parisienne de Pierre Lerouge; les caractères sont nets et bien disposés, l'exemplaire superbe, et le gentil chevalier hardiment campé sur la majuscule qui commence le titre est d'un dessin charmant. Le livre d'Albumasar de 1489, qui figure au supplément sous le N° 1174, fut, dit une note, payé 59 francs en 1807; il vaudrait davantage aujourd'hui. Le *Missale Ambrosianum* de 1499, dont la musique est à la main, circonstance qui se présente assez souvent dans les livres de chant du XVe siècle, nous montre sur son canon de vélin une belle miniature et au folio 1 la Madone de Murano. Je me ferais un reproche de ne pas signaler aux érudits de la musique le livre intitulé *flores musicae* (N° 1049) et surtout le traité si curieux de Burtius (N° 1078) dans lequel l'auteur défend avec tant de vigueur Gui d'Arrezzo, attaqué par Bartholome Ramis de Pareja. Il faut citer aussi parmi les raretés musicales le *Thesaurus Musices* — Messinae 1500, in 4o, d'Antonius Russus de Sicile, dont le nom ne se rencontre pas dans la bibliographie de Fétis. Nous nous sommes sévèrement interdit toute incursion dans les livres si tentants du XVIe siècle, cependant nous ne pouvons nous empêcher de citer pour la musique encore un magnifique exemplaire du traité de Gafori, intitulé : *angelicum ac divinum opus Musice Franchini Gafuri;* Mediolani per Gotardum de Ponte, 1508, fo. Ce livre, à la reliure de Grolier, est un des ornements de nos vitrines.

En effet, elles sont nombreuses les reliures intéressantes ou artistiques, qui habillent ces magnifiques exemplaires; Je ne citerai pas celles de Letellier; on sait que ce Prélat légua sa bibliothèque aux Génovéfains et à chaque pas on rencontre sur nos rayons l'écusson aux trois lézards, chargé de trois étoiles d'or de l'archevêque de Reims. Les reliures du Pape Pie VI sont trop nombreuses aussi pour que nous en donnions le détails, mais voici dans nos vitrines un Hérodien (N° 687) enrichi d'une belle reliure de Grolier, et un Solin de 1473, que recouvre une des reliures les plus riches et les plus élégantes de Maioli, (No 90). Si nous ne nous étions pas fait une loi de ne pas dépasser l'an 1500, voici un Grolier blanc et noir ornant les oeuvres de Valerius Probus (ZZ 496) que nous aurions plaisir à décrire. A mon avis le plus beau peut-être des volumes du XVe siècle, au point de vue du luxe de la reliure aussi bien que de l'exécution, est le missel de Paris d'Ulric Gering, de 1499, (N° 873). C'est un joyau vraiment royal avec sa resplendissante reliure à la fanfare, à l'intérieur on voit sortir du magnifique vélin l'ex libris armorié et signé de Jacques de Montmirail — Le *Bréviaire Romain* de Venise, Jenson 1478, (N° 245) doit aussi être cité, non seulement pour sa magnifique reliure italienne, mais à cause de cette note qui a certes son intérêt « ad Usum Caroli Cardinalis Borromaei. » Plus loin ce sont les gracieuses dentelles du Lucrèce de 1476 (No 1134); sur un Nicolas de Lyre, relié avec solidité et élégance, on voit briller les taons de de Thou et les trois lions couronnés de sa première femme (N° 1008.) Plus loin (Collection Delaunay N° 15), c'est une couverture du XVIe siècle, en parchemin gaufré, avec incriptions; ajoutons encore pour finir les armes souvent reproduites de Léonor d'Estampes de Valencay, qui fut comme Letellier archevêque de Reims, de Phélipeaux de Pontchartrain (No 238), etc. Ces nombreuses armoiries, appliquées au fer sur les plats et sur les bordures, ou bien dessinées et peintes sur les gardes ou sur les ornements de la première page, forment déjà un ensemble intéressant d'ex-libris, mais il en est d'autres qui, selon moi, offrent un intérêt aussi grand, ce sont les signatures; il me semble revoir là comme un souvenir personnel des anciens possesseurs des livres dont nous sommes les héritiers. Tantôt le nom paraît seul, tantôt il est accompagné d'une légende, d'une devise, d'une date ou d'une pensée. Beaucoup de ces noms sont inconnus, mais beaucoup aussi sont restés célèbres dans les lettres ou dans les sciences; souvent ils se rattachent à l'histoire même de la Bibliothèque. Tel est par exemple la magnifique Bible sur vélin de 1462, qui porte cet ex-libris de la main même de Letellier, un des bienfaiteurs de la Bibliothèque : *«* Ex Monasterio Rothomag. Cartusiae dedit dono praepositus generalis totius ordinis mihi Carolo Letellier abbati anno millesimo sexagesimo. *»* Ceux de Du Molinet, de Pingré, de Mercier de St Léger (N° 440), se rattachent à l'histoire de notre maison ; puis viennent des noms célèbres dans les lettres, les sciences ou la bibliographie, Guillaume de Flesselles du Bouchet, les frères de Ste Marthe, Etienne Baluze, etc. Parmi les livres d'origine ecclésiastique on en trouve un grand nombre portant la marque de l'église de Senlis, ou des Carmes de Dijon, ex-libris qui se retrouve aussi fréquemment sur nos manuscrits. Nous croyons avoir trouvé l'origine de ces dernières marques à la Bibliothèque Ste Geneviève, grâce à une note manuscrite de l'abbé de St Léger, qu'on lit au N° 626 et qui est ainsi conçue : *«* L'édition in-f° de ce livre a été acquise par moi il y a plusieurs années d'une personne qui avait acheté plusieurs livres d'une ancienne bibliothèque de Dijon.*»* Le numéro 627, auquel Mercier fait allusion, porte en effet cette indication *«* ex bibliotheca PP. Carmelitarum. Divionensium. *»* Il est évident que dans la seconde moitié du XVIIIe siècle, les Génovéfains firent une acquisition importante par l'intermédiaire de Mercier de St Léger, et nous n'en avons trace que par cette sorte d'ex-libris cité plus haut. Une autre indication analogue et du même auteur, se trouve dans notre exemplaire du *Mystère de l'Incarnation* (N° 470.) La voici. *«* Debure cite deux exemplaires de ce livre, celui du roy et celui du duc de la Vallière. Le deuxième est celui-ci même, qui, après la mort du duc a été rendu par mes soins à Ste Geneviève. *»* Nous pouvons signaler encore une longue et intéressante note bibliographique de Mercier de St Léger sur l'ouvrage intitulé *Reformatorium vitae* N° 1188.

Quelques unes de ces inscriptions manuscrites peignent tout un caractère, tel est le touchant ex-dono de Gabriel Naudé au N° 1073. *«* Ex dono Gabrielis Naudaei in extremis positi nec tum amicos obliviscentis ut morte proximus per illos viveret nec sui memoriam perire sinerent. *»* D'autres ex libris sont plus gais, comme celui-ci : Ce présent livre appartient à Charles Le Mort, chirurgien de M. le Cardinal du Perron, il prie à celuy ou celle qui le trouvera de lui rendre, il paiera le vin // (No 333). Les uns sont simples et presque naïfs, comme ceci. // Je suis à Catherine Boysard femme de M. Des Mollets. // D'autres, au contraire, ne laissent pas de révéler un certain orgueil chez l'ancien propriétaire du livre, comme par exemple Nicolas Gugler qui s'intitule simplement // omnium facultatum doctor. // Enfin, dans une jolie reliure XVIe siècle, galamment attachée avec des rubans, nous trouvons le nom de Melle Julie Candeille qui fut il y a un siècle environ, chanteuse de l'opéra et actrice à la comédie Française. Notons en passant que cet élégant volume, si coquettement habillé et qui se trouva en des mains si profanes, est une Imitation de Jésus Christ. (Collection Delaunay 876[2]).

Si tous ces ex-libris ont de l'intérêt, on pourrait en trouver plus encore dans les annotations de toute espèce qui couvrent les feuilles de garde et les marges de nos incunables. Nos prédécesseurs ne se sont pas fait faute d'ajouter de savantes observations aux notes des anciens propriétaires. Mercier de St Léger, Daunou, Henry Trianon, ont laissé en mainte place des traces de leur passage, des marques de leur érudition. Il n'est plus guères de mise aujourd'hui d'annoter les livres à la main, et je sais plus d'un bibliophile qui n'approuve pas beaucoup ce genre de commentaire, mais les notes n'en restent pas moins là, intéressantes et instructives. Contentons nous de les signaler, car les transcrire serait allonger démesurément cette notice; cependant nous ne pouvons résister au besoin de citer une ancienne note manuscrite qui est curieuse comme document historique si elle n'a pas d'intérêt bibliographique; j'en ignore l'auteur, la voici: // L'an mil cinq cent quatre vingt quinze ce jeudi septième jour de Décembre Symonne Hanaut, veuve de Margotin Daufour fut condamnée à pendre et à être jetée au feu, étant accusée de sorcellerie // (No 613). Tout un drame romantique sur une feuille de garde.

Si intéressantes que fussent ces annotations, Daunou ne pouvait les reproduire dans son catalogue. Elles sont relevées religieusement dans notre inventaire manuscrit, et servent à indentifier les exemplaires ainsi que les numéros que les volumes portaient avant de faire partie de la section nouvellement formée par Daunou, des livres du XVe siècle. Le Catalogue que nous publions est plus historique et bibliographique que descriptif. Daunou y donne l'indication de la date, de la ville et de l'imprimeur. Pour ce qui regarde le titre, partie si délicate de la description des incunables, voici ce qu'il dit lui-même dans sa préface: « J'ai choisi dans les premières lignes et surtout dans les souscriptions les mots les plus essentiels, ceux qui pouvaient le mieux indiquer le sujet de chaque ouvrage. // On reconnaît encore là cette constante préoccupation littéraire de l'auteur, qui ne peut pas s'empêcher, même dans les études spécialement bibliographiques, de s'intéresser plus au contenu du livre, qu'au livre et à sa description. C'est en cela que son procédé diffère de celui que nous employons aujourd'hui, et dont M. Léopold Delisle a donné d'excellents modèles dans ses *Instructions*. Malgré leur brièveté les notices de Daunou sont très suffisamment claires.

C'est surtout dans le plan général que le travail est des plus remarquables. Nous y retrouvons la clarté, la sévère et consciencieuse critique et surtout l'immense érudition de Daunou, toutes ces qualités en un mot que nous avons tant de fois signalées au cours de cette notice. Il commence par donner une liste des ouvrages où il est traité des incunables, puis il fait la description historique de la collection, enfin il termine par la série des tables. Sa bibliographie des incunables est extraordinairement riche pour son temps, et on peut facilement se convaincre que Daunou consultait et connaissait les répertoires qu'il citait. Dans la description des ouvrages il ne se contente pas d'indiquer les auteurs et de répéter leurs paroles; il les commente, les compare, les contredit s'il y a lieu, et ici son livre présente un véritable intérêt non seulement bibliographique mais encore historique et littéraire. Chaque titre, chaque nom d'auteur évoque un souvenir d'érudition. Quelquefois même Daunou critique en deux mots l'ouvrage qui lui passe sous les yeux, et alors il laisse percer ses préférences ou ses haines littéraires; cet homme froid s'échauffe et se passionne, et s'il s'agit d'un livre de scolastique ou de théologie, ou de tout autre de la même espèce, qui choque sa raison, il donne sans contrainte libre cours à une véritable rancune. Dès la première page, il rencontre le *Rational* de Durand et sa longue note finit ainsi "ce n'est qu'un monument de la sottise théologique du XIIIe siècle". Les sermonnaires sont l'objet de tous ses sarcasmes; les saints eux-mêmes ne trouvent pas grâce devant lui et la Légende Dorée de Voragine est pour lui "un simple recueil d'extravagances". Le sévère oratorien, devenu fils de Voltaire, trouve des mots spirituellement ironiques. Parlant de St Vincent Ferrier, il dit ceci : Tous ces sermons sont tellement pleins d'inepties, qu'on prétend qu'il ne sont pas de Vincent Ferrier; c'est du moins l'opinion de ceux qui prennent de l'intérêt à la mémoire de ce bienheureux." Il n'est pas plus tendre pour les subtils et patients compilateurs du moyen-âge, jugez en par ce trait : On ne sait pas précisément si Barthélemy de Glanville était frère prêcheur ou frère mineur. On s'en est beaucoup enquis autrefois, aujourd'hui, on supporte plus patiemment cette ignorance." En revanche il attache grand intérêt à tous les textes classiques ou historiques, et les notes dont il accompagne les descriptions des auteurs profanes, sont parfois fort développées et remplies de renseignements précieux encore aujourd'hui. Je citerai particulièrement le Juvénal de 1475 (N° 165), l'Avicenne de 1476 (N° 204), etc. La description des incunables présents sur nos rayons est accompagnée de l'indication de ceux que nous ne possédions pas au moment de la rédaction du catalogue et qu'il serait bon de se procurer. Certes depuis le commencement du siècle la bibliographie a fait bien des progrès, et depuis l'apparition du livre de Hain et les nombreux et excellents ouvrages qui ont été publiés à une époque plus rapprochée de nous on pourrait augmenter beaucoup cette liste, mais telle qu'elle est, elle forme déjà une répertoire remarquablement riche, surtout pour l'époque où il a été dressé. Melle Pellechet a soigneusement conservé ces annotations, et le lecteur les trouvera en petits caractères au bas des pages du catalogue. Les tables constituent une des parties les plus curieuses du travail de Daunou; il ne les a pas épargnées, au point que l'éditeur a dû en supprimer quelques unes qui faisaient double emploi. On trouve des tables par ordre alphabétique d'auteurs, de matières, et par nom de lieux et d'imprimeurs. Melle Pellechet, tout en simplifiant ces répertoires, a conservé tous ceux qui pouvaient être utiles au lecteur, ajoutant même deux nouvelles tables alphabétiques, celles des villes et des imprimeurs qui ne sont pas dans le manuscrit de Daunou. Bref, le *Catalogue des livres imprimés avant* 1501, *qui se trouvent à la Bibliothèque Nationale du Panthéon, rédigé par C. F. Daunou de l'Institut National, l'un des conservateurs de cette bibliothèque* (car tel est le vrai titre de ce document) est non seulement un inventaire utile à nos bibliothécaires et précieux pour les bibliophiles, mais encore un livre plein d'érudition littéraire et historique, intéressant toujours, amusant quelquefois.

En le publiant, Melle Pellechet l'a religieusement publié tel qu'il avait été composé. Elle l'a donné comme l'oeuvre remarquable de l'un des plus savants bibliographes du commencement du siècle, se contentant de corriger quelques erreurs matérielles, de supprimer quelques tables devenues inutiles par la suite des temps. Cependant son rôle ne s'est pas réduit à celui de simple éditeur et de copiste, et elle a pris sa bonne part de collaboration dans l'ouvrage. En effet, depuis que Daunou a écrit son catalogue, nos collections se sont enrichies d'un grand nombre d'incunables. Les uns ont été achetés, comme l'Albumasar de 1489, qui fut acquis en 1807, ou le traité de musique de Burtius, d'autres ont été donnés, comme les nombreuses *Imitations de Jésus-Christ* du XVIe siècle, qui se trouvent dans la magnifique collection léguée à la Bibliothèque par M. Delaunay, ancien curé de St Etienne du Mont; d'autres enfin ont été retrouvés dans le dépouillement de nos recueils, au milieu desquels nous faisons fréquemment des découvertes de ce genre, comme la *Chronique de Dom Pedro* de 1495. Daunou n'avait pas pu, comme on le pense bien, décrire ces volumes, Melle Pellechet s'est chargée de ce soin. Ce sont les mentions rédigées par elle qui forment le supplément du volume. L'auteur de ce supplément, qui à lui seul réprésente un catalogue intéressant, a tenu avec raison à conserver le plan de rédaction adoptée par Daunou, pour l'ensemble de l'ouvrage.

Nous remercierions mal Melle Pellechet, car nous blesserions sa modestie, si nous disions tout le bien que nous pensons de son travail, si nous lui exprimions toute la reconnaissance que nous lui devons, pour l'avoir offert à notre bibliothèque, mais nous manquerions aussi à notre devoir, si nous terminions cette notice sans rappeler quels services elle a rendus à notre chère maison. Ce n'est pas seulement un catalogue intéressant pour les bibliographes qu'elle a publié, le manuscrit remarquable d'un érudit de premier ordre qu'elle a mis en lumière, un répertoire utile à tous les bibliothécaires qu'elle a vulgarisé, c'est aussi un hommage qu'elle a voulu rendre avec nous à celui qui autrefois fut la gloire de notre bibliothèque Ste Geneviève, c'est une page de notre histoire que Melle Marie Pellechet a fait connaître en consentant a devenir la collaboratrice de Daunou et la nôtre; nous l'en remercions; l'hommage rendu aux hommes du passé est le véritable encouragement des hommes du présent et de l'avenir.

H. LAVOIX.

PRÉFACE.

Je suivrai, dans ce catalogue d'éditions du XVe siècle, l'ordre de leurs dates, l'ordre des années et même des mois et des jours, quand ces circonstances sont exprimées dans les souscriptions. Mais je n'aurai point égard aux diverses manières de commencer l'année, usitées avant 1501 dans les différentes villes de l'Europe. La plupart des bibliographes ont renoncé à la recherche de cette exactitude minutieuse, dont la très faible utilité ne compense ni les difficultés qu'elle offre, ni la confusion qu'elle répand.

A l'égard des éditions sans dates ou avec de fausses dates, il m'eût été plus commode de les rejeter à la suite des autres. Mais afin de donner à ce catalogue un caractère plus historique, je les rapprocherai de celles dont on les croit contemporaines. Loin pourtant de prétendre assigner par là les époques précises de leur publication, loin de vouloir ériger en résultats invariables des conjectures souvent très hasardées, je distinguerai toujours ces éditions non datées ou mal datées, en les *soulignant*; de telle sorte qu'on pourra les considérer, si l'on veut, comme formant une série particulière, détachée de celle des éditions dont la date est certaine.

La plupart des livres du XVe siècle n'ont point de frontispice ni même de titres proprement dits. Pour en composer les intitulés, je choisirai soit dans les premières lignes, soit surtout dans les souscriptions, les mots les plus essentiels, ceux qui pourront le mieux indiquer le sujet de chaque ouvrage, l'auteur, l'imprimeur, le lieu et le tems de l'impression. J'écrirai entre parenthèses les détails omis dans le livre même et que je croirai convenable d'ajouter. Le nom de chaque auteur sera suivi de l'indication du siècle où il a vécu, ou même des années de sa naissance et de sa mort; par ex.: *Guillelmi Durandi* (1222—86) c'est-à-dire né en 1222, mort en 1286.

Après l'intitulé, deux lignes de mots abrégés désigneront:
1° le format, le caractère et d'autres circonstances typographiques.
2° les bibliographes par lesquels l'édition a été ou mentionnée ou décrite.

Je me bornerai à ces citations, toutes les fois que les descriptions données par ces bibliographes me paraîtront exactes et suffisantes pour caractériser l'édition. Je compléterai ou rectifierai celles que je trouverai imparfaites ou erronées.

Parmi les livres qui entreront dans ce catalogue, il en est beaucoup de classiques, dont les sujets et les auteurs sont fort connus.

Il y en a beaucoup d'autres qui sont trop peu importans en eux-mêmes pour autoriser les détails dans lesquels il faudrait entrer, si l'on voulait donner une idée de ce qu'ils contiennent.

Ceux qui réuniront les deux conditions, de mériter des notices littéraires et d'en avoir besoin, seront en fort petit nombre.

Les notes que l'on trouvera au bas de certaines pages, auront toutes le même objet: elles indiqueront sommairement, sous chaque année, depuis l'origine de l'imprimerie jusqu'en 1500, les éditions *importantes* qui manquent à la Bibliothèque du Panthéon On aura ainsi, par le catalogue et par ces notes, une liste complète, non de toutes les éditions du XVe siècle, mais de celles qui ont le mieux mérité ou le plus excité l'attention des bibliographes et des littérateurs.

Ce catalogue historique sera suivi de plusieurs tables propres à en faciliter l'usage.

Explications des abréviations
qui suivront immédiatement les intitulés.

---

*In-fol. In-*4°. *In-*8°... in-folio, in-quarto, in-octavo.

Goth. Semi-goth. Caractère gothique, semi-gothique.
Lorsque le caractère ne sera point déterminé, c'est qu'il est romain.

2 *col.* 4 *col.* 2 colonnes ou 4 colonnes par pages.

Sign. Signatures. Les lettres minuscules ou capitales, les chiffres romains ou arabes qui suivront *sign.* représenteront la 1ere et la dernière signature du volume. Ex. a—A—Mij signifiera qu'après un premier alphabet minuscule de signatures, il en vient un en capitales qui va jusqu'à Mij. Lorsque les diverses séries de signatures seront interrompues, irrégulières, je m'en tiendrai à la seule indication générale *sign.*, sauf à donner ensuite une explication plus détaillée, s'il est nécessaire.

Récl. Réclame.

Chiff. Chiffres servant à numéroter les feuillets (non les pages), avec le dernier chiffre romain ou arabe existant dans le volume.

Titr. Titres courants, au haut des pages, reproduisant le titre général de l'ouvrage, ou ceux de ses parties, de ses chapitres. Je désignerai particulièrement les *Titr. marg.* marginaux.

Registr. Registre ou tableau détaillé des premiers feuillets de chaque cahier. *Reg. abr.* Registre abrégé, qui n'est qu'une indication sommaire du nombre des cahiers, et des lettres servant de signatures.

(Il y a des livres du XVᵉ siècle, où la table, l'index, portent le nom de *registrum*; mais *Registr.* n'indiquera jamais que des tableaux de cahiers.)

Err. Errata. *Priv.* Privilèges. *Fig.* Figures, etc.

L'absence de l'une de ces abréviations *Sign.*, *Récl.*, *Chiffr.*, *Titr.*, *Registr.*, *Err.*, *Priv.*, *Fig.*, marquera l'absence de la chose qu'elle exprime.

J'indiquerai quelquefois le nombre des feuillets d'un volume par un chiffre suivi de la lettre f., le nombre des lignes d'une page *complète* par un chiffre suivi de l.

Les chiffres entre [ ], placés à la fin du premier paragraphe de chaque article, indiquent le numéro porté actuellement par le volume dans la lettre Œ, section du XVᵉ siècle.

Daunou, en reproduisant certains passages des incunables décrits par lui, n'a pas jugé nécessaire de respecter toujours l'orthographe et les coupures des lignes de l'original; on a cru devoir conserver la rédaction de son travail en le publiant ici. (*Note de l'Editeur.*)

Explication des citations abrégées.

AFFO.[1] Saggio sulla tipografia parmense del Secolo XV; del Padre Iren. *Affo*. Parma, Bodoni, 1791. In-4º.

ALNANDER. I. Olai Alnandri historia artis typographicae in Succiâ. Rostoch. 1725. In-8º.

AUDIFFREDI ITAL. Specimen historico-criticum editionum *italicarum* sec. XV. a J.-B. *Audiffredi*. Romae, Palearini, 1794. In-4º.

AUDIFFREDI ROM. Catalogus historico-criticus edit. *romanarum* sec. XV. a J.-B. *Audiffredi*. Romae, Palearini, 1783. In-4º.

AUG. TYP. Annales *typographiae augustanae* ab anno 1466 ad 1530; cum diatriba Antonii Werth. Edidit et illustravit Zapf. Augustae Vind., 1778. In-4º.

BANDINI. De florentina Juntarum typographia, ab Aug. M. Bandini. Lucae, 1791. 2 vol. In-8º.

BARTOLINI. Saggio sopra la tipografia del Friuli nel sec. XV. da Ant. Bartolini. Udine, 1798. In-4º.

BARUFFALDI. Della Tipografia ferrarese dall'anno 1471 ad 1500, saggio bibliografico dell'abbate Girol. *Baruffaldi* juniore. Ferrara, 1777. In-8º.

BAUR. Primitiae typographiae spirenses, (germanice) scriptae ab Erhardo Christoph. *Baur*. Spiris, Zeuner etc, 1764. In-8º.

BRAUN. Placidi *Braun* notitia historico-litteraria de libris usque ad ann. 1500 impressis, in Bibliotheca Monasterii ad SS. Udalricum et Afram Augustae existentibus. Augustae Vind., Werth, 1788 et 89. 2 fascic. In-4º.

CABALLERO. De 1ª typographiae aetate a R. Diosdalo Caballero. Romae, 1793. In-4º.

CHEVILLIER. L'origine de l'imprimerie de Paris, par Chevillier. Paris, Delaulne, 1694. In-4º.

D. CLÉMENT. Bibliothèque curieuse historiq. et critique, ou catalogue (alphabétique) des livres difficiles à trouver, par David Clément. Göttingen, etc., 1750—60. 9 vol. In-4º.

CREVENNA. Catalogue des livres de *Crevenna*. (Rédigé par lui-même). Amsterdam, 1776. 6 vol. In-4º.

DE BURE. Bibliographie instructive etc, par G. Fr. Debure le jeune. Paris, 1763—68. 7 vol. In-8º.

DENIS. Annalium typographicorum Maittairii supplementum a Mich. *Denis*, Bibl. Palat. custode. Viennae, Kurzbeck, 1789. 2. part. In-4º.

FABRICIUS. GR. *Fabricii* Bibliotheca *graeca*, IVª editio, curante Harles. Hamburgi, 1705—1728. 9 vol. In-4º.

FABRICIUS. LAT. *Fabricii* Bibl. *latina*. Editio Ernesti. Lipsiae, 1773 et 74. 3 vol. In-8°.

FABRICIUS. MED. *Fabricii* Bibl. latina *mediae* et infimae aetatis. Patavii, 1754. 6 tom. 3 vol. In-4°.

FACCIALI. Catalogo de'libri stampati in Vicenza nel sec. XV da Gaet. Mar. Facciali. Vicenza, 1796. In-8°.

FOSSI. Catalogus Codicum sec. XV° impressorum qui in Biblioth. Magliabechiana Florentiae adservantur, a Ferdin. Fossio. Florentiae, Cambiazi, 1793—95. 3 vol. In-fol.

FOURNIER A. Dissertation sur l'origine et les progrès de l'art de graver en bois, pour éclaircir quelques traits de l'histoire de l'imprimerie, par *Fournier* le jeune. Paris, Barbou, 1758. In-8°.

FOURNIER B. De l'origine des productions de l'imprimerie primitive en taille de bois, par *Fournier* le jeune. Paris, Barbou, 1759. In-8°.

FREYTAG ADPAR. *Adparatus* litterarius ubi libri partim antiqui, partim rari recensentur, a Fr. Gott. *Freytag*. Lipsiae, Weidmann, 1752—55. 3 vol. In-8°.

FREYTAG ANAL. *Analecta* litteraria de libris rarioribus a Fr. G. Freytag. Lipsiae, 1750. In-8°.

GESNER. Verzeichniss der vor 1500 gedruckten etc. (Catalogue des livres imprimés avant 1500, qui se trouvent dans la bibliothèque publique de Lubeck; par J. Georges *Gesner* etc.). Lubeck, Gott. Donatius. 1782. In-4°.

GIUSTINIANI. Saggio sulla tipografia di Napoli, da Lor. Giustiniani. Napoli, 1793. In-4°.

HAIN [1]) Repertorium bibliographicum... Stuttgartiae et Lutetiae Parisiorum, 1826. 4 vol. In-8°.

HEINECKEN. Idée générale d'une collection d'estampes avec une dissertation sur l'origine de la gravure et sur les 1ers livres d'images (par le baron de Heinecken). Leipzig et Vienne, Krauss, 1771. In-8°.

HOFMAN. I. Daniel Hofman. De Typographiis in Polonia et Lithuania. Dantisci, 1720. In-4°.

HUPFAUER. Druckstücke aus dem XV etc... Monumens de l'imprimerie du XVe siècle qui se trouvent dans la bibliothèque du Chapitre régulier de Beuerlerg, par Paul *Hupfauer*. Augsbourg, Stage, 1794. In-8°.

INSCR. Histoire et mémoires de l'Académ. des *inscriptions* et belles-lettres. Paris, Impr. Royale, 1717 etc... 43 vol. In-4°.

JUNGENDRES. Caracteristicae librorum impressorum ante 1500, autore Seb. Jungendres. Norimb., 1740. In-4°.

LA CAILLE. Histoire de l'imprimerie et de la librairie. Paris, Jean *de la Caille*, 1689. In-4°.

LA VALLIÈRE. Catalogue des livres de *la Vallière*. 1ere partie contenant les 1ères éditions etc... par Guill. de Bure (et Van-Pract). Paris, 1783. 3 vol. In-8°.

LAIRE. Index librorum ab inv. typ. ad 1500 etc... a Fr. Xaverio *Laire*. Senonis, Tarbé, 1792. 2 vol. In-8°. (C'est le catalogue des éditions du XV. s. qui se trouvaient dans la Bibliothèque de Brienne.)

LAMBINET. Recherches sur l'origine de l'imprimerie et sur ses 1ers établissemens dans la Belgique, par *Lambinet*. Bruxelles, Flon, An VII. In-8°.

---

[1]) Daunou n'a pu utiliser l'ouvrage du bibliographe allemand; on a pensé qu'il était bon de suppléer à cette omission, aujourd'hui que les descriptions d'incunables portent toutes un renvoi au *Repertorium*. (*Note de l'Éditeur*.)

LEICHIUS. De origine et incrementis typographiae lipsiensis liber (Leichii singularis). Lipsiae, Breitkopf. Anno typographiae seculari III (1740). In-4°.

LELONG. Bibliotheca sacra in binos syllabos distincta, a Jac. *Lelong* orat. Parisiis, Coustelier, 1723. 2 vol. In-fol.

LELONG-FONTETTE. Bibliothèque historique de la France, par Lelong de l'orat. Nouv. édit. donnée par Fevret de Fontette. Paris, Hérissant, 1768. 5 vol. In-fol.

MAITTAIRE. Annales typographici ab artis origine ad 1500, a Mich. *Maittaire*. Ed. nova. Amstel., Humbert, 1733. 2 part. In-4°. Ces 2 volumes qui n'ont qu'une même série de pages, sont les seuls volumes de Maittaire que j'aurai lieu de citer.

MARCHAND. Histoire de l'orig. et des 1ers progrès de l'imprimerie (par Prosper Marchand). La Haye, 1740. In-4°.

MASCH. Bibliotheca sacra, post Jacobi Lelong et Boerneri curas emendata et aucta ab Andr. Masch. Halae, Gebauer, 1778—85. 4 vol. In-8°.

MAUROBONI. Lettere sui primi libri a stampa di alcune città e terre dell' Italia superiore, parte sinora sconosciuti, parte nuovamente illustrati, da *Mauroboni*. Venezia, Palese, 1784. In-4°.

MEERMAN. Origines typographicae Gerardi *Meerman*. Hagae Com. etc... 1765. 2 vol. In-4°.

MERCIER. Supplément à l'hist. de l'imprimerie de Pr. Marchand (par *Mercier*, abbé de S.-Léger). 2e édit. Paris, Pierres, 1775. In-4°.

MERCIER L. Lettres au baron de H (Huss) par Mercier de S.-Léger. Paris, 1783. In-8°.

MERCIER TRÉVOUX. Divers articles de bibliographie (par Mercier de S.-Léger) insérés dans le journal de Trévoux, ou Mémoires pour l'histoire des sciences et des beaux arts... etc... depuis 1762. In-12°.

MENDEZ. Tipografia espanola, par Franc. Mendez. Madrid, 1795. In-4°.

MITTARELLI. Bibliotheca codicum mss. S. Michaelis Venet. cum appendice librorum impressorum sec. XV. Venet., 1779. In-fol.

NAUDÉ. Addition à l'histoire de Louis XI, par Gabriel Naudé. Paris, Targa, 1630. In-8°. (Le 7me chapitre de cet ouvrage traite de l'origine de l'imprimerie.)

NICERON. Mémoires.

ORLANDI. Origine e progressi della stampa etc... sino all' anno 1500 da Fr. Pellegrino *Orlandi* carmelitano. Bologna, 1722. In-4°.

PALMER. A general history of printing, by *Palmer*. London, 1733. In-4°.

PANZER. Annales typographici ab inv. arte usque ad 1536, a Wolfgango *Panzer*. Norimbergae, Zeh, 1793—1803. 11 vol. In-4°.

PELLEGRINI. Della 1a origine della stampa di Venetia nel 1469, da Domen. Maria Pellegrini. Venetia, 1794. In-8°.

QUADRIO. Della storia etc... della ragione d'ogni poesia, di Franc. Saverio Quadrio. Bologna, Pisarri, 1739; Milano, Agnelli, 1741—52. 7 vol. In-4°.

QUIRINI. Ang. Mariae *Quirini* liber de optimor. script. editionibus, recensitus a Gr. Shelhorn. Lindaugiae, Otto, 1761. In-4°.

RENOUARD. Annales de l'imprimerie des Aldes. Paris, 1803. 2 vol. In-8°.

ROSSI A. De Hebraicae typographiae origine etc... a J. Bern. de Rossi. Erlangae, 1778. In-8°.

ROSSI B. Comment. de typographia hebraea ferrariensi. a J. B. de Rossi. Erlangae, 1781. In-8°.

ROSSI C. Annales typographiae hebr. sec. XV. a J. B. de Rossi. Parmae, 1795. 2 part. In-4°.

SANTANDER. Catalogue des livres de *Santander*, rédigé par son neveu de la Serna y Santander. Bruxelles, 1803. 5 vol. In-8°. fig.

SANTANDER * (*sic*).

SARDINI. Esame, ovvero storia critica di Nic. Jenson. da Giac. Sardini. Lucae, 1796. 3 part. In-fol.

SARTORI. Catalogus librorum bibliothecae theresianae cum accessionibus originum typographicarum vindobonensium, cura Jos. de Sartori hujus bibliothecae praefecti. Viennae, typis viduae Alberti, 1801—1803. 6 vol. In-4°.

SASSI. Jos. Ant. *Saxii* historia litteraria-typographica mediolanensis ab anno 1465 ad 1500. (*Au commencement du 1er volume de*: Bibliotheca scriptorum mediolanensium, Phil. Argelati, Mediolani, in aedib. Palatinis, 1745, 2 vol. In-fol.

SCHELHORN. Amoenitates litterariae quibus variae observationes, scripta quaedam anecdotua et rariora opuscula exhibentur. Francofurti. 1725—27. 14 vol. In-8°.

SCHIER. Xysti *Schier* commentatio de primis typographis Vindobonae. Vindob., 1774. In-4°.

SCHWARZ. Opuscula inter quae sunt documenta de origine typogr. a Chr. Gottl. *Schwarz*. Vindobonae, 1793. In-4°.

SEEMILLER. Bibliothecae academiae ingolstadiensis incunabula typographica, seu libri ante annum 1500 impressi circiter mille et 400 quos disposuit et descripsit Seb. *Seemiller*. Ingolstadi, 1787—92. 5 fascic. In-4°.

SPENCER. Bibliotheca Spenceriana, or a descriptive catalogue of the books printed in the XVth century, and of many valuable editions, in the library of G. J. Spencer. By Th. Frognall Dibdin. London, Bulmer, 1814 et 1815. 4 vol. In-8°. fig.

STRAUSS. Opera rariora quae latitant in bibliotheca collegiatae Ecclesiae ad S. J.-Baptistam in Rebdorf. Collegit Andr. Strauss. Eichstadii, Craetz, 1790. In-4°.

TELLIER. Bibliotheca telleriana, sive catal. librorum. Car. Mauritii Le *Tellier* arch. remensis. Parisiis, typ. reg., 1693. In-fol.
    Cette bibliothèque léguée à l'abbaye de Ste Geneviève, fait aujourd'hui partie de celle du Panthéon.

VOGT. Joannis *Vogt* catalogus historico-criticus librorum rariorum jam quartis curis recognitus. Hamburgi, Herold, 1753. In-8°.

VOLTA. Saggio storico-critico sulla tipografia mantuana del sec. XV, di Leop. Camillo *Volta*. Venezia, 1786. In-4°.

VERNAZZA. Lezione sopra la stampa, da Vernazza. Cagliari, 1778. In-8°. — Appendice, Torino, 1787. In-8°.

WEISLINGER. Armamentarium catholicum... sive catalogus librorum in bibliotheca Argentoratensi... commendae S. Joannis Hierosol. extantium, qui ab anno 1463 ad 1522 prodierunt; studio J. Nic. Weislinger. Argentinae, Le Roux, 1749. In-fol.

WURDTHWEYN. Bibliotheca moguntina librorum saeculo 1° typogr. impressorum, a Steph. Alex. *Wurdthweyn*. Augustae Vind., Burglen, 1747. In-4°.

Les citations abrégées que je viens d'expliquer seront suivies de chiffres romains pour indiquer les tomes ou les parties, de chiffres arabes pour marquer les pages.

[1]) 1459.

1. Guillelmi DURANDI (1222—86, ordinis Praedicatorum, episcopi Mimatensis) liber rationalis sive rationale divinorum officiorum. *Moguntiae, Fust & Schaeffer*, 1459. 6 Octobr. In-folio, semi-goth., 2 col., 160 f., 63 l., 1 édit. (exemplaire imprimé sur vélin.) [1]

D. Clément, VII. 466; Fournier A. 48, B. 236; La Caille, 11; Laire, I. 13; Lambinet, 145; Maittaire, 271; Meerman, I, 33; Orlandi, 12; Palmer, 76; Panzer, II, 112; Schwartz, 317; Wurdthweyn, 85; Fossi, 630; Spencer, t. I, 11—18. t. 3. 302. n. 682; Hain, 6471.

Souscription en lettres rouges: Presens racōnalis dinox codex officiop̃ venustate capitalium decoratus rubricationibusq3 distinctus. Artificiosa adinvētione imprimendi ac caracterizandi: absq3 calami exaratiō sic effigiatus. Et ad eusebiam dei industrie est ꝓsūmatus. Per Johanē fust civē maguntinuȝ et Petrū Ghernsheym clericum dioceſ. eiusdem. Anno Dn̄i millesimo quadringentesimo quiquagesimonono. Sex̄ die octobris.

Wurdthweyn fait remarquer que les mots *Schoeffer de* sont omis dans cette souscription. Fournier regardait ce livre comme le premier essai de caractères de fonte: on reconnait aujourd'hui que c'est avec des caractères de ce genre que sont exécutés & les Psautiers de 1459 & 1457 & les Statuts de Mayence, & la lettre de Nicolas V, & la Bible de 870 feuillets, & celle de 697 feuillets & une partie du Speculum salutis. Il faut convenir que c'est pour l'ouvrage de Durand un bien grand bonheur que d'être devenu, dans cette édition, un des plus précieux monumens de l'imprimerie du XVe siècle: il n'était en lui-même qu'un monument de la sottise théologique du XIIIe siècle. C'est un fatras de scholastique & de liturgie.

[1]) Biblia pauperum; 40 planches in-fol. de fig. & texte. Edit. xylogr. B. *)
Historia Joannis Evangelistae. 41 pl. in-fol. de fig. & texte. Ed. xyl. B.
Historia seu providentia Virginis Mariae. 16 pl. in-fol. de fig. & texte, éd. xyl.
Ars memorandi sive memoriale 4 evangel. 30 pl. in-fol., 15 de fig., 15 de texte. Ed. xylogr. B.
Ars moriendi. 24 pl. in-fol., 13 de texte, 11 de fig. Ed. xylogr.
Speculum salutis. 63 feuillets, 5 de préface & 58 avec fig. B.
Biblia latina (*Moguntiae, Guttenberg, Fust & Schaeffer* 1450—55). 2 vol. in-fol., 637 f., 42 l., 1 édit. B.
Psalterium, *Moguntiae, Fust & Schaeffer*, 1457, in-fol.
Psalterium, *Moguntiae, Fust & Schaeffer*, 1459, 29 aug. in-fol. B.

*) *B.* indique les articles qui se trouvent à la bibliothèque rue de la Loi, (aujourd'hui B. Nationale, rue de Richelieu).

1460.

2. Joannis (BALBI vel de Balbis), De Janua, ord. Praed. (XIII s.). Summa que vocatur catholicon. *Moguntiae*, (*Guttenberg*), 1460.

In-fol., semi-goth., 2 col., 374 f., 66 l., 1 édit. [2]

>Chevillier, 13; Crevenna, III. 28; Fischer, Essai &c. 83; Fournier A., 52, B., 236; La Caille, 11; Laire, I. 56; Marchand, 37; Meerman, II, 95; Mercier, 20; Orlandi, 12; Palmer, 77; Panzer, II, 113; Schwartz, 320; Wurdthweyn, 66; Spencer, t. III, 32. n. 538; Hain, *2254.

>*Souscription à la fin de la 2e colonne du recto de l'avant-dernier feuillet:* Altissimi presidio cujus nutu infantium lingue fiunt diserte. Quiq3 nūo sepe puulis revelat quod sapientibus celat. Hic liber egregius catholicon dnice incarnacionis annis M cccc lx. Alma in urbe maguntina nacionis inclite germanice. Quam dei clemencia tam alto ingenii lumine dono q3 g̃tuito ceteris terrap̄ nacionibus preferre illustrareq3 dignatus est Non calami. stili aut penne suffragio. s3 mira patronap̄ formap̄ q3 concordia. pporcione & modulo impressus atq3 confectus est. Hinc tibi sancte pater nato cum flamine sacro laus & honor Dño trino tribuatur & uno Ecclesie laude libro hoc catholice plaude qui laudare piam semper non linque mariam. DEO GRACIAS.

>Une table remplit les deux colonnes du verso & finit à la 8me ligne du recto du dernier feuillet.

>La souscription qu'on vient de lire ne contenant pas les noms des imprimeurs, l'édition a été attribuée par les uns à Schaeffer & Faust, par les autres à Guttenberg. Cette seconde opinion parait aujourd'hui la plus probable. On la fonde sur ce que le caractère ne ressemble à aucun de ceux qui sont employés dans les livres souscrits par Schaeffer & Faust, tandis qu'il se rapproche beaucoup de celui dont se sont servis les frères Bechtermuntze, auxquels on suppose que l'imprimerie de Guttenberg a été vendue par Conrad Humerg, vers 1468.

>Je n'hésite point à donner cette édition pour la 1ere du *Catholicon* de Jean Balbi. Le prétendu Catholicon qu'on dit imprimé par Guttenberg avant sa société avec Faust, n'est, selon toute apparence, que l'abrégé de grammaire que l'on désigne plus ordinairement sous le nom de Donat. Le volumineux ouvrage de Balbi, composé d'une grammaire & d'un très long dictionnaire, n'a pu être imprimé avant 1450, ni avec des planches de bois, ni avec des caractères de bois, ni avec des caractères de fonte. Ce dernier procédé n'existait point alors, & les deux premiers n'auraient jamais pu suffire à une telle entreprise.

3. Joannis (BALBI) de Janua, ordinis Praedicatorum. Summa quae vocatur catholicon. (*Argentorati*, *Mentellin*, 1460—70). In-fol. max., goth., 2 col., 370 f., 67 l. [3]

>Crevenna, III, 32; Fournier B. 79; Laire, I, 111; Marchand, 23; Meerman, II, 98; Mercier, 20; Panzer, I, 79, N° 428; Wurdthweyn, 70; Hain, *2251.

>Il n'y a ni table, ni souscription, ni date: à la 740me & dernière page on lit pour dernière ligne de la première colonne:
>Zozimus. ma. mū. id est vivax vel vividus. Sur l'autre colonne de cette même page, il n'y a que 23 lignes qui ont pour titre: *Conclusio libri*. La dernière ligne ne contient que les 3 mots: *Secula seculorum. Amen*, qui sont les derniers du volumme.

>Cet exemplaire, parfaitement conforme à celui que possède la bibliothèque nationale rue de la Loi, a été cité par Marchand, par Fournier, par Meerman, par Wurdthweyn, par Crevenna... &... Il ressemble beaucoup à celui que ces bibliographes ont décrit: aucune de leurs descriptions cependant ne lui

convient à tous égards. L'exemplaire de Crevenna n'a que 56 lignes par colonne; celui de Laire en a 67 comme le nôtre, mais il porte à la dernière colonne : *Operis totius conclusio* & non *conclusio libri*. Quelques bibliographes ont cru cette édition antérieure à celle de Mayence 1460, ci-dessus N° 2. Meerman & Mercier sont d'un avis contraire; on s'accorde assez à penser qu'elle est de Mentellin à Strasbourg. ¹)

1462.

4. BIBLIA latina. *Moguntiae, Fust & Schoiffher*, 1462 14 aug. 2 vol. in-fol., semi-goth., 2 col., 242 & 239 = 481 f., 48 l. (Exemplaire imprimé sur vélin.) [4—5]

Chevillier, 16; Clément, IV, 80; Debure, N° 25; Freytag, Annal., 116; Fossi, I, 323; Lacaille, 12; Lelong, I, 250; Maittaire, 272; Naudé, 289; Orlandi, 12; Palmer, 77; Panzer, II, 114; Schwartz, 322; Seemiller, I, 1; Vogt, 116; Wurdthweyn, 73; Spencer, t. I, p. 11; Hain, *3050.

La 1ᵉʳ volume finit avec le Psautier & par la date M CCCCLXII. Entre le chiffre M de cette date & les autres, se trouve le double écusson des imprimeurs en rouge. La souscription qui termine le 2ᵉ volume est la première de celles que Debure a transcrites. Elle est en rouge ainsi que le double écusson qui la suit.

1465.

5. L. Celii LACTANTII Firmiani (....—325) opera. *In monasterio Sublacenci (Sweynheym & .. Pannartz)*, 1465 29 oct. In-fol., 36 l., 1 édit. [63]

Audiffredi Rom. 1; Maittaire, 273; Orlandi, 63; Palmer, 120; Quirini, 76; Vogt, 391; Esprit des Journaux, Juillet 1780; Spencer, t. I, p. 201; Hain, *9806.

Les 9 premiers feuillets contiennent une table qui finit à la XIIᵉ ligne du verso du IX. Mais l'errata de trois pages et demie, qui se trouve dans quelques exemplaires de cette édition, n'est point dans celui-ci. Parmi les passages grecs cités par Lactance, plusieurs sont imprimés, les autres ont été écrits à la main, ainsi que les titres des chapitres.

La souscription, très diversement transcrite par les bibliographes, se lit ainsi au bas du verso du dernier feuillet :

Lactantii Firmiani de divinis institutionibus adversus
Gentes libri septem. Necnō eiusdᷓ ad Donatū de ira dei
Liber unus. Una cū libro de opificio hois ad demetrianū
Finiunt. Sub año Dn̄i MCCCCLXV. Pontificatus Pauli papae
ii anno eius secūdo. Indictiōe XIII. Die vero añpenultiā
mensis octobris. In venerabili monasterio Sublacensi. Deo gratias.

Cette édition, que Vogt appelle *inter rariora typographiae incunabula rarissimum*, est la plus ancienne production typographique de l'Italie, du moins

---

¹) Constitutiones Clementis V. *Moguntiae*, *Fust & Schaeffer*, 1460. In-folio. 1 édit. B.
Recueil de fables en allemand. *Bamberg*, (*Pfister*), 1461. In-fol.
Plaintes contre la mort &c... en allemand. *Bamberg*, *Pfister*, 1462, 1ᵉʳ mai. In-fol. B.
Biblia latina. (*Bambergae*, *Pfister*, 1460—63.)

de celles qui sont encore subsistantes. Il ne reste rien du Donat que Sweynheym & Pannartz avaient imprimé avant ce Lactance, & par lequel commence la liste de leurs travaux dans la Préface du t. V de leur édition de Nicolas de Lyra. Quant au *Decor puellarum* daté de 1461, & au Ptolémée de 1462, il est reconnu que ces dates sont fausses.

6. Marci Tullii CICERONIS (I. s. ante aeram vulgarem 106 a—43 a) De Oratore ad Quintum fratrem libri tres. (*In monasterio Sublacensi, Sweynheym & Pannartz*, 1465—68).
Grand in-4°, 109 f., 30 l., 1 édit. [64]

Audiffredi Rom., 4; La Vallière, N° 2253; Maittaire, 763; Panzer, II, 405; Spencer, t. I, p. 330; Hain, *5098.

Quoiqu'indiquée par Mattaire, cette édition a été inconnue à Orlandi & à Palmer. Orlandi, à l'article Subiaco, ne fait mention que du Lactance de 1465. Palmer (121) après avoir parlé de ce même Lactance, ajoute: We know nothing of any other edition wich came from that monastery's press. Peu d'éditions sont plus rares que celle-ci. Audiffredi n'en avait vu aucun exemplaire. Debure, N° 2390, l'a fort mal décrite, il a fait sur l'ordre des 3 livres du traité *De Oratore*, une dissertation dénuée de tout fondement.

Le 1er livre (c) OGITANTI MIHI SEPFNUME — se termine au feuillet 33 par ces mots: *quod se id nescire confessus est*. Le 2e commence au même feuillet 33 & finit au 79 par ces paroles: *meridiem mallet ĩprimum tamen audire velle dixerunt*. Le feuillet 80 est blanc. Au 81e commence le 3me livre dont la dernière ligne se lit ainsi au feuillet 109: *tionis animos nostros curamque laxemus*. On ne trouve plus ensuite que les 3 mots: ET SIC FINIS. Mais le caractère employé dans cette édition est tellement semblable à celui du Lactance de Subiaco, qu'on ne doute point que ces deux ouvrages ne soient sortis des mêmes presses & à peu près dans le même tems.

7. Aurelii AUGUSTINI (Hipponensis episcopi, 354—430) libellus de arte praedicandi sive liber quartus de doctrina christiana. *Moguntiae, Fust*, (ante 1466).
Petit in-fol., goth, 22 f., 40 l. [171]

Mercier, 148, & Trévoux, juin 1767; Spencer, I, 181; Hain, *1957.

La préface est intitulée: *Canno pro recōmendacione hujus famosi operis sive libelli sequentis de arte praedicandi Sancti Augustini*. Elle occupe le 1er feuillet & la moitié du recto du second. L'imprimeur Fust y est nommé: *Johanni Fust incolae maguntinensi impressoriae artis magistro.... persuasi quatenus ipse assumere dignaretur onus & laborem multiplicandi hunc libellum per viam impressionis*. L'ouvrage *hoc opus nostrum* commence sans intitulé au recto du 2e feuillet, & finit à la ligne XI du recto du 17e:

Explic q̄rtus de doctrina xp̄iana beati Augustini episcopi. Une table alphabétique occupe les feuillets 18, 19 & 20: elle est suivie d'un tableau analytique qui remplit 2 pages, savoir le verso du feuillet 21 & le recto du 22e.

Cette édition était regardée comme la première par Mercier de S. Léger. Laire la disait postérieure à celle de Strasbourg, donnée par Mentellin. 1*

8. Joannis CHRYSOSTOMI (344—407). Homiliae 62 in Mathaeum, latine, interprete Georgio Trapezuntio. (*Argentorati, Mentellin*, 1460—70.)
Petit in-fol., 251 f., 39 l., 1 édit. [171]

Braun, I, 4; Laire, I, 34; Spencer, t. I, 196; Hain, *5034.

On distingue, dans cette édition, 2 caractères, l'un plus grand pour les textes de l'Evangile, l'autre plus petit pour les homélies. Le premier, suivant Laire, est le caractère de la Bible imprimée par Mentellin à Strasbourg vers 1466, & le second est celui de l'édition que le même imprimeur a donnée du 4e livre de la doctrine chrétienne de s. Augustin.

Au recto du dernier feuillet, ligne 13, commence une épitre du traducteur à Fr. Barbaro, sénateur vénitien. Elle finit par : *Vale ex urbe v. Kls. maias*. Suivent, sur le même recto, ces quatre lignes :

Rubrica ptinens ad principium libri.
Traductio libroɀ sancti Johannis crisostomi super matheum e greco ī latinū edita a Georio Trapezoncio
Directaqɜ sanctissimo presuli Nicholao pape. v. [1])

1467.

9. Aur. AUGUSTINI episcopi yppouensis (354—430), De Civitate Dei libri 22. (*In monasterio Sublacensi, Sweynheym & Pannartz*), 1467, 12 juin.
In-fol., 2 col., 44 l., 1 édit. [6]

Audiff. Rom., 6; Clément, II, 261; La Caille, 16; Fossi, III, 15; Maittaire, 277; Meerman, II, 245; Panzer, II, 406; Spencer, t. I, 167; Hain, *2046.

Le volume commence par une table des chapitres qui occupe 12 feuillets. La souscription qui n'indique ni le lieu de l'impression ni les imprimeurs, est suivie des mots : DEO GRATIAS & des syllabes GOD // AL. Ces syllabes ont donné lieu à diverses interprétations dont aucune ne parait fort heureuse ; pas même celle que Panzer expose en ces termes : "Fortasse typographi hi germani idem germanice quodammodo exprimere voluerunt quod latine his verbis *Deo gratias* apposuerant, nimirum *God allein* scil. *Die Ehre* id est *Soli Deo scilicet gratia.*"

Les caractères ont beaucoup de ressemblance avec ceux du Lactance de 1465, cidessus No 5.

10. CLEMENTIS V (Pont. Rom. XIV s. — 1314) Constitutiones. *Moguntiae, Schoiffher*, 1467, 8 oct.
In-fol. max., Semi-goth., 4 col., 69 f. Exemplaire imprimé sur vélin. [7]

Laire, I, 65; La Vallière, No 1055; Marchand, 47; Wurdthweyn, 89; Spencer, t. III, 289; Hain, *5411.

---

[1]) Ciceronis de officiis libri 3, paradoxa & — *Moguntiae* (*Fust & Schaeffer*) 1465. In-4o maj. 1 ed. B.
Bonifacii VIII Sextus liber decret. *Moguntiae, Fust & Schaeffer*, 1465, 17 dec. In-fol., 1 edit. B.
Pii II Bulla contra Turchos. *Moguntiae, Faust & Schaeffer*, 1463—66. In-fol.
Aur. Augustini libellus de verae vitae cognitione. (*Moguntiae, Fust & Schaeffer* circa 1465.) In-4o.
Aur. Augustini liber de arte praedicandi quartus de doctrina christiana. *Argentorati, Mentellin*, (1460—70). In-fol.
Recueil des histoires de Troyes par Raoul Lefebre. *Cologne, Caxton* (1465—70). In-fol.
Grammatica vetus rhytmica. *Moguntiae*, 1466. In-fol. B.

Le texte occupe les deux colonnes intérieures de chaque page: les gloses en plus petits caractères, forment deux autres colonnes dans lesquelles les deux premières sont encadrées.

La souscription (transcrite par Marchand et par Wurdthweyn) ne contient pas le nom de Fust. Cet imprimeur était mort en 1466 ou 1467 à Paris, où régnait alors la peste.

Après cette souscription, qui se trouve au recto du 61me feuillet, notre exemplaire renferme, comme celui de La Vallière, la bulle *Exivi de Paradiso* & la *Constitutio execrabilis Joannis Pape XII* (pour XXII). Mais il contient en outre Joannis Andreae *Lectura super arborem consanguinitatis*. Ces trois additions occupent 8 feuillets, où chaque page est divisée en 2 colonnes. Au milieu du recto du 6e & du 7e de ces feuillets, on remarque des vides destinés à des figures généalogiques qui n'ont point été exécutées. [1])

1468.

11. M. Tullii CICERONIS (I. s. a. 106—43 a). De Oratore ad Quintum fratrem, libri 3. *Romae, Ulric Han de Vienne*, 1468, 5 dec.
Grand in-4°., 92 f., 36 l. [65]

Audiffredi Rom., 15; Clément, VII, 157; Debure, N° 3291; Fossi, I, 53 b; Orlandi, 72; Spencer, t. I, p. 331; Hain, 5099.

La 1ère ligne de ce volume est d'un caractère gothique assez grand. Tout le reste est d'un caractère très petit, beaucoup moins gothique.

Souscription: Finiti & cōtinuati sunt supradicti libri. M. T. C.
Rome per me Ulricum. Han de Wiena. Anno Domini Millesimo quadringentesimo sexagesimo octavo. Die Quinta mensis decembris.

12. Aur. AUGUSTINI episc. hypp. (354—430) De Civitate Dei libri 22. *Romae, Sweynheym & Pannartz*, 1468.
In-fol., 256 f., 46 l. [*Deux exemplaires* 8 *et* 8^2]

Clément, II, 261; Debure, N° 325; Fossi, I, 222; Laire, I, 66; Mercier-Trévoux, août 1763; Spencer, I, 171; Hain, 2047.

Une table occupe les 14 premiers feuillets. Le volume finit par cette souscription:

Hoc Conradus opus sweynheym ordine miro
Arnoldusq; simul Pannarts una ede colendi
Gente theotonica: Rome expediere sodales.
In domo Petri de Maximo. M CCCC LXVIII.

---

[1]) Thom. Aquin., Secunda 2^{ae}. *Moguntiae*, *Schaeffer*, 1467, 6 marcii. In-fol. B.
Thom. Aquin., Secunda 2^{ae}. (*Argentorati*, *Mentellin*, circa 1467). In-fol.
Augustinus, de singularitate clericorum. (*Coloniae*) *Ulric Zell*, 1467. In-4°. 1 édit.
Cicero, de finibus &c... (*Coloniae*, *Ulric Zell*, circa 1467). In-4°. 1 édit.
Ciceronis epistolae ad familiares. *Romae*, *Sweyheym & Pann.*, 1467. In-4°. 1 édit. B.
Vocabularius latino-teutonicus (ex quo). *Moguntiae*, *Bechtermunze*, 1467, 4 nov. 1 édit. B.
Meditationes Joannis de Turrecremata. *Romae*, *Ulric Han*, 1467, die ult. dec. In-fol., fig.

13. Eusebii HIERONYMI (340—420) Tractatus & epistolae. *Romae, Sweynheym & Pannartz*, 1468, 13 dec.
2 vol. in-fol., 46 l., 304 & 320 = 624 f. [9 *et* 9²]

<blockquote>
Audiff. Rom., 12; Fossi, 1, 773; Orlandi, 69; Spencer, I, 200; Hain, 8551.

Chaque volume commence par une épître dédicatoire de Jean André, évêque d'Aléria, à Paul II.

Souscription (à la fin du t. II) : Eusebii Hieronimi doctoris eximii secundum Epistolarum explicit volumen. anno christi M CCCC LXVIII Indictione prima Die ✝o XIII. mensis decembris. Pontifice maximo paulo regnante secūdo. Anno eius quinto Rome in domo magnifici uiri de maximo.

Cette édition est souvent indiquée comme la 1ère édition. Ce titre lui est disputé par celle que j'indique dans le note ci-dessous. [1]
</blockquote>

1469.

14. M. T. CICERONIS (I. s. a.) (1) De Oratore ad Quintum fratrem libri 3 (2) Brutus sive de claris oratoribus (3) Ad Brutum orator sive de optimo genere dicendi. *Romae, (Sweynheym & Pannartz)*, 1469, 12 jan.
Gr. in-4°., 187 f., 32 l., 1 édit. des articles (2) & (3). [67]

<blockquote>
Audiffredi Rom., 16; Clément, VII, 153; Spencer, I, 333; Hain, 5105.

Souscription: M. T. Ciceronis in Brutum explicit liber. Anno x͞pi M CCCC LXIX. die uero 12 mensis ianuarii. Rome in domo Magnifici uiri Petri de Maximo.
</blockquote>

15. Cornelii TACITI (I. s.), Opera, videlicet: annalium libri 8, historiarum libri 5 & dialogus de claris oratoribus. (*Venetiis, J. de Spira*, circa 1469.)
In-fol., 36 l. Réclames au bas de tous les verso. 1 édit. [10]

<blockquote>
Debure, N° 4904; Maittaire, 283; Orlandi, 20; Panzer, III, 63; Seemiller, I, 9; Spencer, II, 391, N° 460; Hain, *15218.

Cet exemplaire ne renferme point les moeurs des Germains; il est d'ailleurs conforme à la description de Debure.

L'édition commence par *Nam Valerium* au livre XI des Annales. On n'avait alors rien de ce qui précède, non plus que la Vie d'Agricola. Quant au dialogue *De claris oratoribus*, attribué tantôt à Tacite, tantôt à Quintilien, il n'est vraisemblablement ni de l'un ni de l'autre.

Ce n'est point le 1er livre imprimé par Jean de Spire, quoiqu'en dise
</blockquote>

---

[1]) Jheronymi Epistolae (*Argentorati, Mentellin*, circa 1468). In-fol.
Hieronimi epistolae ex rec. Mat. Palmerii. 2 vol. in-fol. 823 f.
Bonaventure meditationes. *In Augusta, Zeyner*, 1468, IV id. marcii. In-fol. 1 édit. B.
Justiniani Institut. *Moguntiae, Schaeffer*, 1468, 24 maii. In-fol. 1 édit. B.
Rudimenta grammaticae. *Moguntiae, (Schaeffer)*, 1468. In-fol. B.
Roder. (Santii de Arevalo) speculum humanae vitae. *Romae, Sweynheym & Pannartz*, 1468. In-fol.

Debure, qui au reste affirme lui-même N° 2408 que la plus ancienne des éditions de cet imprimeur est celle des Epîtres de Cicéron en 1469. Seemiller, qui croit que le Tacite est aussi de 1469, ajoute: Notatu certe digna est haec editio tum quod prima sit omnium, tum quod codex man. unde excusa est, in bibliotheca veneta non amplius reperiatur.... Quare instar ms. habenda et est rarissima.

Souscription: Caesareos mores scribit Cornelius: esto
Iste tibi codex: historiae pater est.
Insigni quem laude feret gens postera: pressit
Spira premens: artis gloria prima suae.

16. C. PLINII Secundi (23—79) Historiae naturalis libri 37. *Venetiis, Jo. de Spira*, 1469.
In-fol., 355 f., 50 l., 1 édit. [10]

Braun, I, 125; Fossi, II, 374; Maittaire, 282; Orlandi, 20; Panzer, III, 63; Quirini, 176; Sallengre, Mémoires de littérature, P. II, art. 4; Spencer, t. II, 253, N° 361; Hain, 13087.

Cette édition, que le P. Hardouin ne connaissait pas quand il donna celle de 1685, a pour souscription ces six vers:

Quem modo tam rarum cupiens vix lector haber&:
Quiq3 etiam fractus pene legendus eram:
Restituit Venetis me nuper Spira Ioannes
Excripsitq3 libros ere notante meos.
Fessa manus quondam moneo: calamusq3 quiescat
Namq3 labor studio cessit: & ingenio.
M CCCC LXVIIII.

On croit que J. de Spire n'a tiré que 100 exemplaires de cette édition; on le conclut un peu légèrement peut-être de ce vers:

. Mense fere trino centena volumina Plini,

l'un de ceux qui composent la souscription de l'édition de la Cité de Dieu, Venise, 1470.

17. P. VIRGILII Maronis (I. s. a. 70—19 a) Opera. *Romae, Sweynheym & Pannartz,* (circa 1469).
In-fol., 194 f., 38 l., 1 édit. [68]

Audiffredi Rom., 22; Heyne, Edit. Virgil., V; La Vallière, N° 2432; Spencer, t. 2, 459, N° 497.

Le volume commence par l'épître dédicatoire de Jean André évêque, à Paul II. (e)*loquentiae splendore*......&c... cette épître qui a trois pages et demie, est suivie d'une table où sont indiquées d'abord l'épître même qui précède; puis les pièces intitulées: *Culex, dirae, copa, est & non, vir bonus & sapiens, De rosis, Moretum, Nocte pluit tota, In Balistam latronem;* 4 vers d'Ovide: *qualis Bucolicis;* ensuite les 10 Eglogues, les 4 livres des Géorgiques, les 12 livres de l'Enéide; de plus, *Versus Sulpitii carthaginensis, Carmina Caesaris Augusti, Epitaphia illustrium virorum, Versus de Musarum inventis;* enfin une élégie sur la mort de Mécène, pièce qui n'est point de Virgile, dit la table, *quae dicitur Virgilii cum non sit.*

Le volume renferme en effet & dans cet ordre toutes ces pièces, ni plus ni moins. La dernière est suivie, au recto du dernier feuillet, de cette souscription:

Aspicis illustris lector quicumque libellos
Si cupis artificum nomina nosse: lege.

Aspera ridebis teutona cognomina forsan
Mitigat ars musis inscia verba virum.
Conradus Sweynheym: Arnoldus Pannartzq; magistri
Rome impresserunt talia multa simul.
Petrus cum fratre Francisco Maximus ambo
Huic operi optatam contribuere domum.

Quelques exemplaires ont 5 feuillets de plus où se trouvent les Priapeia.

18. Publii VIRGILII Maronis opera. (*Argentorati, Mentellin,* circa 1469.)
In-fol., 207 f., 32 l. [68]

La Vallière, N° 2433; Spencer, II, 262, N° 498.

Les Eglogues finissent au feuillet 14. Chaque livre des Géorgiques & de l'Enéide est précédé d'un sommaire ou argument en vers. Il y a un recto blanc entre le dernier vers des Géorgiques & *l'argumentum in libros Eneidum*. Le recto du 207ᵉ feuillet contient les 12 derniers vers de l'Enéide. *Vitaq3 cum gemitu fugit indignata sub umbras* est la dernière ligne dans ce volume.

Voyez une description plus détaillée au N° 2433 du catalogue de La Vallière, où l'on a gravé le commencement & la fin de cette rare édition.

19. GREGORII Papae (VI. s.—604) Liber regulae pastoralis. (*Argentorati, Flachen,* 1468—70.)
Petit in-4°, semi-goth., 152 f., 24 l., 1 édit. P. [294]

Debure, N° 495; Fournier B, 40 & 84; Mercier, Trévoux, août 1763; Panzer, IV, 227, N° 482; Spencer, t. III, 343, N° 705; Hain, *7982.

Les premiers mots du volume sont: *Incipit liber regule pastoral' gregorii pape ad johannem Archiepiscopum Rauenensem. Prologus;* et les derniers: *Explicit liber regule pastoral' gregorii Pape: ad Johanem archiepiscopum ravenensem.* Il n'y a pas d'autre souscription.

Naudé attribuait cette édition à Fust, & la faisait remonter aux premiers momens de l'imprimerie. Fournier ne la juge pas si ancienne, quoiqu'il la dise exécutée avec des caractères mobiles de bois. Debure présume qu'elle a été publiée vers 1470; Mercier pense qu'elle peut avoir paru dès 1468. On ne doute plus aujourd'hui qu'elle n'ait été imprimée en caractères de fonte, & on la croit de Martin Flach à Strasbourg.

20. TITI LIVII Patavini (I. s.) Historiarum Romanarum decades tres. *Romae, Sweynheym & Pannartz,* (1469).
In-fol., 411 f., 46 l., 1 édit. [11]

Audiffr. Rom., 25; Drakenborch, ed. Tit. Liv., VII, 328; Maittaire, 293; Orlandi, 70; Spencer, II, 128, N° 287; Hain, *10128.

Maittaire a regardé cette édition comme la première, & Drakenborch l'a placée à la tête du *Syllabus editionum Titi Livii,* qu'on trouve dans le t. VII de son Tite-Live. Elle commence par une épître de Jean André à Paul II, laquelle occupe les 2 premiers feuillets. Les 20 suivans contiennent l'epitome des 14 décades. Au recto du feuillet 411, le volume se termine par les 8 vers *Aspicis.... optatam contribuere domum*, que j'ai transcrits ci-dessus N° 17.

21. TITI LIVII Historiarum Romanarum decades tres. *Romae, Udalr. Gallus (sive Han),* circa 1469.
In-fol., 446 f., 45 l., 2ᵉ édit. [12]

Audiffr. Rom., 32; Braun, I, 92; Drakenborch, ed. Tit. Liv., VII, 330; Laire, I, 45; Spencer, II, 132, N° 298; Hain, 10129.

Laire soutient que cette édition est la 1e; il le conclut principalement de certains passages de l'épître dédicatoire de l'éditeur Campanus au cardinal de Pavie. Ces passages prouvent bien qu'au moment où Campanus préparait son édition, il n'en existait encore aucune autre: mais on tirerait de la préface de Jean André la même conséquence en faveur de l'édition de Sweynheym & Pannartz. Tout ce qu'on peut inférer de ces 2 épîtres, c'est que les deux éditeurs travaillaient presque en même tems, & que ces 2 éditions ont dû paraître à fort peu d'intervalle l'une de l'autre.

Il n'y a dans notre exemplaire ni table, ni registre des cahiers, ni epitome des 14 décades. Mais on y trouve deux fois, savoir à la fin de la 1e décade & à la fin du volume, les 6 vers suivans:

>Anser Tarpeii custos Jovis: unde: q alis
>Constreperes: gallus decidit: ultor adest
>Udalricus Gallus: ne quem poscantur in usum
>Edocuit pennis nil opus esse tuis
>Imprimit ille die quantum non scribitur anno
>Ingenio: haud noceas: omnia uincit homo.
>Campanus. [1])

1470.

22. M. T. CICERONIS (I. s. a.) Epistolae ad Brutum, ad Quintum fratrem, ad Octavium, ad Atticum. *Romae, Sweynh. et Pann.*, 1470.

In-fol., 196 f., 38 l., 1 édit. [72]

Audiffr. Rom., 56; D. Clément, VII, 123; Debure, N° 2419; Orlandi, 70; Quirini, 87; Spencer, t. I, p. 341; Hain, *5213.

L'éditeur est Jean André, évêque d'Alérie, dont l'épître à Paul II commence le volume.

Souscription: Impressum Rome opus in domo Petri & Francisci de Maxis iuxta campū flore. p̄sidentibus magistris Cōrado Suueynheym & Arnoldo Panartz. Anno dominici natalis MCCCCLXX. s. d. n. dñi pauli veneti Pont. Max. anno VI Vrbe & ecclesia florēte.

On pense assez généralement que cette édition est antérieure à celle que Jenson a publiée à Venise en la même année.

---

[1]) Apuleius. *Romae (Sweynh. & Pann.)* 1469. Die ult. febr. In-fol. 1 édit. B.
Cicero. De Officiis &c.... *Romae, Han*, 1469. 1 april. In-4°. B.
Aulus Gellius. *Romae (Sweynh. & Pann.)* 1469. 11 april. In-fol. 1 édit. B.
C. Jul. Caesaris Comment. *Romae (Sw. & Pann.)* 1469. 12 maii. In-fol. 1 édit. B.
Lucanus. *Romae, Sweynh. & Pannartz*, 1469. In-fol. B.
Lucanus, in-4°. 40 l. (circa 1469). 4°. B.
Ciceronis epistolae ad familiar. *Venet.*, J. de Spira, 1469. In-fol. B.
Miraculi de la Verzene Maria. *Milano, Phil. de Lavagna*, 1469 19 maii. In-8°.
Thomas Aquin. In libr. IV Sentent. *Moguntiae, Schaeffer*, 1469 13 juin. In-fol. 1 édit.
J. de Aurbach, Summa (de Sacramentis). *Augustae, Zeyner*, 1469. In-fol.
Strabo, latine. *Romae, Sweynh. & Pann.* (circa 1469). In-fol. 1 édit. B.
Bessario adversus calumniatorem Platonis. *Romae, Sweynh. & Pann.* (circa 1469). In-fol. 1 édit. B.
Aristotelis libri ethici, politici, oeconomici, latine. (*Argentorati, Mentellin*, circa 1469.) In-fol. 1 édit.
Augustini confessiones. (*Argentorati, Mentellin*, ante 1470). In-fol. 1 édit.
Augustini epistolae. (*Argentorati, Mentellin*, ante 1470). In-fol. 1 édit.
Astesani Summa de Casibus. (*Argent., Mentellin*, circa 1469). In-fol. 1 édit.
Lotarii postea Innocentii III Liber de miseria conditionis humanae, 1448. (*Argentorati*, circa 1469). In-fol.

23. C. PLINII Secundi (23—79) Hist. natur. libri 37. *Romae, Sweynheym & Pannartz*, 1470.
In-fol., 375 f.. 46 l. [14]

<small>Audiffredi Rom., 48; Debure, N° 1461; Orlandi, 70; Spencer, II, 257, N° 362; Hain, *13088.

L'épître dédicatoire de Jean André à Paul II est suivie: 1° d'une lettre de Pline le jeune relative aux études & aux écrits de son oncle; 2° d'une notice sur la vie de Pline l'ancien, extraite du livre *De viris illustribus* attribué à Suétone; 3° de la lettre de Pline le jeune sur la mort de Pline le naturaliste; 4° d'un passage de l'Apologétique de Tertullien; 5° enfin d'un passage de la Chronique d'Eusèbe.

On lit à la fin du volume: Hereneus Lugdunensis Epus: item Justinus ex philosopho martyr. item cum divo Hieronymo Eusebius Cesariēsis: serio posteritatem adiurarunt: ut eorum descripturi opera conferrent diligēter exemplaria, et sollerti studio emendarent. Idem ego tum in ceteris libris omnibus, tum maxime in Plynio ut fiat: vehementer obsecro. obtestor. atq3 adjuro: ne ad priora mēda & tenebras inextricabiles tanti sudoris opus relabat.

Instauratum aliquantulū sub Romano pōtifice maximo Paulo II. Veneto Atq3 impressum Rome in domo petri & Francisci de maximis juxta campū flore presidētibus magistris Cōrado Sueynheym & Arnoldo Panaratz (sic). Anno dominici natalis. M CCCC LXX Pontificatus ejus felicissimi ac placidissimi anno VI.</small>

24. Aur. AUGUSTINI (354—430) De Civitate Dei libri 22. *Romae, Sw. & Pann.*, 1470.
In-fol., 40 l. [16]

<small>Audiffr. Rom., 61; D. Clément, II, 261; Mercier, Trévoux, août 1763; Spencer, t. I, p. 172; Hain, *2049.

Cette édition que Montfaucon regardait comme la 1e (Diar. italic. c. 18) ne saurait être que la 3e; v. ci-dessus Nos 9 & 12. Peut-être même n'est-elle que la 5e. Car il existe une de la même année 1470, publiée à Venise par Vendelin de Spire; & une autre qui n'est point datée, mais qui pourrait être sortie des presses de Mentellin à Strasbourg, vers 1468 ou 69. Celle de Rome 1470, dont il s'agit ici, a pour souscription les 8 vers *Aspicis* &c... que j'ai transcrits ci-dessus, N° 17, mais avec le mot *aptatam* dans le dernier, au lieu d'*optatam*.</small>

25. THOMAE Aquinatis (1227—74 ord. praedic.) Continuum in evang. secundum Mathaeum & sec. Marcum. *Romae, Sweynheym & Pannartz*, 1470.
In-fol. max., 46 l., 1 édit. [15]

<small>Audiffr. Rom., 65; Debure, N° 148; Mercier, Trévoux, août 1763; Naudé, 299; Hain, *1330.

Le commentaire sur s. Marc est suivi des 8 vers *Aspicis... aptatam contribuere domum*. (Le 2e volume qui contient les commentaires sur Luc & Jean, n'est point à la bibliothèque du Panthéon.)</small>

26. Q. CURTII Rufi (inc. aet. II. s.) historiarum Alexandri magni libri qui extant. (*Venetiis*), *Vindelin de Spira*, (circa 1470).
Gr. in-4°, 153 f., 32 l., 1 édit. [79]

Braun, I, 95; Debure, N° 4775; Maittaire, 292; Orlandi, 21; Panzer, III, 66; Spencer, t. II, n. 318; Hain, *5878.

Voici les 8 dernières lignes du dernier feuillet :

> Quinti Curcii Ruffi historiarum alexandri magni
> Regis Macedonum liber nonus explicit
> Loquitur lector ad Vindelinum Spirensem
> Artificem qui Q. C. reddit in lucem
> Vendeline meo prius hic redditurus (sic) in auras
> Spiritus & corpus linquet inane meum
> Q3 tua nobilitas virtus : atque inclita fama :
> Pectore labatur candide amice meo.

27. PRISCIANI Grammatici (VI. s.) Opera. (*Venetiis*, *Vind. de Spira*), 1470.

In-fol., 202 f., 41 l., 1 édit. Exemplaire impr. sur vélin. [77]

Debure, N° 2257; Maittaire, 290; Panzer, III, 67; Hain, 13355.

Ce volume contient d'abord les ouvrages de Priscien sur les 8 parties d'oraison, sur la construction, sur les accens, sur les nombres, sur les poids & mesures. Ce dernier traité est terminé par la date 1470. Suivent les traductions latines que Priscien a données d'un livre d'Hermogène sur la rhétorique, du commentaire de Ruffin sur les vers de la comédie, & du poème de Denis sur la géographie. La traduction de ce dernier ouvrage est en vers hexamètres.

28. M. T. CICERONIS (I. s. a.) Rhetorica ad Herennium & libri de inventione. *Venetiis*, *Jenson*, 1470.

In-4°, 138 f., 30 l., 1 édit. Ex. imprimé sur vélin. [276]

Clément, VII, 153; Crevenna, III, 70; Debure, N° 2388; Maittaire, 288; Orlandi, 17; Spencer, I, 349; Hain, *5057.

Souscription : Emendata manu sunt exemplaria docta
> Omniboni quem dat utraque lingua Patrem.
> Haec eadem Jenson Veneta Nicolaus in urbe
> Formavit : Mauro sub duce Christophoro.
> MARCI TULLII CICERONIS ORATORIS CLARISSIMI RHETORICORUM VETERUM LIBER ULTIMUS FELICITER EXPLICIT. M.CCCC.LXX.

29. JUSTINI (II. s. juxta plerosque) Historiarum libri 44. *Venetiis*, *Jenson*, 1470.

Gr. in-4°, 140 f., 30 l., 1 édit. [74]

Debure, N° 4329; Maittaire, 289; Orlandi, 17; Spencer, II, 109, N° 274; Hain, 9647.

Souscription : FINIS.
> Historias veteres peregrinaq3 gesta revolvo
> Justinus. lege me : sum Trogus ipse brevis
> Me gallus veneta Jenson Nicolaus in urbe
> Formavit : mauro principe Christophoro.
> JUSTINI HISTORICI CLARISSIMI IN TROGI HISTORIAS LIBER XLIII FELICITER. EXPLICIT M CCCC LXX.

Cette belle édition est assez généralement considérée comme antérieure à celle de Rome que je vais indiquer.

30. JUSTINI historici politissimi epitoma in Trogi Pompeii historias. (*Romae*), *Udalr. Gall.*, (circa 1470).
Gr. in-4°, 138 f., 32 l. [75]

<small>Audiffr. Rom., 69; Edit. Bipont., 14; Spencer, t. II, 110, N° 275; Hain, 9646.</small>

<small>Les 6 vers *Anser Tarpeii*... ci-dessus N° 20, tiennent lieu de souscription. Quoiqu'ils ne soient point suivis du mot *Campanus*, plusieurs bibliographes pensent que c'est Campanus qui a surveillé cette édition. Il y en a qui prétendent qu'elle a paru dès 1469, d'autres la croient de 1470. Audiffredi ne la place que sous l'année 1471. — Elle offre, selon les éditeurs des Deux-Ponts, de meilleures leçons que celle de Venise.</small>

31. M. Tullii CICERONIS (I. s. a.) Orationes Philippicae. *Romae, Udalric. Gall.*, (*sive Han*, circa 1470).
Gr. in-4°, 32 l., 1 édit. [73]

<small>Audiffr. Rom., 39; Clément, VII, 152; Debure, N° 2400; Naudé, 297; Orlandi, 73; Spencer, t. I, 346; Hain, 5134.</small>

<small>L'exemplaire de la Bibliothèque du Panthéon n'a ni le 1er feuillet qui doit contenir au verso une épître de l'éditeur Campanus, ni le dernier que le registre des cahiers doit occuper. Le texte finit à la ligne XI du verso du feuillet 110 (de cet exemplaire). On lit sur le reste de la page les 6 vers *Anser Tarpeii*... ci-dessus N° 21.</small>

32. PLUTARCHI (....—140) Vitae parallelae, latine, interpretibus Philelpho, Tortellio, Lapo, Acciaiolo, Guarino, Leonardo Aretino, Leonardo Justiniano &c... Praemittitur epistola Campani (editoris) ad Fr. Piccolominium cardinalem Senensem. (*Romae*), *Udalr. Gall.*, (circa 1470).
In-fol., 45 l., 1 édit. [13]

<small>Audiffr. Rom., 37; Crevenna, IV, 245; Debure, N° 6082; Fossi, II, 383; Orlandi, 73; Quirini, 56; Spencer, t. II, 276, N° 376; Hain, *13125.</small>

<small>L'épître de l'éditeur est suivie d'une table qui comprend l'indication, quelquefois erronée, des traducteurs des différentes Vies. Après cet index, se trouvent les 6 vers *Anser Tarpeii*. Cette édition a 2 volumes. La bibliothèque du Panthéon ne possède que le 1er qui va jusqu'au Parallèle d'Eumenes & de Sertorius inclusivement.</small>

33. Roderici SANTII de Arevalo (episc. Zamoris & postea Calagaritani XV. s.) compendiosa historia hispanica. (*Romae*), *Udalr. Gall.*, (circa 1470).
Gr. in-4°, 235 f., 32 l., 1 édit. [80]

<small>Audiffr. Rom., 44; Debure, N° 5516; Orlandi, 73; Hain, 13955.</small>

<small>Les trois 1ers feuillets contiennent l'intitulé en lettres rouges, le prologue adressé par l'auteur au roi de Castille Henri IV, & la table des chapitres du 1er livre. 13 autres feuillets, qui dans quelques exemplaires précèdent les 3 dont je viens de parler, sont occupés par une table générale de toutes les parties de l'ouvrage.</small>

<small>*Souscription:* De mandato R. P. D. Roderici Episcopi palentini, autoris hujus libri ego Udalricus Gallus sine calamo aut pennis eundem librum impressi.</small>

34. Roderici (SANTII de Arev.) Speculum vitae humanae. (*Romae, Georg. Laver*, circa 1470).
In-fol., 32 l., Dipht. æ œ. [133]

Audiffr. Rom., 358; Gaignat, N° 888; Hain, 13935 (?)

L'épître de l'auteur à Paul II commence au recto du 1er feuillet & finit au milieu du verso du second. Suit immédiatement une préface qui se termine à la ligne XI du verso du IVe feuillet. Le reste de ce verso & les 4 feuillets suivans sont remplis par la table des chapitres des 2 livres de l'ouvrage. On trouve à la fin du 2e livre 6 vers: *Edidit hoc linguae.... gloria parta viri;* puis une table alphabétique qui occupe 3 feuillets & la moitié du recto d'un 4e qui est le dernier du volume. A la suite de cette table on lit sur ce même recto:

Finis foelix atq3 optatus illius brevis tabulae sive repertorii per alphabetum in presentem libꝓ! speculum humanae vitae nuncupatum.

Cette édition est annoncée dans le catalogue de Gaignat comme la 1ere et comme imprimée dans le monastère de S. Eusèbe à Rome, par Georges Laver avant 1470. Audiffredi élève des doutes sur cette date: quand elle serait bien constante, ce ne serait point encore la 1ere édition de cet ouvrage, puisque Sweynheym & Pannartz en ont publié une en 1468.

35. Marci Fabii QUINTILIANI (I. s.) Institutionum oratoriarum libri 12. *Romae, in via pape*, 1470, 3 aug.
In-fol., 279 f., 35 l., 1 édit. [71]

Audiffr. Rom., 47; Debure, N° 2446; Meerman, II, 354; Orlandi, 73; Spencer, II, 305, N° 393; Hain, 13646.

Édition attribuée à Philippe de Lignamine par Audiffredi, à Ulric Han par les autres bibliographes. On s'accorde à la regarder comme antérieure à celle de Sweynheym & Pannartz, publiée aussi à Rome en 1470.
Les 4 premiers feuillets sont occupés par l'épître de l'éditeur Campanus au cardinal de Sienne & par une table. On lit au dernier recto du volume l. 9, cette souscription:

Marci Fabii Quintilliani institutionum oratoriarum ad Victorium Marcellum liber XII & ultimus explicit. Absolutus Rome in via pape prope sanctum Marcum. Anno salutis M CCCC LXX die vero tertia mensis augusti. Paulo veneto papa II florente anno ejus VI.

36. C. SUETONII Tranquilli (II. s.) vitae 12 Caesarum. Praemittitur Campani (editoris) ad Card. Piccolomineum epistola (brevis). *Romae, in pinea regione, via pape*, 1470, mense sextili, Anno VI. Pontificatus Pauli secundi.
In-fol., 225 f., 35 l., 1 édit. [69]

Exécutée par Philippe de Lignamine selon Audiffredi Rom., 46, & Spencer, II, 380; par Ulric Han, selon Debure, N° 4918; Meerman, II, 254, Orlandi, 73, &c.... Hain, 15115.

37. C. SUETONII Tranq. Vitae 12 Cesarum; praeit epistola Jo. Andreae ad Paulum II. *Romae, Sweynheym & Pannartz*, 1470.
In-fol., 109 f., 38 l., lettres grises, 2de édition. [70]

Audiffredi Rom., 54; Orlandi, 70; Spencer, II, 382; Hain, *15116.

L'épître dédicatoire est datée, *Pontificatus tui* (Pauli II) *anno VII*. Cette édition n'est donc que la 2de, puisque la précédente N° 36, est de la VI année du même pontificat. A la fin du volume, se trouve la date M CCCCLXX précédée des 8 vers *Aspicis*.... dans lequels on remarque *congnomina* pour *cognomina*, & *aptatam* au lieu d'*optatam*.

38. Leonardi (BRUNI) Aretini (1370—1444) liber de Bello italico adversus Gothos. *Fulginei, Emilian. de Orsinis & J. Numeister*, 1470.
In-fol., 72 f., 29 l.. 1 édit. [76]

Audiffr. ital., 397; Debure, N° 5015; Maittaire, 290; Mercier, 42; Hain, 1558.

Souscription: Hunc libellum emilianus de Orfinis Eulginas & Johannes Numeister Theutunicus: ejusq3 sotii (sic) feliciter impresserunt. *fulginci* In domo ejusdem Emiliani anno domini millesimo quadringentesimo Septuagesimo feliciter.

Il suffit de lire cette souscription & de remarquer la place qui occupe le mot *Fulginei* pour reconnaître que ce mot indique ici le lieu de l'impression & non la patrie de l'imprimeur. Il n'est pas étonnant que cette édition ait été annoncée tantôt comme in-4°, tantôt comme in-folio: notre exemplaire contient des cahiers in-4°, mais la plupart sont in-folio.

Le livre *de Bello italico* donné par Leonard Bruni comme un ouvrage de sa composition, a été dénoncé par Christophe Persona comme une traduction de Procope. V. Thomasius, de Plagio litterario, p. 859. Bayle, Dict., au mot *Aretin*, note N. Nicéron XXV, 290 &c....

39. PAULI de Sancta Maria episcopi Burgensis (XV. s.) Scrutinium Scripturarum. (*Argentorati, Mentellin*, circa 1470.)
Petit in-fol., 215 f., 39 l. [78]

Denis, N° 5579; La Vallière, N° 175; Panzer, I, 71; Hain, *10763.

C'est la 1ere des 2 éditions de Strasbourg indiquées par Panzer, celle dont il donne la notice sous le N° 399. Denis parle d'un exemplaire sur lequel on a écrit *Empt. ann.* 1472. La dernière ligne du nôtre est: *nor & gloria in secula seculop. amen deo gracias.* 1470. Mais cette date 1470 est manuscrite. Les chiffres arabes qui la composent ont la forme qu'on leur donnait au XV s.; elle est en encre rouge & parait être de la même main que les initiales des chapitres. Debure ne fait mention (N° 132) que d'une édition de Mayence 1478, qu'il semble donner pour la 1ere de cet ouvrage. Il en existe quatre antérieures à celle-là; les 2 de Strasbourg, une de Rome vers 1470, décrite par Audiffredi 41, et une de 1475 indiquée par Fabricius Med. libr. 5.

Scrutamini Scripturas: en conséquence de ce précepte, l'auteur du *Scrutinium Scripturarum* recherche dans la Bible ce qui concerne la justification de l'homme, l'établissement de l'Eglise, les Sacremens &c.... L'ouvrage est divisé en deux parties: la 1ere est un dialogue entre Saul & Paul, Saul pharisien, persécuteur du christianisme & le même Saul devenu Paul, le converti & le convertisseur. La seconde partie qui procède, dit l'auteur, *modo didascalico*, est une espèce d'abrégé de la doctrine chrétienne.

40. THOMAE de Aquino ord Praedic. (1227—74) Summae prima pars. *Moguntiae, Schaeffer,* (circa 1470).
In-fol., 2 col., 252 f., 50 puis 47 l., Caractères de la Bible de 1462 & des Institutes de 1468. [30]

Seemiller, I, 341; Hain, 1439.

Au commencement du volume une table remplit 5 feuillets & une partie de la 1ère colonne du recto du sixième. Le reste de ce feuillet n'est pas employé. Il paraît que Schaeffer n'a imprimé que cette 1ère partie de la somme de Thomas. Ce volume est le seul de cette édition qui soit à la bibliothèque Nationale, à celle du Panthéon, à celle d'Ingolstadt. On peut y joindre les 2 articles suivans.

41. THOMAE de Aquino secunda secundae. (*Eustadii, Reyser*, circa 1470.)
In-fol., goth., 2 col., 320 f., 59 l., sans initiales. [31]

Laire, I, 201; Panzer, I, 390; Hain, *1455.

Les 7 derniers feuillets sont occupés par 2 tables, l'une des 189 quaestions; l'autre alphabétique. Celle-ci est beaucoup plus courte: elle ne remplit que les 17 dernières lignes de l'avant-dernier feuillet, tout le recto du dernier, & toute la 1ère colonne du verso & 10 lignes de la seconde.

42. THOMAE de Aquino summae tertia pars. (*Basileae, Mich. Wenssler*, circa 1470.)
In-fol., goth., 2 col., 270 f., 46 l., sans initiales. [32]

Braun, I, 57; Laire, I, 200; Panzer, II, 197; Hain, *1468.

Les 5 derniers feuillets contiennent une table des 90 questions. Outre les 270 feuillets, notre exemplaire en renferme 2 plus petits & qui semblent lui être particuliers: ils ne sont imprimés chacun que d'un seul côté; ils contiennent le registre des cahiers.

43. GREGORII Papae (VI. s.—604) Moralium libri 35. (*Basileae, Berthold Rodt*, 1470—72.)
In-fol. max., 2 col., 421 f., 48 l. [51]

Braun, I, 54; Laire, I, 39; Panzer, I, 192; Hain, *7926.

Au verso du 1er feuillet, se trouve une préface de l'éditeur, celle de l'auteur commence au 2^d. Le dernier livre de l'ouvrage finit à la 27e ligne d'un recto. Au verso, *incipit Registrum breve & utile:* cet intitulé et le prologue qui le suit, annonce (non pas un registre des cahiers) mais une table alphabétique qui commence ligne 14 de la 2de colonne du même verso, & qui occupe les 8 feuillets suivans.

Le caractère est celui du *Repertorium vocabulorum & historiarum. Basileae, Berthold Rodt*, sans date.

44. JACOBI Magni religionis fratrum heremitarum sancti Augustini (XV. s.) Sophologium. (*Parisiis, in Sorbonâ, Gering, Crantz & Friburger*, 1470—72.)
In-fol., 217 f., 32 l., 1 édition. [*Deux exemplaires* 93^2 *et* 94]

Indiquée par Maittaire, 294; par Orlandi, 84, & l'une de celles dont Chevillier, 36 & 37, a composé sa première liste des livres imprimés à Paris dans la maison de Sorbonne, par les premiers imprimeurs Ulric Gering, Martin Crantz & Michel Friburger. Hain, 10473.

Au bas du recto du dernier feuillet on lit: *Jacobi Magni Sophologium finit feliciter*, & au verso les vers *Istuc clarorum*.... que Debure a transcrits

N° 349. Ils sont précédés du titre: *Epigramma ad hujus operis conspectorem* & suivis du mot *Vale*. Sallier, *Inscr.* XV, 796, a donné une notice de cet abrégé de morale théologique & indiqué quelques unes des éditions qui en ont été faites. Il est loin de les avoir connues toutes. Ce livre est un de ceux qui en ont eu le plus durant les 30 dernières années du XVeme siècle. On en compte aujourd'hui jusqu'à 13. 8 ci-dessous N° 87, 148, 472, 766. [1])

1471.

45. (ADRIANI Carthusiani, XV. s.) Liber de remediis utriusque fortune, prospere scilicet & adverse per quemdam poetam prestantem necnon sacre theologie professorem. *Coloniae, Arnold. Ther Hoernen*, 1471, die veneris 8 febr. In-4°, 164 f., 27 l., chiffr. 143. [295]

D. Clément, I, 56; Fabricius, Med., III, 180; Spencer, III, 452, N° 746; Maittaire, 306; Hain, *96.

Les chiffres arabes qui numérotent les feuillets sont placés à la marge des recto, au bout de la 14e ou 15e ligne. On pourrait les croire ajoutés après le tems de l'édition, s'ils n'étaient rappelés dans la table de 21 feuillets qui termine le volume. Cette table manquait apparemment dans les exemplaires vus par Debure, puisqu'il dit N° 1325, que *la totalité du volume*

[1]) Titus Livius. *Venet., Vendelin de Spira*, 1470. In-fol. B.
Virgilius. *Venet., Vind. de Sp.*, 1470. In-fol. B.
Sonetti e triomphi di Petrarca. *Ven., Vind. de Sp.*, 1470. In-4°. 1 édit. B.
Sallustius. *Venet., Vind. de Sp.*. 1470. In-fol. 1 édit. B.
Guarini Veronensis Regulae grammat. &c... *Ven., Nic. Jenson*, 1470. In-4°.
La Batracomiomachia d'Omero. *Verona*, 1470. In-8°. Premier livre imprimé à Vérone.
Ciceronis Epistolae ad Atticum &c. *Venet., Nic. Jenson*, 1870. In-fol. B.
Fl. Josephus latine. *Augustae, Schüssler*, 1470. In-fol. 1 édit. B.
J. de Turrecremata expositio Psalterii. *Romae, Han*, 1470. 1 édit. B.
Chrysostomi homiliae. *Romae, (Laver)*, 1470. 1 édit.
(Marchesini) Mammotrectus. *Moguntiae, Schoiffer*, 1470. In-fol.
(Marchesini) Mammotrectus *(Munster in Ergau)*, 1470. In-fol.
Quintillianus. *Romae, Sweynh. & Pann.*, 1470. In-fol. B.
Francisci de Retza comestorium vitiorum. *Norimbergae*, 1470, in-fol. Premier livre imprimé à Nuremberg.
Historia quomodo Beatus Franciscus petivit indulgentiam. *Trevia*, 1740, in-fol.
Cicero de oratore. *Venet., Valdarfer*, 1470, in-fol.
Eusebii praeparatio evangelica, latinè. *Venet., Jenson*, 1470. In-fol. 1 édit. B.
Juvenalis & Persius. *Romae, Han*, (circa 1470), in-4°. 1 édit.
Phalaridis epistolae, latinè. *(Romae, Han*, circà 1470.) In-4°.
Pauli Burgensis Scrutinium Scripturarum. *Romae, Han*, (circa 1470). In-4°. 1 édit. B.
Decisiones Rotae Romanae. *Romae, Han*, (circa 1470). In-4°. 1 édit. B.
Valer. Martialis. *(Venet.), Vind. de Spira*, (circa 1470). In-4°. 1 édit. B.
Guidonis de Monte-Rocherio manipulus curatorum. *(Savilliani*, circa 1470.) In-fol. 1 édit.
Horatius, (circa 1470). In-4°. 1 édit. B.
Il decamerone di boccacio, (circa 1470). In-fol. 1 édit.
Gasparini pergam. Epistolae. *Paris, Gering* &c... (circa 1470). In-4°. 1 édit. B.
Sallustius. *Paris, Gering*, (circa 1470). In-4°. 1^a vel 2^a edit. B.
Florus. *(Paris, Gering*, circa 1470). In-4°. 1 édit. B.
Platonis Epistolae, latinè. *(Paris, Gering*, 1470—72). In-4°.

ne contient que 143 *ff*. Fabricius désigne ainsi l'auteur de ce livre: Hadrianus Cartusianus in Carthusia vicina Monti S. Gertrudis in confinio Brabantiae & Hollandiae circa A. 1410. On a quelquefois confondu cet ouvrage avec celui de Pétrarque N° 650 ci-dessous. Tous deux ont le même titre, le même sujet & la même distribution en deux livres, dont le premier traite de la prospérité & le second de la mauvaise fortune. Tous deux encore sont écrits sous la forme de dialogue. Ils offrent en général les mêmes détails & presque toujours dans le même ordre, les mêmes idées & souvent les mêmes expressions. Mais l'ouvrage de Pétrarque est plus étendu, il contient plus de citations & de traits d'histoire que celui d'Adrien. Dans Pétrarque, les interlocuteurs sont la joie et la raison pour le premier livre, la raison & la douleur pour le second. Dans Adrien, le dialogue n'est jamais qu'entre le disciple & le maître, ainsi que la préface l'annonce: In 1° libro discipulus per modum jactationis gloriatur de mundi prosperitatibus, & magister dampnat super hoc fere omnes prosperitates et vanitates mundi.... in 2° vero libro discipulus per modum lamentacionis conqueritur de mundi adversitatibus & magister super hoc proponit hominibus infortunatis pauperibus ac moestis saluberrima remedia.

46. Petri de CRESCENTIIS (medici, XIV. s.) civis Bononiensis, Ruralium commodorum libri XII. *Augustae* (*Vindelicorum*), *J. Schüssler*, 1471.

In-fol., goth., 209 f., 35 l., 1ª edit. [81]

Aug. Typ., 7; Braun, I, 138; Maittaire, 309; Panzer, I, 101; Seemiller, I, 26; Spencer, III, 293, n. 674; Hain, *5828.

A l'entrée du volume est une épître d'Aymeric de Plaisance, suivie d'une table. Le recto du dernier feuillet est terminé par cette souscription:

Petri de Crescenciis civis bonoñ ruraliū pmodorum libri duodecim Finiunt feliciter p Johannē Schüssler civem Augustensem impressi Circiter xiiij Kalendas marcias. Anno vero a partu Virginis salutife ro Millesimo quadringentesimo et septuagesimo primo xc.

Debure N° 1529, doutait de l'existence de cette édition. Ce livre d'économie rurale a été écrit en latin par l'auteur, & non pas en italien comme quelques-uns l'ont prétendu.

47. CALPURNII (Septem & NEMESIANI quatuor) Eglogae (III. s. scriptae). HESIODUS (X. s. a.) De operibus & diebus latinis versibus redditus a Nicolao de Valle. SILII ITALICI (I. s.) punicorum libri XVII. *Romae, Sweynheym & Pannartz*, 1471 5 apr., pontificatus Pauli II. anno VII.

In-fol., 191 feuillets (le dernier blanc), 38 l., 1 édit. [82]

Audiffr. Rom., 74; Orlandi, 71; Spencer, II, 353, n. 430, III, 238, n. 658; Hain, *14733.

Je ne fais qu'un article de ces divers ouvrages parce qu'ils n'en forment qu'un dans la liste des éditions de Sweynheym et Pannartz au t. V de Nic. de Lyra: *Silii Italici cum C. Calphurnio & Hesiodo volumina* 275. J'ai distingué dans l'intitulé les quatre églogues de Némésien, quoique dans cette édition elles soient placées sans aucune distinction à la suite des sept églogues de Calphurnius, auquel toutes les onze sont même attribuées par la conclusion qui suit la XI°. *Calphurnii Bucolicon carmen desinit*. Il n'y a d'indication d'année, de lieu, d'imprimeur ni après ces onze églogues, ni après la traduction du poème d'Hésiode. C'est à la fin de Silius Italicus qu'on lit:

Anno dñici natalis M CCCC LXXI die V mensis aprilis summo Pont. Paulo II. Veneto. anno Pont. VII. Jo. An. Epūs alerieñ in insula Cyrno recognitione absolvit diebus circiter XV. lector benivole vale Perpetuo.

Suivent les huit vers: *Aspicis.... aptatam contribuere domum.* Il y a une autre édition de Silius Italicus, aussi à Rome en 1471; mais elle est datée *sexto Kal. Maii.*

48. Laurentii VALLAE (1415—65) de elegantia latinae linguae libri VI. *Rome, in pinia regione,* 1471. In-fol., 219 f., 34 l., 1 édit. [89]

Audiffredi Rom., 82; Fossi, II, 753; Hain, 15801.

Cette édition est assez généralement regardée comme antérieure à celle de Jenson à Venise en la même année 1471. On est moins d'accord sur l'imprimeur que la souscription ne nomme point: la plupart des bibliographes désignent Ulric Han: Audiffredi soutient que l'édition est de Philippe de Lignamine.

Souscription: Anno gratiae M CCCC LXXI, Rome in pinia
               regiōe paulo sedēte II anno Pōtificatꝯ sui VII
               B   R   M.

Que signifient B. R. M.?

49. Joannis Nazareni filii MESUE grabadim medicinarum universalium & particularium libri (IX. s. scripti). *Venetiis, Clemens Patavinus,* 1471, XV Kal. junii. In-fol., 200 f., 43 l., 1 édit. [83]

Panzer, III, 81; Hain, 11118.

Debure, N° 1809, déclare qu'il n'a vu aucun exemplaire de cette édition, il l'intitule: *Jo. Mesuae practica de medicinis Particularium aegritudinum.* Quant à la date, au lieu de l'impression & à l'imprimeur, il indique, comme je viens de le faire, 1471, Venise, & Clément de Padoue. Ces indications néanmoins ne résultent que d'une épître de Nic. Gupalitin à Cavalcabovi médecin vénitien, épître qui finit en effet par la date: *Venetiis anno 1471. XV Kal. junii.* On remarque dans cette lettre un éloge des inventeurs de l'imprimerie, qui amène celui de Clément de Padoue:

Cujus rei sane clarissimum exemplum praebet libri hujus elegantissimus impressor Clemens patavinus Sacerdos bonus: virque non solum litterarum studiis apprime eruditus, sed et omnium quos unquā novi in dedaleo praesertim et manuali opere ingeniosissimus. Nam cum neminem tale artificium operantem prospexerit, suo perspicaci ingenio elementis quibusdam tantum hujus artis perceptis reliqua consummatissime reperiens *italorum primus* [1]) libros hac arte formavit.

Le catalogue de La Vallière annonce, N° 1719, une édition de Mesue, de 1471, mais à 2 colonnes, de 39 lignes chacune &c... circonstances dont aucune ne convient à notre exemplaire. Il n'a d'ailleurs ni les mêmes intitulés ni les mêmes souscriptions. Il ne ressemble à celui de La Vallière qu'en ce qu'il est aussi *exécuté avec un très beau caractère rond.* Laire I, 248, décrit encore une édition de Mesue, *de Medicinis particularium aegritudinum* 1471. Mais outre que cet intitulé ne répond point à toutes les parties que notre exemplaire renferme, il y a plusieurs autres différences. Laire transcrit une date *V idus junii,* il mentionne l'addition de Pierre de Apono: ni cette addition, ni cette date ne se trouvent dans l'exemplaire du Panthéon, tandis

---

[1]) Sweynheym et Pannartz, Ulric Han et Vindelin de Spire, Jenson, qui avaient imprimé en Italie, avant Clément de Padoue, n'étaient point *italiens.*

qu'au contraire la lettre de Gupalatin qui le termine n'est point dans celui de Laire.

Le premier feuillet de notre exemplaire commence par ces mots :
In nomine dei misericordie cujus nutu sermo recipit gratiam et doctrina pfectionem. Principium verborum Joannis filii Mesue, filii hamech, filii Hely, filii Abdela regis damasci verbum accidit.....

Le verso du 95ᵉ feuillet finit ainsi :
Joannis Nazareni filii mesue grabadim medicinarum universalium explicit particularium autem medicinarum cum dei auxilio librum incipiemus qui est sequens.

Le feuillet suivant commence par l'intitulé :
In nomine Dei misericordie Joannis Nazareni filii mesue grabadim medicinarum particularium incipit.

La fin de l'ouvrage au verso du 199ᵉ feuillet, n'est marquée que par le mot : *finis.* L'épître de Gupalatin occupe le 200ᵉ & dernier.

50. EUTROPIUS (IV. s.) PAULUS DIACONUS (VIII. s.). *Romae, (Geor. Laver)*, 1471 20 maii.

Gr. in-4°, 104 f., 32 l., Registr., 1 édit. [84]

Audiffr. Rom., 86; Bip. edit., XXIV; Panzer, II, 428; Spencer, II, 27, n. 236; Hain, *6726.

Une table chronologique qui commence au verso du premier feuillet est immédiatement suivie d'une table alphabétique & du registre des cahiers. A la fin du volume on lit cette souscription :
Eutropius historiographus Romae impressus anno dñi M CCCC LXXI die lune XX. Mensis mai Ponti. S. in xp̄o p̄ris ac dñi nostri domī Pauli divina providentia Pape secundi. anno ejus septimo. Explicit.

51. M. T. CICERONIS (1. s. a.) Libri de natura deorum, de divinatione, de fato, de legibus; questiones academicae & liber (Modesti) de disciplina militari. *Venetiis, Vindelin de Spira,* 1471.

Gr. in-4°, 182 f., 32 l., 1ᵉ édition du livre *de natura deorum.* [90]

D. Clément, VII, 149; Crevenna, III, 82; Debure, n. 2436; Fossi, I, 531; Laire, I, 237; Maittaire, 291; Panzer, III, 72; Spencer, I, 266; Hain, *5334.

On trouve au commencement du volume, la vie de Cicéron, extraite de Plutarque; les vers de Corn. Severus sur la mort de l'orateur romain, suivis de la date 1471. La souscription consiste dans ce vers de Jovenzonius :

Spyra tuum nomen toto celebrabitur orbe
Que Vindellini diceris esse parens
Ordine qui tanto Ciceronis opuscula magni
imprimit : ut fabrum palladis esse putes.
Tu quoque donatę stirpis : venetique senatus
Gloria Aluuisi : tu quoque dicis idem.

Cette édition peut passer pour la première des III livres de la nature des dieux. Ces livres cependant ont été imprimés aussi en 1471 par Sweynheym & Pannartz, dans la collection qu'ils ont donnée des oeuvres philosophiques de Cicéron.

52. Cecilii CYPRIANI Carthaginensis-episcopi (....—258) opus epistolarum. *Venetiis, Vind. de Spira,* 1471.

In-fol., 182 f., 38 l. [91]

Crevenna, I, 58; Debure, N° 289; Fossi, I, 586; Laire, I, 242; Seemiller, I, 25; Spencer, I, 198; Hain, *5897.

Une table remplit le premier feuillet & finit à la 7ᵉ ligne du recto du troisième. On lit à la fin du volume:

> Loquitur lector ad Vindelinum spirensem artificem
> Qui epistolas beati Cipriani reddit in lucem.

Puis, sans la suite que ces deux lignes supposent, c'est-à-dire sans que le lecteur dise rien à Vendelin de Spire, la seule date M CCCC LXXI. Il y a une édition de Rome de la même année. Celle de Venise, qui est peut-être la moins ancienne, est d'ailleurs la plus rare, & Baluze la trouvait la plus correcte.

53. M. F. QUINTILIANI (I. s.) Institutionum Oratoriarum libri XII, ab Omnibono Leoniceno recognitae. *Venetiis, Jenson*, 1471 12 maii.

In-fol., 212 f., 39 l. [85]

Debure, N° 2483; Fossi, II, 433; Orlandi, 18; Sardini, III, 17; Spencer, II, 309; Hain, *13647.

Très belle édition. On y remarque des æ parfaitement bien formés: les passages grecs sont laissés en blanc. Au premier feuillet on trouve une table des chapitres qui finit au recto du second feuillet & qui est imprimée sur deux colonnes. Le reste du volume est à longues lignes. Au verso du troisième feuillet, dont le recto est vide, on lit une épître de l'éditeur qui parle de l'imprimeur Jenson en ces termes: *qui librariae artis* inventor, *non ut scribantur calamo libri, sed veluti gema imprimantur ac prope sigillo* primus omnium *ingeniose monstravit*. Avec le dixième feuillet commencent les Institutions oratoires de Quintillien, à la fin desquelles se trouve cette souscription en lettres capitales:

> Marci Fabii Quintiliani liber duodecimus et ultimus feliciter finit. Quintilianum eloquentiae fontem ab eruditissimo Omnibono Leoniceno emendatum. M. Nicolaus Jenson Gallicus viventibus posterisque miro impressit artificio. Annis (sic) M CCCC LXXI mense maii die XXI. Deo gratias.

54. Caii SUETONII Tranquilli (II. s.) Vitae duodecim Caesarum. *Venetiis, Jenson*, 1471.

Gr. in-4°, 160 f. (le dernier blanc), 32 l. [92]

Debure, N° 4920; Laire, I, 252; Maittaire, 302; Orlandi, 17; Sardini, III, 13; Hain, *15117.

Souscription :
> Hoc ego Nicoleos Gallus cognomine Jenson
> Impressi: mirae quis neg& artis opus
> At tibi dum legitur docili Suetonius ore
> Artificis nomen fac rogo lector ames.
> M CCCC LXXI.

55. Leonardi (BRUNI, 1370—1444) Aretini liber de Bello italico adversus Gothos. *Venetiis, Jenson*, 1471.

Gr. in-4°, 64 f., 32 l. (T) [93]

Maittaire, 304; Orlandi, 17; Sardini, III, 15; Hain, *1559.

Le volume est terminé par ces deux vers:

> Gallicus hunc librum impressit Nicolaus Ienson
> Artifici grates optime lector habe.
> M CCCC LXXI.

56. (SERAPIONIS medici VIII. & IX. s.) Liber servitoris sive liber XXVIII bulchasi ben aberazerim translatus a Simone januensi interprete abraam judeo tortuosiensi. *Venetiis, Jenson,* 1471.
In-4°, 63 f., 27 l., 1ª édit. [298]

<small>Laire, I, 252; Maittaire, 306; Orlandi, 18.

Souscription: Finit liber Servitoris de prepatōe mediaṇ sīpliciū īpressus Venetiis p Nicolaū Ienson gallicum M CCCC LXXI.

Cet ouvrage de pharmacie est fort connu: mais cette belle édition l'est assez peu. Orlandi & Maittaire l'indiquent à peine: Debure n'en fait aucune mention. Elle paraît, ainsi que Laire l'observe, exécutée avec les mêmes caractères que le *Decor puellarum*, la *Gloria mulierum* &c, livres qui sont sortis aussi des presses de Nic. Jenson.</small>

57. VALERII MAXIMI (I. s.) De dictis & factis memorabilibus libri IX. *Moguntiae, Schoyffer*, 1471, XVIII Kalendis (*sic*) julii.
Petit in-fol., 198 f., 29 lignes longues & non à 2 colonnes. [86]

<small>Crevenna, V, 174; Debure, N° 6127; Fossi, II, 745; La Caille, 14; Naudé, 296; Orlandi, 13; Panzer, II, 121; Schwartz, 333; Gesner, 25; Spencer, II, 450, n. 490; Hain, *15774.

La souscription est en rouge ainsi que l'écusson qui la suit. On croit que cette édition a paru avant celle que Jenson a publiée à Venise, aussi en 1471. Mais l'édition sans date (à 159 f. 34 l.) qu'on attribue à Mentellin, pourrait bien être la plus ancienne de toutes.</small>

58. Triomfi, sonetti e canzone del PETRARCA (1304—74). *Roma*, 1471 10 di luglio.
In-4°, 192 f., 27 l., sans initiales & sans intitulés. [296]

<small>Hain, 12754.

Cette édition n'est ni décrite, ni même indiquée dans aucun livre de bibliographie. Audiffredi, qui a fait une recherche particulière de toutes les éditions de Rome, ne l'a point connue. Elle est la plus rare des éditions des poésies de Pétrarque: mais elle n'est ni la plus belle ni la plus correcte. Notre exemplaire commence par les *Triomfi d'amore — della castita — della morte — della fama — del tempo — della divinita*. Viennent ensuite les *Sonnetti e canzone in vita... in morte di Laura*. A la suite de ces poésies, on lit ce qui suit:

Domini Francisci Petrarce poete florentini excellentis sonettorum Cantilenarumque. liber Finit—Incipiunt ipsius dicta quedam reperta in quodam Virgilio in papiensi bibliotheca manu propria scripta.

Laurea Propriis virtutibus &c... Ce morceau est suivi: 1° d'un passage extrait d'une lettre de Pétrarque à Jacq. Colonne; 2° de huit vers *valle locus clausa* &c...; 3° de cette souscription:

Qui finisce le canzone e sonecti del Petrarcha poeta excellentissimo facte in Roma nel tempo di sanctissimo in xp̄o patre et signor nr̄o s. paulo p la divina puidētia papa II et del suo pontificato āno septimo. Nelli anni del nr̄o signor yho xp̄o. M CCCC LXXI adi X di luglio.

Il existe un autre exemplaire de cette édition, dans la Bibliothèque Nationale, rue de la Loi.</small>

59. Publii OVIDII Nasonis (....—17) Metamorphoseon libri XIV. *Romae, Sweynheym & Pannartz*, 1471 XV Kal. aug. In-fol., 38 l., 1 édit. [87²]

60. OVIDII Fastorum libri VI ad Germanicum Caesarem. (*Romae, Sweynheym & Pannartz*, 1471—73). In-fol., 38 l. [87]

>Audiffredi Rom., 77; Maittaire, 303; Spencer, II, 195, N° 324; Hain, 12137.
>
>La date 1471 XV Kal. aug., termine une courte épître de Jean André, évêque d'Alérie, à Paul II, placée au verso du premier feuillet du volume des Métamorphoses, & suivi de six vers relatifs à cet ouvrage.& extraits de l'élégie VII du livre I des Tristes d'Ovide: *Orba parente suo quicumque volumina certus....* La souscription de ce même volume consiste dans les huit vers: *Aspicis.... aptatam contribuere domum.* Le volume des Fastes est une partie du t. II des Oeuvres d'Ovide que les mêmes imprimeurs Sweynheym & Pannartz, ont donné quelque tems après le premier; savoir avant le 20 mars 1472, selon Audiffredi, 79, & seulement en 1473 selon quelques autres bibliographes. Il y a une édition complète des Oeuvres d'Ovide, exécutée à Bologne, aussi en 1471. On croit assez généralement qu'elle a paru après les Métamorphoses de Sweynheym & Pannartz, mais avant leur second volume.

61. BIBLIA in lingua vulgare tradutta. (*Venet., Vindel. de Spira*), 1471. Kal. oct. 2 vol., in-fol. max., 50 l., titr. [17 et 18]

>D. Clément, IV, 49; Crevenna, I, 15; Debure, N° 68; Fossi, I, 343; Lelong, I, 354; Mercier-Trév., août 1763; Panzer, III, 82; Spencer, I, 63; Hain, 3148.
>
>Au verso du premier feuillet commence une table qui finit avec le recto du 5ᵉ. Suit, au 6ᵉ, la traduction du prologue de Jérôme &c... Le premier volume va jusqu'au Psautier inclusivement. Au verso du premier feuillet du t. II, est une très courte table imprimée, comme celle du t. I, sur deux colonnes, tandis que tout l'ouvrage est à longues lignes. La souscription qui le termine est conçue en ces termes:
>
>Quivi finisse lapocalipsis e il fine del novo Testamento M CCCC LXXI in Kalende de octobrio.
>
>Il y a une édition plus précieuse, datée *in Kalende de augusto*, (Hain, 3150). Il paraît que c'est une autre traduction et que celle d'octobre n'est point de Malermi.

62. PLUTARCHI (...—140) Libellus de liberis educandis latinè (interprete Guarino Veronensi) & Basilii opusculum de legendis antiquorum libris latinè (interprete Leonardo Aretino), 1471 17 nov. In-4°, 29 f., 27 l. [297]

>Première édition, très peu correcte, de caractère rond, sans initiales, sans intitulés &c... Je ne la trouve décrite ni annoncée nulle part.
>
>Une épître dédicatoire (de Guarin) [*M*] *Ajores nostros....* commence au recto du premier feuillet & finit ligne 19 du verso par ces paroles: *Sed de*

his alias Pultarcū audiamus. Suit immédiatement ligne 20 la traduction du traité de Plutarque, laquelle se termine au recto du 17e feuillet dont le verso est blanc. Le recto du feuillet 18 a pour première ligne les mots : [e] *Go tibi hunc librum Coluci ex media ut.* Ce sont les premiers mots d'une épître dédicatoire (de Léonard Aretino). Cette épître finit au verso, ligne 15. Elle est suivie sans intervalle de la traduction de l'opuscule de Basile. *tiamini nunc recta consilia aspernantes* est la dernière ligne de cette traduction & la 24e du dernier recto. La souscription qui forme les lignes 25 & 26 est ainsi conçue : *finis libri deo gratias amen cōpletus anno dñi MCCCCLXXI XVII die nouēbris.*

63. Joannis TORTELLII aretini (....—1466) commentariorum grammaticorum libri. *Romae, Ulric Han & Sim. Nic. Lucensis*, 1471.
Gr. in-fol., 2 col., 363 f., 53 l., Registr., 1 édit. [20]

Audiffredi Rom., 88; Fossi, II, 707; Maittaire, 208; Panzer, II, 428; Spencer, II, 126, N° 592; Hain, 15563.

Le verso du premier feuillet présente une épître dédicatoire de l'éditeur, Adam de Montalto, à Philippe, archevêque d'Arles. Quelques mots de cette épître *existimaui ut... opus... excitaretur in lucem* ont donné lieu de regarder cette édition comme antérieure à celle de Venise, chez Jenson, publiée en la même année 1471. Le 2e feuillet contient trois morceaux intitulés : le 1er, *orthographie joannis aretini prohemium*; le 2e, *ordo totius operis*; le 3e, *ex quibus auctoribus acceptum est opus.* On trouve au troisième feuillet un intitulé dans cette forme singulière :

    JOANNIS TORTELLII
    Aretini commentariorum grā
    MATICORUM DE ORT
    hographia dictionum e grecis trac
    TARUM LIBER PRIM
    mus incipit ad Nicolaum Quintum
    PONTIFICEM MAXI
    mum de numero: & figura atq3 in
    VENTIONE LITTERA
    rum tam graecarum q̄ latinarum zc.

Souscription: insculptum est Rome in domo de taliacoxis sub jussu ulrici galli teutonici: Et Simonis Nicolai lucensis. Anno do. MCCCCLXXI. Pon. Sixti iiii genuensis anno p̄mo.

Suit le registre des cahiers.

64. Nicolai de LYRA ord. fr. minorum (....—1340) Glossa in universa biblia ex recognitione J. Andreae ep. aler. *Romae, Sweynh. & Pann.*, 1471 18 nov.
Gr. in-fol., 46 l., 1 édit. [19]

Audiffredi Rom., 81; Braun, I, 140; Fossi, II, 108; Maittaire, 311; Spencer, I, 158; Hain, *10363.

La bibliothèque du Panthéon ne possède pas les tomes II, III, IV, V, de Nicolas de Lyra, qui ont paru en 1472, exécutés par les mêmes imprimeurs Sweynheym & Pannartz. A la fin de t. I on lit la souscription : *aspicis....* mais les six premiers vers seulement suivis de ces mots:

in domo petri de Maximis anno Salutis MCCCCLXXI die 18 novēbris.

65. Francisci de RUVERE (1413—84) Savonensis, cardinalis S^{ti} Petri ad vincula, tractatus de sanguine Christi & de potentia dei. *Romae, Philipp. de Lignamine*, (1470—72).
Petit in-fol., 124 f., 29 l., Registr., 1 édit. [106]

Audiffr. Rom., 108 (sous l'année 1472); Tellier, 43 (avec la date 1470); Hain, 14796.

A l'entrée du volume est une épître dédicatoire de Philippe de Lignamine, éditeur & imprimeur, à l'auteur même qui à l'époque de l'édition était pape sous le nom de Sixte IV. Le traité *de Sanguine Christi* est précédé d'une courte dédicace de l'auteur à Paul II. On en retrouve une semblable avant le traité *de Potentia dei*. Il y a des exemplaires qui contiennent un troisième traité *de futuris contingentibus*, lequel est daté 1473. On croit que les deux traités qui seuls composent notre exemplaire parurent en 1472, peut-être à la fin de 1471. [1])

---

[1]) Ovidius de arte amandi & de amoris remedio. *Augustae, Zeiner*, 1471. In-fol. 1 édit.
Ovidii opera omnia. *Bononiae, Azoguido*, 1471. 2 vol. in-fol. Premier livre impr. à Bologne. B.
Æmilius Probus (Cornelius Nepos). *Venet., Jenson*, 1471. In-4º. 1 édit. B.
Laur. Vallae Elegantiae latinae. *Venet., Jenson*, 1471. In-4º. B.
Ciceronis orationes. *Romae, Sweynh. & Pann.*, 1471. In-fol.
Ciceronis orationes. *Venet., Valdarfer*, 1471. In-fol. B.
Ciceronis orationes. 275 f., 38 l., Registr. in-fol.
Plinii junioris Epistolae. (*Venet., Valdarfer*), 1471. In-4º. B.
Servius in Virgilium. *Venet., Valdarfer*, 1471. In-fol. 1 édit.
Decamerone del Bocacio. *Venet., Valdarfer*, 1471. In-fol. B.
Decor puellarum. (*Venet.*), *Jenson*, 1461 (1471). In-4º. B.
Gloria mulierum. (*Venet., Jenson*, circa 1471). In-4º.
Palma virtutum. (*Venet.*), *Jenson*, 1471. In-4º.
Luctus christianorum. *Venet., Jenson*, 1471. in-4º.
Parole devote. (*Venet.*), *Jenson*, 1471. in-4º.
Nonnius Marcellus. (*Venet., Jenson*), 1471. 1 édit. in-fol. B.
Ciceronis opera philosoph. *Romae, Sw. & Pann.*, 1471. 2 vol. in fol. 1 édit.
Bapt. de Albertis de amore &c... (italice). (*Venet., Clem. Patavinus*), 1471, in-4º. B.
Terentius Varro de lingua latina. (*Romae, Laver*, circa 1471). In-4º. 1 édit.
Orosius. *Augustae Vindel.*, *Schussler*, 1471. In-fol. 1 édit.
Valerius Maximus. *Venet., Vind. de Spira*, 1471.
Valerius Maximus. (*Argentorati, Mentellin*, circa 1471). In-fol. B.
Valerius Martialis. *Ferrariae*, (*Andr. Gall. Bellfort*), 1471. In-4º. Premier livre impr. à Ferrare.
Biblia volgare, da Malermi. *Venetiis*, (*Vind. de Spira*), 1471 Kal. aug. 2 vol. in-fol. 1 édit.
Plutarchi apophtegmata, latine. *Venet., Vind. de Spira*, 1471. In-fol. 1 édit.
Terentius. *Venet., J. de Colonia*, 1471. In-fol. B.
Terentius. (*Argentorati, Mentellin*, circa 1471). In-fol.
Leonardo de Utino quadragesimale. (*Venet., Hailbrun*), 1471. In-fol. 1 édit.
Pompeius Festus. *Mediolani*, (*Zarot*), 1471. In-fol. 1 édit.
Pomponius Mela. *Mediolani*, (*Zarot*), 1471. In-4º. 1 édit.
Mathaei de Ferrariis Practica medic. *Papiae*, 1471. In-fol.
Ang. Dathus de figuris dictionis &c... *Ferrariae*, (*Andr. Gall. Bellfort*), 1471. In-4º. 1 édit.
Poggii facetiae. *Ferrariae*, (*Andr. Gall. Bellfort*), 1471. In-fol.
Poggii facetiae. (*Venet.*, circa 1471). In-4º.
Poggii facetiae. (*Romae, Laver*, 1470—72). In-4º. B.
Cypriani epistolae. *Romae, Sw. & Pann.*, 1471. In-fol.

1472.

66. BIBLIA latina. *Moguntiae, Schoeffer*, 1472, In vigilia Mathiae.
In-fol., goth., 481 f., 48 l. [21]

> Chevillier, 78; D. Clément, IV, 90; Debure, N° 30; Laire, I, 269; Lelong, I, 251; Masch, III, 101; Panzer, II, 122; Wurdthweyn, 103; Spencer, I, 22; Hain, *3052.
>
> Editio, dit Panzer, ad praecedentem anni 1462 expressa: pagina enim paginae, linea lineae respondet: interim tamen literae inter se differunt.

67. TITI LIVII (I. s.) Historiarum libri qui supersunt. *Romae, Sweynh. et Pann.*, 1472, 16 julii.
In-fol., 399 f., 48 l. [22]

> Audiffr. Rom., 96; Debure, N° 4802; Drakenborch, VII, 330; Spencer, II, 133; Hain, *10131.
>
> L'épitome des quatorze décades occupe les vingt premiers feuillets: il n'y a point d'épître préliminaire.
> Souscription: *Aspicis.... talia multa simul*. Les six premiers vers seulement; puis: *in domo petri de maximis M CCCC LXXII. die XVI julii*.

68. GRATIANI (ord. S. Bened. XII. s.) Decretum cum glossis Bartholom. Brixiensis. *Moguntiae, Schaeffher*, 1472, Id. aug.
In-fol. max., 4 col., 410 f. [23]

> Debure, N° 917; Fossi, I, 743; Panzer, II, 122; Wurdthweyn, N° 105; Gesner, 25; Hain, *7885.
>
> Deux caractères, l'un plus grand pour les colonnes de texte, l'autre plus petit pour les deux colonnes de commentaire.
> La souscription & l'écusson en rouge au dernier recto.

69. C. Julii CESARIS (I. s. a.) Commentarii. *Romae, (Sweynh. et Pann.)*, 1472, 25 aug.
In-fol., 165 f., 38 l. [95]

> Audiffr. Rom., 97; Debure, N° 4881; Spencer, I, 290; Hain, 4214.
> *Souscription:* Anno Christi M CCCC LXXII. Die vero XXV mensis augusti Romae in domo Petri de Maximis.

Tortelli Comment. grammat. *Venetiis, Jenson*, 1471. In-fol.
Gratiani decretum. *Argentinae, Eggesteyn*, 1471. 2 vol. in-fol. 1 édit.
Historietta amorosa. Fra Lionardo di Bardi &c... *(Firenze)*, 1471. In-4°.
Postilla scholastica super Apocal. &c... *Spirae, (Drach)*, 1471. In-4°. 1 édit.
Bartholus de Saxo-Ferr. in codicem. *Neapoli, Riessinger*, 1471. In-fol. Premier livre impr. à Naples.
Augustini manuale. *Tarvisii, Ger. de Liza*, 1471. In-4°. 1 édit. Premier livr. impr. à Trévise.
Mercurii Trismegisti &c... *Tarvisii, Ger. de Liza*, 1471. In-4°. 1 édit.
Ficheti Rhetorica. *Paris, (Gering, 1471)*. In-4°. 1 édit. B.

L'épître de l'éditeur Jean André n'est point au commencement du volume, comme l'annonce Debure, mais à la fin, comme dans la description d'Audiffredi : elle est suivie, non d'un registre de réclames, mais d'une table.

70. C. SUETONII Tranquilli (II. s.) Vitae XII Caesarum. *Romae, Sweynheym et Pannartz*, 1472, 17 sept. In-fol., 108 f., 38 l. [*Deux exemplaires*, 96 *et* 96*bis*]

Audiffr. Rom., 98; Debure, N° 4921; Spencer, II, 385; Hain, 15118.

Le premier feuillet contient les vers d'Ausone à la louange de Suétone & une table. — Au dernier recto, on lit les vers : *Aspicis.... multa simul*, suivis de la date M CCCC LXXII die XVII septembris.

71. JUSTINI (II. s. juxta plerosque) Historiarum ex Trogo Pompeio libri XLIV. *Romae, Sweynh. et Pann.*, 1472, 26 sept. In-fol., 93 f. (le 1er blanc), 38 l. [97]

Audiffr. Rom., 98, déclare qu'il n'a vu aucun exemplaire de cette édition, & même que de tous les catalogues qu'il a parcourus, celui de Smith est le seul qui en indique une. V. celui de Spencer, t. II, p. 112 ; Hain, 9648.

La souscription consiste dans le six vers : *Aspicis.... multa simul*, suivis de la date.

72. Publii TERENTII Afri (II. s. a.) Comœdiae sex. (Andria, Eunuchus, Eaphtontimorumenon, (sic) Adelphi, Echira, Phormio). *Romae, Sweynh. et Pann.*, 1472, 6 oct. In-fol., 72 f., 36 & quelquefois 37 lignes, longues & pleines, sans distinctions de vers. [98]

Audiffredi Rom., 99; La Caille, 17; Spencer, II, 413, N° 470.

A l'entrée du volume, on lit un court éloge de Térence qui commence ainsi :

> Terentius apher genere. civis
> Vero carthaginensis fuit
> Evertente autem Scipione... &c...

Au dernier verso, les six vers *Aspicis.... multa simul*, suivis de la date *M CCCC LXXII die VI octobri*s.

La Caille seul avait parlé de cette édition, & son témoignage paraissait insuffisant au P. Laire : *ipsius testimonium confirmatione indiget*. Debure, N° 2607, ne mentionne que l'édition avec commentaire, qui sera l'objet de notre n° 74 ci-dessous : ici il n'y a point de commentaire. Audiffredi ne connaissait qu'un seul exemplaire de cette édition du seul texte ; c'est celui que possède aujourd'hui la bibliothèque Nationale, rue de la Loi. Cet exemplaire, ceux du Panthéon & du lord Spencer sont les trois seuls dont l'existence soit encore connue.

73. Sonetti, Canzone e triomfi del **PETRARCHA** (1304—74). *Patavii, Martinus de Septem Arboribus*, 1472, 6 nov. In-fol., 188 f., 30 l. [99]

Crevenna, IV, 50; Fossi, II, 309; Laire, I, 283; Maittaire, 316; Spencer, IV, 134, n° 131 ; Hain, 12755

Troisième édition, jusqu'ici annoncée comme la deuxième parce qu'on ne connaissait pas celle de Rome 1471, que j'ai indiquée ci-dessus, n° 58. Il existe, entre les exemplaires du Pétrarque de 1472, des différences remarquables. Voici ce que contient le nôtre:

1° une table qui remplit 7 feuillets & le recto du 8e, au verso duquel se trouve le morceau latin: *Laura propriis virtutibus.*

2° sur le recto du 9e feuillet, et sans intitulé, le premier sonnet VOI CHASCOLTATE... imprimé tout entier en capitales.

3° les *sonnetti* & les *canzone* jusqu'au verso du feuillet 145, où on lit cette conclusion: FRANCISCI PETRARCAE POETAE EXCELLENTISSIMI RERUM VULGARIUM FRAGMENTA EXPLICIUNT.

4° au recto du feuillet 147, les 12 premiers vers des Triomphes de l'amour: NEL TEMPO CHI RINOVA I MEI SOSPIRI... tous les douze en capitales.

5° à la fin des Triomphes, au verso du 183e feuillet, la conclusion: FRANCISCI PETRARCAE POETAE EXCELLENTISSIMI TRIUMPHI EXPLICIUNT.

6° dans les huit pages suivantes, une notice sur le vie de Pétrarque: *Francesco Petrarca homo di grande ingegno*.... & les deux sonnets: *Si dentro del mio cor depinto porto*.... et: *O felice autor secunda fama*....

7° Enfin au recto du feuillet suivant qui est le dernier: *Francisci Petrarcae laureati poetae nec non secretarii apostolici bene meriti. Rerum vulgarium fragmenta ex originali libro extracta in urbe patavina liber absolutus est feliciter.* Cette conclusion dont les lignes sont disposées en forme d'entonnoir, est suivie de ces mots qui terminent le volume:

BAR. de Valde. Patavus. FF.
Martinus de Septem arboribus Prutenus
M CCCC LXXII
DIE. VI. NO
VEN
BIRS (*sic*).

74. Celii DONATI (IV. s.) Commentarii in Terentii Comœdias. *Romae, Sweynheym et Pannartz*, 1472, 10 dec.
In-fol., 38 l. [98]

Audiffredi Rom., 101; Spencer, II, 414; Hain, *6384.

Pour souscription les six vers *Aspicis.... multa simul* suivis de la date. Il existe une édition de ces commentaires faite à Venise par Vendelin de Spire: elle est sans date, on la croit aussi de 1472 et antérieure à celle de Rome.

75. Joannes BOCCACII de Certaldo (1313—75) libri XV de genealogia deorum gentilium. *Venetiis, Vendelin de Spira*, 1472. In-fol., 294 f., 41 l., 1 édit. [101]

Debure, N° 3559; Fossi, I, 317; Laire, I, 266; Orlandi, 22; Panzer, III, 85; Spencer, III, 192; Hain, *3315.

Deux tables, l'une des livres & chapitres, occupant les dix premiers feuillets; l'autre, alphabétique commençant au verso du feuillet 259 & finissant au recto du 294e. Ces deux tables sont à 2 colonnes: l'ouvrage est à longues lignes. Le verso du feuillet 294 contient des vers. Voici les deux derniers:

Haec Vindelinus signis qui impressit ahenis
Se tibi commendat familiamque suam.

Suit la date: *Venetiis impressum anno salutis M CCCC LXXII Nicolao Trono duce foelicissimo Impe*

76. STRABONIS Cappadocis (I. s.) Rerum geographicarum libri XVII latine, interpretibus Guarino Veronensi & Gregorio Typhernate. Praemittuntur epistolae II : scil. J. Andreae ep. aler. ad Paulum II & Guarini Veron. ad Jac Ant. Marcellum Venetum. *Venetiis, Vend. de Spira*, 1472.
In-fol., 52 l. [*Trois exemplaires*, 24, 24² *et* 105²]

Debure, N° 4181; Fossi, II, 619; Orlandi, 22; Panzer, II, 85; Hain, *15087.

On trouve au recto du dernier feuillet une table, la date M CCCC LXII & ces vers :
> Orbis noscere lector universi
> Si tractus cupis hos emas libellos
> Strabonis : tibi nomine dicatos
> Zeni Praesulis optimi sacriq;
> Quo nil dictius eruditiusq;
> Nunc antenorei vident penates
> Impressos digitis vindelianis.

Cette édition est regardée comme la première par quelques bibliographes : d'autres la croient postérieure à celle de Rome, Sweynh. & Pann., sans date, & cette opinion me paroît plus probable.

77. PRISCIANI (VI. s.) opera. (*Venetiis, Vind. de Spira*), 1472.
In-fol., 247 f., 41 l., petites initiales. [105]

Debure, N° 2257, dit qu'il n'a vu aucun exemplaire de cette édition, & qu'il ne la connait que par la mention qu'en fait Maittaire. Elle est exécutée en beaux caractères ronds : les titres des chapitres sont imprimés. — V. Spencer, III, 105; Hain, 13356.

Souscription : Volumen Prisciani de octo partibus orationis : de constructione : de duodecim carminibus : de accentibus : de numeris et ponderibus & mensuris explicitum est anno dñi M CCCC LXXII.

78. C. PLINII Secundi (23—79) historiae naturalis libri XXXVII. *Venetiis, Jenson*, 1472.
In-fol., 356 f., 50 l. [25]

Braun, I, 145; Debure, N° 1462; Fossi, II, 375; Naudé, 30; Panzer, III, 88; Spencer, II, 258; Hain, *13089.

Le texte finit à la septième ligne du recto de l'avant dernier feuillet : il est suivi de la souscription qui est en lettres capitales, & de l'épître de Jean André, évêque d'Alérie, à Paul II.

79. DIOMEDIS (inc. aetat.) de arte grammatica opera. Accedunt Phocas de nomine & verbo, Caper de latinitate, Agraetius de orthographia, Donatus de barbarismo & octo partibus orationis, Servius & Sergius in Donatum. *Venetiis, Jenson*, (circa 1472).
In-fol., 170 f., 35 l., signat. a—x, 1 édit. [177]

Debure, N° 2259; Fossi, I, 615; Orlandi, 19; Maittaire, 748; Spencer, III, 62, n. 554; Hain, 6214. C'est la première fois que nous remarquons des signatures.

80. Fratris Francisci de PLATEA Bononiensis, ord. min. (XV. s.) opus restitutionum, usurarum & excommunicationum. *Venetiis, Barth. Cremonensis*, 1472.
In-4°, 32 l., 1 édit. [300]

Denis, N° 87; Fossi, II, 357; Laire, I, 283; Hain, *13035.
Le volume commence par une très longue table & finit par cette souscription:

Quem legis impressus dum stabit in aere caracter
Dum non longa dies uel fera fata prement
Candida perpetuae non deerit fama Cremonae
Phidiacum hinc superat Bartholomaeus ebur
Cedite chalcographi: millesima vestra figura est
Archetypas fingit solus at iste notas.
M CCCC LXXII. Nicolao Truno duce Venetiarum regnante impressum fuit hoc opus foeliciter.

81. Leonardi (BRUNI, 1370—1444) Aretini epistolarum familiarum libri VIII. (*Venetiis, Valdarfer*), 1472.
In-fol., 77 f., 37 l., 1 édit. [104]

Hain, *1565; Dav. Clément, II, 30, ne fait guères qu'indiquer cette édition; Debure, N° 419, ne la décrit point, n'en ayant vu aucun exemplaire.

Celui de la bibliothèque du Panthéon commence par cet intitulé:
Leonardi aretini epistolarum familiarium liber primus feliciter incipit. Le premier livre qui finit au recto du 10° feuillet, est suivi de ces mots:
Leonardi aretini epistolarum familiarium liber primus finit: ejusdem secundus incipit.

Chaque livre est terminé par une conclusion semblable: celle qui suit le dernier tient lieu de souscription. Leonardi aretini liber octavus & ultimus finit M CCCC LXXII. Le reste de la page est rempli par une lettre des éditeurs, Ant. Moret & Jérôme d'Alexandrie, à Jacques Zeno, évêque de Padoue.

Quel est l'imprimeur? *Ego quidem Valdarfero darem*, dit Panzer, IV, 7. Or Valdarfer a imprimé d'abord à Venise & n'a travaillé à Milan que vers 1474. Aussi Sassi ne met-il point cette édition au nombre de celles de Milan. Les lettres familières de Léonard Bruni d'Arezzo sont curieuses; elles contiennent plusieurs particularités sur l'histoire contemporaine.

82. Marci Tullii CICERONIS (l. s. a.—43 a.) Arpinatis consulisque Romani & oratorum maximi ad M. Tullium Ciceronem filium suum officiorum libri tres; Paradoxa, Laelius sive de amicitia, Cato major seu de senectute, Somnium Scipionis (versus duodecim sapientum in laudem Ciceronis) & libri de legibus. (*Venetiis, Barthol. Girardin.*, circa 1472).
In-fol., 142 f., 36 l., (à la deuxième page) petites initiales. [121]

Le traité *de legibus* finit à la 26° ligne du recto du dernier feuillet, & n'est suivi que du mot *finis*.

Très belle édition que je ne trouve indiquée nulle part: elle n'est aucune des 37 éditions des *Offices*, sans commentaire, que Panzer annonce ou décrit, & dont il donne la liste, T. V. p. 152 & 153 de ses Annales typograph. du XV. siècle. Je la suppose de Venise & de 1472, à raison de sa ressemblance parfaite, quant aux caractères & aux autres circonstances typographiques, avec l'Ausone imprimé sous cette date dans cette même ville; & je l'attribue aux presses de Barthélemy Girardin, qu'on regarde comme l'imprimeur de cet Ausone, à cause des lettres B. G. qu'on y trouve deux fois. Hain, 5241.

83. Roberti VALTURII Ariminensis (XV. s.) de arte militari libri XII, *Veronae, Joan. Nicolaus*, 1472.
In-fol., 262 f., 37 l., fig., 1 édit. [*Deux exemplaires*, 103 et 103²]

Debure, N° 2132; Fossi, II, 759; Meerman, I, 250: Panzer, III, 501; Schelhorn, III, 125; Spencer, IV, 44; Hain, *15847.

Souscription: Johannes ex verona oriundus: Nicolai Cyrurgie (*sic*) medici filius: artis impressoriae magister: hunc de re militari libellum elegantissimum: litteris & figuris sua in patria primus impressit au. M CCCC LXXII.

La bibliothèque du Panthéon possède deux exemplaires de cette édition, l'un mieux conservé, ayant de très grandes marges, l'autre avec les figures coloriées.

84. La divina Comedia di DANTE Alighieri (1265—1321) cioe inferno, purgatorio e paradiso. *Mantuae, Geor. & Paul. Theutonici*, 1472,
In-fol., 2 col., 41 l. [102]

Debure, N° 3318; Orlandi, 149; Volta, 12; Spencer, IV, 101, n° 812; Hain, 5939.

Le premier feuillet est rempli par une pièce de vers en l'honneur de Dante, adressée par l'éditeur Columbino à Phil. Nuvoloni. Le second feuillet commence par cet intitulé: *Dantis Alighieri poetae florentini inferni capitulum primum incipit*. La souscription est aussi en latin: M CCCC LXXII. Magister Georgius & Magister Paulus Teutonici hoc opus Mantuae impresserunt adjuuante Columbino ueronensi.
Cette édition est regardée comme la première par quelques bibliographes. Elle a dû au moins suivre de fort près celle que Numeister a publiée à Foligno le 9 mai de la même année 1472: „io non mi fermerò, dit Volta, a disputar co' moderni blibliografi qual delle due dovia dirsi la prima: diro soltanto che la nostra (mantouana) se non è superiore non cede all' altra in rarità e decoro di stampa." Il y a une troisième édition du Dante en 1472, exécutée, dit-on, à Iesi. V. Laire, I, 353.

85. Justi de Comitibus (Giusto de CONTI, XV. s.) libellus (italicis versibus scriptus) intitulatus: La bella mano. (*Bononiae*), *Scipio Malpigli*, 1472.
In-8°, 70 f., 25 l., sans initiales. [299]

Audiffredi Ital., 14; Crevenna, IV, 58; Haym, II, 234; Giornale de letterati, XXXIV, 63; Laire, I, 271; Panzer, I, 205; Quadrio, II, 152 & 197; Hain, 5543.

Debure ne parle que de l'édition de 1492. Haym indique ainsi celle de 1472: „La bella mano, libri de M. Giusto de Conti senatore romano. Bologna, per Malpiglio in-8°, gr. edizione bellissima e rarissima, in caractere tondo."
Une table occupe les trois premiers feuillets; le recto du quatrième est

blanc, mais on lit au verso un sonnet à la louange de Giusto de Conti, dont l'ouvrage s'annonce ensuite par cet intitulé latin: JUSTI DE COMITIBUS ROMANI UTRIUSQUE JURIS INTERPRETIS AC POETAE CLARISSIMI LIBELLUS FELICITER INCIPIT INTITULATUS LA BELLA MANO. On lit à la fin du volume: PER ME SCIPIONEM MALPIGLIUM BONONIENSEM MCCCCLXXII. Cette souscription ne disant point expressément que l'édition a été faite à Bologne, quelques bibliographes prétendent qu'elle est de Vérone.

Giusto de Conti est, selon Quadrio, celui qui a le plus approché de la manière de Pétrarque; c'est en l'honneur de son amante Isabelle qu'il a composé ces poésies.

86. AMBROSII (540—97) ecclesiae doctoris Mediolanorum praesulis, libri tres de officiis. (*Paris, Ulric Gering*, circa 1472). Petit in-fol., 31 l. [*Deux exemplaires*, 140 *et* 140*bis*]

Laire, I, 81; Hain, 907.

Edition omise par Chevillier dans ses listes des éditions de Gering. L'ouvrage d'Ambroise est suivi d'une table très détaillée qui remplit 19 pages. Quatre derniers feuillets viennent après cette table; le premier porte l'intitulé: *Senecae moralis philosophi de quattuor virtutibus libellus feliciter incipit*; le quatrième est terminé par ces mots: *Prudentissimi Senecae opusculum de quattuor virtutibus finit feliciter*. Cet opuscule, faussement attribué à Sénèque, est ici imprimé avec le même caractère que les trois livres *de officiis* & leur table.

87. JACOBI MAGNI (XV. s.) ord. Heremitarum S. Augustini Sophilogium. (*Coloniae, Nicol. Goetz*, ante 1473). In-fol. goth., 2 col., 38 l. [208]

Braun, I, 64; Panzer, I, 346, N° 515; Hain, *10470.

La table occupe les 2 premiers feuillets. La dernière colonne du volume n'a que 6 lignes; la sixième est formée de ces trois mots: *explicit Sophilogiū feliciter.* [1])

---

[1]) La historia de Atila dicto flagellum Dei. *Ven., Gabriel de Piero*, 1472 20 zenaro. In-4°. 1 édit.
La fiammetta del Boccacio. *Patavii*, 1472 21 marcii. In-4°. 1 ed. Premier livre imprimé à Padone.
La comoedia di Dante. *Fulginci, Numeister*, 1472. In-fol. 1 édit. B.
La divina comoedia di Dante. (*Aesii*) *Feder. Veron.*, 1472. In-fol.
Il decamerone di Boccacio. *Mantuae, Adam de Michaelibus*, 1472. In-fol.
Petri de Abano, Conciliator differentiarum. *Mantuae, Wurster*, 1472. In-fol. 1 édit. B.
Rob. de Litii (Caraczoli) Quadragesimale de poenitentia. *Ven., Vind. de Spira*, 1472. In-fol.
Servius in Virgilium. *Florentiae, Cennin.*, 1472 non. oct. In-fol. B.
Anthoninus de institutione confessorum. *Monteregali, Corder*, 1472 24 oct. In-4°. Premier livre impr. à Mondivi.
Il philocolo di Boccacio. *Florentiae, J. Petr. de Magontia*, 1472 12 nov.
Antonius, cum Calphurnio &c... *Venet., Barth. Girardin*, 1472 VII. id. dec. In-fol. 1 édit. B.
Diodorus Siculus, latine. *Bononiae*, 1472. In-fol. 1 éd.
Statii Achilleis. (*Venet., J. de Colonia*), 1472. In-fol.
Statii Achilleis. *Ferrariae, Andr. Gall.*, 1472. In-4°.
Joannes de Sacro bosco Sphaera mundi. *Ferrariae, Andr. Gall.*, 1472. In-4°.
Plautus. *Venet. Vind. de Spira et J. de Colonia*, 1472. In-fol. 1 édit. B.

1473.

88. C. J. BOCCACII de Certaldo (1313—75) liber de montibus, sylvis, fontibus, lacubus fluminibus, stagnis seu paludibus & de diversis nominibus maris. (*Venetiis, Vendelin de Spira*), 1473, Id. jan.
In-fol., 75 f., 31 l., 1 édit. [101]

> Clément, VII, 334; Fossi, I, 380; Panzer, III, 94; Spencer, III, 193, N° 638; Hain, 3326.
> *Souscription:* Opus diligentissime impressum finit Venetiis Idus jañ CCCC LXXIII.
> Le chiffre millénaire M est omis.

89. Julii SOLINI (III. sec.) liber de situ & mirabilibus orbis. *Venetiis, Nic. Jenson,* 1473.
Grand in-4°, 68 f., 33 l., 1 édit. [113]

> Crevenna, V, 23; Debure, N° 4204; Fossi, II, 596; Laire, I, 316; Spencer, II, 359, N° 434; Hain, 14877.
> Une table remplit les deux premiers feuillets.
> La souscription qui est en lettres capitales, finit par ces mots:
> LIBER IMPRESSUS VENETIIS PER NICOLAUM JENSON GALLICUM M CCCC LXXII.

90. C. Julii SOLINI ad adventum polihistor sive de situ orbis ac mundi mirabilibus liber. (*Parisiis, P. Cesaris et J. Stol,* circa 1473).
In-4°, 110 f., 25 l. [310]

> Conforme à la description du N° 4491 de La Vallière. V. aussi Spencer, II, 363; Hain, 14876.

91. Sonnetti, Canzone, Trionfi del PETRARCA (1304—74). *Venetiis, (Jenson),* 1473.
In-fol., 29 l., 186 f. [112]

> Debure, N° 3343; Weislinger, 36; Spencer, IV, 137, N° 827; Hain, 12757.
> 180 feuillets de texte, précédés de huit dont sept de table & un blanc. Cette édition, qui a longtemps passé pour la première, n'est réellement que

---

Appianus Alexandrinus, latine. *Venet., Vind. de Spira*, 1472. In-fol. 1 édit.
Catullus, Tibullus, Propertius & Statii Sylvae. *Ven., Vind. de Spira*. 1472. In-4°. 1 édit.
Rei rusticae scriptores. *Venet., Nicol. Jenson*, 1472. In-fol. 1 édit.
Macrobius. *Venet., Nic. Jenson*, 1472. In-fol. 1 édit. B.
Nideri praeceptorium divinae legis. *Coloniae, Koelhoff*, 1472. In-fol.
Psalterium hebraicum. (*Bononiae*), 1472. In-fol. 1 éd.
Manilius. *Nuremberg, Regiomontanus*, (circa 1472). In-4°. 1 éd. B.
Jac. de Voragine legenda sanctorum. (*Argentorati, Eggesteyn*, circa 1472). In-fol. 1 édit.
Conradi de Mure repertorium vocabulorum. (*Basileae*) circa 1472. In-fol. B.

la quatrième. (V. ci-dessus Nos 58 & 73.) On la croit sortie des presses de Jenson; elle en est digne par sa beauté.

92. Joannis NYDER (....—1440) ordinis praedicatorum, manuale confessorum ad instructionem spiritualem pastorum; & tractatus de lepra morali. *Parisiis, per industriosos ipressoriae artis librarios atq₃ magistros Michaelem (Friburger) de Columbaria, Udalricū Gering & Martinū Crantz.* Anno Dominice nativitatis millesimo quadringentesimo septuagesimo tertio (1473), mensis martii die primo.
Petit in-fol., 2 col., 78 f., 41 l., sans initiales. 1ᵉ édit. [107]

La Vallière, N° 626; Mercier-Trévoux, juillet 1473; Chevillier & Debure ont omis cette édition; Hain, 11843.

Le Manuel des confesseurs, divisé en trois livres, traite de ce qui doit précéder accompagner et suivre la confession: le traité de la lèpre morale, a cinq parties: la 1ᵉ sur les péchés capitaux; la 2ᵉ sur les transgressions des préceptes du décalogue; la 3ᵉ sur les péchés relatifs aux sept sacrements; la 4ᵉ sur les empêchements au mariage; la 5ᵉ sur les péchés des gens mariés, *de conjugatorum abusibus venereis.* Le jésuite Sanchez, au XVIᵉ siècle, a beaucoup développé cette dernière partie. Nyder, quoique plus timide & moins savant, ne laisse pas d'aller assez loin.

93. Guidonis de MONTE ROCHERII (XIV. s.) manipulus curatorum. *Parisiis, Petrus Cesaris,* 1473 22 martii.
In-fol., 2 col., 34 l. [108]

Chevillier, 55; Denis, N° 143; Maittaire, 323; Mercier-Trévoux, août 1763; Naudé, 311; Hain, 8173.

Le volume commence par cet intitulé: Liber qui manipulus curatorum appellatur in quo p necessaria officia eorum quibus animarum cura cōmissa est breviter ptractant! feliciter incipit. actoris epistola &c....
La table qui est placée à la fin du volume, est suivie de cette souscription:
Doctissimi viri domini Guidonis de Monte Rocherii liber manipulus curatorum vulgariter dictus finit feliciter. Qui completus est Parisius per venerabilem virum petrum Cesaris in artibus magistrum ac hujus artis industriosum opificem. Anno Domini millesimo quadringentesimo Septuagesimo tertio. Die vero uicesimo secundo mensis martii.

94. Valerii MARTIALIS (I. s.) epigrammata. *Romae, Sweynheym & Pannartz,* 1473 die ultima aprilis.
In-fol. [109]

Audiffredi Rom., 128; Hain, 10811.

A la fin de volume, les six vers *Aspicis... multa simul*, suivis de la date.

95. Caii PLINII Secundi (23—79) historiae naturalis libri XXXVII. *Romae, Sweynh. & Pann.,* 1473, die veneris VII maii.
In-fol., 46 l. [26]

Audiffredi Rom., 128; Debure, N° 1463; Fossi, II, 376; Panzer, II, 437, N° 112; Spencer, II, 260; Hain, 13090.

A la fin du volume, les six vers *Aspicis... multa simul* et la date.

96. Guidonis de MONTE ROCHERII (XIV. s.) Manipulus curatorum. *Parisiis, per Michaelem (Friburger) de Columbaria, Udalricum Gering & Martinum Crantz*, 1473 21 maii.
In-fol., goth., 2 col. [108²]

La Vallière, N° 614; Maittaire, 323; Tellier, 41; Hain, 8173.
Trois feuillets de table au commencement.

97. Aur. AUGUSTINI episc. Hyppon. (354—430) de civitate dei libri XXII, cum commentariis Thomae Valois & Nicolai Triveth. *Moguntiae, Schoiffer*, 1473.
In-fol., 2 col., 284 f. [110]

Braun, I, 159; Clément, II, 262; Debure, N° 326*; Maittaire, 322; Orlandi, 13; Panzer, II, 124, N° 31; Wurdthweyn, 107; Hain, *2057.

A la fin du texte se trouve la date *Anno LXXIII* sans millénaire ni centenaires. Le mot *anno* est séparé de LXXIII par l'écusson.

Les commentaires sont imprimés à part, après le texte & avec un caractère plus petit; à leur suite, est une table alphabétique, puis la souscription (en rouge), dans laquelle on remarque ces mots: *Non calami per frasim caracterum autem apicibus artificiose elementatum.*

98. VINCENTII (Burgundi, 1...—1264) ord. Praedicatorum & episcopi (abbatis) bellovacensis speculum naturale (2 vol.), speculum morale (2 vol.), speculum historiale (4 vol.). (*Argentorati*), *J. Mentellin*, 1473 4 dec.
8 vol. in-fol. max., 2 col., 1 édit. [424]

Clément, III, 77; Fournier B., 73, 84, 89; La Caille, 19; Palmer, 184; Weislinger, 30.

Il manque à notre exemplaire le *Speculum doctrinale*, 2 vol. C'est à la fin du 4° tome du *Speculum historiale* que se trouve la date 1473, quarta die decembris. Les autres volumes ne sont point datés. On a dit que Mentellin avait employé vingt ans à imprimer cet ouvrage. On a dit aussi que ce Mentellin ou Mentel était le même que Mauthen de Gherretzen qui a imprimé plusieurs livres à Venise. Ces opinions ont peu de vraisemblance.

Le *Speculum naturale* divisé en 32 livres, traite du Créateur, de la création, des créatures, des anges, des diables, de la lumière, du firmament, de l'espace, du feu, des météores, des couleurs, des odeurs, du son, de l'eau, de la terre, des métaux, des pierres, des végétaux, du soleil, de la lune, des planètes, des étoiles, des oiseaux, des poissons, des quadrupèdes, des reptiles, des propriétés communes à tous les animaux, de l'homme, de son corps, de son âme, de ses sens, de ses songes, de ses extases, de sa mémoire, de son intellect, agent & patient, de sa volonté, de sa liberté, de ses os, de ses nerfs, de ses muscles, de ses viscères; de l'univers, de la Providence; des jugemens divins, du paradis terrestre, du péché; de la génération, de la cuisine, des médicamens, des lieux & du tems. Ce premier ouvrage rassemble ainsi la physique générale, l'astronomie, l'histoire naturelle, la spiritologie, l'anatomie, la physiologie, la géographie & la chronologie.

Le *Speculum doctrinale* se partage en dix-sept livres. Le Iᵉʳ contient des observations générales sur les sciences et un vocabulaire. La grammaire est l'objet du IIᵉ livre; la logique, la rhétorique & la poétique occupent le IIIᵉ; il s'agit dans les deux suivans, de la science monastique, c'est-à-dire ce que l'homme considéré isolément peut faire pour son propre bonheur. Le VIᵉ traite de l'économie domestique, surtout de l'économie rurale; le VIIᵉ de la politique; le VIII⁰ des actions judiciaires; le IX⁰ et le X⁰ de la jurisprudence criminelle; le XI⁰ des arts mécaniques sous lesquels sont compris l'art militaire, l'art nautique & l'alchymie. Le XII⁰, le XIII⁰ et le XIV⁰ concernent la médecine; le XV⁰ la physique; le XVI⁰ les mathématiques et le XVII⁰ la théologie.

Le *Speculum morale* n'a que trois livres, mais chacun de ces trois livres présente une multitude de sous divisions. Le premier est un traité de morale générale ou des actes humains, comme disent les théologiens. Le second traite des quatre fins de l'homme; le troisième des péchés, surtout des sept péchés capitaux & de la pénitence.

Le *Speculum historiale* contient trente et un livres: I, depuis la création du monde jusqu'à Moyse. II, jusqu'à Cyrus. III et IV, jusqu'à la mort d'Alexandre. V, jusqu'à Jules César. VI, VII, VIII, IX, X, XI et XII, jusqu'à l'avènement de Constantin. XIII et XIV, jusqu'à Gratien. XV, mélanges d'histoires saintes, monastiques, ecclésiastiques de divers siècles. XVI, origines de plusieurs états modernes. XVII, XVIII et XIX, suite des empereurs jusqu'à Honorius et Arcade inclusivement. XX, XXI, XXII et XXIII, jusqu'à l'avènement de Charlemagne. XXIV, XXV, XXVI et XXVII, jusqu'à l'empereur Conrad III. XXVIII, extraits de divers auteurs spécialement de s. Bernard. XXIX, suite de l'histoire jusqu'à Othon IV. XXX et XXXI jusqu'en 1244. Cette compilation historique embrasse beaucoup d'extraits de livres ecclésiastiques et profanes, de légendes, de vies de saints et d'aventures miraculeuses.

99. POLYBII Lycortae Megalopolitani (II. s. a.) historiarum libri qui supersunt, latine; interprete Nic. Perotto qui praemisit epistolam ad Nicolaum V. *Romae, Sweynheym & Pannartz*, 1473 die jovis ultimo decembris.

In-fol., 37 l., 1 édit. [111]

Audiffredi Rom., 130; Debure, N⁰ 4851; La Vallière, N⁰ 4880; Orlandi, 71; Spencer, II, 282; Hain, *13246.

La date est au bas des six vers *Aspicis.... multa simul*. Debure déclare qu'il n'a vu aucun exemplaire de cette édition.

100. Joannis (Charlerii) de GERSON (1363—1429) cancellarii academiae Parisiensis collectorium super Magnificat. (*Esslingae, Conrad Fyner*), 1473.

In-fol., goth., 167 f., 38 l. (longues). [114]

Braun, I, 159; Laire, I, 301; Maittaire, 330; Panzer, I, 379, N⁰ 2; Weislinger, 37; Spencer, IV, 497, N⁰ 964; Hain, *7717.

Laire et Panzer attribuent cette édition à Conrad Fyner, imprimeur à Esslingen. Braun la croit d'Eggesteyn, à Strasbourg.

On remarque au feuillet 4, des notes de musique imprimées: c'est le premier essai en ce genre, car dans les Psautiers de 1457 et 1459, ces notes ont été ajoutées à la main.

Souscription: Et sic terminatur haec compilatio devota egregii et famosi magistri Johannis Gerson sacre pagine doctor (*sic*) eximii cancellarii parisiensis anno Dñi M⁰ CCCC⁰ LXXIIJ.

101. Henrici de GORICHEM (vice-cancellarii Coloniensis, XV. s.) Tractatus de superstitiosis quibusdam casibus, cum tractatu de celebratione missae. (*Esslingae, Conrad Fyner*, circa 1473.)

In-4°, goth., 18 f., 26 l. [723]

Denis, N⁰ 5029; Seemiller, I, 118; Hain, *7808.

102. Roderici SANTII (de Areualo episcopi Zamorensis, postea Calagaritani XV. s.) ad cardinalem Bessarionem epistola lugubris & consolatoria de expugnatione & amissione insulae Nigropontis. (*Coloniae, Ulric Zell*, circa 1473.)
In-fol., 2 col., 10 f., 37 l. Caract. goth. des sermons de Caraczoli, Coloniae, Ulric Zell, 1473. [172]

C'est l'édition qui a été décrite par Laire, I, 186; par Panzer, I, 334, N° 430; mais ces deux bibliographes disent qu'elle est in-4°. Notre exemplaire est un in-folio moyen. Hain, *13957.

103. SERMONES de quatuor novissimis, opus in V partes distributum. (*Parisiis, P. Caesaris & J. Stol*, circa 1473.)
In.4°, goth., 32 l., sign. a—Siiii. Titr. [724]

Panzer, II, 343, N° 686.
Une table remplit six feuillets du cahier a. ')

1474.

104. HOMERI (X. s. a.) Iliados libri aliqui latinis versibus redditi a Nic. de Valle. *Romae, Philipp. de Lignamine*, 1474 1 febr.
Gr. in 4°, 93 f., 30 l., Registr. 1 édit. (omise dans la *Bibliogr. instructive*). [115]

¹) Trionfi di Petrarca col comento di Fr. Filelfo. *Parmae, Portilia*, 1473 In-4°. Premier livre imprimé à Parme.
Nic. Perotti Rudimenta grammat. *Romae, Sw. & Pann.*, 1473. In-fol. 1 édit. .
Virgilius. *Brixiae, Petr. Villa*, 1473 1 apr. In-fol. Premier livre impr. à Brescia.
La vita di Hieronimo. *Messina, (Alding)*, 1473 15 apr. In-4°. Premier livre impr. à Messine.
Ystoria de re Carlo &c... *Padua*, 1473 21 apr. In-fol.
Aeneae Sylvii epistolae. *Mediolani, Zarotus*, 1473 25 maii. In-fol.
Albertus Magnus de mysterio missae. *Ulmae, Czeyner*, 1473 29 maii. In-fol. Premier livre imprimé à Ulm.
J. Boccacius de claris mulieribus. *Ulmae, Czeyner*, 1473. In-fol. 1 édit.
(J. de Turocz) Chronica Hungarorum. *Budae*, 1473. In-fol. Premier livre impr. à Bude.
Caratzulii Sermones de timore divinor. judicior. *Neapoli*, 1473 21 jul. In-fol.
Aesopi fabulae, latine. *Romae, Phil. de Lignamine*, 1473 6 nov. In-4°. 1 édit.
Decretales Gregorii IX. *Moguntiae, Schaeffer*, 1473 IX Kal. dec. In-fol.
Epistolae Mahumetis II &c .. *Romae, Ph. de Lignam.*, 1473 27 nov. In-4°.
Leonardi de Utino, Sermones de Sanctis. (*Coloniae, Zell*), 1473. In-fol.
Leonardi de Utino. Serm. quadrag. de legibus. (*Coloniae, Zell*, 1473). In-fol.
Leon. de Utino. Serm. de sanctis. *Venet., Fr. de Hailbrun*, 1473. In-fol.
Leon. de Utino. Serm. quadr. de legibus. *Venet, Fr. de Hailbrun*, 1473. In-fol.
Duns Scot in III Sententiar. (*Vicentiae*), *Joh. de Reno*, 1473. In-fol. Premier livre imprimé à Vicence.
Gesta Romanorum. *Lovanii, J. de Westphalia*, (1473). In-4°. B.
Variorum authorum X dialogi. (*Lovanii, Veldener*), 1473. In-fol.
Petri Comestoris II ͣ pars historiae scolasticae. *Ultrajecti, Ketelaer*, 1473 In-fol. Premier livre impr. à Utrecht.
Le jardin de devocion. *Bruges, Colard Mansion*, (1473). In-fol. Premier livre imprimé à Bruges.
L'amant rendu cordelier &c. par Martial d'Auvergne. (*Paris*, vers 1473). In-12°.

Audiffr. Rom., 161; Spencer, II, 48, N° 252; Hain, 8780.

Après une épître de Théodore de Gaze à Lelius de Valle, père de Nicolas, commencent les traductions faites par celui-ci de plusieurs morceaux de l'Iliade, savoir: des livres III, IV, V; d'une partie du XIIIe, appelé par erreur dans cette édition le XIVe, du XVIIIe, d'une vingtaine de vers du XIXe, du XXe, du XXIIe, d'une grande partie du XXIIIe & de tout le XXIVe. A la fin de ce dernier livre on voit au bas du verso de l'avant-dernier feuillet: FINIS NICOLAUS DE VALLE. Le recto du feuillet 93 contient:

1° ces quatre vers AD LECTOREM:
Qui legis emenda livor discede, reversus
In latiū duce magnus homerus erat
Romaq₃ certasset tecū uel Smyrna uel Argos
Non potui postq̄ mors jugulavit opus. Vale.

2° le registre des cahiers.
3° ces mots: *lelius de Valle in memoriam filii.*
4° enfin cette souscription.
Impressus est iste liber Rome in domo Johannis Philippi de Lignaïe Messañ S. D. N. familiaris anno MCCCCLXXIIII prima die mensis februarii.

Audiffredi parle avec beaucoup d'éloges, non seulement de cette édition, mais de l'exemplaire même que la bibliothèque du Panthéon possède aujourd'hui. Il loue également la beauté de nos exemplaires du Lactance de 1465, de la Cité de Dieu de 1467, du Virgile, du Silius Italicus &c... ci-dessus N°s 5, 9, 17, 47.

105. Aur. AUGUSTINI (354—430) episc. hyppon. de Civitate Dei, libri XXII. *Romae, Udal. Gall & Sim. de Luca*, 1474 4 febr. In-fol., 52 l., Registr. [116]

Audiffr. Rom., 149; Hain, 2050.

Souscription: Presens Aurelii Augustini hipponeñ. epī. de civitate dei preclarum opus: Alma in urbe Roma totius mundi regina & dignissima imperatrice: que sicut ceteris urbibus dignitate preest: ita ingeniosis uiris est referta: Non attramento plumali calamo neque stilo ereo: sed artificiosa quadam adinuentione seu caracterizandi sic effigiatum ad dei laudem industrieq₃ est consummatum per Vdalricum Gallum Almanū & Symonē Nicolai de Luca. Anno Domini MCCCCLXXIIII, die vero IIII mensis februarii: Pontificatus vero Sixti divinina (sic) providentia pape quarti anno eius tertio.

Cette souscription est suivie du registre des cahiers et de la table des chapitres.

106. Marci Manlii (MANILII I. s.) Poete clarissimi astronomicon libri ad Cesarem Augustum cum Arati phenomenis latino carmine redditis a germanico. *Bononiae, per Ugonem Rugerium & Doninum Bertochum*, 1474 20 martii.
In-fol., 86 f., 35 l. [117]

Audiffredi Ital., 28; Fabricius Lat., I, 350; Fossi, II, 143; Maittaire, 336; Panzer, I, 206; Pingré, Traduc. de Manil. Introd. P. XX. P; Spencer, II, 126, N° 365; Hain, 10707.

Fabricius, Maittaire & Pingré ont annoncé cette édition comme la première de Manilius; on la croit aujourd'hui postérieure à celle de Nuremberg, sans date, mais elle est au moins la première des Phénomènes d'Aratus.
Le volume commence par l'intitulé: MARCI MANLII POETE CLARISSIMI ASTRONOMICON AD CESAREM AUGUSTUM LIBER PRIMUS. Le IIe livre *Maximus iliace*, commence vers la fin du quatorzième feuillet: il n'est séparé du

dernier vers du I^r livre que par un vide de quelques lignes. Le IIIe livre *In nova surgentem*, n'a pas non plus d'intitulé: mais il y a trois pages blanches après le second. Entre les livres III et IV, IV et V il n'y a que des vides de quelques lignes et point d'intitulés. Le poème de Manilius est terminé par le seul mot ?FINIS? Suit une table qui a un préambule de dix-huit lignes, et dans laquelle la division du poème en cinq chants est expressément énoncée. Le feuillet suivant qui est le 64e, contient au recto une indication des figures qui devaient accompagner chacun des 36 chapitres d'Aratus; & le verso de ce feuillet se trouve contenir, par erreur, trente-cinq vers de Valerius Flaccus, depuis *hos eadem magnaque ratem per lustra viasque* jusqu'à *vinaque & aequoreos inter cum conjuge diuos*. Ces trente-cinq vers composent la quatrième page de l'édition de Valerius Flaccus exécutée la même année 1474 à Bologne, chez les mêmes imprimeurs; édition que je vais bientôt indiquer sous le N° 108. Mais cette singularité est particulière à notre exemplaire du Manilius de 1474. Le verso du 64e feuillet est blanc dans l'exemplaire que possède la bibliothèque Nationale, rue de la Loi, et qui est conforme au nôtre en tout autre point.

L'un & l'autre continuent par les Phénomènes d'Aratus annoncés par cet intitulé: ARATHUS GERMANICI AD AUGUSTUM. La plupart des pages de ce second ouvrage ne contiennent que douze à quinze vers, plusieurs n'en ont que deux ou trois, il y en a une toute blanche; ces vides étaient destinés à recevoir des figures qui n'ont point été exécutées. Au verso du dernier feuillet, après le dernier vers: *haec eadem tibi signa dabunt non irrita pisces* se trouve le mot ?FINIS? puis la souscription: BONONIAE IMPRESSUM PER UGONEM RUGERIUM & DONINUM BERTOCHUM ANNO DOMINI M CCCC LXXIIII DIE VIGESIMA MARTII. LAUS DEO AMEN;?;.

Le premier exemplaire que cite Audiffredi, celui qu'il appelle *pulcherrimum*, est l'exemplaire même de la bibliothèque du Panthéon.

107. HIEROCLIS (V. s.) in aureos versus Pythagorae opusculum latine redditum ab Aurispa; cum ejusdem Aurispae praefatione ad Nicolaum V. *Patavii, per Bartholomaeum de Val de Zoccho*, 1474 XV. Kal. maias.
In-4°, 92 f., 24 l., 1 édit. [301]

Debure, N° 1251; Fossi, II, 771; Laire, I, 339; Panzer, II, 365, N° 171; Spencer, II, 46, N° 251; Hain, *8545.

Laire et Panzer disent que cette édition a des signatures. J'en remarque effectivement dans l'exemplaire du Panthéon; mais elles sont à l'extrémité des marges, presqu'à l'angle et fort mal empreintes, tandis que le texte est très net. Je les crois ajoutées après coup: elles vont depuis a jusqu'à m 2. Quelques unes ne paraissent point, quoique notre exemplaire ait de très grandes marges.

108. C. VALERII FLACCI Felini Albi (I. s.) argonauticon libri VIII. *Bononiae, per Ugonem Rugerium & Doninum Bertochum regienses*, 1474 die 7 martii.
In-fol., 81 f., 35 l. [118]

Exemplaire cité par Audiffr. Ital., 29.

Cette édition a longtemps passé pour la première; aujourd'hui quelques bibliographes la croient moins ancienne que celle de Florence, sans date, in-4°. V. au surplus: Debure, N° 2807; Fossi, II, 739; Panzer, I, 430; Spencer, II, 446, N° 487.

109. MODESTI (III. s.) liber de re militari. Sequuntur (Pomponii Laeti) libelli de magistratibus, de sacerdotiis & de

legibus, Suetonii de grammaticis & rhetoribus. *(Venetiis)*, *Barthol.* *(Cremonensis)*, 1474 27 maii.
In-4°, 46 f., 26 l., 1 édit. [302]

La Vallière, N° 2095; Orlandi, 26; Spencer, III, 425, N° 735; Hain, *11443.

A la fin du volume, les six vers *Quem legis impressus*... que j'ai transcrits ci-dessus N° 80; puis:

M cccc lxxiiii die xxvii mai. Nicholao Marcello duce Venetiarum
Regnāte ipressū fuit hoc opus foeliciter. DEO GRATIAS.

110. Caii PLINII secundi Veronensis (Junioris I. s.) epistolarum libri IX. *(Romae, Schurener de Bopardia*, 1474 Kal. junii). In-4°, 140 f., 29 l., sans initiales. [309]

Audiffredi Rom., 164; Panzer, II, 448; Hain, 13108.
La première page n'a que 26 lignes & commence ainsi: *C. Plinii secundi veronensis oratoris clarissimi et consularis epistolarum liber primus feliciter incipit.* On remarque dans cette page le mot *propositio* pour *prospicio*. La dernière page, qui n'a aussi que 26 lignes, finit par ces mots:
Cai Plinii Secundi Nepotis Epistolarum Liber explicit. Finis. Laus Deo. Notre exemplaire est l'un des quatre cités par Audiffredi; l'un des trois autres est remarquable par la date 1. 4. 7. IIII°. qui suit les mots LAUS DEO. Cette date paraît imprimée, mais les lignes qui la suivent dans le même exemplaire sont d'une écriture contemporaine. Audiffredi les transcrit ainsi: *Sedente Xysto pont. max. eius anno tertio: Kl juniis Rome in hospitio sanctis de pireto: if: quinterniones XIIII. Cart. v. Papal:*

111. AMMIANI MARCELLINI (IV. s.) historiarum libri qui supersunt (17 è 31; scil. XIV—XXVI) ex recognitione Angeli Sabini & cum ejusdem praefatione ad Ludovicum Donatum. *Romae, Georg. Sachsel de Reichenhal & Barth. Golsch de Hohenbart*, 1474.
In-fol., 38 l., 1 édit. [119]

Audiffredi Rom., 158; Clément, II, 268; Maittaire, 334; Spencer, I, 247; Hain, 926.

Souscription: Ammiani Marcellini impresso historiographi dignissimi Rome facta ē totius orbis terrap regine olim et imperatricis arte maxima et Ingenii per dignissimos impressores Georgium Sachsel de Reichenhal & Bartholomeū Golsch de Hohenbart clericos. Anno Dūi M CCCC LXXIIII die vero vii junii mensis Pontificatu uero Sixti diuina providentia Pape QVarti anno eius tertio.

Henri Valois dans la préface de l'édition d'Ammien Marcellin qu'il a donnée en 1681, s'exprime ainsi sur celle de 1474: Prima quidem Marcellini historiarum editio Romae prodiit anno Dūi 1474. Cui praefuit A. Sabinus poeta laureatus. Haec editio, utpote nondum exorta criticorum natione, omnium fidelissima est. Naevos enim exemplari sui et lacunas servat omnes.

112. CHRONONICA *(sic)* summorum Pontificum Imperatorumque: ac de septem etatibus mundi ex Hieronymo, Eusebio, aliisque viris eruditis excerpta. *Romae, in domo viri nobilis Philippi de Lignamine messaneñ*, 1474, die XIII mensis julii, anno III Pontificatus Sixti IIII.
In-4°, 110 f., 24 l., registr. 1 édit. [303]

Audiffredi Rom., 162; Spencer, III, 251, N° 666; Hain, *10857.

Une épître dédicatoire de Philippe de Lignamine à Sixte IV, occupe les sept premiers feuillets. La souscription et le registre des cahiers remplissent le dernier recto du volume. La rédacteur de cette chronique n'est pas bien connu. Echard, *Script. medii aevi*, I, 1150, prétend que la première partie est de Ricobalde de Ferrare et la deuxième de Philippe de Lignamine. Cette conjecture paraît peu fondée à Audiffredi.

113. Flavii BLONDI (XV. s.) Foroliviensis Italiae illustratae libri VIII. *Romae, in domo Philippi de Lignamine messanensis*, 1474 die lunae 5 dec. Pontificatus Sixti IV anno quarto.
In-fol., 34 l., registr. 1 édit. [120]

Audiffr. Rom, 163; Spencer, III, 190, 635; Hain, 3246.

Cet exemplaire est du nombre de ceux où l'on ne trouve ni l'épître de Gaspard Blondus fils de l'auteur, ni celle de Philippe de Lignamine. Les seize feuillets remplis par le sommaire des quatorze régions de l'Italie et par le registre des cahiers, sont suivis d'un feuillet blanc après lequel vient immédiatement l'ouvrage. L'auteur décrit dans le 1r livre la Ligurie & l'Etrurie; dans le IIe le Latium; dans le IIIe l'Ombrie ou le duché de Spolète, le Picenum ou la marche d'Ancône; dans le IVe la région flamminienne; dans le Ve la Lombardie; dans le VIe l'état vénitien, la marche de Trévise, le Frioul; dans le VIIe le royaume de Naples; dans le VIIIe la Campanie & la Pouille. Ces descriptions sont entremêlées de traits d'histoire ancienne & d'histoire moderne.

114. M. Tullii CICERONIS (I. s. a.) Arpinatis consulisque Romani et oratorum maximi ad M. T. Ciceronem filium suum Officiorum libri tres; quos sequuntur Paradoxa, Laelius sive dialogus de amicitia, Cato major sive de senectute, somnium Scipionis (versus XII sapientum in laudem Ciceronis) et liber de essentia mundi. *Venetiis, ductu & expensis Johannis de Colonia aggripinensi ac Joh. Mathen de Gherresthem*, 1474.
Gr. in-4°, 32 l., récl. [122]

Clément, VII, 139; Maittaire, 335; Panzer, III, 101, N° 151; Hain, 5259.

Panzer dit que cette édition est sans réclames, mais avec signatures. Notre exemplaire est sans signatures & il a des réclames au bas de tous les verso. La souscription qui énumère tous les articles contenus dans le volume, excepté les vers des XII sages, est placée après les mêmes vers avant le traité *de essentia mundi*, qui n'est suivi que des deux mots *Laus Deo*.

115. Domitii CALDERINI (1447—77) Comment. in Val. MARTIALIS (I. s.) epigrammata. *Venetiis, Joh. de Colonia et Joh. Manthen de Gerretzem*, 1474.
In-fol., 34 l., Sign. a—gg 6. [*Deux exemplaires*, 124 *et* 115²]

Fossi, I, 445; Spencer, II, 172; Hain, *4236.

Une autre édition de ce commentaire de Calderin sur Martial, publiée à Rome en 1474, passe pour la première. Laire, I, 332, en indique une troisième aussi de 1474, à Venise, chez Jacques des Rouges.

116. PETRI Padubanensis (vel DE APONO 1250—1316) liber de Physionomia. *Paduae, P. Maufer*, 1474.
Petit in-4°, 50 f., 24 l., 1e édition. [306]

Intitulée de cette manière:
INCIPIT liber cōpilatōis Phisonomiae (*sic*) a Petro padubanensi in civitate parisiensi. Cujus sunt tres particulae
et souscrite comme il suit:
Gratias altissimo deo Anno domini millesimo quadringentesimo septuagesimo quarto hoc de Phisonomia opus petri padubanensis p me petrum Maufer normanum padue impressum est.

Petrus Padubanensis ou Aponensis, appelé aussi quelquefois Pierre d'Abano, Pierre d'Ebano, est mieux connu sous le nom de Pierre d'Apono. On l'a surnommé le Conciliateur, du nom de son principal ouvrage: *Conciliator CCX differentiarum Philosophorum & praecipue medicorum*. Son livre de la Physionomie est annoncé par Fabricius, Med., V, 242, comme imprimé en italien à Padoue en 1474, in-8°, & en latin en 1548. Naudé, 305, Chevillier, 65, et Maittaire, 334, parlent d'une édition de cet ouvrage en 1474 à Padoue, chez Pierre Maufer, sans en indiquer le format et sans dire s'il est en latin ou en italien. Haym, *Notizia de libri rari* ... 261, & d'après lui Vogt, 42, citent: *la Phisonomia in Padoua per Petrum Maufer*, 1474. Le volume de la bibliothèque du Panthéon est un petit in-4° écrit en latin et en tout semblable à celui dont parle Weislinger, 40. — Hain, 18.

117. Liber Pandectarum medicinae omnia medicinae simplicia continens quem ex omnibus antiquorum libris aggregavit eximius artium & medicinae doctor Mathaeus SILVATICUS (XIV. s.) ad serenissimum Siciliae regem Robertum. Opus emendatum per Mathaeum Moretum Brixianum Bononiae in medicina & astronomia legentem. (*Mantuae*), *J. Wurster de Campidona*, 1474.
Gr. in-fol., 2 col., 49 l., Registr. [27]

Audiffredi Ital., 23; Sassi, 99, 153 & 562; Tiraboschi Bibl. moden., 17, 174; Volta, 20; Hain, *15195.

Le volume commence par une épître de l'éditeur Moret au cardinal de Gonzague, laquelle est suivie d'une table des 720 chapitres de l'ouvrage. Debure ne dit rien de cette édition: il ne décrit que celle qui parut à Naples le 1er avril de la même année, & qui passe pour la première. Les bibliographes italiens qui ont parlé de celle de Wurster de Campidona, ne sont pas d'accord sur le lieu de l'impression. C'est Bologne, selon Audiffredi; Milan, selon Sassi; Modène, selon Tiraboschi; Mantoue, selon Volta. Wurster imprimait à Mantoue en 1472.

118. BREVIARIUM romanum. *Taurini*, *J. Fabri & Johanninus de Petro*, 1474.
In-8°, 28 l., premier livre imprimé à Turin. Exemplaire sur vélin. [356]

Chevillier, 112; Maittaire, 333; Mercier, 61 & 72, & Trévoux, juillet 1763; Tellier, 210; Mauroboni, LV; Hain, 3890.

La souscription placée à la fin de la 2e colonne du recto du dernier feuillet est conçue en ces termes:
Praeclarissimi et medici Phylosophi domini magistri Panthaleonis uoluiā. johannis Fabri & Johanninus de Petro Galici. Egregii quidem artifices Taurini feliciter impressere. M cccc lxxiiij. Deo gratias. Amen.

119. Anicii Manlii Severini BOECII (....—525) de Consolatione philosophica libri V. *Savona, Bon. Johannes*, 1474. In-4°, 63 f., 29 l., premier livre inprimé à Savone. 1e édit. [305]

Souscription: Vēturini Prioris Epigrāmae ī laudē opis τ artificis.
Est Augustini Conuentus in urbe Saona:
Et uitae: & fidei relligione sacer:
Hoc impressit ibi Frater bonus aere Johannes
Teutonicę clarum gentis alumnus opus.
Pontificis summi genuit Quem clara Saona
Tunc Sixti quarti Tertius annus erat.
Principe Cesareo Galeaz florente Maria:
Dum Genuę is dominus imperitaret ibi.
Hunc Venturino librum emendante priore:
Errati lector labe carere scias.
Anicii: Manlii: Torquati: Seuerini Boetii: Exconsulis:
Ordinarii: patricii: de philosophica consolatio
Ne liber quintus & ultimus explicit: M CCCC LXXIIII.

Cette édition a été longtemps inconnue. Debure, N° 1307, & Crevenna, II, 44, citaient celle de 1476 comme la plus ancienne. Laire, I, 352, est le premier qui ait parlé de celle de Savone; il avait vu à Rome l'exemplaire que possède aujourd'hui la bibliothèque du Panthéon, le seul dont on ait connaissance. Mauroboni, XXII, en a parlé d'après Laire. Hain, 3357.

120. Fr. de PLATEA Bononiensis, ord. Min. (XV. s.) Opus restitutionum usurarum & excommunicationum. *Coloniae, Coelhoff*, 1474.
Petit in-fol., goth., 40 l., Sign. a—q 7. [487]

La Vallière, N° 612; Maittaire, 343; Panzer. I, 278, N° 33: Gesner, 31; Hain, 13037.

L'ouvrage est précédé d'une table qui remplit 18 feuillets. On lit à la fin du volume les six vers: *Quem legis impressus*... copiés de la première édition, ci-dessus N° 80; mais avec les mots *Basileae* et *Leonhardus* au lieu de *Cremonae* & *Bartholomaeus*.

121. Bernardi JUSTINIANI (XV. s. ....—1489) Leonardi oratoris filii legati Veneti, oratio habita apud Xistum Quartum Pontificem maximum. (*Romae, Gensberg*, circa 1474).
Petit in-4°, 10 f. (1er blanc), 29 l. [312]

Audiffr. Rom., 423; Hain, *9641.

La date 1471 qu'on lit à la fin, n'est point celle de l'impression de cette harangue, mais celle du temps où elle fut prononcée: *acta Romae IV nonas decembres* 1474.... *in consistorio publico*. Il y a une première édition presque contemporaine, mais ce n'est point celle-ci dont le caractère est celui de Gensberg: *caracter romanus rudiusculus Gensbergii*, dit Audiffredi. Or il paraît que Gensberg n'a rien imprimé à Rome avant 1473. La plus ancienne édition qui soit sortie de ses presses est celle des *Consilia Bartholi*, qui parut en 1473, le 5 décembre. [1])

---

1) Xenophontis Cyropaedia, latine. *Romae, Arnold. de Villa*, 1474 10 martii. In-4°. 1 édit.
Horatius. *Mediolani, Zarot*, 1474 16 martii. In-4°.
The game of the chesses. (*Westminster*), *Caxton*, 1474 31 mart. In-fol. Premier livre imprimé en Angleterre.

121bis. (WERNERI ROLLEWINCK....) fasciculus temporum ab initio mundi ad annum 1473. (*Coloniae*), *Golz de Sletzstat*, (1474).
In-fol. [117²]

ÉDITIONS SANS DATES & SANS SIGNATURES.

1470—1477.

122. Augustini (TRIUMPHI 1243—1328) de Ancona, ordinis heremitarum S. Augustini tractatus de laudibus Virginis gloriose super evangelium Missus est &c.
In-4°, semi-goth., 2 col., 34 l., sans initiales. [725]
    Cette édition n'est, à ma connaissance, indiquée nulle part.

123. Roberti CARACZOLI de Litio ordinis minorum (XV. s.) opus de timore divinorum judiciorum. Praemittitur prologus in quo auctor Johannem de Arragonia Ferdinandi regis filium alloquitur.
In-fol., goth., 44 l. [488]
    Denis, N° 5285; La Vallière, N° 701; Hain, 4465.

124. Roberti (CARACZOLI) de Litio, opus quadragesimale sive sermones LXXIII.
In-fol., goth., 44 l. du même caractère que le précédent. [489]
    Hain, *4419.
    Le volume commence par trois tables: table alphabétique des matières; table alphabétique des sermons; table des sermons selon l'ordre des jours du carême. Cette édition n'a été clairement désignée par aucun bibliographe.
    Les sermons de Robert Caraccioli sont un peu moins gonflés de scolastique, de fausse science et de citations, que ceux de Léonard d'Udine. Ils sont plus précis, mais ils ne sont pas plus gais; et ils ne peuvent guère intéresser que ceux qui voudraient y chercher des détails sur les mœurs du XV° siècle. Par exemple, dans le sermon du II° dimanche de carême:
    Si honestas pateretur ut omnia possent dici, multa quae diebus meis evenerunt scandala aperirem: sed melius est silentio praeterire. Quid referam

Mathei Silvatici pandectae medic. *Neapoli*, 1474 1 apr. In-fol. 1 édit.
Valerius Flaccus. *Florentiae, apud S. Jac. de Ripoli*, (circa 1474). In-4°.
Nic. de Ausmo. Supplementum summae &c. *Januae, Moravus* &c., 1474 X Kal. jul. In-fol. Premier livre imprimé à Gênes.
Acronis comment. in Horatium. *Mediolani, Zarot*, 1474 idib. sext. In-fol. 1 éd.
Alvarus Pelagius de Planctu Ecclesiae. *Ulme, Zayner*, 1474 26 oct. In-fol. 1 éd.
Homeri Ilias latinis versibus &c... *Brixiae, Henr. Colon.* &c... 1474 VIII Kal. dec. In-fol.
El tesoro de Ser Brunetto Latini. *Triviso, Girard Flandr.*, 1474 16 dec. In-fol. 1 éd.
Herodotus, latine. *Venet., Jac. de Rubeis*, 1474. In-fol. 1 édit.
(Werneri Rollewink) Fasciculus temporum. *Coloniae, Therhoernen*, 1474. In-fol. 1 éd.
Obres o Trobes &... de la Verge Maria, por fenollar. *Valentiae*, 1474. In-4°. Premier livre imprimé en Espagne.

quidve dicam de monasteriis? quid de viduis vanis atque lascivis? quid de aliis quae sanctum nomen profitentur & quottidie cum patribus spiritualibus........ taceo quae scio. Certe si ponerentur aures in latrinis, in fluminibus, in hortis, in foveis & caveis terrae, audirentur voces ibi clamantium parvulorum interemptorum & occisorum a crudelissimis matribus. O libidinosae mulieres! o lascivae & incontinentes belluae! o impiae matres! refroenate libidinem si non vultis ut uterus intumescat? de Sodomitis autem quo sermone loquemur ...&c....

125. Alberti de FERRARIIS (XV. s.) juris utriusque doctoris, de Placentia, opusculum de horis canonicis.
In-fol., semi-goth., 2 col., 16 f., 46 l. [490]

Fabric. Med., I, 43.

La dernière colonne, qui est la seconde du recto du XVIe feuillet, n'a que 45 lignes. La 45e est composée des mots: *in secula seculorum amen.*

126. BREVIARIUM Ambianense.
In-4°, semi-goth., 2 col., 44 l. [726]

Tellier, 185.

127. BARTHOLOMÆI DE SANCTO CONCORDIO (XIV. s.) Pisani, ordinis fratrum minorum Summa quae pisana dicitur.
In-fol., 37 l. [491]

On trouve, à la fin de l'ouvrage, la date de sa composition. *Anno* 1338 *tempore..... Benedicti pape XII.* Cette espèce de souscription est au bas d'un recto. On voit au verso un tableau des abréviations employées dans ce livre. Une table alphabétique, disposée sur deux colonnes, occupe les cinq feuillets suivants, qui sont les derniers du volume. Je n'ai trouvé, dans les livres de Bibliographie, aucune indication positive de cette édition, non plus que de la suivante.

128. Titulus de sponsalibus & matrimoniis extractus de tercia parte summe venerabilis patris fratris ANTONINI (1389—1459) ordinis fratrum predicatorum, archiepiscopi Florentini.
In-4°, 27 l. [727]

Le dernier chapitre, qui traite *de vitiis conjugatorum*, est suivi de ces mots: *finis horum vitiorum et per consequens hujus tractatus seu tituli de matrimonio et sponsalibus.* Au feuillet suivant, qui est l'avant-dernier, commence une table des 27 chapitres de l'ouvrage. Cette table finit à la 18e ligne du dernier recto, lequel contient ces quatre autres lignes:

Explitit (sic) tabula tractatus de sponsa
libus. et de matrimonio
DEO GRATIAS
H. T. D. B. M. H. O.

129. Rodorici (SANTII de Arevalo, XV. s. episcopi) Zamorensis (dein Calagaritani) Speculum vitae humanae. (*Colon., Ulric. Zell?*)
In-4°, semi-goth., 202 f., 27 l. [728]

Panzer, IV, 214, N° 1329; Spencer, III, 493; Hain, *13933.

Le dernier feuillet n'est point employé. Les quatre qui le précèdent sont remplis par une table alphabétique.

130. Rodorici (SANTII) Zamorensis Speculum humane vite. (*Parisiis, Petr. Cesaris & J. Stol.*)
In-4°, 164 f., 30 l. [311]

La Vallière, N° 1315; Orlandi, 87; Hain, 13936.

131. Francisci FLORII (XV. s.) liber de amore Camilli & Aemiliae. Accedit liber de duobus amantibus Leonardo de Guiscardo & Sigismunda ex Boccacio transfiguratus in latinum per Leonardum (Brunum) Aretinum. Turonis 1467, pridie Kal. januarii. (*Parisiis, Petr. Cesaris & J. Stol.*)
In-4°, 50 f., 24 l., 1 édit. [ ]

Clément, VIII, 373; Foncemagne, Inscr., VII, 313; Mercier, 118; Spencer, III, N° 697; Hain, 7192.

La date 1467, qui se trouve entre le livre de Florius & celui *de duobus amantibus Leonardo* &c..., est regardée comme celle de la composition du premier de ces deux ouvrages. Le caractère et toutes les circonstances typographiques annoncent une édition de Paris vers 1475. Orlandi, 80; Palmer, 139, & d'autres bibliographes ont cru que cette édition avait été réellement publiée à Tours en 1467, et comme l'exécution leur en a paru fort belle, ils ont beaucoup regretté de ne pas connaître l'imprimeur „'tis to be regretted, dit Palmer, that the printer of such an excellent work should be unknown." Dans une épître dédicatoire à Guillaume Tardif, Florius atteste le ciel que c'est une histoire véritable qu'il publie. Il n'y a rien en effet de très merveilleux dans les aventures d'Emilia & de Camille. Ces deux amans ont été élevés ensemble; Emilia mariée, contre son gré, à un florentin, s'en venge avec Camille de la manière accoutumée, mais elle meurt de la peste à vingt-quatre ans, et Camille inconsolable va courir le monde. Ce roman est écrit avec intérêt; on y trouve des lettres fort tendres; la narration est claire, & même attachante, quoique peu rapide.

132. Aeneae Sylvii (cardinalis PICCOLOMINI, postea papae Pii II, 1405—64) liber de duobus amantibus Eurialo & Lucretia. (*Paris, P. Cesaris & J. Stol.*)
In-4°, 36 f., 24 l. [313]

L'intitulé n'est pas comme au N° 3736 de la bibliographie instructive: *Enee Silvii poete laureati de duobus amantibus historia incipit*; mais: *Enee Silvii Senensis poete laureati viri clarissimi de duobus amantibus historia ad Gasparum Slich militem ut eā legat feliciter incipit.*
Souscription: ex Vienna quinto nonas julias millesimo quadringentesimo quadragesimo quarto. Cette date 1444 est sans contredit celle de la composition, non de l'impression. Le caractère est celui du Florius, N° précédent 131.

133. Enee Silvii (PICCOLOMINI) poete senēsis oposculum (*sic*) de duobus amantibus Eurialo & Lucrecia; cum ejusdem Silvii epistola de amoris remedio. (*Coloniae, Goltz vel Homborch.*)
In-fol., goth., 2 col., 22 f., 30 l. [172]

Laire, I, 269; Panzer, I, 346, N° 516; Hain, *217.

Le livre *de duobus amantibus* finit avec la première colonne du verso du feuillet 19, & l'épître *de amoris remedio* commence avec la seconde colonne du même verso. Cette épître se termine à la XII° ligne de la 2° colonne du recto du dernier feuillet. Elle n'est suivie que de ces mots: *Amoris remedium finit.*

134. Enee Silvii (PICCOLOMINI) poete laureati sive Pii Pape secundi epistola de amoris remedio. (*Romae, Guldinbeck.*) In-4°, 6 f., 26 l., sans points sur les i. [314]

Audiffr. Rom., 405; Panzer, II, 530, N° 687; Hain, *131.

On ne lit à la fin que les trois mots : *amoris remedium finit.*

135. Pamphilus (MAURILIANUS, incertae aetatis) de amore. (*Romae, Guldinbeck.*) In-4°, 18 f., 27 l. à la quatrième page. Sans initiales, sans points sur le i. [314]

On lit au bas de la page 36 : *Explicit aōrē ptractās p̄aphili codex.*

C'est peut-être l'édition indiquée par Panzer, IV, 171, N° 902.

136. (Petrus) Candidus (DECEMBRIUS, Ticinensis, 1399—1477) de genitura hominis, (carmen). (*Romae.*) In-4°, 12 f., 25 l. [314]

Ce n'est point l'édition avec signatures &c... dont parlent Audiffredi Rom., 378; Panzer, II, 513, N° 823.

137. Leonardi (MATHAEI, XV. s.) de Utino, ordinis Praedic. Sermones aurei de sanctis. (*Moguntiae.*) In-fol., 360 f., 41 l. [516]

Denis, N° 6191; Panzer, II, 142, N° 120; Seemiller, II, 164; Hain, *16126.

On lit à la fin du volume : Expliciunt sermones aurei de sanctis per totum annum quos compilavit magister leonardus de utino sacre theologie doctor ordinis fratrum predicatorum ad instantiam & complacentiam magnifice communitatis utinensis ac nobilium virorum ejusdem. M CCCC XLVI, in vigilia beatissimi patris nostri dominici confessoris ad laudem et gloriam Dei omnipotentis et totius curiae triumphantis.

1446 est l'année où Léonard d'Udine mit par écrit ses sermons. Cette date se retrouve jusque dans les éditions où l'imprimeur a d'ailleurs mis la sienne, comme dans l'édition de Cologne, 1473. Celle qui est l'objet de cet article passe pour moins ancienne. Cependant il était écrit sur l'exemplaire de Crévenna, qu'il avait été acheté en 1475.

L'éloquence de Léonard d'Udine fut très célèbre au milieu du XVe siècle. Elle est moins amusante que celle d'Olivier Maillard, de Barelette & de quelques autres prédicateurs pleins de gaîté. Léonard d'Udine est fort sérieux. Il épuise longuement sur chaque sujet les lieux communs de la scolastique, de la théologie, de l'astrologie & des autres sciences occultes, dans lesquelles il est très versé. Il cite autant qu'il peut les poètes, les historiens, la Bible, tous les écrivains ecclésiastiques et profanes. Comme il possède toutes les connaissances de son temps, et qu'il n'en a examiné aucune, il est d'une fécondité prodigieuse. Il procède par divisions et sous-divisions interminables, et ce n'est guère qu'avec des citations qu'il les remplit. Il n'essaye ni de peindre, ni de penser; rien ne lui appartient dans ses nombreux et longs sermons, sinon l'enchaînement bizarre des choses qu'il amasse. Par exemple, dans le sermon de l'Annonciation, il vous conte tout ce qu'ont dit de ce mystère sublime, d'abord les alchimistes, ensuite Aristote, Mahomet, les Sibilles, Virgile, Ovide et Sénèque le Tragique. Marie est ensuite comparée successivement à quarante femmes profanes, et à quarante femmes de la Bible. Parmi les premières sont, Sémiramis,

Méduse, Hélène, Didon, Pénélope, Clélie ...&c... La deuxième série commence par Eve et finit par Elisabeth. Ces quatre-vingts paragraphes sont suivis de quarante autres, dont chacun contient l'explication d'un texte prophétique sur la très sainte Vierge Marie, mère de Dieu.

138. Joannis FABRI (Burdigalensis, XIV. s.) breviarium super codicem. (*Lovanii, J. de Westphalia*).
In-fol., goth., 2 col., 345 f., 42 l. [492]

Lambinet, 214; Hain, 6845.

On lit au verso du Ier feuillet une épître de Gilles Zudendelf à Jean de Paderborn (de Wesphalie) suivie de ces lignes:

Et ego joañes prenota	t^o alma in universitate lo
uaniensi residens dignum	duxi opus hoc isigne im
mensis ferme tam labori	bus q3 impōsis ad finem
usq3 productū meo soli.	to signo consignando hu
ius in capite libri palam	fieri.

L'espace que je laisse vide est rempli par une sorte de médaillon où l'on voit une tête, connue dans quelques autres éditions de J. de Westphalie. A la fin du volume, on trouve, pour toute conclusion, les mots: *Laus tibi Christe quoniam liber explicit iste.*

139. LUDOLPHI rectoris ecclesiae in Suchen (XIV. s.) libellus de terra sancta, de itinere Jherosolomitano, de statu ejus & aliis mirabilibus que in mari conspiciuntur videlicet mediterraneo (*Esslingae, Conrad Fyner*).
In-fol., 34 f., 41 l. [172]

Laire, I, 152; Panzer, I, 84, N° 447; Hain, *10307.

Le premier feuillet contient une table imprimée sur deux colonnes: le reste du volume est à longues lignes. L'ouvrage finit à la 17e ligne du dernier verso. Une 18e & dernière ligne est composée de ces mots: *finit feliciter libellus de itinere ad terram sanctam xc.* Panzer attribue cette édition à Eggesteyn imprimeur à Strasbourg. J'ai préféré ici l'opinion de Laire, qui trouve que le caractère est celui dont Conrad Fyner se servait à Esslingen en 1474.

140. Petri Manducatoris (sive COMESTORIS, Trecensis ....—1198) Historia scholastica. (Forsan *Argentorati*).
In-fol., goth., 2 col., 45 l. [493]

Le premier feuillet ne contient que le titre *Scolastica historia.* Une table occupe les cinq feuillets suivans. Je ne trouve, chez les bibliographes, aucune indication précise de cette édition. V., sur l'auteur et sur l'ouvrage, Fabric. Med., I, 404.

141. JOANNIS ANDREAE Bononiensis (....—1348) tractatulus seu summula brevis de sponsalibus & matrimonio. (*Argentorati, Martinus Flach*).
In-fol., goth., 10 f., 34 l., 32 dans la première page, y compris les quatre de l'intitulé. [172]

Braun, I, 34; Denis, N° 4176; Laire, I, 108; Hain, *1068.

L'ouvrage finit à la ligne 27 du recto du 9e feuillet. Après cette ligne on ne lit plus que les deux mots: *Finis Huius.* Le reste de ce feuillet est vide ainsi que le dixième.

Il ne faut pas confondre l'auteur de ce livre, Jean fils d'André, jurisconsulte bolonais du XIV° siècle, avec le littérateur du même nom, qui fut au XV° s. évêque d'Alérie et l'éditeur de la plupart des livres que Sweynheym & Pannartz imprimèrent à Rome.

142. GASPARINI Pergamensis (sive Barzizii, 1370—1431) clarissimi oratoris epistolarum liber. (*Argentorati, Martin Flach*). In-fol., goth., 54 f., 34 l., sans initiales. [172]

> Panzer, IV, 132, N° 539; Spencer, III, 333; Hain, *2669.
>
> Le 18° & dernière ligne du dernier verso est composée de ces mots: Felix Eplaꝫ Gasparini Finis:.

143. Tractat⁹ bonus & utilis de ARTE MORIENDI. (*Argentorati, Eggesteyn*). In-fol., goth., 8 f., 41 l., sans initiales. [172]

> Panzer, I, 85, N° 451; Hain, *217.
>
> On lit au bas du dernier verso:
> Finis huius tractatus de Arte moriendi.

144. Johannis NIDER (ord. Praedic. . . . .—1440) Manuale confessorum. (Forsan *Argentorati, C. W. Wolf*). In-fol., goth., 2 col., 26 f., 45 l. [494]

> Le 26° feuillet contient la table: elle occupe les deux colonnes du recto & 26 lignes de la première colonne du verso, après les quelles on lit pour toute conclusion: *finis felix*. C'est peut-être l'édition indiquée par Laire, I, 159, en ces termes: Joan. Nyder manuale confessorum. Ultima pagina habet 27 lineas.

145. Joannis NIDER tractatus de contractibus mercatorum. (*Coloniae, Veldener*). In-4°, goth., 32 f., 27 l., 26 à la première page; 12 à la dernière, 1 édition. [295]

> Laire, I, 158; Hain, 11820.
>
> Les trois derniers feuillets sont occupés par des propositions que Nider soutient contre les adversaires des privilèges des frères Prêcheurs.

146. Johannis NIDER de ordine Praedicatorum liber Formicarii. (*Coloniae, Ulric Zell*). In-fol., goth., 2 col., 150 f., 36 l., titr., 1 édit. [495]

> Panzer, I, 332; Tellier, 43; Santander, N° 337.
>
> On lit au bas de la première colonne du 149° feuillet:
> Explicit qūtus ac totus formicarii liber iuxta edicōeꝫ frīs Johis nider sacre Theologie pfessoris eximii q̄ vita tpe concilii ꝯstācieucis Basilieusisqꝫ duxit ī huānis feliciter.
> Le reste de ce feuillet est vide, ainsi que tout le 150°.
> *Vade ad formicam, o Piger:* ces mots de la Bible ont donné lieu au titre

& à la composition de cet ouvrage. Nider s'est aperçu que les fourmis avaient précisément cinq douzaines de propriétés, & en conséquence il a partagé son traité en cinq livres & chaque livre en douze chapitres. Il traite dans le I^{r} livre des bonnes oeuvres, dans le IIe des révélations véritables, dans le IIIe des visions illusoires, dans le IVe des vertus spirituelles & dans le Ve des maléfices. Chaque livre est un dialogue entre un théologien & un paresseux.

147. Joannis (Parvi) SARISBERIENSIS (& postea Carnotensis episcopi XII. s.) Polycraticus (sive) de curialium nugis & de vestigiis philosophorum libri VIII. (*Coloniae, Therhoernen*). In-fol., goth., 2 col., 40 l., 1 édit. [496]

Laire, 1, 178; Lambinet, 365; Panzer, IV, 147, N° 670; Spencer, III, 504; Hain, *9430.

On trouve au verso du premier feuillet une préface; les 60 feuillets suivans contiennent une table alphabétique. A la suite de l'ouvrage, diverses pièces de vers, parmi lesquelles on distingue la fable des membres & de l'estomac, occupent les sept derniers feuillets du volume, les seuls qui soient à longues lignes. Cette édition paraît être de Therhoernen. Lambinet toutefois la croit sortie des presses des Frères de la vie commune à Bruxelles. Elle a été longtemps inconnue. Celle de Paris, 1513, in-4°, est citée comme la première par Labbe (*De scriptoribus ecclesiasticis*, I, 606); par Bayle (*Dict. hist.* au mot *Sarisbery*); par Fabricius (Med. IV, 13,) &c...

L'ouvrage est divisé en huit livres intitulés comme il suit dans l'édition de 1513 : I, de fortuna et magia; II, de naturalibus & mathematicis; III, de virtutibus & vitiis; IV, de differentia regis & tyranni; V, de republica; VI, de militia & peritia militari; VII, de academicis, philosophis & religionibus; VIII, de finibus quos sibi varii varios prestiterunt. Ces matières, très variées comme on voit, ne sont pas traitées avec beaucoup d'intérêt. Le livre dont on soutient le mieux la lecture, est le troisième, où l'on trouve six chapitres contre la flatterie, vice abject que l'auteur abhorre comme un fléau public. Il pense que de tous les adulateurs, les plus vils sont ceux qui flattent les flatteurs mêmes, & c'est un crime dont assurément il ne se rend pas coupable. [1]

ÉDITIONS SANS DATES, AVEC SIGNATURES,

1475—1479.

148. JACOBI MAGNI (ord. eremit. S. Aug. XV. s.) Sophologium. (*Casellis*).
In-fol., goth., 2 col., 40 l., sign. a—t 5. [198]

---

[1]) Plinii jun. (Aurelii Victoris) liber illustr. viror. (*Ven.*, *Jenson*). In-4°. 1 éd.
Eusebii Chronicon, latine. *Mediolani*, *Phil. de Lavania*. In-fol. 1 édit.
Petrarca de remediis utriusque fortunae. (*Argentorati*, *Eggesteyn*). In-fol. 1 éd.
Jeronimus de viris illustr... &c... (*Augustae*) Zayner. In-fol.
Vegetius de re militari. (*Coloniae*, *Goetz*). In-fol. 1 édit.
Nideri Dispositorium moriendi. (*Coloniae*, *Zell*). In-4°. 1 édit.
Nideri Sermones de tempore et de sanctis. (*Esslingae*, *Fyner*). In-fol. 1 édit.
Regiomontani Calendarium. (*Norimbergae*, *Regiomontano*). In-4°.
Vigellii (Wirekeri) Speculum stultorum. (*Apud Belgas*). In-fol. 1 édit.
Chaucer's tales. (*Westminster*, *Caxton*). In-fol.
Sidonius Apollinaris. (*Ultrajecti*, *Ketelaer*). In-fol. 1 édit. B.

Laire, I, 148.

Une table des chapitres commence au premier feuillet & finit au milieu de la 1e colonne du recto du troisième. Le verso du dernier feuillet présente, au lieu de souscription, *l'epigramma ad hujus operis conspectorem*, vers dont le dernier se lit ainsi:

Mille voluminibus clauditur hoc opera.

„Character gothicus, dit Laire, ex genere illius quo Casellis impressae sunt anno 1475, vitae Patrum."

149. Georgii MERULAE (....—1494) Alexandrini opus in librum Galeotti Martii Narniensis de homine; ejusdem Merulae commentar. in Sapphus epistolam; querela in quemdam Plinii editorem; & animadversiones in quosdam commentatores qui orthographiam Virgilii depravarunt. (*Venet.*, *Vind. de Spira*).
In-4°, 28 l., sign. a—m 3. [317]

Denis, N° 5396; Fossi, II, 186; Hain, *11097.

La date 1471, qui se trouve à la fin du troisième opuscule *Querela in editorem Plinii*, passe pour celle de sa composition. Ce troisième opuscule se compose de deux lettres: la première, qui est fort courte, et qui n'est même qu'un préambule de la seconde, se termine par: *Vale. Venetiis, pridie Kal. martiis* (sic) 1471, & la seconde par: *Vale. Venetiis, Kal. martiis*, 1471.

150. Cornelii TACITI (I. s.) opera cum praefatione Francisci Puteolani. (*Mediolani*).
In-fol., 188 f., 37 l., sign. a—A—B 3. [174]

Fossi, II, 633; Maittaire, 752; Sassi, 612; Seemiller, I, 158; Hain, 15219.

La préface de Puteolanus occupe le premier feuillet; le deuxième commence par cet intitulé: *Cornelii Taciti historiarum libri XI actionum diurnalium*. Suit le texte: (n) *Am Valerium asiaticum tibi*. Les six livres d'Annales, & les cinq livres d'Histoires forment une seule et même série de livres, toujours sous le même intitulé, mais avec distinction de *liber XII, liber XIII* ...&... jusqu'à *XXI*. Viennent ensuite le Dialogue sur les orateurs et la vie d'Agricola, après laquelle on ne trouve d'autre conclusion que le mot FINIS.

151. M. F. QUINTILLIANI (I. s.) Institutiones oratoriae ex recensione Omniboni Leoniceni. (*Venetiis*).
In-fol., 200 f., 39 l., sign. a—A—D ii. [236]

Crevenna, III, 56; Fossi, II, 431; Maittaire, 750; Panzer, IV, 182, N° 1030; Seemiller, I, 175; Hain, 13644.

Une table imprimée sur 2 colonnes remplit le verso du premier feuillet, le recto & la moitié du verso du second. Le 3e, vide au recto, contient au verso une épître de l'éditeur Ognibene de Lonigo à Moyse Bufareli. Cette édition est, à beaucoup d'égards, une copie de celle de Jenson 1471; ci-dessus N° 53.

152. MAUMETIS (II.) cognomento Magni Turci (1430—81) epistolae XC e siro, greco & scythico sermone in latinum trans-

latae a Laudinio equite hierosolomitano cum ejusdem Laudinii praefatione ad Beltradum comitem.
Petit in-4°, 24 f., 23 l., sign. a—cq (q pour 4). [312]

<small>Fossi, II, 120; Hain, 10501.

On lit au recto du dernier feuillet: Epistolae M. Turci finiunt a Laudinio equite hierosolimitano edite. Que sunt LXXXX nūro. Puis dix vers précédés de cet intitulé: *De hermofrodita per. d. An. Panormitanum carmen decasticon;* & suivis de: D. FINIS. S.</small>

153. Siluii Aeneae poetae (PICCOLOMINI, 1405—64) qui postea sumi pontificatus gradum adeptus Pius (II.) est appellatus Historia de duobus amantibus cum multis epistolis amatoriis.
Petit in-4°, 34 f., 35 l., sign. a—diiii [312]

<small>Hain, *218.

Belle édition que je ne trouve nulle part bien clairement indiquée, et qui n'a d'autre souscription que ces mots:
LIBELLUS Ornatissimus Elegantissimusq3 Aeneae Siluii poetae senensis de duob° amantib° feliciter FINIT.</small>

154. GASPARINI Pergamensis (Barzizii, 1370—1431) clarissimi oratoris epistolarum liber.
In-4°, 28 l., sign. a—kiiii. [321]

<small>Hain, *2670.

Belle édition: on lit au commencement du premier recto: Gasparini pergamensis clarissimi oratoris epistolaɽ liber feliciter incipit.
Et à la fin du verso du dernier feuillet:

Foelix epistolaɽ Gasparini finis.

Je ne reconnais point assez clairement cette édition parmi celles que les bibliographes ont indiquées: il en est de même du N° qui va suivre & qui est du même caractère.</small>

155. GUILLERMI SAPHONENSIS oratoris epistolarum conficiendarum ars perutilis atque necessaria.
In-4°, 14 f., 28 l., sign. a—biiii. [321]

<small>La première page commence par ces lignes:

Epistolarū ꝑficiendarū ars putilis atq3 necessaria: ꝑsertim juvenibus aliq formula īdigētibᵒ.

La dernière page n'a que quatre lignes qui sont:

Necesse est qū aliter fieri nequit. Vale.
Modus conficiendi epistolas perbrevis fratris Guillermi Saphonensis oratoris Elegantissimi foeliciter finē habet.</small>

1475.

156. Francisci PHILELPHI (1398—1481) ad Jac. Ant. Marcellum, patricium Venetum et equitem auratum, de obitu Valerii filii consolatio. *Romae*, 1475, Kal. jan.
Gr. in-4°, 50 f., 34 l., sign. A—G 3, 1 édit. [126]

<small>Audiffr. Rom., 173; Debure, N° 2463; Fossi, II, 331; Maittaire, 354 Hain, *12960.</small>

L'intitulé qu'on lit au recto du premier feuillet est en capitales, excepté la lettre *u* dans le mot EQuITEM. Il n'y a d'autre souscription que cette ligne :

Impressum romae Kalendis Januariis. M CCCC LXXV.

Audiffredi déclare qu'il n'a vu aucun exemplaire de cette édition. On remarque, dans la nôtre, des signatures semblables à celles du N° 107, cidessus.

157. BENEDICTI DE NURSIA (XV. s.) opus ad sanitatis conservationem. *Romae, in domo nobilis viri Johannis Philippi de Lignamine, messan. S. D. N. familiaris*, 1475, 14 jan., Pont. Syxti IIII anno eius quarto.
In-4°, 21 l., registr. sans initiales, 1 édit. [164²]

<small>Audiffr. Rom., 193; Panzer, II, 459; Hain, *11919.</small>

L'auteur, Benoit de Nursia, est indiqué dans l'épître dédicatoire, adressée par l'éditeur & imprimeur, Philippe de Lignamine, à Sixte IV. Cette épître, qui selon Audiffredi doit avoir neuf pages, n'en a que six dans notre exemplaire, qui manque des deux premiers feuillets. Elle est suivie d'une table des chapitres, qui sont au nombre de 96. Les matières sont disposées, dans l'ouvrage, selon l'ordre alphabétique : l'air, les amygdales... le vin... le sucre (zuccarum). Le dernier feuillet contient la souscription et le registre des cahiers.

158. Lucii Annaei SENECAE (....—65) epistolarum ad Lucilium libri XXV. *Romae, Pannartz*, 1475, 1 febr.
In-4° max., 36 l., reg., 1 édit. [127]

<small>Audiffr. Rom., 181; Laire, I, 354; La Vallière, N° 4433; Maittaire, 353; Spencer, II, 345, N° 425; Hain, 14601.</small>

Les huit premiers feuillets contiennent le prologue de S. Jérôme sur les prétendues lettres de S. Paul à Sénèque et de Sénèque à S. Paul, ces lettres mêmes, l'épitaphe de Sénèque et une table.

Souscription : Romae in domo nobilis uiri petri de maximis non atramento: plumali calamo &c... p magistṗ Pannartz alamanum.... anno.... M CCCC LXXV. die uero prima mensis februarii. Sedeñ Sixto pont. max. anno eius quarto.

Notre exemplaire est conforme à la description qu'Audiffredi a donnée de cette édition, hors le format qui est très grand in-4°, et non in-fol. comme ce bibliographe l'annonce. Debure a omis cette édition, quoiqu'elle soit très vraisemblablement antérieure à celle de Paris, 1475, qu'il indique, N° 4113, comme la première.

159. Lucii Annaei SENECAE opera omnia. *Neapoli, sub domino Blasio Romero monacho.* 1475, divo Ferdinando regnante. In-fol., 46 l., 2 registr., 1 édit. [*Deux exemplaires*, 29 *et* 29*bis*]

 Debure, N° 1386; Laire, I, 375; Orlandi, 127; Spencer, II, 338, N° 419; Hain, 14590.

 Ce volume a deux parties, dont la seconde contient les épîtres de Sénèque & la première ses autres ouvrages. C'est après la première que se trouve la date. Chaque partie est suivie du registre des cahiers qui la composent. Notre exemplaire est du nombre de ceux où les chiffres centenaires CCCC sont omis dans la date qui se trouve être MLXXIIIII: il est conforme à la description particulière que Debure a fait de ces exemplaires.

160. Leonardi de Utino (MATHAEI, XV. s.) ord. fratrum Praedicatorum sermones aurei de sanctis. 1475, ultima (die) martii. In-fol., goth., 2 col., 46 l. [497]

 Hain, *16131.

 Au verso du premier feuillet se trouve une liste des sermons. A la fin du volume, après la date, est une table alphabétique qui remplit quatorze feuillets & ne finit qu'à la 6e ligne de la 2e colonne du recto du quinzième. Suivent ces deux dernières lignes:

   Tabula hujus opis secundū ordinē
   Alphabeti recollecta! finit feliciter;

 Cette édition n'a été, à ma connaissance, ni décrite ni même indiquée par aucun bibliographe.

161. BERNARDI (1091—1153) abbatis Clarevallis sermones. *Moguntiae, Schoyffer*, 1475 14 april. In-fol., semi-goth., 2 col., 234 f., 47 l., 1 édit. [28]

 D. Clément, VII, 192; Debure, N° 272; Freytag Anal., 87; Laire, I, 355; Orlandi, 13; Wurdthweyn, 110; Hain, *2844.

 La caractère ressemble à celui des Bibles de 1462 & 1472. La souscription et l'écusson se trouvent (en rouge) à la seconde colonne du 232e recto. La table *Tituli sermonum* occupe le verso du feuillet 233 & le recto du 234e.

162. Speculum Beati BERNHARDI abbatis de honesta vita & octo puncta mediante (sic) quibus pervenitur ad perfectionem vite spiritualis. (*Moguntiae, Schoiffer*, circa 1475.) In-4°, goth., 8 f., 26 l. [*Deux exemplaires*, 723 *et* 312²]

 La Vallière, N° 520.

163. Speculum sapientie beati CIRILLI episcopi al's quadripartitus apologieticus vocatus. In cuius quideʒ proverbiis omnis & totius sapientie speculum claret. (Forsan *Moguntiae, Schoiffer*, circa 1475).) In-4°, goth., 118 f., 26 l. Petites initiales. [312²]

 Hain, 5906.

 L'ouvrage finit au recto du feuillet 115. Au bas de ce recto commence une table, qui se termine au recto du 118ᵉ, et immédiatement suivie de l'explication du mot Apologue: *Appologus est sermo dubius* &c... & de ces cinq lignes:

> Quidquid fecerit alii sis memor ipse tui
> Mors tua. mors xp̄i. finis mūdi. gl̄a celi
> Quidq'd homo serit p̄sentis tēpore uite
> Hoc sibi messis erit. Cum dicit. Ite. venite.

Cette édition n'est aucune de celles qui sont décrites dans Panzer.
L'ouvrage est un recueil de 95 fables ou apologues, divisé en IV livres. A quel Cyrille faut-il attribuer ce recueil? à celui de Jérusalem ou à celui d'Alexandrie, ou à quelqu'autre? ou n'en sait rien. Le jésuite Cordier laisse cette question tout-à-fait indécise dans sa préface de l'édition qu'il a donnée de ces fables sous ce titre: *Apologi morales S. Cyrillo ex antiquo mss. nunc primum in lucem editi. Viennae Austriae*, 1630, in-8º. On voit que ce jésuite croyait donner une première édition: c'était au plus la huitième, car ces apologues avaient été imprimés au moins cinq fois dans le XVᵉ siècle et deux fois dans le XVIᵉ.

164. HERODOTIS Halicarnassaei (V. s. a.) historiarum libri IX, latine, interprete Laurentio Valla, ex recognitione J. Andreae episc. Aleriensis. *Romae, Arnold (Pannartz)* in domo Petri de Maximis, 1475, 20 apr. Pontificatus Sixti IV anno quarto.
In-fol., 246 f., 38 l., reg. [128]

Audiffr. Rom., 182; Debure, Nº 4743; Fossi, I, 769; Orlandi, 72; Spencer, II, 41; Hain, *8469.

165. C. Junii JUVENALIS (....—128) Satirae cum commentariis Domitii Calderini. *Venetiis, Jac. de Rubeis*, 1475, VIII Kal. mai.
In-4°, max. [125]

Audiffr. Rom., 158; Hain, *9688.

Cette édition, la première des commentaires de Calderin sur Juvénal, est annoncée par plusieurs bibliographes comme de Venise, 1475, et par quelques autres comme donnée à Rome en 1474. Cette dernière date se trouve en effet à la fin du commentaire, qui est terminé par ces mots: „Calderini Veronensis secretarii apostolici in satyris Juvenalis ad clarissimum viṛ. Julianum medicen Laurentii fratrem Petri Cosmi filiū florentinum. Editi Romae: quom ibi profiteretur K. septembris M CCCC LXXIIII". Mais sur la même page, à la fin de la dernière satire de Juvénal, on lit: „Junii Juvenalis satyrarum libri impressi Venetiis diligentissime arte et ingenio Jacobi de Rubeis nomine gallici. VIII Kl. maias anno Christi M CCCC LXXV invicto et inclito duce petro mocenico". La page où se trouvent ces deux souscriptions est suivie de dix feuillets, qui contiennent une apologie de Calderin contre Brotheus, après laquelle se lisent ces lignes, les dernières du volume: „Domitii Calderini veronensis cōmētarii in Juvenalem cum defensiōe cōmētarioṛ Martialis et recriminatiōe adversus Brotheum grammaticum. Ad Julianum medicen florentinum editi Romae &c... septembris M CCCC LXXiiii".

166. Publii TERENTII Afri (II. s. a.) comoediae VI. (Andria, Eunuchus, Heautontimorumenos, Adelphi, Phormio, Ecyra) quibus praemittitur autoris vita ex Donati commentariis excerpta.

Impress., *in sancto Ursio Vincenti district. Joh. de Reno*, 1475, die ultimo aprilis.
In-fol., 32 l., sign. a—n 2, titr. [129]

Debure, N° 2606; Laire, I, 376; Panzer, III, 508, N° 10; Hain, 15391.

Laire et Panzer disent que cette édition est sans signatures: celles qu'on remarque dans notre exemplaire pourraient avoir été ajoutées après coup, comme dans les N°s 107 et 156, ci-dessus.

167. Bernardi JUSTINIANI (14..—1489) oratoris de vita beati Laurentii patriarchae Venetiarum opusculum ad monachos carthusienses. Impressum *Venetiis*, labore et industria *Jacobi de Rubeis*, 1475, sexto idus maias. Duce inclyte Petro Mocenico.
In-4°, 40 f., 25 l., 1 édit. [723]

Denis, N° 319; La Vallière, N° 4764.
L'intitulé est en capitales rouges.

168. P. TERENTII Afri (II. s. a.) Comoediae VI (Andrea, Eunuchus, Heautont., Adelphi, Phormio, Ecyra) cum praemissa poetae vita. 1475 XII cal. aug.
In-4°, max., 34 l. [130]

Fossi, II, 639.

Édition peu connue, qui n'a d'autre souscription que cette ligne à la fin du dernier recto: Terentii afri poetae finis M CCCC LXXV. XII Calēdas augusti.

169. Publii TERENTII Afri comoediae VI scilicet Andria, Eunuchus, Heautont., Adelphi, Hecyra, Phormio, (circa 1475).
In-fol., goth., 90 f., 30 l., sign. a—l v. [131]

Debure, sous le N° 2603, décrit comme il suit, un exemplaire d'une ancienne édition de Térence. „L'exemplaire dont il est ici question est de format petit in-folio, sans date ni aucune indication quelconque. On remarque à la tête du volume un abrégé de la vie de Térence, extraite des écrits de François Pétrarque. Cet abrégé est *immédiatement suivi du texte* de Térence, dont les feuillets ne sont point chiffrés, mais distingués par cahiers de signatures rangés selon l'ordre des lettres de l'alphabet depuis la lettre a jusques *et compris* la lettre m; *et au verso du dernier feuillet on apperçoit le registre des réclames.*" Cette description convient à beaucoup d'égards, à notre exemplaire. Mais 1°, le dernier des cahiers est signaturé l; 2°, le dernier recto se termine par les mots: *Publii terentii afri poetae comici comoediarum liber finit feliciter*, & il n'y a rien au verso, *point de registre de réclames;* 3° la vie de Térence n'est *pas immédiatement suivie du texte* de ce poète; entre cette vie et le prologue de l'Andrienne, on trouve un sommaire de cette comédie, semblable à ceux qui précèdent chacune des comédies suivantes; 4° enfin notre exemplaire présente quelques autres circonstances typographiques que Debure n'observe point. Il y a deux caractères, tous deux ronds, très beaux & de formes semblables, mais l'un plus grand réservé au texte seul, l'autre plus petit pour tous les accessoires..... Il n'y a aucune distinction ni de vers, ni de couplets: on ne trouve d'alinéa qu'au commencement des scènes. ...: les actes, quoique distingués dans les sommaires, ne sont annoncés dans le texte par aucun intitulé ni d'aucune autre manière.... les passages grecs, qui devaient se trouver dans la vie de Térence, sont laissés en blanc..... la signature qui doit être e iiii est par erreur e iiiii. Cette édition se rapproche aussi beaucoup, mais diffère en quelques points, de celles qui ont été décrites par Laire, I, 51, N° 54 ; par Braun, I, 83..... Elle n'est rigoureusement aucune des trente éditions de Térence (sans commentaires), que Panzer décrit ou indique, & dont il donne la liste, N° 424.

170. Omniboni Leoniceni Vincentini (OGNIBENE da Lonigo, XV. s.) commentarii in Lucanum. *Venetiis*, (*Vind. de Spira*) XII Kal. Aug., existente Venetiarum duce Petro Mocenico. In-fol., 34 l., sign. a—aa—KK b, 1 édit. [132]

Fossi, II, 68; Panzer, III, 112, N° 214; Weislinger, 55.

Sine textu, observe Panzer. Il n'existe, en effet, dans ce volume, que des demi-vers ou de moindres parcelles du texte, noyées dans le commentaire. Cette édition est mal intitulée par Debure, N° 2783 : *Lucani Pharsalia*.

171. STATII Papinii (I. s.) Sylvarum libri quinque cum Domitii Calderini commentario. *Romae*, 1475, Kalendis sextilibus. In-fol., sign. a—m III. [184]

Le premier feuillet commence par un intitulé : DOMITII CALDERINI.... AD AUG.... MAFEUM &c.... l'épître que ce titre annonce et dans laquelle les mots grecs sont laissés en blanc, finit au milieu du recto du 2e feuillet : au verso se trouvent vingt-cinq vers précédés de cet intitulé :
„Domitius hortatur Statium Papinium ut redeat Neapolim in patriam ubi ei blanditur Franciscus Aragonius regis Fer. F "
Le texte et le commentaire commencent au recto du troisième feuillet. Le commentaire est d'un caractère plus petit, et il environne le texte. On lit au bas du verso de l'avant-dernier feuillet : „Sylvarū quinto libro finis Domitius Calderinus ueronēsis secretarius apostolicus emandauit interpretatusque est. Romae. Calendis sextilibus M CCCC LXXV." Et au verso du dernier feuillet : „ Domitii Calderini ueronensis secretarii apostolici sylvarum recognitio : et interpretatio Quanti laboris fuerit opus vigiliarumque bonorum judicium esto. Virtuti datum & posteritati. Romae, Kal. sextilibus, M CCCC LXXV." Le première de ces conclusions est imprimée avec le caractère du texte, et la seconde avec celui du commentaire. La seconde est suivie d'une notice sur la vie de Stace.
Aucun bibliographe, à ma connaissance, n'avait fait mention de cette édition, avant le rédacteur du catalogue des livres de lord Spencer, II, 374; Hain, 14983.

172. Rodorici SANTII de Arevalo episcopi Zamorensis (postea Calaguritani XV. s. 1404—70) Speculum vite humane. *Parisiis, per Martinum Crantz, Udalricum Gering & Michaelem Friburger.* 1475, 1 aug.
Très petit in-fol., semi-goth., 32 l. [729]

Chevillier, 69; Debure, N° 1331; Laire, I, 375; Maittaire, 344; Hain, 13945.

173. Pii secundi (PICCOLOMINI, Aeneae Sylvii, 1505—64) pontificis maximi ad illustrem Mahumetem Turcorum imperatorem epistola. *Tarvisii, Gerard de Flandria*, 1475, 12 aug.
Petit in-4°, 25 l., chiff. LVI, 1 édit. [312]

Maittaire, 352; Weislinger, 149; Hain, *177.

On lit, au verso du feuillet IV, l. 18: „Parva res omnium qui hodie vivunt maximum & potentissimum et clarissimum te reddere potest. Quaeris quid sit? non est inventu difficilis neque procul quaerenda. Ubique Gentium reperitur. Id est aquae pauixillum quo baptiseris. Hoc si feceris, non erit in orbe princeps qui te gloria superet aut aequari potentia valeat. Nos te graecorum & orientis imperatorem appellabimus." Et au verso du feuillet V, l. 15: „Et sicut nostri antecessores, Stephanus, Adrianus, Leo adversus Haistulphum & Desiderium gentis longobardae reges Pipinum & Karolum magnum accersiuerunt & liberati de manu tirannica imperium a Graecis ad ipsos liberatores transtulerunt, ita & nos in Ecclesiae necessitatibus tuo patrocinio uteremur & vicem redderemus beneficii accepti." Le style est, comme on voit, fort clair & ne déguise rien de la politique pontificale.

La souscription consiste dans ces mots disposés sur six lignes: FINIS LAUS DEO M CCCC LXXV XII AUGUSTI G. F. TARVISII.

174. DIOGENIS Laertii (III. s.) vitae & sententiae horum qui in philosophia probati fuerunt e greco latine redditi a fratre Ambrosio camaldulensi & recogniti a Benedicto Brognolo. *Venetiis, Jenson*, 1475 14 aug.
In-fol., 186 f., 34 l. 1 édit. [134]

Debure, N° 6077; Fossi, I, 162; Freytag, Adpar., I, 793; Laire, I, 361; Maittaire, 348; Spencer, II, 18, N° 231; Hain, *6199.

Le premier feuillet n'est imprimé qu'au verso. Ce verso & les trois feuillets suivans contiennent deux épîtres, l'une de l'éditeur, l'autre du traducteur & une table. Cette édition passe pour la première, quoique Laire indique comme plus ancienne une édition sans date qu'il a vue à Venise.

175. Legenda sanctorum quas compilavit frater Jacobus (DE VORAGINE, 1230—98) januensis natione, de ordine fratrum praedicatorum. *Parisiis, Gering &c...* 1475 1 sept.
In-fol., goth., 2 col., 45 l. [135]

La Vallière, N° 4698; Spencer, III, 56.

Souscription: finit aurea legenda alias historia longobardica vocitata! feliciter Impressa parisius per udalricum gering, martinum crantz & michaelem friburger anno domini M CCCC LXXV. prima septembris.

Cette légende est, comme chacun sait, un recueil d'extravagances. C'est d'après Vincent de Beauvais & quelques autres, que Jacques de Vorages écrit tant de contes: mais il y ajoute des circonstances, des dialogues, des embellissemens dignes d'un tel fonds. Il avait tout ce qu'il fallait d'imagination & de crédulité pour être le premier romancier de la théologie. Cent éditions, soit du texte, soit des traductions de cet ouvrage, ont été publiées en moins de trente ans: quelle production du génie aurait un plus grand succès?

176. Beati pape urbis Romae GREGORII (VI. s.) Omelie XL de diversis evangelii lectionibus. Impresse *Parisius, per michaelem (Friburger), udalricum (Gering) & martinum (Crantz)*. 1475 1 oct. sub rege Ludovico (XI).
Petit in-fol., 2 col., 137 f., 32 l. 1 édit. [136]

Maittaire, 344; Hain, 7949.

177. Aur. AUGUSTINI (354—430) episc. hypp. de civitate Dei libri XXII. *Venetiis, Jenson*, 1475 VI. non. oct. Petro mocenicho principe.
Petit in-fol., semi-goth., 2 col., 302 f., 40 l. [168]

<small>Clément, II, 263; Fossi, I, 223; Laire, I, 351; Maittaire, 344; Hain, *2051.</small>

<small>Les quatorze premiers feuillets contiennent une table. D. Clément observe que *cette édition a été copiée la même année chez Gabriel Petri de Tarvisio in-fol. avec beaucoup de ressemblance.* Voici cette copie:</small>

178. Aur. AUGUSTINI de civitate Dei libri XXII. *Venetiis, per Gabrielem petri de Tarvisio*. 1475, existente Petro morzenico duce venetiarum.
Petit in-fol., semi-goth., 2 col., 293 f., 46 l., sign. a—A—D 5, titr. [169]

<small>Fossi, III, 16; La Vallière, N° 458; Hain, *2052.</small>

179. Le vite de santi Padri (da JERONIMO, 340—420) per eloquentissimi doctori vulgarizzate. *Venet. da Gabriel di Pietro da Trivisio*. 1475. Regnante misser Pietro mozenico principe di Venetia.
In-fol., 2 col., 267 f., 46 l., 1 édit. [170]

<small>Debure, N° 4614; Paitoni, I, 131; Hain, 8615.</small>
<small>Une table occupe les sept premiers feuillets.</small>

180. Flavii JOSEPHI (I. s.) historiarum de bello judaico libri VII, interprete Rufino; ex recognitione Platynae. *Romae, Pannartz, in domo Petri de Maximis*, 1475 25 nov. Pontificatus Sixti quarti anno quinto.
In-fol., 176 f., 38 l., registr. [137]

<small>Audiffr. Rom., 188; Debure, N° 4699; Fossi, II, 18; Spencer, II, 101; Hain, *9457.</small>

181. Flavii JOSEPHI antiquitates judaicae & historia belli judaici, latine. (*Lubecae, Luc Brandis de Schass*, circa 1475).
In-fol., goth., 2 col., 48 l. [45]

<small>Spencer, II, 103; Hain, 9450.</small>

<small>Le prologue de Jérôme sur Josèphe occupe la première colonne de la première page. Dans la seconde colonne, les huit dernières lettres du mot historiam sont disposées perpendiculairement l'une sous l'autre le long de l'initiale H, qui contient la figure gravée en bois d'un homme assis écrivant sur un pupitre. Toute cette page est environnée de figures du même genre. On en retrouve de semblables à la première page de l'histoire de la guerre judaïque, où les lettres *uoniam* forment également une ligne perpendiculaire le long de l'initiale Q. Cette édition ressemble parfaitement au *Rudimentum novitiorum*, *Lubecae, Luc Brandis de Schass*, 1475, *in-fol.*</small>

182. M. Valerii MARTIALIS (I. s. 40—101) Epigrammata. *Venetiis, J. de Colonia & J. Manthen de Gherretzhem*, 1475. In-fol., 172 f., 34 l., sign. a—r5. [139]

<small>Crevenna, III, 239; Debure, N° 2816; Laire, I, 369; Gessner, 33; Spencer, II, 175; Hain, 10812.</small>

On lit avant la souscription:

<small>Raphael Zouenzonius Ister Vindelino Spyrensi
Ob ejus incredibilem imprimēdi solertiam. D. D.</small>

Ces deux lignes qui n'existaient pas dans les exemplaires décrits par Crevenna & par Laire, paraissent en effet déplacées dans une édition qui ne sort point des presses de Vindelin de Spire: mais elles se trouvent ici transcrites de l'édition sans date que cet imprimeur a donnée des Epigrammes de Martial, & à la fin de laquelle ces deux lignes servent de préambule à des vers que l'on n'a point reproduits dans celle-ci.

183. PHALARIDIS (VI. s. a.) tyranni agrigentini epistolae (supposititiae) latine, interprete Fr. Aretino. *In sancto Ursio uince. district., per J. de Reno*, 1475. Petit in-4°, 26 l., 51 f. [312]

<small>Conforme à la description du N° 4112 de la Bibliogr. instr.; Spencer, IV, 577; Hain, *12894.</small>

184. BIBLIA latina. *Placentiae, Joh. Petr. de Ferratis* Cremonensis, 1475. In-4°, semi-goth., 2 col., 60 l. [307]

<small>Laire, II, 71; La Vallière, N° 31; Lelong, I, 351; Masch, III, 102; Maittaire, 343; Mercier, 43; Orlandi, 165; Hain, 3055.</small>

Ce livre est remarquable par l'extrême petitesse du caractère. Il est d'ailleurs l'un des premiers qui aient été imprimés à Plaisance. La date *M CCCC LXX quinto* se trouve à la fin des livres des Machabées. C'est, comme l'observe Mercier, cette manière d'écrire 1475 qui a donné lieu à une prétendue édition de 1470, annoncée dans le catalogue de Colbert. Le rédacteur de ce catalogue n'aura point fait attention au mot *quinto*.

185. M. T. CICERONIS (I. s. a. 106—43 a.) libri Rhetorici veteres & novi. (forsan *Romae, Shurener de Bopardia*) 1475. Petit in-fol., 32 l., sign. [138]

<small>And. Rom., 203; Panzer, IV, 12, N° 70; Spencer, I, 351; Hain, *5059.</small>

On lit au premier feuillet: *M. T. Ciceronis oratoris clarissimi Retoricae Veteris liber primus incipit.* (s) AEPE. & multum..... Le deuxième livre: *Crotoniate quondam....* n'est annoncé par aucun titre; il n'est séparé du premier que par un vide de trois lignes; mais il est suivi de cette souscription:

<small>Emendata manu sunt exemplaria docta
Omniboni quem data utraque lingua Patrem.
Marci Tulii Ciceronis oratoris clarissimi Rhetoricorum veterum liber ultimus feliciter explicit. M CCCC LXXV.</small>

Suivent les livres à Herennius (Rhetorici novi), les intitulés du Ier et du II[d] sont en lettres capitales; ceux du III[e] & du IV[e] sont en lettres ordinaires. Le volume finit par ces mots:

MARCI Tullii Ciceronis Rhetoricop novop Ad Herennium liber Vltimus Finit.

Il y a entre les deux parties de ce volume une telle ressemblance de caractères, de papier &c... qu'on ne peut douter qu'elles ne soient sorties des mêmes presses, quoique la première soit signaturée a—g q (g 4) & que la seconde soit sans signatures et sans date. Panzer dit *sine signaturis* dans la notice qu'il donne de cette édition.

186. M. T. CICERONIS epistolae familiares. (*Romae,*) 1475. In-fol., 34 l., signat. [122]

Braun, I, 175; Debure, N° 2414; Panzer, IV, 12, N° 69; Spencer, I, 328; Hain, *5174.

Souscription: M CCCC LXXV opus praeclarissimum M. T. Ciceronis Epistolarum familiarium impressum feliciter finit. finis.

Suit une lettre des consuls Fabricius & Aemilius au roi Pyrrhus, après laquelle on lit ces derniers mots du volume:

Pyrrhus rex consulibus et populo Romano
Laudes gratiasque scripsit: captivosque omnes quos
secum habebat consulibus restituit reddiditque.

Braun fait un éloge particulier de cette édition: „Splendidissima haec editio sive characteres qui Romani & nitidi sive charta spectetur quae alba admodum & firma, marginumque amplitudine superbit." Debure attribue cette édition à Jenson. Panzer n'est point de cet avis: *Charactere minime jensoniano nec etiam spirensi*, dit-il.

Il paraît quelques signatures à l'extrémité des marges, comme dans le N° .... ci-dessus. On ne les aperçoit plus à la fin du volume, après le cahier S.

187. M. Tullii CICERONIS epistolarum familiarium liber Primus. (*Romae, Guldinbeck*, circa 1475). In-8°, 44 f., 26 l., sans initiales. [308]

Denis, N° 4672; Panzer, II, 529, N° 681.

188. FRANCISCI episcopi Cauriensis ac datarii (XV. s) Oratio in funere Leonardi de Robore almae urbis praefecti ac Siciliae magni comestabilis. (*Romae, Vendelin. de Willa*, circa 1475). In 4° de 4 feuillets. [352]

Audiffredi Rom., 191; Hain, 7338. [1]

---

[1]) Virgilius. *Mutinae, Wurster*, 1475 23 janv. In-fol. Premier livre imprimé à Modène.
Codex Justiniani cum glossis. *Moguntiae, Schoyffer*, 1475. In-fol. 1 édit.
Senecae epistolae. *Paris*, (*P. Caesaris* &c...), 1475. In-4°.
Juniani Maii liber de proprietate verborum &c... *Neapoli, Moravus*, 1475. In-fol. 1 édit.
Platina de obsoniis, honesta voluptate ...&c... *Venetiis, Laurent. de Aquila* &c... 1475. In-4°. 1 édit.
Le fatiche d'Ercole da Bassi. *Ferrarie, Carner*, 1475. In-fol.
Statii opera cum comm. *Romae*, 1475. Cal. sextil. In-fol. 1 édit.
(Jo. Columnae) Rudimentum novitiorum. *Lubecae, Luc de Brandis de Schass*, 1475 5 aug. In-fol. 1 édit. Premier livre imprimé à Lubec.

1476.

189. Les grands CHRONIQUES DE FRANCE depuis les Troyens (dites chroniques de S. Denis & rédigées en partie par des religieux de l'abbaye de ce nom). *Paris, Pasquier Bonhomme,* 1476 16 janvier.
2 vol., in-fol., goth., 2 col., 40 l., 1 édit. [498]

<small>Debure, N° 5146; Lelong, éd. de Fontette, II, 43; Maittaire, 360; Niceron, XLIII, 23; Hain, 5007.</small>

<small>Cet ouvrage a trois volumes, il va jusqu'à la mort de Charles VIII: mais la bibliothèque du Panthéon ne possède que les deux premiers tomes: le second finit avec le règne de Jean, père de Charles V.
Ces chroniques sont souvent bien fabuleuses. Ce qui précède Charlemagne est principalement tiré d'Aimoin. Le commencement de la vie de Charlemagne est traduit du latin d'Eginhart & la fin est empruntée du roman que l'on attribue à l'archevêque Turpin. Les règnes suivans jusqu'à Charles V, sont pris de divers auteurs moins connus. On dit que Jean Chartier a été le réviseur général de ce recueil.</small>

190. THOMAE Aquinatis (1227—74) ord. Praed. quaestiones disputatae de veritate. *Romae, Pannartz, in domo Petri de Max.,* 1476 20 jan. Pontificatus Sixti IV anno quinto.
In-fol., 2 col., 42 l., registr., 1 édit. [142]

<small>Audiffr. Rom., 204; Fossi, II, 680; Hain, *1420.</small>

191. HIERONIMI (340—420) epistolae. *Venet., Anton. Bartholomei,* 1476 22 jan.
In-fol., semi-goth., 2 col., 68 l., sign. a—x 4, registr. [33]

<small>Fossi, I, 777; Laire, I, 394; Maittaire, 359; Panzer, III, 120, N° 256; Seemiller, I, 89; Hain, *8556.</small>

<small>Le volume est terminé par une table.</small>

192. Antonii de BUTRIO (....—1408) Bononiensis Speculum de confessione. *Vincentie per Hermannum Levilapidem coloniensem,* 1476 die mercurii ultimo jan.
In-4°, 56 f., 26 l., sign. a—h 3. [379]

<small>Maittaire, 369; Hain, *4184.</small>

<small>Ptolemaei Cosmographia, latine. *Vicenciae, Herman Levilap.,* 1475 id. sept. 1 édit. In-fol.
Hist. augustae scriptores. *Mediolani, Ph. de Lavagna,* 1477 XI Kal. junii. In-fol. 1 édit.
Hyginus. (*Ferrariae*), *Carner,* 1475. In-4°. 1 édit.
La Teleide di Boccacio. *Ferrariae, Carner,* 1475. In-fol. 1 édit.
Jac. Ben Ascher Arba turim seu 4 ordines. Hebraice. *Plebisacii,* 1475. 4 vol. In-fol.
Salomoni Jaschi comment. in Pentateuch. Hebraice. *Regii, Garton,* 1475. In-fol. Premier livre impr. à Reggio en Calabre.
Berthorii moralizationes Biblie. *Daventriae, Paffroet.* In-fol. Premier livre imprimé à Deventer.</small>

193. DIODORI Siculi (I. s. a.) Bibliothecae historicae libri VI latine, interprete Franc. Poggio. Ad calcem libellus Taciti de moribus Germanorum. *Venetiis, Andr. Jacobi Katharensis*, 1476 Prid. Kal. febr.
In-fol., 36 l., sign. a—q iiii. [173]

<small>Debure, No 4767; Fossi, I, 609; Orlandi, 27; Seemiller, I, 98; Hain, *6189.</small>

<small>Au verso du premier feuillet commence une table des chapitres qui finit au milieu du recto du second. La souscription est placée après le livre *de moribus Germanorum*. Elle est conçue en ces termes:</small>

<small>Diodori Siculi Bibliothecae historiae libri: In quibus Priscae res: fabulae: & multa ac uaria de situ locorū ac moribus gentium continentur: Impressi Venetiis per Andreā Iacobi Katharēsem Andrea Vendramino duce fortunatissimo. MCCCCLXXVI. Pridie Kal. febr.</small>

194. La historia fiorentina di messer Lionardo (BRUNI, 1370—1444) Aretino. Trad. di latino in lingua tosca da Donato Acciaioli. *Vinegia, Jacomo de Rossi*, 1476 a di 12 de febraio: regnante lo inclyto principe messer Piero Mozenico.
In-fol., 218 f., 41 l., sign. a—x v, 1 édit. [143]

<small>D. Clément, II, 30; Debure, No 5083; Fossi, I, 423; Spencer, IV, 63, No 798; Hain, *1562.</small>

<small>Cette histoire, divisée en XII livres, finit à l'année 1404; elle a été continuée jusqu'en 1520 par Sansovino.</small>

195. AESOPI (VI. s. a.) vita & fabulae, latine, cum praefatione Rinucii ad Antonium tituli S^{ti} Chrysogoni cardinalem presbyterum. *Mediolani, per Ant. Zarotum parmensem*, 1476 VI Kal. martias.
In-4°, goth., 55 f., 25 l., sign. a—g iiii. [318]

<small>Debure, No 3566; Panzer, II, 17, No 32 & 23, No 61; Sassi, 565; Spencer, I, 228; Hain, 275.</small>

<small>Debure semble indiquer cette édition comme la première, puisqu'il n'en cite point d'antérieures. Elle n'est réellement que la troisième: la première est de 1473 à Rome, la deuxième de Milan en 1474.</small>

196. La historia fiorentina di Messer Francesco POGGIO (Bracciolini 1380—1459) tradotta di lingua latina in lingua toscana da Jacopo Poggio suo figliuolo. *Vinegia, Jacopo de Rossi*, 1476 a octo di marzo. Regniante lo inclito principe messer Andrea Vendramino.
In-fol., 115 f., 41 l., sign. a—n iiii, 1 édit. [143*bis* et *ter*]

<small>Crevenna, V, 194, No 5082; Fossi, I, 409 & 410; Debure, No 5082; Spencer, IV, 143, No 831; Hain, 13172.</small>

<small>Cette histoire, écrite en latin par le Pogge, fut achevée, divisée en VIII livres & traduite en italien par son fils. Elle contient ce qui s'est passé à Florence depuis 1330 jusqu'en 1455. On y trouve beaucoup de détails sur les deux factions des Guelfes & des Gibelins. La traduction italienne fut réimprimée en 1492. Ci-dessous No 645. Le texte latin n'a paru qu'en 1715.</small>

197. EUSEBII Cesariensis (....—338) historia ecclesiastica quam beatus Rufinus presbiter de graeco in latinum transtulit. *Romae, (Philipp. de Lignamine)*, 1476 15 maii. Pontificatus Sixti IV anno V.
In-fol., 218 f., 32 l., registr. [144]

> Audiff. Rom., 212; Debure, N° 4391; La Vallière, N° 4621; Hain, *6710.
>
> Cette édition, la deuxième de la traduction latine de l'Histoire ecclésiastique d'Eusèbe, est indiquée & non décrite dans la Bibliographie instructive: Debure n'en avait vu aucun exemplaire. Les exemplaires de cette édition sont de deux espèces: les uns, comme celui de La Vallière, commencent par une épître de Philippe de Lignamine au cardinal d'Estouteville; les autres, comme celui du Panthéon, par une épître du même Philippe de Lignamine à Sixte IV.

198. Guidonis de MONTE ROCHERII (XIV. s.) Manipulus curatorum. *Parisiis, in vico sancti Jacobi, sub signo viridis follis, (Petr. Caesaris & J. Stol)*, 1476 25 maii.
In-4°, 30 l. [730]

> Panzer, II, 278, N° 38; Hain, 8176.
>
> Le feuillet où se trouve la souscription est suivi de trois autres qui contiennent une table.

199. JUSTINI (II. s.) historiae. *Mediolani, per Christophorum Valderfer ratisponensem*, 1476 Kl. junii.
Gr. in-4°, 108 f., 34 l., registr. [175]

> Laire, I, 397; Maittaire, 361; Sassi, 564; Hain, 9650.
>
> Fischer, qui a donné en 1757 une édition de Justin in-8°, à Leipzig, fait un éloge particulier de celle de 1476. On ignore par qui elle a été préparée ou revue, mais elle a été tirée d'un très bon manuscrit.

200. (Henrici JERUNG syndici nurenbergensis XV. s.) elucidarius scripturarum. *Nurimbergae, Frideric. Creuzner*, 1476 Tertia feria post Pentecosten, die 6 junij.
Gr. in-fol., goth., 2 col., 48 l., 1 édit. [431]

> Laire, I, 394; Mercier Trévoux, juillet 1763; Panzer, II, 175, N° 32; Santander, N° 2713; Hain, *9371.
>
> C'est un dictionnaire des mots de la Bible avec de courtes explications. La petitesse extrême du dernier chiffre dans la date M CCCC LXXVi est vraisemblablement la cause de l'annonce faite dans quelques catalogues d'une édition de 1475.

201. C. PLINII secundi (junioris I. s.) epistolarum libri IX. *Neapoli, Moravus*, 1476 Mense julii.
Petit in-fol., 107 f., 30 l., sign. a—m v. [176]

> Spencer, t. II, p. 266; Hain, 13111.
>
> Le volume ne commence pas par l'intitulé *de Publicatione epistolarum Plinii liber primus incipit*, ainsi que Debure l'annonce N° 4116. Il existe avant cet intitulé un premier feuillet, dont le verso est rempli par une préface de l'éditeur Junianus Maius, adressée à Jérome Caraffa: le premier feuillet n'est pont signaturé.

202. Angeli (GAMBILIONIS XV. s.) de Aretio, legum doctoris, tractatus de criminibus seu de maleficiis. *Parisiis, apud Martinum (Crantz), Udalricum (Gering) & Michaelem (Friburger)*, 1476 7 sept.
Gr. in-4°, 146 f., 40 l. [500]
<small>Chevillier, 69; La Vallière, N° 1126; Maittaire, 359; Hain, 1624.</small>

203. ALBERTI MAGNI (sive Groti, ord. Praed., episc. Ratispon. 1205—82) libri V de mineralibus, ex recognitione Nicoleti de Pigaciis in gymnasio Patavino ordinariam Philosophiae legentis. (*Paduae*) impensa Antonii de Albricis Bargomensis *per Petrum Maufer* Normannum, Rothomagensem civem, 1476 20 sept.
In-fol., goth., 2 col., 28 f., 63 l., 1 édit. [145]
<small>Debure, N° 1482; Laire, I, 393; Hain, *522.</small>

<small>Édition publiée à Padoue selon la plupart des bibliographes, à Rouen selon quelques autres. Laire dit qu'il y a cinq cahiers signaturés. On n'aperçoit aucune trace de signatures dans notre exemplaire, dont les marges sont grandes.</small>

204. AVICENNAE (980—1036) opera ex arabica lingua in latinam translata a Gerardo Cremonensi. *Patavii, J. Herbort*, 1476 pr. id. decembr.
Deux vol. gr. in-fol., goth., 2 col., 140 & 214 f., 63 l. Sign. a—p 4, A—X 3, aa—pp 4, a—a b. [34]
<small>Fossi, I, 234; La Caille, 31; Laire, I, 132; Hain, 2201.</small>

<small>Debure, N° 1812, après avoir rappelé la mention faite par La Caille de cette édition d'Avicenne, ajoute: „Nous n'avons aucune connaissance plus particulière de cette édition & nous n'en parlons ici que pour mémoire." La Caille dit en effet que *Jean Hebert imprima à Padoue*. Avicennae Canones &c... in-fol. *en* 1476.
Le premier volume commence par l'intitulé: *Liber canonis liber primus quem princeps aboali abiusceni de medicina edidit translatus a Gerardo cremonensi ab arabico in latinum*. Ce tome Ier renferme les deux premiers livres; les trois autres & le traité *de viribus cordis* traduit en latin par Arnauld de Villeneuve sont contenus dans le tome second. Chaque livre, excepté le IVe, est terminé par une souscription particulière suivie d'une table alphabétique. Il y a de plus une souscription finale, après la dernière de ces tables; c. a. d. après celle du livre *de viribus cordis*. Toutes ces souscriptions indiquent la ville de Padoue & l'année 1476. L'imprimeur y est appelé tantôt Jean Herbort, tantôt J. Herbot, tantôt seulement Jean, jamais Hebert; divers jours des mois d'octobre, novembre & décembre y sont mentionnés. La souscription finale porte: *Pridie idus decembris*. *Vix innotuit*, dit Laire, *haec* PRINCEPS *rarissimaque editio*. Il n'est cependant pas certain que cette édition soit la première. Il en existe une sans date que Braun, I, 19, & Fossi, I, 232, croient publiée par Mentellin entre 1473 & 1478.</small>

205. Il libro dicto Lacerba del clarissimo philosofo Ciecho Esculano (CECCHO d'Ascoli, overo Francesco degli Stabili. 1257—1327). *Venetia, Philippo de Piero*, 1476.
Petit in-4°, 106 f., 24 l., sign. a—n 5, récl. 1 édit. [316]

Panzer, III, 119; Spencer, IV, 478, N° 952; Hain, 4825.

Les premiers feuillets contiennent une table qu'annonce l'intitulé: *Incomincia la tavola sopra la sequete opera a trovare il suo tractato de capitulo in capitulo & priā del suo pemio*. On lit au IVe feuillet: *Incomentia il primo libro del clarissimo philosofo Ciecho Esculano dicta lacerba*. Le volume est terminé par cette souscription: *finise il libro de Ciecho Esculano dicto Lacerba impresso nel alma patria de venesia p maistro philipo de piero negli āni del M CCCC.LXXVI*. Le caractère est rond & beau. Les initiales manquent souvent, il y en a quelques-unes en petites lettres. Cette édition est antérieure de deux ans à celle que Debure, N° 3455, & Quadrio, VI, 39, donnent pour la première.

Quadrio ne sait trop d'où viennent les noms de *Lacerba*, *la cerba*, *la cerbo* qu'on a données aux poésies contenues dans ce volume, si c'est d'*acerbus*, ou d'*acervus*, ou du mot italien *serbare*.... Dans un manuscrit de 1425, elles sont intitulées: *incipit liber* ACERBAE *aetatis Cecchi de Eschulo;* c'est à dire poésies du *jeune âge* de Ceccho d'Ascoli; c'est ainsi du moins qu'on a traduit ici *acerbae*.... L'assassin de ce malheureux poète, l'inquisiteur Accurse, qui le fit brûler en 1327, dit dans la sentence: *V'abbiamo trovate molte* ACERBICA *cretiche*. Est-ce de ce mot que le livre a pris son nom, ou bien ce mot de la sentence n'était-il qu'une dérision barbare du nom que l'auteur avait donné à ses écrits?

206. ARISTOTELIS (384—322 a.) libri de animalibus, latine, interprete Theodoro Gaza, cum ejusdem Theod. praefatione ad Xistum IV. *Venetiis, per Joh. de Colonia, sociumque ejus Manthen de Gherretzem,* 1476.

In-fol., 250 f., 35 l., sign. a—ff 3., regist., 1 édit. [181]

Debure, N° 1682; Fossi, I, 174; Orlandi, 24; Panzer, III, 114, N° 226; Seemiller, 1, 91; Hain, *1699.

„Nitidissima haec est editio, dit Seemiller, seu characterum qui rotundi sunt elegantiam seu chartae munditiem spectes..... complectitur autem universim XVIII libros quos Aristoteles de animalibus conscripsit nimirum (1) libros IX de historia animalium, (2) IV libros de partibus animalium & (3) libros V de animalium generatione."

207. Historia naturale di PLINIO Secondo (23—79) tradocta di lingua latina in fiorentina per Christophoro Landino. *Venetiis, Jenson,* 1476.

In-fol., 50 l., 1 édit. [36]

Fossi, I, 380; Laire, I, 464; Paitoni, III, 132; Hain, *13105.

Cette édition passe pour la première. On doute de l'existence de celles de 1471 & 1473, dont quelques bibliographes ont parlé.

208. NONNII Marcelli (IV. s. incert. aet.) peripatetici Tiburticensis compendiosa doctrina ad filium de proprietate sermonum. *Venetiis, Jenson,* 1476.

In-fol., 193 f., 34 l., sign. a—z b. [178]

Debure, N° 2265; Fossi, II, 238; Hain, 11901.

Une table alphabétique occupe les cahiers a et b.

209. BIBLIA latina. *Venetiis, Jenson,* 1476.

In-fol., goth., 2 col., 52 l., sign. a—X 4., titr., reg. [182]

Deburc, N° 32; Hain, *3061.

Cet exemplaire n'est point du nombre de ceux que Jean Petit a essayé de faire passer sous son nom.

210. BIBLIA latina. *Paris, Ulric (Gering), Martin (Crantz) et Michel (Friburger)*, (1476).
Deux vol. in-fol., semi-goth., 2 col., 48 l. [37 et 38]

Chevillier, 74; Deburc, N° 31; La Caille, 57; Laire, I, 384; Lelong, I, 252; Maittaire, 358; Spencer, I, 32; Hain, 3058.

La date se conclut de ces vers qui tiennent lieu de souscription :

Jam tribus undecimus lustris francos Ludovicus
Rexerat, ulricus martinus itemq3 michael
Orti teutonia, hanc mihi composuere figurā
Parisii arte sua : me correctā vigilanter
Venalem in vico iacobi sol aureus offert.

Il y a des exemplaires où l'on a gratté dans le premier vers les mots *tribus lustris*, pour les changer en semi-lustrum ; ce qui a donné lieu d'annoncer une édition de 1464, le règne de Louis XI ayant commencé en 1461. Il est reconnu depuis longtemps que celle de 1476 est la première édition parisienne de la Bible.

211. Francisci Maronis (sive de MAYRONIS....—1325) ordinis Minorum opus, super primum (librum) Sententiarum. *Trivisie, Mich. Manzolo de Parma*, 1476.
In-fol., goth., 2 col., sign. a—aa—bb 3. [501]

Laire, I, 401; Panzer, III, 33, N° 14; Hain, *10534.

La souscription est suivie d'une table.

212. THOMAE de Aquino (ord. Praed. 1227—74) scriptum in tertium sive comm. in librum tertium Sententiarum. *Coloniae, Joh. Koelhoff de Lubeck*, 1476.
In-fol., goth., 2 col., 404 f., 40 l., sign., récl. [502]

Braun, I, 181; Denis, N° 465; Panzer, I, 280, N° 36; Hain, *1479.

Les premiers cahiers sont sans réclames, mais signaturés depuis a jusqu'à r 4. Les cahiers suivans sont sans signatures, mais avec des réclames au bas des quatre premiers verso de chaque cahier, à quelques exceptions près. Au verso de la souscription, feuillet 397, commence une table qui achève le volume.

213. (Joannis MARCHESINI ordinis Minorum, XV. s.) mamotrectus sive expositionis et correctionis vocabulorum tam bibliae quam aliorum plurimorum verborum. *Venetiis, Franc. de Hailbrun et Nic. de Frankfordia*, 1476.
In-4°, semi-goth., 2 col., 226 f., 39 l., sign. [315]

Fossi, II, 126; Fabricius Med., V, 11; Hain, 10557, n'a pas vu l'édition, et lui assigne la date 1477.

L'ouvrage est précédé d'une table alphabétique qui remplit 23 feuillets. Une autre table, savoir celle des livres de la Bible, &c... termine le volume;

elle occupe le feuillet 226. Voici comment Fabricius explique le mot *mamotrectus*: „ Mamma sive lacte nutritus, sive a trahenda vel tractanda Mamma, mammotractus vel mammotrectus; titulus libri in gratiam rudium clericorum exponentis ordine biblico voces vocumque significationem, ortographiam, accentus..., &c..."

214. M. T. CICERONIS (I. s. a.) Rhetorica nova & vetus. 1476.
In-fol., 67 f., 45 l., signat. a—l iiii. [179]

Fossi, I, 539; Hain, *5060.

Cette belle édition commence par les livres appelés *Rhetorici novi*, qui finissent avec le recto du 34e feuillet, au verso duquel se trouve les premières phrases du premier livre *Rhetoricae veteris*. Au bas du recto du dernier feuillet, on lit les deux vers: *Emendata manu* &c... (ci-dessus N° 28) *Marci Tullii Ciceronis oratoris clarissimi Rhetoricorum veterum liber ultimus* M CCCC LXXVI.

215. Q. HORATII (I. s. a.) Odarum libri IV, Epodon liber, carmen seculare & ars poetica, cum commentariis Acronis & Porphyrionis. Praemittitur Epistola Editoris Joannis Aloysii Tuscani ad Franciscum Helium parthenopeum. (*Romae, Guldinbeck*, circa 1476.)
In-fol., 34 l. [183[

Audiff. Rom., 413; Fossi, I, 802; Mitscherlich., Edit. Hor. Praef., 58; Hain, 8899.

Le caractère est celui de la Somme de Thomas d'Aquin imprimée à Rome en 1476, par Guldinbeck[1])

1477.

216. ATHANASII (....—373) commentarii in epistolas Pauli, latine, interprete Christoph. Persona qui praemisit epistolam ad Sixtum IV. *Romae, per ingeniosum virum Udalricum Gallum alias Han alamannum ex Ingolstadt cive Wienensem*, 1477 25 jan., sedente Sixto divina prouidentia papa IIII.
In-fol., 278 f., 44 l., registr., 1 édit. [503]

Audiff. Rom., 217; Clément, II, 176; Fossi, I, 218; Mercier, 160; Spencer, IV, 444; Hain, *1902.

---

[1]) Guill. de Ockam Dialogi. (*Paris., Petr. Caesaris et J. Stol*), 1476; 2 vol. in-fol.
Constantini Lascaris grammatica graeca. *Mediolani, Dion. Paravis*, 1476 30 jan., in-4°, B.
La légende de Jacq. de Vorages. *Lyon, Buyer*, 1476 8 d'apr. 2 vol. in-fol. Premier livre impr. à Lyon.
Rabbenu Ascer Primus & secundus ordo, hebraice. *Mantuae, et Ferrariae*, 1476. 2 vol. in-fol.
Il libro degli huomini famosi, da Petrarca. *In rure Polliano*, 1476 Kl. oct. In-fol. 1 édit. B.
Franc. Philelphi satirae. *Mediolani, Valdarfer*, 1476 id. nov. In-fol. 1 édit.
Papiae vocabularium. *Mediolani, Dominic. de Vespolata*, 1476 12 déc.
Il novellino di Masuzo. *Napoli*, 1476. In-fol.

217. C. J. CAESARIS (I. s. a.) commentarii quibus praemittitur Petri Justini Philippi ad Joh. Simonetam epistola. Accedunt A. Hirtii liber octavus de bello gallico & libri IV, V & VI de bello hispaniensi. Ad Calcem index novus rerum & verborum a Raimundo Marliano. *Mediolani, Zarothus Parmens.*, 1477 10 febr.
In-fol., 168 f., 41 l., sign. [146]

<small>Debure, N° 4883; Fossi, I, 441; Sassi, 192 & 566; Hain, *4215.</small>

218. Fratris RAINERII de Pisis (sive de Rivalto, ...— 1351) ordinis Praedic., Pantheologia sive summa theologiae. *Nurnberg, Anth. Coburger*, 1477 pridie id. febr.
3 vol. in-fol. max., goth., 2 col., 57 l. [432]

<small>Maittaire, 379; Panzer, II, 176, N° 36; Hain, *13018.
30 feuillets de table au commencement du premier volume.</small>

219. Fratris ANTHONINI de Florentia (1389—1459) ordinis Praedic. & archiepisc. Florentini, summa theologiae. *Nurnbergae, Ant. Coburger*, 1477, 1478 & 1479.
Quatre vol. in-fol. max., goth., 2 col., titr., 60 l. [435]

<small>Exemplaire conforme à la description du N° 553 de La Vallière; Hain, *1242.</small>

220. M. Annaei LUCANI (39—65) Cordubensis Pharsalia. *Mediolani, (Philip. Lavagniae)*, 1477 sexto Kal. martii.
Gr. in-4°, 35 l. Sign. A—P iii. [186]

<small>Sassi, 566; Hain, 10232.
Une vie de Lucain remplit les dernières pages de ce volume. Il a paru en la même année 1477 deux autres éditions de Lucain, l'une à Milan, chez Zarot, l'autre à Venise, N° 225, ci-dessous. La première édition de ce classique est de 1469, à Rome.</small>

221. Petri LOMBARDI episc. Parisiensis (XII. s.) Sententiarum libri IV. *Venetiis, Vindelin de Spira*, 1477 10 martii.
In-fol., goth., 2 col., 243 f., 42 l., sign. a—& 5. 1 éd. [188]

<small>Debure, N° 380; Panzer, III, 123, N° 270; Hain, 10186.</small>

221*bis*. La divina comedia di Dante Alighieri (1205—1321) cioe: inferno, purgatorio e paradiso, col commento di Benevenuto da Imola e la vita di Dante per Giov. Boccacio. *Venetia, Vindelin de Spira*, 1477.
In-fol., goth., 2 col., sign. a—aa—pp 6, titr., 1 édit. du commentaire. [194]

<small>Debure, N° 332; Fossi, I, 588; Orlandi, 22; Spencer, IV, 105, N° 814; Hain, 5942.
Cet exemplaire est du petit nombre de ceux qui sont complets.</small>

222. GRATIANI (ord. s. Bened. XII. s.) decretum cum comment. Bartholomaei Brixiani. *Venetiis, Jenson*, 1477.
Gr. in-fol., goth., 4 col., sign. a—aa—pp 5, titr. [39]

Maittaire, 278; Hain, 7890.

Deux caractères, le plus petit pour les 2 colonnes de gloses.
Une table de deux feuillets au commencement du volume.

223. Petri Pauli VERGERII Justinopolitani (veteris ....— 1428) de ingenuis moribus ac liberalibus studiis liber; accedit Basilii de liberalibus studiis & ingenuis moribus libellus e graeco in latinum conversus a Leonardo (Bruno) Aretino. *Mediolani, per Philippum Lavanium*, 1477 XV Kal. maias.
In-4°, 28 l., sign. A—E iii. 1 édit. [731]

Sassi, 568; Hain, 15988.

224. Alberti de EYB (XV. s.) Margarita poetica. *Parisiis, in vico S^{ti} Jacobi, sub signo viridis follis. (Petr. Cesaris et J. Stol)*, 1477 die 5 maii.
In-fol., 33 l. [187]

D. Clément, VIII, 197; Maittaire, 384; Hain, 6821.

A la fin du volume, cinq pages de table terminées par la souscription.

225. M. Annaei LUCANI (39—65) Cordubensis Pharsalia. *Venetiis, Guerin*, 1477 die 14 maii.
In-fol., 120 f., 35 l., sign. a—p iii. [189]

Fossi, II, 98; Orlandi, 29; Panzer, III, 131; Weislinger, 92; Hain, *10233.

Une vie de Lucain *ex commentario antiquiss.* remplit le verso du premier feuillet & le recto du second, au verso duquel se trouve un fragment intitulé: *Ex dimidiato codice particula ad Poetae hujus vitam pertinens sumpta.* Au recto du dernier feuillet, la souscription est suivie des vers de Martial sur Lucain & du passage de Tacite: *Consulibus Sylvio Nerva*....

226. Q. ASCONII Pediani (I. s.) in M. T. Ciceronem enarrationes a Poggio in monasterio Sancti Galli repertae; — Georgii TRAPEZUNTII (1396—1486) liber de artificio ciceronianae orationis; — Antonii LURCHI inquisitio super orationes undecim; — & Xiconis Polentani (138.—1463) argumenta aliquot ejusd. Ciceronis orationum. *Venetiis, Joh. de Colonia & Joh. Manthen de Gherretzem*, 1477 IV non. jun.
In-fol., 184 f., 36 l., sign. a—g 4, a—d 3, a—m 3., registr. 1 édit. [190]

Debure, N° 2402; Fossi, I, 212; Panzer, III, 125; Spencer, III, 166, N° 621; Hain, *1886.

Le registre qui est au verso du premier feuillet, comprend les trois séries de signatures. On trouve à la fin du volume une épître de l'éditeur Jérôme Squarzafico à Antoine Serachi.

227. Fratris ANTHONINI de Florentia (1389—1459) ordinis Praed. & archiepisc. florentini Summae theologicae pars secunda. *Venetiis, Joh. de Colonia & J. Manthen de Gherretzem*, 1477. In-fol., goth., 2 col., 53 l., sign. a—aa—pp 3, titr., regist.

Denis, N° 479; Fossi, I, 115; Panzer, III, 127, N° 287; Hain, *1255.

228. Gai Plinii Secundi oratoris Novocomensis (*Aurelii Victoris* IV. s.) liber illustrium virorum. *Venetiis, Andr. Jacobi Cathar.*, 1477, nonis junii, Andrea Vendramino principe. In-4°, 25 f., 25 l. [*Deux exemplaires*, 320 *et* 320*bis*]

Laire, I, 430; Maittaire, 374; Panzer, III, 130, N° 301; Hain, *2136.

Cet ouvrage n'est pas de Pline le Jeune, ni peut-être d'Aurelius Victor.

229. AULI-GELLII (II. s.) noctium atticarum libri XX. *Venetiis, Andr. Jacobi Catharens.*, 1477, Vendramino duce Venetiarum inclyto. In-fol., 198 f., 36 l., sign. A—B iiii, sans initiales. [195]

Laire, I, 426; Panzer, III, 129, N° 300; Hain, *7520.

Au verso du premier feuillet commence une table des chapitres, qui finit avec le recto du 16°. Cette édition est fort belle.

230. BREVIARIUM Romanum. *Venetiis, Franc. de Hailbrun et Nicol. de Franckfordia*, 1477. In-8°, goth., 2 col., 36 l., sign. Exemplaire imprimé sur vélin. [357]

Notre exemplaire, annoncé dans le catalogue de Le Tellier, 210, décrit par Mercier-Trévoux, juillet 1763, est le seul qui soit cité par Chevillier, 112, par Panzer, III, 108; Hain, 3895.

231. APPIANI Alexandrini (II. s.) historiarum Romanarum & civilium bellorum libri, latine, interprete Petro Candido. *Venetiis per Bernardum pictorem et Erhardum Ratdolt de Augusta uno cum petro loslein de Langencen correctore ac socio*, 1477. 2 vol. gr. in-4°, 212 et 132 f., 32 l, sign. a—o 5 & a—x 5, titr. marg. [196]

Braun, I, 188; Maittaire, 374; Seemiller, II, 5; Sartori, II, 183, Santander, N° 4170; Spencer, IV, 439, N° 117; Hain, *1307.

La première édition de cette traduction latine d'Appien est de Vendelin de Spire, 1472. Celle de 1477, qui est la seconde, est plus belle. Typorum elegantia, dit Seemiller, & chartae munditia primam facile superat. Caracteres elegantissimi, dit Braun, ut ex argento fusi videantur. Chaque volume commence par une épître du traducteur, l'une est adressée à Nicolas V, l'autre à Alphonse, roi d'Aragon & de Sicile. On remarque dans ces deux volumes un très grand nombre de titres marginaux.

232. LA LÉGENDE DES SAINTS nouveaux qui ont ete prins & colligez en Vincent historial en divers lieux, lesquels

saints ne sont point inserez dedens la grande legende. Le tout vu & corrigé par reverends peres maistre juliant de l'ordre de s. augustin & maistre Jehan Bathalier de l'ordre des jacopins. (XV. s.) *Lyon*, *Barthol. Buyer*, 1477 20 aoust.
Gr. in-4°, goth., 2 col., 27 l., sign. a—v ii. 1 édit. [505]

Debure, N° 4624.

Une table au commencement du volume.

233. LE NOUVEAU TESTAMENT traduit en francois (par Guiart des Moulins) veu & corrigé par Jullien macho & pierre farget de l'ordre des augustins de Lyon sus le Rosne. Imprimé en ladicte ville de *lyon par Bartholomieu Buyer* citoien dudit lion (vers 1477).

In-fol., goth, 29 l., titr. [506]

Lelong, I, 334; Hain, 3144.

La table des chapitres occupe les 20 premiers feuillets.

Annus 1477 conjici potest, dit Lelong, ex charactere rudi & impolito eodem prorsus quo liber inscriptus: *la légende des nouveaux saints*...&c... (N° précédent 232).

234. CRONICA summorum Pontificum Imperatorumque, ac de septem etatibus mundi, ex Hieronymo, Eusebio aliisque excerpta. *Taurini*, *Joh. Fabri*, 1477 23 aug.

In-4°, 88 f., 25 l., petites initiales. [322]

Avec cette souscription:

Cronica Martini finit; divo philiberto;
ac Sabaudorum sub duce magnanimo.
Taurini: foris hāc pressit: & acre: Iohannes
fabri: quem civem lingonis alta tulit.
Anno M CCCC LXXVII. die uero xxiii augusti
Pōtificat° eiusdē Sixti Anno sexto.

Ce n'est point ici la première édition de la chronique martiniane, comme l'annonce le catalogue de La Vallière, N° 4566. Ce n'est point l'ouvrage de Streppi ou Martin de Pologne, comme le disent le catalogue de Le Tellier, 246; Debure, N° 4325, Mercier, 73; Laire, I, 428; Panzer, III, 43, N° 3; Hain, 10859 ...&c. C'est une seconde édition de la chronique attribuée à Ricobalde de Ferrare & à Philippe de Lignamine & imprimée pour la première fois en 1474; ci-dessus N° 112. Ces deux éditions ne diffèrent, quant au fonds, qu'en deux points: 1° celle de 1474 commence par une épître dédicatoire de Philippe de Lignamine à Sixte IV, laquelle n'est point dans l'édition de 1477; 2° le dernier article de l'édition de 1474 est le pillage de Spolète & de quelques autres villes en l'an trois du pontificat de Sixte IV, pillage ordonné par le Saint Père, *propterea quod inobedientes sedi apostolicae fuere et pene ab eadem sede desciverant*. Dans l'édition de 1477, cet article est suivi de sept pages relatives aux évenemens des années 1474, 1475 & 1476.

Laire fait observer que dans cette chronique il est dit, sous l'année 1458, que Mentellin avait déjà imprimé à Strasbourg. Il est parlé en effet, sous cette année, dans l'une & l'autre édition & dans les mêmes termes, d'abord de Guttenberg & de Fust, & après eux de Mentellin. *Johannes quoque Mentelinus...... imprimere agnoscitur*. Ce qu'il y a de plus remarquable en cet endroit, c'est qu'on y lit que Guttenberg est de Strasbourg: *Jacobus cognomento Cutembergo patria argentinus.*

Ou bien il y a erreur dans la souscription de 1477 *Cronica* MARTINI *finit*, ou il faut dire au moins comme Fabricius, Med., III, 43, d'après Echard, I, 369, que ce Martin n'est pas le Martin polonais dont la chronique très connue ne ressemble point à celle-ci. Hain, 10859.

235. (Petri) BALDI (de Perugio, XIV. s.) tractatus de questionibus & tormentis. Opusculum de carceribus. Libellus exemptionum. Tractatus de testibus. Editus per Bartholum legum professorem. Tractatus discrepantiarum legum & canonum. Tractatus permutationum. Johannis Andree tractatus de sponsalibus & matrimoniis; brevis scriptura super priuilegiis & immunitatibus clericorum per dominum boniconcium natum primogenitum domini Johannis Andree & decretorum professorem. Tractatus prescriptionum compositus per dominum Dynum de Mugillo legum doctorem. Declaratio arboris consanguinitatis secundum Joannem Andree. Perutilis & compendiosus tractatus nobilitatis. Tractatus de pluralitate beneficiorum ecclesiasticorum, editus per dominum Johannem de Ligniano. Responsio ac decisio questionis quodlibetice famosissimo magistro ac domino Dño Guilhelmo Bout in scholis univers. Lovaniensis sub hac verborum forma proposite: utrum emere redditus vitales aut perpetuas sit contractus illicitus ac usurarius. *Parisiis*, 1477 18 aug.

In-4°, goth., sign. a—L iii & a—L v. [731²]

> Panzer, II, 280, N° 52, n'indique ce recueil que par l'intitulé du premier ouvrage: *Tractatus de questionibus secundum Baldum.* La date se trouve après ce traité; elle est répétée à la fin du Traité des permutations, & à la fin de celui de la noblesse. Dans ce troisième endroit l'indication de l'année est suivie de celle du jour: XVIII augusti. Hain, 2344.

236. Libro del monte santo di dio, di fr. Antonio (BETTINI, XV. s.) da Siena della congregatione da poveri jesuati, vescovo di Fuligno. *Firenze, ser Lorenzo di Morgiani et Giov. Thodesco da Maganza*, 1477 10 sept.

Gr. in-4°, 131 f., 33 l., sign. a—r ii, 3 fig. sur métal; 1 édit. Exemplaire complet. [191]

> Audiffr. Ital., 266; Fossi, I, 317; Laire, I, 409; Spencer, IV, 128, N° 824; La Vallière, N° 763 & p. 30 des additions; Mercier, première lettre au baron de H...; Hain, 1276.
>
> Une table occupe les trois premiers feuillets & le recto du 4e. Le verso présente la première figure, la montagne sainte. Le chapitre 115 & dernier du principal ouvrage, finit au recto du dernier cahier signaturé n. Au verso est la deuxième figure, le Christ entouré d'une auréole & de quatorze anges. Cette figure est relative à un premier appendice, qui commence à la page suivante sous le titre de: *della gloria del Paradiso.* Le 15e & dernier chapitre de cet appendice finit à la moitié du 7e recto du cahier signaturé p. La moitié inférieure de ce recto est remplie par la troisième figure, qui représente un enfer, & qui se rapporte évidemment au second appendice intitulé au verso suivant: *Delle pene delli damnati.* Il a 8 chapitres. On lit à la fin du 8e:

Finito el mõte sc̄o didio p me Nicolo di lorēzo dellamagna
FLORENTIE. X DIE MENSIS SEPTEMBRIS.
ANNO DOMINI M CCCC LXXVI.

C'est le plus ancien livre imprimé qui soit orné de gravures en taille-douce. L'exemplaire de La Vallière où manquaient les deux premières figures & un autre feuillet, a été vendu 610 livres. Les deux premières figures manquent aussi à l'exemplaire de la Bibliothèque Magliabecchi à Florence, décrit par Fossi.

237. M. T. CICERONIS (I. s. a. 106—43 a.) Rhetoricorum libri ad Herennium. — Tusculanae quaestiones. — Libri de finibus. *Parisiis, in vico S. Jacobi prope domum predicatorum (Petr. Caesaris & J. Stol)*, 1477 IV Kal. nov.
In-fol., 200 f., 34 l. [187]

Maittaire, 374; Hain, 5073.

Il n'y a de souscription qu'après les livres *ad Herennium*. Les Tusculanes & les livres de Finibus ne sont ni souscrits ni datés; mais ils sont du même caractère que le premier ouvrage. Tous trois ressemblent, sous presque tous les rapports typographiques, à la Margarita poetica d'Albert de Eyb, ci-dessus N° 224.

238. Publii OVIDII Nasonis (....—17) opera quae extant omnia. *Mediolani, Ant. Zarot. parmens.*, 1477 id. dec.
In-fol., 472 f., 42 l. [192]

Très belle édition, décrite par Debure, N° 2747; Hain, 12139 (?)

239. POMPEII FESTI (incert. aetat.) collectanea priscorum verborum. (*Romae*), 1477 die ultima decembris, Pontificatus Sixti IV anno septimo.
In-fol., goth., 50 f., 40 l., regist. [193]

Audiffr. Rom., 222; Hain, 7040.

Au verso du premier feuillet on trouve une courte épître de Manilius à Pomponius Laetus. La souscription termine le recto du dernier feuillet, sur le verso duquel se trouve le registre.

240. Michaelis SCOTI (....—1291) liber de procreatione & hominis physionomia. 1477.
In-4°, 78 f., 24 l., sign. a—k iii, récl., 1 édit. [323]

Fossi, II, 563; Laire, I, 432; Maittaire, 379; Hain, *14550.

Une table remplit les trois premiers feuillets. Au recto du quatrième on lit cet intitulé:

INCIPIT liber Phisionomiae quem compilavit magister Michael Scotus ad preces D. Frederici Romanorum imperatoris. Scientia cujus est multum tenenda in secreto: eo quod est magnae efficaciae: continens secreta artis naturae: quae sufficiunt omni astrologo. Et cum haec pars libri phisionomiae constet ex tribus partibus: hoc est prooemium.

L'ouvrage a 102 chapitres; on lit à la fin du dernier:

Michaelis Scoti de procreatione & hominis Phisionomia opus feliciter finit. M.CCCC.LXXVII.

241. AMBROSII (340—97, Mediolanensis episcopi) opuscula, videlicet: Hexametri libri VI, liber de Paradiso, Sermo de Ortu Adae, Sermo de arbore interdicta, & liber de Cain et Abel. Praemittuntur Maselli Venia Beneventani epistola & Ambrosii vita secundum Paulinum episcopum Nolanum. (*Mediolani*, circa 1477.)
In-fol., 166 f., 34 l., sign. AA—BB 5, A—V 4. [141]

Sassi, 608; Hain, 902.

L'épître de Masellus commence au verso du premier feuillet & finit avec le verso du quatrième. Des vers et la liste des ouvrages contenus dans le volume remplissent le recto suivant, & l'on trouve au verso le commencement de la vie de S. Jérôme. Ces préliminaires occupent des cahiers signaturés AA & BB. Le dernier feuillet du second de ces cahiers est vide.

242. Caii Crispi SALLUSTII (I. s. a. 86—35 a.) libri de Lucii Catilinae conjuratione & bello Jugurthe contra populum Romanum. Sequuntur M. T. Ciceronis in Catilinam invectivae (quinque); Catilinae responsio, Sallustii in Tullium & Ciceronis in Sallustium invectivae. *Parisiis, Udalric. Gering*, (1477—1479).
In-4°, 90 f., 27 l., sign. [329]

Dotteville, p. 404 de sa traduct. de Salluste, 3e édition, Paris, 1769, in-12°; Hain, *14192.

La première partie de ce volume contient, sous la même série de signatures A—L iiii, la conjuration de Catilina & la guerre de Jugurtha, après laquelle on trouve cette souscription:

C. Crispi Salustii de bello Jugurthino liber feliciter finit. Impressumq3 Parisius p magistrum Vdalricum, cognomento Gering.

  Nūc parat arma virosq3 sił rex maximus orbis
   Hostibus antiquis exitium minitans
  Nunc igitur bello studeas gens pariseorū
   Cui martis quondam gloria magni fuit.
  Exemplo tibi sint nunc fortia facta virorum:
   Que digne memorat Crispus ī hoc opere
  Armigerisq3 tuis alemannos adnumeres: qui
   Hos pressere libros arma futura tibi.

Après un vide de trois pages et demie, on lit une épître de Béroalde à Guillaume Franco. Le feuillet qu'elle remplit fait partie du cahier 2. Les cahiers suivants sont sous une nouvelle série de signatures a—e v: mais le caractère, le nombre de signes ...&... sont les mêmes que dans les cahiers précédens. Le recto du premier feuillet de cette seconde partie du volume n'est pas employé: le verso est rempli par une préface de Béroalde sur les Catilinaires de Cicéron. La réponse (prétendue) de Cicéron à Salluste n'est suivie que du mot FINIS.

243. PLUTARCHI Cheronei (50—120) Problemata a Calphurnio Brixiense emendata, latine. (*Venetiis, Siliprandus*, circa 1477.)
In-4°, 23 l., sign. a—h 5. [732]

Denis, N° 5660; Maittaire, 761; Hain, *13137. ¹)

---

¹) De Bybel dat uwe testament. *Delft*, 1477 13 jan. 2 vol. in-fol.
Legenda della beata Catharina. *Firenze, S. Jac. de Ripoli*, 1477 24 di marzo. In-4°

1478.

244. Virorum illustrium vitae ex PLUTARCHO (....—140) graeco in latinum versae, solertique cura emendatae. *Venetiis, Jenson*, 1478 2 jan.

In-fol., 470 f., 50 l., sign. a—& et AA—&&5, registr. [40]

 Conforme à la description du N° 6083 de Debure. V. aussi Crevenna, V, 246; Fossi, II, 386; Maittaire, 387; Spencer, II, 277; Hain, *13127.

245. BREVIARIUM Romanum. *Venetiis, Jenson*, 1478.

In-fol., goth., 2 col., 404 f., sign., exemplaire imprimé sur vélin. [147]

 Laire, I, 437; Mercier-Trévoux, juillet 1763; Hain, *3896.

 Au commencement du volume, un calendrier occupe cinq feuillets.

 Souscription: Hujus operis corrector exstitit Georgius de Spathariis presbyterorum minimus; impressor vero Nicolaus Jenson gallicus hac nostra tempestate impressorum princeps. Quod quidem opus impressum in florentissima urbe venetiarum est anno dñi M CCCC LXXVIII Sisto IIII Pont. Max: Roma Petri sedem regente, Andrea Vendramino inclyto principe Venetiis principante.

246. Leonardi (MATTHAEI, XV. s.) de Utino, ord. Praed. sermones aurei de sanctis. *Nurnbergae, Anth. Coburger*, 1478 XI Kal. februar.

In-fol., goth., 2 col., chiffr. CCX, titr., 50 l. [439]

 Laire, I, 452; Maittaire, 392: Mercier-Trévoux, juillet 1763; Sartori, 13; Hain, *16134.

 Un feuillet placé avant celui qui est chiffré I contient au verso une table des sermons.

247. JOANNIS CAROLI (1425—1500 florentini) ord. praed., exempla Scripturae secundum ordinem litterarum collecta. *Parisius, Ulric. Gering*, 1478 23 jan.

Petit in-4°, 72 f., 35 l., sign. a—K v. [324]

 Laire, I, 442; Hain, *6765.

248. Il commento de li triumphi del PETRARCHA (1304—74) composto per il prestantissimo p̄ho chiamato messer Bernardo

 Petrarcae triumphi. *Lucae, Barthol. de Civitati*, 1477 12 maii. In-fol. Premier livre imprimé à Lucques.
 Sonnetti del Burchiello. *Vinegia, Tomaso d'Alexandria*, 1477 29 di luglio. In-8°. 1 édit.
 Nimphale di Bocaccio. *Venet., Tomaso d'Alexandria*, 1477. In-4°.
 Psalterium hebraïcum. (*Bononiae*), *Chaijm Mordachai*, 1477 20 sept. In-4°.
 J. Nasonis Carleonensis consuetudines urbis Panormi. *Panormi* 1477. In-4°. Premier livre imprimé à Palerme.

da Sena impresso nella inclita citta di *Venexia p. Theodor. di Reynsburch et Reynaldum de novimagio compagni*, 1478, a di VI. del mese di febraro.

In-fol., goth., sign. a—aa—gg 5, registr. [507]

Debure, N° 3350; Fossi, II, 310; Maittaire, 388; Hain, 12767.

Cet exemplaire ne renferme pas les commentaires de Philelphe sur les sonnets de Pétrarque.

249. Le livre des saints anges compilé par frere Francoys EXIMINES (XIV. s.) de l'ordre des frères mineurs. *Genefve, (Adam Steinschauer)*, 1478 24 mars.

Petit in-fol., goth., 31 l. Premier livre imprimé à Genève. 1 édit. [199]

Laire, I, 442; La Vallière, N° 558; Mattaire, 385; Mercier, 79 & Trévoux, juillet 1763; Hain, 16230.

L'auteur de cet ouvrage n'est pas le cardinal François Ximenes, comme l'ont cru Naudé, La Caille, Fléchier &c... mais François Eximenes ou de Chimais, d'abord Cordelier, puis évêque d'Elna & patriarche de Jérusalem. Ce livre *compilé à la requeste de Messire Pierre Durtel chevalier chambellan et maistre dostel du roy d'Arragon*, est adressé à ce même chevalier. Il contient cinq traictiés 1° *de la hautesse des anges;* 2° *de leur ordre reverend;* 3° *de leur service diligent;* 4° *de leur victoire fervent;* 5° de monseigneur *St Michiel leur honnourable president.* On apprend dans le second traité à discerner trois hiérarchies & neuf ordres d'anges. Il est particulièrement question dans le 3e des anges *gardiens, adresseurs et guides:* mais on y voit aussi *de quel péril il est de vivre trop grassement des biens de l'Eglise.* Le quart traité nous montre comment les anges & les diables se disputent *les ames de nous aultres.* Le *quint* expose les huit offices & raconte les victoires de saint Michel.

250. Johannis de TURRECREMATA (Torquemada, hispani, ord. Praed., cardinalis & episcopi Sabinensis XV. s.) expositio brevis & utilis super toto psalterio. *Moguncie, Schoyffher*, 1478 4 april.

In-fol., goth., 174 f., 31 l. Souscript. & écusson en rouge. [200]

Laire, I, 451; Orlandi, 14; Panzer, II, 129, N° 49; Wurdthweyn, 119; Hain, *15698.

251. Mathaei SILVATICI (XIII. & XIV. s.) liber Pandectarum medicine, emendatus per Joh. Theobaldi Ebroicum; cum praefatione Mathei Moreti Brixiensis ad cardinalem Fr. de Gonzaga. *Lugduni, Martin Huss et Jo. Siber*, 1478 aprilis luce 27 & anno regni Ludovici decimi (sic, loco undecimi) francorum regis XVij.

In-fol, goth., 2 col., 60 l. [440]

Naudé, 140; Maittaire, 396.

252. Rodulphi ROLANDINI de Passageriis Bononiensis (XIII. s.), Summa artis notariatus quae Rolandina dicitur, cum commento. *Taurini, Jo. Fabri*, 1478 die 6 mai.

Petit in-fol., 31 l., sign. a—t 3. [508]

Denis, N° 648; Mercier, 73; Hain, 12083.

On lit au commencement du volume ce distique:
ECCE Rolandinam cunctis contractibus aptam
Instrumentorumque reserat seriem.

Souscription: EXPLeta est hec summa que est correctissima vere per spectabilem magistrum Ioannem Fabri lingonensem librorum feliciter impressorem. *Thaurini,* die sexta maii. M CCCC LXXVIII. Amen.

253. L. C. LACTANCII Firmiani (....—325) opera. *Venetiis, J. de Colonia et J. Māthen de Ghcretzem,* 1478 27 aug. In-fol., sign. a—z 4, registr. [509]

Laire, I, 444, N° 24; Maittaire, 384; Panzer, III, 137; Seemiller, II, 22; Hain, *9814.

La table remplit le cahier a.

Le registre ne fait pas mention d'un cahier de 8 feuillets dont il est suivi, & qui contient le livre de Lactance intitulé: *In Ephythomon.* Ce cahier est du même caractère que le reste du volume, & a été imprimé en même temps.

254. VIRGILIUS (I. s. a.). *Parisius, Udalric. Gering,* 1478 mense sept.

Gr. in-4°, 236 f., 28 l., sign. a—z, A—G iii. [220]

Debure, N° 2669; Laire, I, 452; Maittaire, 387.

C'est par erreur que ces bibliographes disent que cette édition est in-folio. Un premier cahier, qui précède la signature a, contient une préface de Philippe Béroalde de Bologne & une vie de Virgile. Le volume renferme d'ailleurs les X églogues; les IV livres des Géorgiques, les XII de l'Enéide; suivis seulement des vers *Jusserat haec rapidis* &c... et *Ergo ne supremis...* Chaque églogue & chaque livre tant des Géorgiques que de l'Enéide, est précédé d'un sommaire versifié. Cette édition passe assez généralement pour la première de Virgile qui ait été publiée à Paris. On dit pourtant que lord Spencer en possède une plus ancienne exécutée aussi par Gering. Quoiqu'il en soit, celle de 1478 est assez peu correcte; mais l'impression en est d'une beauté frappante: il faut ne point l'avoir vue pour répéter comme a fait Panzer, II, 280, N° 55, que le caractère en est désagréable: *displicuit ob caracteris deformitatem.*

255. Magistri Petri de OSOMA (sive de Osmo, Oxomensis, Uxamensis, XV. s.) Commentaria in Symbolum quicumque vult salvus esse. *Parisius, p magistrum Udalricum cognomento Gering,* (circa 1478).

In-4°, sign. a—d iiii. Caractère du Virgile, N° précédent. [733]

Panzer, II, 341, N° 671; Hain, 12118.

256. Claudii PTHOLEMEI (II. s.) Alexandrini Philosophi cosmographiae libri VIII, ex recognitione domitii Calderini cum praefatione (innominati autoris). *Romae, (Arnold. Pannartz),* 1478 VI id. oct. anno VIII. Pontificatus Sixti quarti.

Gr. in-fol, 2 col., 50 l., registr., 27 cartes géogr. en taille-douce. [41]

Audiffr. Rom., 240; Crevenna, V, 14; Heineken, 143; La Vallière, N° 4481; Meerman, I, 157; Panzer, II, 471, N° 278; Spencer, IV, 587, N° 994; Hain, 13537.

La souscription nomme Bucking comme le graveur des 27 cartes qui la suivent : Arnoldus Bucking e Germania tabulis aeneis in picturis formarum impressit. Cet Arnold Bucking est l'imprimeur même Arnold Pannartz, si l'on en croit Raidel, Comm. de Ptol. geogr., p. 43.

C'est la première édition de Ptolémée avec des cartes, puisqu'il il n'en existe point dans celle de Vicence, 1475, & que celle de Bologne, qui en a 26 gravées sur cuivre, & qui porte la date certainement fausse de 1462, n'a guère pu paraître qu'après 1480. L'édition de 1478 offre le premier essai des cartes de géographie : elle passait aussi pour la première production typographique avec des gravures en taille-douce, lorsque le Monte Santo di dio, 1477, ci-dessus N° 236, n'était pas encore bien connu.

257. Leonardi (MATTHAEI XV. s.) de Utino, ordinis praed., sermones quadragesimales de legibus. *Parisius in sole aureo, per Udalricum (Gering), Martinum (Crantz) & Michaelem (Friburger)* anno XVII (regni) Ludovici XI (1478) die ultima octobris.
In-fol., goth., 2 col., chiffr. 303. [441]

La Vallière, N° 694; Hain, 16118.

258. BIBLIA sacra latina. *In oppido Nurnbergen, Anth. Coburger*, 1478 quarto idus novembris.
Gr. in-fol., goth., 2 col., chiffr. CCCLXj, titr. [442]

Clément, IV, 96; Lelong, I, 252; Maittaire, 384; Panzer, II, 180, N° 52; Hain, *3069.

Le feuillet chiffré 1 est précédé d'un autre, au verso duquel se trouve la table des livres de l'ancien & du nouveau Testament. Après la souscription qu'on lit au verso du feuillet CCCLXI, 6 autres feuillets non chiffrés contiennent une notice des livres de la Bible par Ménard, qui se dit *solo nomine monachus, utinam xp̄i servus*.

259. Johannis NIDER (....—1440) ord. Praed., Consolatorium timoratae conscientiae. *Parisius, Ulric Gering*, 1478 16 dec.
In-4°, 28 l., sign. a—q iiii. [325]

La Vallière, N° 632; Maittaire, 385; Orlandi, 86; Hain, 11809.

260. Prima pars secunde partis summe Theologie eximii doctoris sancti THOME de Aquino (1227—74) ordinis predicatorum. *Venetiis, Fr. de Hailbrun et Petr. de Bartua*, 1478.
In-fol., semi-goth., 2 col., 47 l., sign. a—y, 1—64, titr., registr., sans initiales. [509[2]]

Braun, I, 198; Laire, I, 450; La Vallière, N° 533; Maittaire, 394; Hain, *1448.

22 lettres de l'alphabet servent de signatures aux 22 premiers cahiers & les chiffres 1, 2, 3, 4, 5, 6 aux 6 autres. Chaque cahier est de cinq feuilles

excepté le dernier qui n'en a que 4, & qui contient la table suivie du registre. La souscription termine la seconde colonne du dernier verso du 27ᵉ cahier.

261. Pomponii MELLAE (I. s.) Cosmographia de situ orbis libri III. *Venetiis, Franc. de Hailbrun*, 1478.

In-4°, 48 f., 26 l., sign. a—f4, un grand nombre de titres marginaux. [318]

Fossi, II, 185; La Vallière, N° 4489; Maittaire, 387; Spencer, II, 285; Hain, *11017.

262. Breve scrutariolum seu monumentum compendiosum pro confessionibus a Celso MAPHEO (XV. s.) Veronensi canonico regulari congestum. (*Venetiis, Erhard Ratdolt*), 1478.

In-4°, 18 f., 23 l., sign. a—b5. L'intitulé en rouge. [735]

Denis, N° 655; Fossi, III, 107; Hain, 10438.

Ce livre traite particulièrement des péchés familiers aux cardinaux et autres prélats; par ex.: An ex fructibus Ecclesiae emerit res immobiles pro consanguineis... an emerit nomine alterius ut possit legare filiis suis aut matribus eorū .. an in ludo schaccorū alearumve multum tempus amiserit: delectatusq3 fuerit interesse choreis... an multū furibundus clamorosusq3 fuerit... an proprias injurias ulcisci uindicareq3 voluerit. An nimis uelox fuerit ad fulminandas excommunicationes... An laxaverit habenas ad consuetudines cum mulieribus.... De consuetudine etiam masculoꝑ formosorū... &c...

263. Cornelii CELSI (II. s.) de medicina libri VIII. *Florentiae, a Nicolao*, 1478.

In-fol., 195 f., 34 l., sign. a—aa—hh iii, titr. 1 édit. [202]

Exemplaire complet, conforme à la description du N° 1699 de La Vallière. V. aussi Audiffredi Ital., 276; Clément, VII, 6; Fossi, I, 509; Laire, I, 441; Maittaire, 386; Spencer, I, 303; Hain, *4835.

264. La historia d'Alexandro Magno scripta da QUINTO CURTIO Ruffo eloquentissimo et tradocta in vulgare da P. Candido (Decembrio) colla conparacione di Caio Julio Cesare & d'Alexandro magno. *Florentiae, apud sāctum Jacobum de Ripoli*, 1478.

Gr. in-4°, 32 l., sign. a—A—C iiii (pour D iiii), 1 édit. [201]

Crevenna, V, 112; Fossi, I, 584; La Vallière, N° 4846; Paitoni, I, 274; Hain, 5888.

265. Francisci PHILELPHI (1398—1481) convivia mediolanensia. (*Mediolani*), circa 1478.

In-4°, 27 l., sign. a—m. [734]

Maittaire, 754; Panzer, II, 101, N° 627; Sassi, 614; Hain, 12956.

266. Sporta fragmentorum Aegidii CARLERII (....—1473) decani Ecclesiae Atrebatensis. *Bruxellis*, 1478 & 79.

In-fol., goth. [510]

Exemplaire mutilé de l'un des premiers livres imprimés à Bruxelles dans le monastère des frères de la vie commune. V. Foppens, I, 28; Lambinet, 352; Maittaire, 386; Swert, 105; Tellier, 39; Hain, 4513. [1])

1479.

267. ORDINARIUM seu Breviarium Ecclesiae Parisiensis. *Parisiis*, in vigilia annuntiationis.
2 vol. petit in-4°, goth., 2 col., sign. Exemplaire imprimé sur vélin. [358]

Exemplaire de Le Tellier, 211, cité par Chevillier, 113, & par Maittaire, 396; Hain, 3867.

268. Aurelii AUGUSTINI (354—430) de civitate Dei libri XXII quos sequuntur Thomae Valois & Nic. Triveth commentaria. *Basileae, Mich. Wenssler*, 1479 VIII Kl. aprilis.
Gr. in-fol., goth., 2 col. [42]

Maittaire, 396; Panzer, I, 150, N° 19; Seemiller, II, 36; Weislinger, 115; Hain, *2058.

Chaque livre de la Cité de Dieu est précédé d'une table des chapitres. Il y a deux souscriptions, l'une après le texte, l'autre après les commentaires, lesquels sont imprimés en caractères plus petits. Dans la 2ᵉ de ces souscriptions, la ville de Bâle est nommée en ces termes: Praecelsa in urbe basileensi partium alemanie quam non solum aeris clementia & fertilitas agri verum etiam imprimentium subtilitas reddit famosissimam. Ces deux souscriptions sont en rouge, ainsi que les écussons.

269. Il driadeo composta in rima octava per (Luca) PULCI (XV. s.). *Florentiae*, 1479 3 aprelis (*sic*).
Petit in-4°, 56 f., 32 l., sign. a—g iiii. 1 édit. [326]

Debure, N° 3411; Fossi, II, 425; Quadrio, VI, 444; Hain, 13577.

---

[1]) Le livre des bonnes moeurs par Jaques le Grant. *Chablies, Le Rouge*, 1478 1 avril. In-fol.
Guillelmi de Saona nova Rhetorica. *Cantabrigiae*, 1478 6 jul. In-fol.
Dioscorides, latine. *Colle, J. de Medemblick*, 1478 mense jul. In-fol.
Appianus latine. *Colle, Gall. Bon*, 1478 12 sept. In-4°. 1 édit.
Le livre Baudoyn comte de Flandres &c... *Lyon, (Buyer)*, 1478. 12 nov. In-fol. 1 édit.
Le roman de Fier à Bras. *Genève, (Steinschawer)*, 1478 28 nov. In-fol.
(Reuchlini) vocabularius breviloquus. *Basileae*, 1478. In-fol. 1 édit.
Ameto di Boccacio. *Roma, (Shurener de Bopardia)*, 1478. In-4°. 1 édit.
Le vite de Pontifici &c... da Petrarcha. *Florentiae, S. Jac. de Ripoli*, 1478. In-fol. 1 édit.
Leonardi de Utino Serm. quadr. de legibus & dominicales. *Ulme, Zainer*, 1478. In-fol.
Aeneae Sylvii epistolae familiares. *Colonie, Koelhoff*, 1458 (1478). In-fol.
Statuum ultracriticorum articuli latine & bohemice. *Prage*, 1478. In-fol. Premier livre imprimé à Prague.
Jeronimi (Ruffini) expositio symboli apostolor. *Oxoniae*, 1468 (1478). In-8°.

Il y a eu trois frères Pulci, tous trois poètes, Bernard, Luc & Louis. Ce dernier connu surtout par son *Morgante maggiore*, est aussi quelquefois désigné comme auteur du *Driadeo*. On lit dans cette édition de ce poème: *Comincia la prima parte del Driadeo compilato per* LUCIO *Pulci*. Le mot LUCIO indique-t'il Luc ou Louis? Quadrio se détermine pour le premier: „Per Luigi Pulci è errore: questo poema fu composto da Luca Pulci."

270. Baptistae PLATINAE (Barthol. Sacchi de Piadena (1421—81) vitae summorum pontificum a Petro ad Sixtum IV. (*Venetiis*), *J. de Colonia agrippinen̄ et J. Māthen de Gherretzem*, 1479, tertio idus junii (*sic*).
In-fol., 240 f., 39 l., sign. a—&. aa—ff 3, regist., 1 édit. [205]

Crevenna, V, 67; Debure, N° 4475; Fossi, II, 363; Laire, I, 444; Seemiller, II, 44; Spencer, III, 462, N° 753; Hain, *13045.

On recherche beaucoup cette première édition, parce qu'elle contient quelques traits qui ne sont point dans les suivantes. Celle de 1475, citée par Orlandi est imaginaire.

271. Engelberti Cultrificis (belgice MESSMAAKER ....— 1491) epistola declaratoria jurium et privilegiorum fratrum mendicantium contra quosdam articulos erroneos quorumdam magistrorum & curatorum. Accedit ejusdem autoris epistola brevis de symonia vitanda in receptione noviciorum & noviciarum ad religionem. *In Novimagio, Jo. de Westfalia*, 1479 9 julii.
In-4°, goth., 86 f., 30 l., sign. a—l 4. Premier livre imprimé à Nimègue. [736]

Fabric. Med., I, 437; Maittaire, 425; Marchand, 71; Panzer, II, 241, N° 1 & 2; Hain, 5850.

Panzer divise ce volume en deux articles séparés: cependant les deux lettres qu'il contient sont sous une même série de signatures. La seconde, qui est fort courte, commence avec le cahier l.

272. Compendieux livre du miroir historial (de VINCENT de Beauvais XIII. s.—1264) auquel sont en bref & clairement récitées les histoires de la Bible... & les préexcellentes gestes des Grecs & des Troyens... des Romains & de plusieurs rois belliqueux &c.... *A Lyon sur le rosne, en la maison de maistre Bartholomyeu Buyer* le dernier jour de juillet 1479.
Petit in-fol., goth., 256 f., 2 col., 28 l., sign. A. i—q iij. [511]

Maittaire, 400.

L'ouvrage est précédé d'une table de 12 feuillets.

273. Johannis NIDER ord. Praed. (....—1440) Manuale confessorum et tractatus de lepra morali. *Parisiis, Udalric Gering*, 1479 XIIII Kal. septembr.
In-4°, 28 l., sign. a—x iii. [325]

Laire, I, 463; Maittaire, 403; Hain, 11845.

Le traité de lepra morali commence avec le cahier signaturé R.

274. PHALARIDIS (tyranni Agrigentini VI. s. a.) Epistolae (suppositae) e graeco in latinum translatae a Francisco Aretino, quibus praemittitur ejusdem Aretini epistola ad Malatestam. *Papiae, per Franciscum de Sancto Petro*, 1479 21 aug.
In-fol., sign. A—E2, registr. [512]

<small>Maittaire, 402, dit de cette édition: *merito vocatur valde rara*.</small>

275. Aur. AUGUSTINI (354—430) episc. hypponensis liber de conflictu viciorum & machina virtutum. Sequitur speculum aureum anime peccatricis a quodam cartusiense (Henrico Langestein de Hassia). *Parisiis*, 1479 16 sept.
In-4°, goth., 36 l., sign. a—e2. [737]

<small>Le *speculum aureum* &c... commence au verso du feuillet signaturé 63. — Edition peu connue, dont Panzer ne fait pas mention.</small>

276. Q. HORATII Flacci (I. s. a.), opera. *Venetiis, Philipp. condam Petri*, 1479 18 sept. ducante Joh. Mozenico.
In-fol., sign. a—p3, registr. [206]

<small>Debure, N° 2715; Hain, 8875.
Les signatures sont à la fin des dernières lignes & non dans les marges.</small>

277. Ameto overo comedia de nymphe fiorentine, opra di BOCACCIO da Certaldo (1313—75). *Triviso, Michele Manzolo Parmese*, 1479 al decimo de kalende decembre.
In-4°, 32 l., sign. a—liii. [738]

<small>Clément, IV, 344; La Caille, 40; Laire, I, 456; Maittaire, 456; Hain, *3287.</small>

278. JUSTINI (II. s.) historiarum libri XLIV. *Venetiis, Philipp. condam Petri*, 1479 12 dec., ducante Joh. Mozenico.
In-fol., 36 l., sign. a—nv, registr. [207]

<small>Debure, N° 4335; Seemiller, II, 45; Hain, *9653.</small>

279. Augustini (TRIUMPHI 1443—1528) de Ancona, ordinis fratrum Heremitarum S^{ti} Augustini summa de ecclesiastica potestate. *Romae, in domo de Cinquinis apud S. Mariam de Populo*, 1479 20 dec.
In-4°, goth., 2 col., 328 f., 50 l., registr. [513]

<small>Audiffr. Rom., 233; Tellier, 175, Fossi, I, 95; Hain, *962.</small>

280. BIBLIA latina. *Venetiis, Jenson*, 1479.
In-fol., goth., 2 col., 51 l., sign. a—A—U4, titr., registr. [514]

<small>Fossi, I, 331; Laire, 455; Lelong, I, 252; Maittaire, 395; Hain, *3073.</small>

281. (Werneri Laerii ROLEWINCK ....—1492 Westphali, cartusiani) fasciculus temporum omnes antiquorum chronicas complectens (ab orbe condito ad ....). *Venetiis, industria atque impensa Georii Walch almani*, 1479, Sixto IV Pontifice maximo.
In-fol., goth., chiffr. 64. [490]

 Crevenna, V, 40; Fossi, I, 659; Maittaire, 397; Hain, *6924.

 Au commencement du volume, avant le feuillet chiffré 1, une table occupe 7 feuillets.

282. Caii Crispi SALLUSTII (I. s. a.) libri de bello catilinario & de bello jugurthino. *Parisius, in vico sancti Jacobi in intersignio follis viridis (Petr. Caesaris et J. Stol)*, 1479.
In-4°, 85 f., 25 l., sign. a—i iiii. [328]

 Dotteville, Trad. de Sall., 405; Maittaire, 400; Hain, 14208.

283. Augustini DATI Senensis (1470—78) isagogicus libellus in eloquentiae praecepta ad Andream domini Christoferi filium. *Parisiis, Petr. Caesaris et J. Stol*, circa 1479.
In-4°, 25 l. [328]

 Caractère du Salluste de Paris 1479, N° précédent 292. La seule différence typographique entre les deux articles (réunis par une reliure ancienne), c'est que l'Augustinus Datus est sans signatures.

284. Landulphi de COLUMNA (cognomine Sagacis, canonici carnotensis, XIV. s.), Breviarium historiale (compendium historiae universalis ab orbe condito ad 1428.) *Pictavii, in aedibus canonici Ecclesiae B. Hilarii*, 1479, in vigilia assumptionis Mariae (14 aug.)
In-4°, goth., 31 l., sign. Petites initiales. Premier livre imprimé à Poitiers. [327]

 Laire, II, 217; Tiraboschi, V, 407.

 La souscription se trouve après la table alphabétique, qui occupe un cahier signaturé X. Cette table est sur 2 colonnes, le reste du livre est à longues lignes.

285. STATUTA lecta in synodo lingonensi per Guidonem episcopum & ducem lingonensem, 1479.
In-4°, goth., sign. a—l 3, chiffr. LXXIII. [739]

 Maittaire, 775; Hain, 15037.

 Un dernier feuillet non chiffré contient une table.

286. J. SIMONETAE (XV. s.) commentarii rerum gestarum Francisci Sphortiae mediolanensium ducis ab anno 1424 ad

1466; cum epistola praefatoria Fr. Puteolani poetae Parmensis ad Ludovicum Sphortiam. *Mediolani, Ant. Zarot*, 1479.
In-fol., 42 l., sign. a—z, A—O 5, 1 édit. [204]

Debure, N° 5092; Sassi, 203; Tellier, 282; Spencer, IV, 8; Hain, 14753.

La souscription ne contient d'autre date que *decimo kalendas februarias* sans année. Mais au verso de cette souscription on lit une lettre de Philelphe à Simoneta, datée de 1479. Sassi toutefois pense que cette édition n'a paru qu'en 1480.

ÉDITIONS SANS DATE,

1479--1481.

287. Nolite flere super me .... ORATIO in funere (Berardi Heruli) cardinalis Spoletani (qui obiit anno 1479). (*Romae, Steph. Plannck.*)
In-4°, goth., 4 f. [740]

Audiffr. Rom., 234; Panzer, II, 541, N° 789; Hain, *12021.

288. CATHO moralisatus sive Speculum regiminis quoad utriusque hominis reformationem.
In-fol., goth., 2 col., 48 l., 1 édit. [515]

Le volume commence par une table alphabétique qui occupe 6 cahiers signaturés A—F. Les cahiers suivans n'ont pas de signatures. On ne lit à la fin de l'ouvrage que ces mots: *Explicit Cato moralizatus. Deo gratias.* Cette édition pourrait être la première; elle n'est aucune de celles que Panzer indique, & qui toutes sont postérieures à 1480. Hain, *4712.

289. Joannis de TAMBACO (XIV. s.) liber de consolatione theologiae, (ante 1480.)
In-fol., goth., 286 f., 44 l. [185]

Denis, N° 5988; Laire, I, 193; La Vallière, N° 556; Mercier, 185; Panzer, II, 140, N° 106; Spencer, IV, 25, n. 786; Hain, *15236.

On a quelquefois donné à ce livre la date 1466, parce qu'on a lu M CCCC LXVI au lieu de M CCC LXVI (1366) date de sa composition, exprimée en effet à la fin du volume en ces termes:
Explicit liber de ɔsolatione theologie ꝑ fratrem johannem de Tambaco ordinis predicatorum prouincie theutonie Anno dñi M° ccc° lxvj° in die Ambrosii.
Les bibliographes ne sont pas d'accord sur la date de cette édition, sur le lieu de l'impression, sur l'imprimeur. Le catalogue de La Vallière l'annonce comme exécutée vers 1475. Mercier l'attribue à Pierre Cesaris & J. Stol, vers 1476. Denis la croit publiée à Augsburg par Antoine Sorg. Panzer y reconnait le caractère employé par Schoiffer dans le Scrutinium Scripturarum de 1478. Laire pense qu'elle est sortie des presses de Michel Reyser, qui imprimait à Wurzbourg vers 1479 ...&c...
Cet ouvrage, dont il existe une autre édition sans date, que Laire semble juger antérieure à la nôtre, a été souvent réimprimé: à Paris, en 1493; à Cologne, en 1502; à Nuruberg, en 1509, &c... On l'a quelquefois intitulé

Speculum conscientiae. C'est un livre de théologie mystique, contenant des consolations pour tous les genres de privations, de périls & d'adversités. Il est divisé en XVII livres, chaque livre est partagé en plusieurs chapitres, chaque chapitre en plusieurs considérations, & chaque considération est un discours adressé à un affligé par une jeune fille. Par exemple, liv. VI, c. 7:

    Septimo ad dominam consolatricem principalem accessit & alius tristis conquerens de carentia vel non assecutione summi pontificatus: cui illa pro consolatione duas de suis puellis mox adduxit.

    I^a consideratio. Prima puella sic ait: O amice, hiis (*sic*) aures accommoda quae secuuntur.... Creditur papatus aliquid magni esse cum sit nihil.....

    II^a consideratio. Secunda puella sic ait ...&c...

Tout le livre est dans cette forme. Il y a des affligés auxquels la *domina consolatrix principalis* dépêche ainsi jusqu'à vingt et trente demoiselles.

290. (Vicentii GRUNER doctoris Ragensis XV. s.) officii misse sacrique canonis expositio in alma universitate lipczensi edita. (ante 1480.)
In-fol., semi-goth., 176 f., 35 l., 1 édit. [517]

Mercier-Trévoux, juillet 1763; Seemiller, IV, 153.

Edita n'est point synonime d'*impressa* dans les intitulés et dans les souscriptions des éditions du XVe siècle. V. Menagiana, IV, 55. Edita peut ne signifier ici autre chose sinon que ce commentaire de la messe a été écrit ou prononcé dans l'université de Leipsick. Seemiller attribue cette édition à Christ. Valdarfer ou à George Reyser. Freytag, Adpar., III, 485—489, parle fort au long de ce livre, mais il ne distingue point cette édition de celle qui sera l'objet du N° suivant, et qui paraît un peu moins ancienne. Ce livre est si rare, que Dupin le comptait au nombre des ouvrages perdus. D'autres en ont parlé comme d'un livre resté manuscrit.

291. (Vincentii GRUNER) officii misse sacriq; canonis expositio in alma universitate lipczensi edita. (ante 1480).
In-fol., semi-goth., 182 f., 35 l., l'intitulé en lettres rouges. [518]

Hain, *6808.

Seconde édition, dont le caractère ressemble beaucoup à celui de la première. Toutes deux ont à la seconde ligne la même faute *cogitante* pour *cogitanti mihi*.....

292. Aur. AUGUSTINI (354—430) episc. hyppon. de civitate dei libri XXII cum commentariis Thomae Valois & Nicolai Triveth. (ante 1480).
In-fol., goth., sign. a—A—O 4. [48]

Les pages où il n'y a que du texte sont de 45 lignes longues. Dans les autres pages, le texte est diversement entouré du commentaire qui est d'un caractère plus petit. Une page contient 60 lignes de commentaires. On trouve au 1^r feuillet le prologue des commentateurs, au 2e l'extrait du livre des rétractations, savoir: *Sententia beati Augustini Episcopi ex libro retractationum ipsius de libris de civitate Dei;* et la table des chapitres du 1^r livre de la cité de Dieu. Ces 2 premiers feuillets sont imprimés sur 2 colonnes, ainsi que les tables des chapitres qui précèdent chacun des livres suivans. On lit pour toute conclusion, à la fin du volume, ces mots:

    Explicit textus Augustini de cĩtate Dei cum cõmento.

Cette édition est omise dans les livres de bibliographie que j'ai consultés ou n'y est point assez caractérisée pour qu'on puisse la reconnaître.

293. La cita di Dio de S. AGOSTINO volgarizzata. (*Venezia*, ante 1480).
In-fol., 2 col., 324 f., 47 l., sign. a—A—H vi. [251]

<small>Fossi, I, 226; Laire, I, 89; La Vallière, N° 440; Paitoni, I, 9; Hain, *2071.</small>

<small>Une table de 20 feuillets commence le volume. Le traducteur est selon les uns Jac. Passavanti; Nico. Piccolomini selon les autres.</small>

294. Aur. AUGUSTINI episc. hypp. Enarrationes in Psalmos tertiae quinquagenae i. e. a centesimo primo ad cent. quinquagesimum. (ante 1480.)
In-fol., goth., 2 col., 276 f., 44 l., sign. aa—aaa—ddd iiii. [519]

<small>Au verso du dernier feuillet l. b on lit: Explicit psalmus cēsim^s qūquagesimus: ET sic finitur expositio beati Augustini Episcopi z doctoris sup terciam sive ultimā quinquagenā Psalterii ad laudem oīpotētis dei.</small>

295. Cecilii Cyp'ani (CYPRIANI ....—258) Sermo de orōne dñica s. Pater noster. (Forsan *Parisiis*, *Ulr. Gering*, ante 1480.)
In-4°, 8 f., 36 l., sign. a—a iiii. [725]

<small>On ne lit à la fin que ces mots: Explicit ρmo cecilii cipiani de orōne dūica.</small>

296. (HUGONIS DE SANCTO CARO ....—1260) opusculum qđ Speculum aureū aīe peccatricis inscribitur. (*Parisiis*, *Gering*, circa 1479.)
In-4°, 26 l., sign. a—d vi [737*bis*]

<small>Laire, I, 465.</small>

889. GREGORII pape (...—604) omeliarum super Ezechielem libri duo. (*Parisiis*, *Gering*.)
In-4°, 35 l., sign. a—y iiii, titr. [741]

<small>Une table alphabétique commence au dernier feuillet du cahier X & finit au dernier recto du cahier y. Hain, 7943.</small>

890. GREGORII pape ejusque diaconi Petri dyalogus in quattuor libros divisus: de vita et miraculis patrū italicorum et de eternitate animarū. (*Parisiis*, *Gering*.)
In-4°, 35 l., sign. a—m iiii, titr., une table des chapitres à la fin. [741]

891. GREGORII pape pastoralia sive liber curae pastoralis quadripartitus. (*Parisiis*, *Gering*.)
In-4°, 35 l., sign. a—i v, titr. [741]

<small>La table est précédée d'une souscription en 8 vers: Voici les deux derniers:
    Grates ergo dabis magnas sculptoribus illis
    Gregorii doctos qui poliere libros.</small>

L'exécution typographique est parfaitement la même, dans ce livre &
dans les deux précédens N° 889 & 890. Aucun bibliographe n'a, que je
sache, caractérisé d'une manière précise ni ces trois éditions, ni celles des
N°s précédens 294, 295.

(Ces trois derniers articles pourraient être rejetés après le N° 888, année
1498, qui est du même caractère.) Hain, *7983.

297. Guillermi TARDIVI Aniciensis (XV. s.) Rhetorica sive
eloquencie benedicendique compendium. (*Parisiis*, *Petr. Caesaris
& J. Stol*, circa 1480).
In-4°, goth., 35 l., signat. [742]

Laire, II, 21; Hain, *15241.

298. BREVIARIUM Parisiense. (*Parisiis*, circa 1480).
Petit in-8°, goth., 2 col., sign., titr. [743]

Mercier de S. Léger a écrit sur notre exemplaire une note qui tend à
faire remonter cette édition à 1474, ce qui me semble peu probable.

299. Bonini MOMBRITII (Patricii Mediolanensis XV. s.) opus
de Passionibus Sanctorum. (*Mediolani, Zarot.*, circa 1480.)
2 vol., in-fol. max., 2 col., 346 & 362 = 708 f., sign.,
1 édit. [443]

Orlandi, 101; Maittaire, 749 & 759; Mercier-Trévoux, déc. 1763; Sassi,
610; Tiraboschi, VI, I, 317.

Sassi avertit qu'il y a des exemplaires où manque la colonne qui finit la
vie de S. Nicaise & de Ste Eutrope sa soeur: le nôtre est de ce nombre.
Orlandi place cette édition sous l'année 1476. Mercier ne la croit pas si
ancienne. Hain, *11544.

300. (J. CRESTONI seu Crastoni monachi Placentini XV. s.)
Lexicon seu vocabularium graeco-latinum; editum a Bono Accursio
Pisano qui praefationem adjecit. (*Mediolani*, circa 1480.)
In-fol., 2 col., sign. A—AA—qq iij. 1 édit. [149]

Debure, N° 2227; Sassi, 612; Spencer, III, 49, n. 546; Hain, *5812.

L'une des colonnes est consacrée aux mots grecs, l'autre aux mots latins.
Le lexique est précédé d'une épître de l'éditeur, B. Accurse, imprimée à
longues lignes & contenue dans le premier feuillet du volume. Une autre
épître adressée par le frère Jean, carme, à Fr. Ferrario & imprimée
aussi à longues lignes, remplit le recto du dernier feuillet.

301. Bartholomaei de CHAIMIS de Mediolano, ordinis minorum
(XV. s.) interrogatorium sive confessionale. (*Mediolani, Chr.
Valdarfer*, circa 1480.)
In-4°, goth., 35 l., sign. a—n vi, chiffr. CV. [744]

Braun, I, 82; Seemiller, II, 126; Hain, *2480.

302. PETRI DE AQUILA (ord. minor. XIV. s.) Sectatoris
nobilissimarum subtilissimi Johannis Scoti doctrinarum commen-

tarii in quatuor libros Sententiarum Excussi (*Spirae*) *a Petro Drach Spirensi*, (circa 1480).
In-4°, goth., 2 col., sign. a—A—S iii, titr. [520]

<small>Braun, II, 37; Maittaire, 769; Strauss, 16; Baur, p. 25, N° VIII indique: Petri Aquilani minorite quem Scotellum vocant quaestiones in IV libros Sent. D. Joh. Scoti. Spirae, per Petrum Drach, 1480. *In-folio.* Hain, *1324.</small>

<small>Pierre de Aquila fut surnommé Scotellus à cause de son attachement à la doctrine de Scot.</small>

303. Joannis NIDER (....—1440) ord. Praedic. Tractatus de morali lepra. Impressus (*Lovanii*) *in domo Joannis de Westfalia*, (circa 1480).
In-4°, goth., 30 l., sign. a—15. [745]

<small>Panzer, I, 532, N° 91; Hain, *11818.</small>

304. Joannis NIDER ord. Praed. Manuale Confessorum. (*Lovanii*, *J. de Westfalia*, circa 1480.)
In-4°., goth., 30 l., sign. a—h 4. [745]

<small>Le caractère est celui du traité de morali lepra, n° précédent 303. Cette édition du Manuel des confesseurs n'est indiquée ni par Panzer, ni par aucun autre à ma connaissance. Hain, *11837.</small>

305. (RAYMUNDI DE SABUNDE, hispani, XV. s.) liber creaturarum seu naturae sive de homine propter quem alie creature facte sunt. *Daventriae, Richard Paffroed*, (circa 1480).
Petit in-fol., goth., 2 col., 39 l., sign. a—aa—hh v. [521]

<small>Braun, I, 69; Denis, N° 5804; Santander, N° 537; Hain, *14067.</small>

306. Tres tractatus, primus THOMAE Aquinatis (1237—74) de mirabili quidditate & efficacia Eucharistiae; secundus NYCOLAI DE LIRA de idoneo ministrante & suscipiente idem sacramentum; tercius alicujus docti collectoris de expositione dominicae orationis. *Coloniae, apud Lüskyrzchen*, (circa 1480).
In-4°, goth., 22 f., 36 l., sign. a—C iii. [746]

<small>Exemplaire de Le Tellier, 52; Hain, *1368.</small>

307. SERMONES de quatuor novissimis, opus in quinque partes distributum. (circa 1480).
In-4°, goth., 46 l., sign. a—S iiii, titr. [724⁴]

<small>La Vallière, N° 709; Tellier, 61.</small>

<small>La dernière page n'a que 11 lignes. La dernière offre ces mots: Sermones de quatuor novissimis finē habēt.</small>

308. Alberti Magni (verius HENRICI DE SAXONIA) Secreta mulierum & virorum.
In-4°, goth., 28 f., 43 l. [747]

Laire, II, 1; Seemiller, II, 159; Strauss, 9; Tellier, 403.

On lit à la dernière page: Finit tractatulus venerabilis Alberti magni. Suit une table des XII chapitres de l'ouvrage.

309. M. T. CICERONIS (I. s. a. 106—43 a.) ad Brutum, ad Quintum fratrem, ad Octavium & ad Atticum epistolae. Praemittitur epistola Bartholomaei Saliceti & Ludovici Regii ad Augustinum Maphaeum. Ad calcem Attici vita a Cornelio Nepote scripta; Pomponi Laeti epigramma ad Aug. Maphaeum & altera ad hunc eumdem Ludovici Regii Epistola.

In-fol., sign. a—x iiii, registr. abr. [160]

Fossi, I, 522; Panzer, IV, 113, N° 347; Hain, n° 5212.

On ne trouve après chaque livre que le mot *finit;* il n'y a aucune souscription, & on ne lit après la dernière pièce que le registre abrégé a. b. c. &... x. *Omnes sunt terni praeter a u x qui sunt quaterni.* Les passages grecs sont tantôt omis, tantôt imprimés.

310. Pauli de HEREDIA (XV. s.) disputatio de Immaculata conceptione Virginis Mariae; opus dicatum Innocentio VIII. (*Romae*, circa 1480.)

In-4°, 25 l., sign. a—g iii, registr. [748]

La Vallière, N° 827; Tellier, 49.

311. CANONES penitentiales per episcopum Civitatensem compositi. (*Romae*, circa 1480.)

In-4°, goth., 8 f., 33 l. [749]

Panzer, II, 531, n° 696; p. e. Hain, n° 4339.

312. Oratio Colae (Nicolai) MONTANI (XV. s.) ad Lucenses (ubi conatur eos a Florentinis traducere ad papam & ad Neapolitanos). *Romae, Steph. Plannck*, circa 1480.

In-4°, 8 f. [352]

C'est la deuxième des trois éditions mentionnées par Audiffredi Rom. 123; Hain, *11573.

313. FRANCISCI episcopi Cauriensis (XV. s.) oratio in funere Leonardi de Robore, alme urbis praefecti. (*Romae, Steph. Plannck*, circa 1480.)

In-4°, goth, 6 f. [740]

Audiffr. Rom., 424.

Cette oraison funèbre a été prononcée en 1472, mais Plannck n'a commencé d'imprimer qu'en 1479.

314. LUDOVICI Imolensis ex ordine Minorum (XV. s.) oratio in funere Petri Ferrici tituli Sixti presbiteri cardinalis

et episc. Tirasonensis. (habita anno 1478, *impressa typis Stephani Plannck*, circa 1480.)
In-4°, goth., 6 f. [740]

<small>Audiffr. Rom., 231; Hain, *9159. ¹)</small>

1480.

315. GRATIANI (ord. S. Bened., XII. s.) Decretum. *Venetiis, Adam de Rotveyl*, 1480, VIII cal. febr.
In-4°, goth., 4 col., sign. a—A—Z 6, titr., exemplaire imprimé sur vélin. [277]

<small>Maittaire, 414; Tellier, 167.</small>

<small>Deux caractères, le plus petit pour les 2 colonnes de gloses. On lit à la fin, en lettres rouges: Opera ac liberalitate viri integerrimi ade de Rotveyl. Ex inclyta alamania originem ducentis venetiis dilligentissime impressus, emendatus per Egregium ac Generosum virum: dn̄um ghiisbertum de Stoutenburch in utroque jure doctissimum. C'est à la fin d'une épître de Ghiisbert de Stoutenburch que se trouve la date: VIII calen. februarii 1480.</small>

316. C. PLINII Secundi (23—79) historiae naturalis libri XXXVII. *Parmae, per Andream Portiliam*, 1480 idibus februarii, regnante Joanne Galeazzo Maria duce mediolāi.
Gr. in-fol., 58 l., sign. a—A—N ii, récl. [43]

<small>Affo, 69; Denis, 873; Panzer, II, 352, N° 16; Spencer, II, 263. Panzer dit: *sine custodibus;* c'est une erreur. Hain, 13093.</small>

<small>La lettre de Pline le jeune, sur la mort de son oncle, & d'autres préliminaires, occupent le premier feuillet & 19 lignes du recto du deuxième. Le reste de ce second feuillet est vide. Il y a trois pages de corrections à la fin du volume.</small>

317. DIONYSII Halicarnassei (I. s. a.) origines seu antiquitates Romanae latine, interprete Lampo Birago. *Tarvisii, Bernardin. Celerius de Luere*, 1480 bissexto kl. martias, Joanne mocenigo Venetorum duce inclyto.
In-fol., 300 f., 37 l., récl., registr. abr., titres marginaux, 1 édit. [221]

<small>Debure, N° 4796; Braun, II, 77; Fossi, I, 622; Laire, II, 28; Seemiller, II, 50; Santander, N° 4162.</small>

<small>Une épître du traducteur à Paul II occupe le premier feuillet & 20 lignes du second dont le reste est vide. L'édition est peu correcte. Hain, *6239.</small>

<small>¹) Vitruvius. (*Romae, Laver*, circa 1479). In-fol. 1 édit.
Geografia di Berlinghieri. *Firenze, Nic. Tedesch.*, (1478—80). In-fol. B.
Aesopus, graece & lat. (*Mediolani*), *Bon. Accursius Pisanus*, (circa 1480).
Barthol. anglici (de Glanvilla) rerum proprietates. (*Basileae*, circa 1480). In-fol.
Le doctrinal du Tems par Michault. (*Lyon*, vers 1480). In-fol.
L'abusé de court. (*Lyon*, vers 1480.) In-fol.</small>

318. M. T. CICERONIS (I. s. a.) Orationes. *Venetiis*, *Nic. G. (Girardeng)*, 1480 10 martii.
In-fol., 39 l., sign. a—A—C 4, registr. [222]

<blockquote>
Maittaire, 407; Panzer, III, 155, N° 450; Spencer, IV, 452.

C'est au verso du premier feuillet que se trouve le registre des cahiers. Le deuxième feuillet contient une table des oraisons qui composent ce volume & parmi lesquelles les Philippiques ne sont pas comprises. Hain, *5124.
</blockquote>

319. BIBLIA latina. *Nurnbergen*, *Ant. Coburger*, 1480 XVIII Kl. mai.
In-fol., goth., 2 col., chiffr., CCCCLXj & 6 autres feuillets. [446]

<blockquote>
Lelong, I, 252; Maittaire, 404; Hain, *3076.

Au verso du premier feuillet se trouve une table des livres de la Bible. La notice de ces mêmes livres par Ménard, comme au N° 258, ci-dessus, remplit 6 feuillets non chiffrés, qui suivent le CCCCLXj^{me}.
</blockquote>

320. BIBLIA latina. *Venetiis*, *Fr. de Hailbrun*, 1480.
In-fol. (quelques cahiers in-4°), goth., 2 col., sign. [522]

<blockquote>
Lelong, I, 252; Maittaire, 404; Hain, *3078.

Le volume est terminé par une table alphabétique *hebraïcorum nominorum* qui occupe 48 feuillets.
</blockquote>

321. Fratris ASTESANI de Ast (XIV. s.) de ordine fr. Minor. Summae de casibus libri VIII. *Venetiis*, *sumptibus Nicolai de Francfordia et labore Leonardi Wild de Ratisbona*, 1480 28 apr.
In-fol., goth., 2 col., sign., titr., registr. [523]

<blockquote>
Fossi, I, 215; Maittaire, 410; Seemiller, II, 49; Hain, *1896.
</blockquote>

322. Libellus dans modum & ordinem quomodo singulis per circulum anni diebus HORAE CANONICAE persolvendae sunt, secundum consuetudinem chori ecclesiae Basileensis. *Basileae*, *Mich. Wenssler*, 1480 IV nonas junii.
In-4°, goth., 2 col., sign. a—aa—cc 4. [750]

<blockquote>
Exemplaire de Tellier, 187.
</blockquote>

323. THOMAE de Aquino (1227—74) libri quatuor de veritate catholicae fidei contra errores gentilium, editi a Petro Lantiano. *Venetiis*, *Jenson*, 1480 ydibus juniis, Joanne Mozenigo duce.
In-fol., goth., 2 col., sign., titr., registr. [524]

<blockquote>
Fossi, II, 697; Maittaire, 410, Seemiller, II, 48; Hain, *1389.
</blockquote>

324. Fr. ANTONINI (1389—1459) archiepiscopi Florentini, ordinis Praedicatorum summae theologicae pars secunda. *Venetiis*,

ex inclyta atque famosa officina Nicolai Jenson gallici, olympiadibus dominicis 1480 quartus kalendas julias.
Petit in-fol., goth., sign. a—A—N 4, titr. [525]

<small>Denis, N° 782; Hain, *1243.</small>

325. Jacobi de VORAGINE (Januensis 1230—98) ordinis Praedicatorum liber de vitis sanctorum. *Venetiis, Ant. de Strata de Cremona et Marc. Catanellus. Schalvicola,* 1480 cal. Julii, Joanne Mocenico Venetorum principe.
In-fol., 2 col., sign. [526]

<small>Denis, N° 848; Fossi, II, 824.
La table commence au verso de l'avant-dernier feuillet & finit avec le recto du dernier.</small>

326. Historie notabiles sive opus ex gestis Romanorum recollectorium cum applicationibus moralizatis mysticis. *Goudae, Gerard Leeu,* 1480 pridie quam Bartholomaei coleretur solemnitas.
Petit in-fol., goth., 2 col., 37 l., sign. a—z 3. [527]

<small>La Vallière, N° 4939; Maittaire, 406; Panzer, I, 443, N° 17; Hain, 7743.</small>

327. STRABONIS (I. s.) Cappadocis rerum Geographicarum libri XVII, latine, interprete Guarino Veronensi. (*Tarvisiae*), *Joan. Vercellens.,* 1480 VII. kls. Sept.
Petit in-fol., 39 l., sign. a—A—Q iii. [223]

<small>Crevenna, V, 9; Debure, N° 4183; Fossi, II, 620; Hain, *15089.</small>

328. TITI LIVII (....—17) historiarum libri qui supersunt a Petro Justino Philelfo recogniti. *Mediolani, Ant. Zarothus,* 1480 X kal. nov., ducibus Bona & Jo. Galeacio Maria Sfortia.
Gr. in-fol., 50 l., sign., édition estimée. [44]

<small>Debure, N° 4804; Drakenborch, édit. Tit. Liv., VII, 330; Fossi, II, 86; Sassi, 572; Hain, 10133.</small>

329. La cronica de sancto ISIDERO menore (pacense, VIII. s.) con alchune additione cavate del texto & istorie de la Biblia e del libro de Paulo Orosio e de le passione de li sancti. *In Cividal de Friuli, (Gerard de Flandria),* 1480 a di 24 de nov.
In-4°, goth., sign. a—f5. [751]

<small>Crevenna, V, 40; Marchand, 73; Mercier, 85; Panzer, I, 142, N° 2; Hain, *9308.</small>

330. Fl. JOSEPHI (I. s.) libri de bello judaico & adversus Appionem, latine, interprete Ludovico Candiata veronensi. *Veronae, Petrus Maufer, gallicus,* 1480 VIII kal. jan.
In-fol., 36 l., sign. a—A—D iii, registr., exemplaire imprimé sur vélin. [148]

Crevenna, V, 94; La Caille, 30; Maittaire, 404; Panzer, III, 502; Seemiller, II, 57; Hain, *9452.

Les deux premiers feuillets contiennent une épître du traducteur & quelques vers. Le troisième est vide. La guerre de Judée commence au quatrième, qui est signaturé: a i.

331. M. Valerii MARTIALIS (40—101) Epigrammata cum Domitii Calderini commentariis. *Venetiis, (Jacob. de Paganinis,)* 1480.
In-fol., sign. a—A—E iii, registr. [224]

Fossi, II, 158; La Vallière, N° 2541; Maittaire, 408; Hain, *10814.

Le recto du premier feuillet est blanc. Le texte est entouré des commentaires imprimés en caractères plus petits.

332. G. DURANDI ord. Praed. episc. Mimat. (1222—86) Rationale divinorum officiorum. *Vincentiae, Herman Lichtenstein coloniens.*, 1480.
In-fol., goth., 2 col., 214 f., sign. A—a—o 3, registr. [528]

Maittaire, 405; Hain, *6480.

333. Le Regime très utile & très proufitable pour conserver la santé du corps humain... jadis faite & compilée au réaulme d'Angleterre en l'université de Salerne & véritablement déclarée & exposée par ung vénérable docteur en médecine de Cathalon nomē maistre ARNOUL DE VILLENEUVE (....—1313) & nouvellement corrigée & amendée par les très excellens & très experts docteurs en medecine regens à Montpellier, l'an mil iiii^c iiii^{xx}.
In-4°, goth., 30 l., sign. a—r iiii. [752]

Cette date 1480 n'est peut-être pas celle de l'impression. Aucun bibliographe, à ma connaissance, n'a indiqué nettement cette édition.[1])

1481.

334. BREVIARIUM Bituricense. *Venetiis, per Petrum de Piasiis de Cremona et Bartholomaeum de Blavis de Alexandria & Andream de Torresanis de Asula, impensis Guillelmi Touze,* 1481 23 jan., Joanne Mocenico principante.
In-8°, goth., 2 col., sign. [753]

Chevillier, 112, & Maittaire, 417, n'indiquent cette édition que d'après notre exemplaire annoncé dans le catalogue de Le Tellier, 211; Hain, 3808.

---

[1]) L'histoire de chevalier Pierre de Provence & de la belle Maguelone. (*Lyon*), 1480. In-4°.
Antonii Andreae quaestiones super XII libros Metaphys. *Londini*, 1480. In-fol. Premier livre imprimé à Londres.

335. [E]pistole (18) di Luca de PULCI (XV. s.). *Florentiae*, *Ant. Barthol. Miscomini*, 1481 1 februar.
In-4°, 24 l., sign. a—gii, 1 édit. [326]

<small>Audiffr. Ital., 282; Fossi, II, 426; Hain, 13571.
XVIII heroïdes *in terza rima*, imprimées en très beaux caractères ronds.</small>

336. (Joannis de TURRECREMENTA vel Torquemada, hispani, ord. Praedic. episc. Sabinensis 1388—1468) Flos theologiae sive excellens opus quaestionum dignissimarum cum solutionibus earumdem circa textus Epistolarum atque Evangeliorum tam de tempore quam de sanctis.... cum introductionibus thematum praeclarissimis de quacumque materia praedicare volentibus applicabilium, cum tabula alphabetica... (*Basileae*), *Eberhard Fromolt*, 1481 julii die vicesima quarra (*sic*).
In-fol., goth., 2 col., sign. a—AA—HH 4., A—Y 5. [529]

<small>Panzer, I, 153, N° 33; Hain, *15716.</small>

337. B. PLATINAE (Barth. Sacchi de Piadena 1421—81) Vitae summorum pontificum a Petro ad Paulum II. *Nurenberg*, *Ant. Coburger*, 1481 III. id. aug.
In-fol, goth., 2 col., 128 f., 55 l. [530]

<small>Gesner, 41; Fossi, II, 363; Laire, II, 50; Maittaire, 418; Tellier, 242; Weislinger, 219; Hain, *13047.
On lit au verso du premier feuillet, une courte épître de Jér. Squarzafico à Platina.</small>

338. G. DURANTI (1222—86; ord. Praed. Episc. Mimatensis) Rationale divinorum officiorum. *Lugduni*, *Huss de Botwar*, 1481 14 aug.
In-fol., goth., 2 col., 274 f., sign. a—A—L iiii. [531]

<small>D. Clément, VII, 469; Laire, II, 45; Maittaire, 427; Hain, 6484.
Les trois premiers feuillets contiennent une épître dédicatoire et une table.</small>

339. La divina comedia di DANTE ALIGHIERI (1265—1321) cioe l'inferno, il purgatorio, il paradiso; col commento di Christ. Landino fiorentino. *Firenze*, *Nic. di Lorenzo della Magna*, 1481 a di XXX d'agosto.
Gr. in-fol., sign. a—aa—A—L vi, réclam., titr., figures en taille-douce. [46]

<small>Audiffr. Ital., 287; Debure, N° 3324; Fossi, I, 594; Heineken, 141; Laire, II, 41; Maittaire, 419; Mercier, 2e lettre au baron de H···; Panzer, I, 409, N° 43; Spencer, III, 108, N° 814; Hain, *5946.
12 feuillets contenant divers préliminaires & un 13e feuillet blanc, précèdent le cahier signaturé a, avec lequel commence le texte de Dante. Il y a des réclames à la fin de quelques cahiers, ainsi que Fossi l'a remarqué.</small>

Notre exemplaire est d'ailleurs conforme à la notice de Panzer, et aux descriptions données par Debure, par Heineken, par Audiffredi. Avant la découverte du *Monte santo di dio*, ci-dessus N° 236, on citait cette édition avec celle de Ptolémée 1478, ci-dessus N° 256, comme les deux plus anciens livres avec figures sur métal. Celles du Dante ont été dessinés par Boticello; on ne sait pas bien qui les a gravées.

340. Eneae Silvii (PICCOLOMINI, 1405—64) postea papae Pii II, Epistolae 433. *Nuremberg, Ant. Coburger*, 1481 XVI Kal. oct. In-fol., goth. [229]

 Maittaire, 422; Gesner, 42; Hupfauer, N° 76; Seemiller, II, 80; Hain, *151.

 Le volume commence par une table qui remplit 5 feuillets; on trouve au verso du sixième un éloge de l'auteur: *Preconizatio Enee Sylvii poete laureati*.

341. Joannis Duns SCOTI (doctoris subtilis, ...—1308) Quodlibeta & comment. in tertium & in quartum Sententiarum. *Nurnberg, Koberger*, 1481.
In-fol., goth., 2 col., titr. [446]

 Maittaire, 425, Weislinger, 218; Hain, *6435.

342. PSALTERIUM graeco-latinum; ex recognitione Joannis (Crestoni) Placentini monachi; cujus praemittitur Epistola ad Lud. Donatum Bergomensem. *Mediolani*, 1481 20 sept.
In-4°, 2 col., 29 l., sign. a—z III, 1 édition du Psautier Grec. [227]

 Chevillier, 236; Debure, N° 18; Fossi, I, 350; Laire, II, 51; Leloug, I, 198; Masch; Sassi, 575; Spencer, I, 125; Hain, *13454.

343. MISSALE Parisiense. *Parisiis, Jo. de Prato et Desid. Huym*, 1481 22 sept.
In-fol., goth., 2 col., sign. a—z iiii, chiffr. CCXXXVI, titr., 1 édit., exemplaire imprimé sur vélin. [223]

 Maittaire, 427; Hain, 11339.

 Les 6 premiers feuillets qui contiennent le calendrier, ne sont ni signaturés ni chiffrés. Chevillier n'a point connu cette édition; il désignait (p. 112) comme première édition du missel de Paris, celle de Venise, 1487.

344. FORMULARIUM procuratorum. *Romae, Euchar. Silber*, 1481 2 oct.
In-4°, semi-goth., registr. [532]

 Audiffredi Rom., 243, N° VII; Hain, *7293.

 La table remplit les 5 premiers feuillets.

345. SILII Italici (25—100) Punicorum libri XVII. *Parmae*, 1481 16 nov.
In-fol., 36 l., sign. a—x v, titr. [209]

 Affo, 84; Debure, N° 2794; Spencer, II, 356; Hain, 14737.

 La souscription est suivie d'une notice sur la vie de poète.

346. Ambrosii CHORIOLANI (XV. s.) eremitarum Sancti Augustini prioris generalis, commentarii in tres regulas S^{ti} Augustini, cujus vita praemittitur. *Romae, Georg. Herolt de Bamberga*, 1481 8 dec., Sixti IV sedente, anno IX sui pontificatus.
In-fol., 34 l., registr. [533]

Audiffr. Rom., 241; Hain, *5683.

Le verso du premier feuillet est blanc; on trouve au verso une épître de l'éditeur Oliv. Servius au Cardinal d'Estouteville.

347. Ambrosii CHORIOLANI, Augustinianorum generalis, defensorium ordinis fratrum Heremitarum sancti Augustini, responsorium ad maledicta canonicorum regularium congregationis Frisonariae; opus Sixto IV dicatum. (*Romae, Herolt de Bamberga*, circa 1481.)
In-fol, 35 l., registr. [533]

Audiff. Rom., 249 & 298; Hain, *5684.

Même caractère, même papier &c... que le commentaire du même auteur sur les trois règles de S. Augustin, N° précédent.

348. Joannis Magri (MAGISTRI sive de Magistris ....— 1482) doctoris Parisiensis quaestiones super tota philosophia perutiles cum explanatione textus Aristotelis secundum mentem doctoris subtilis Scoti. *Parmae*, 1481 12 dec.
In-fol., goth., 2 col., sign. a—x3, titr., registr. [534]

Affo, 85; Maittaire, 425; Seemiller, II, 89; Weislinger, 220; Hain, *10447.

Une table remplit le verso de l'avant-dernier feuillet & le recto du dernier, dont le verso est blanc.

349. Altissimi doctoris ANTONINI ANDREAE (....—1320) ordinis Min. quaestiones subtilissime super duodeci libros Metaphisice. *Venetiis, Ant. de Strata de Cremona*, 1481 24 dec.
In-fol., goth., 2 col., sign. a—l4, titr., registr., intitulé en lettres rouges. [535]

Maittaire, 428; Seemiller, II, 90; Panzer, III, 171, N° 547; Hain, *977.

Il y a une table entre la souscription & le registre.

350. La historia naturale di PLINIO (23—79), tradotta in lingua fiorentina per Christophoro Landino fiorentino. *Venetiis, Philipp. Venetus*, 1481.
In-fol., semi-goth., 2 col., sign. a—A—K4. [230]

Paitoni, III, 133; Panzer, III, 174, N° 564; Hain, 13106.

351. Fl. JOSEPHI (I. s) Antiquitatum judaicarum libri XX; de Bello judaico libri VII & opus adversus Appionem; latine, interprete Ruffino. *Venetiis, Raynald de Novimagio*, 1481.
Petit in-fol., goth., 48 l., sign. a—a—p3, titr., registr. [225]

Denis, N° 986; Hain, 9453.

Il y a deux souscriptions, l'une après les Antiquités judaïques, & l'autre à la fin du volume. La première est conçue en ces termes: *Impressum Venetiis per Raynaldum de Novimagio anno M CCCC* (sans aucun autre chiffre) decio die maij. Elle est suivie d'une lettre de Jérôme Squarzafico sur la vie de Josèphe & du registre des cahiers de cette première partie du volume. La seconde souscription est au verso du dernier feuillet: elle offre la date *M CCCC LXXXI ultima die martii*, & elle est suivie du registre des cahiers de la seconde partie.

352. JOANNIS CANONICI (angli ....—1320) ordinis Minorum quaestiones super octo libros Physicorum Aristotelis. *Venetiis, Octav. Scot.*, 1481.

In-fol., goth, 2 col., sign. a—o 2, titr. [535]

Denis, N° 938; Seemiller, II, 87; Hain, *4345.

353. BIBLIA latina. *Venetiis, per Leonardum Wild de Ratisbona*, 1481.

In-fol., goth., 2 col., sign., titr. [536]

Laire, II, 37; Lelong, I, 252; Maittaire, 415; Hain, 3082.

354. Quinti HORATII Flacci (65 a.—9 a.) opera cum commentariis Porphyrionis & Acronis. *Patavii, (Adam Venetus)*, 1481.

In-fol., 182 f., sign., récl., registr. [226]

Mitscherlich, ed. Horat., I, 62; Panzer, IV, 27, 144 & 479; Pinelli, II, 325; Hain, 8878.

Le verso du premier feuillet contient une épître de l'éditeur Raphael Regius au patricien Mauroceni; c'est à la fin de cette épître que se trouve la date: *Patavii, idibus augusti* 1481. Suit le commentaire de Porphyrion qui remplit 7 cahiers signaturés depuis A jusqu'à G. Le texte d'Horace n'accompagne point ce commentaire; les passages grecs sont laissés en blanc. Le commentaire d'Acron est précédé d'une préface de Louis de Strazarolis, adressée à l'évêque de Feltri, laquelle occupe le premier feuillet du cahier signaturé a, le second feuillet contient le prologue d'Acron. Le texte d'Horace remplit les milieux des pages suivantes: il est entouré du commentaire, qui est imprimé en caractères plus petits, les mêmes que ceux du commentaire de Porphyrion. La dernière signature est r iii.

355. Auli Flacci PERSII (I. s.—63) Satyrae sex cum commentariis Bartholomaei Fontii cujus praemittitur epistola ad Laurentium Medic. (*Patavii, Adam Venet.*), 1481.

In-fol., 24 f., sign. a—l ii, registr. [226]

Strauss, 26 (*editio*, dit-il, *fusiori descriptione digna*). Ce Perse est relié avec l'Horace, N° précédent. Les caractères sont les mêmes dans l'un & dans l'autre. Le texte de Perse, placé au milieu des pages, est environné du commentaire. La date 1481, sans désignation de lieu ni d'imprimeur, est placée après le dernier vers de la VI° satire. On trouve à la fin du volume une lettre non datée du commentateur, & une notice d'une vingtaine de lignes sur la vie du poète. Hain, 12720.

365. BIBLIA latina. (*Basileae*), 1481.

In-fol., goth., 2 col., sign., titr., après la souscription 41 feuillets de table. [537]

D. Clément, IV, 99; Maittaire, 415; Seemiller, II, 78; Weislinger, 225.

L'apocalypse est suivie de 20 vers, dont 14 sont composés des noms abrégés de tous les livres de la Bible: *Generat*, *Exodus*, *Levi*, *Numeri quoque Deutro* ...&c... Voici les six derniers:

  Fontibus ex Graecis hebreorum q̃ (quoque) libris
  Emendata satis & decorata simul
  Biblia sum presens. superos ego testor & astra
  Est impressa nec iu orbe mei similis.
  Singula queque loca cum concordantibus extant
  Orthographia simul q̃ӡ bene pressa manet.

Parmi les éditions de la Bible publiées au XVe siècle, on en compte 10 où se trouvent ces 6 vers. La première est de 1479; la deuxième est celle-ci, de 1481; la troisième de 1482, ci-dessous N° 378, &c.... Ces éditions ont donné lieu à quelques lettres du lord ***, de Pingré &c... dans le Journal de Paris, 1780, N° 164, 170, 177, 181 & 204.

357. GUARINI Veronensis (1370—1460) Breviloquus vocabularius; praemittuntur ejusdem autoris, 1° ars diphtongandi; 2° compendiosus tractatus de arte punctandi; 3° tractatus de accentu. *Basileae*, (*J. de Amerbach*), 1481.
In-fol, goth., 2 col., sign. [538]

  Maittaire, 428; Panzer, I, 154, N° 38.

  Les trois petits traités qui précèdent le vocabulaire n'occupent qu'un cahier non signaturé. Au verso du premier feuillet de ce cahier, est une explication des abréviations employées dans le vocabulaire.

358. Famosissimi utriusque juris doctoris Dñi Nicolai de TUDESCHIS, abbatis siculi, archiepiscopi Panormitani (....— 1445) lectura super primum Decretalium. *Basileae*, 1481.
In-fol., goth., 2 col., sign. a—aa—hh 5, titr. [447]

  Maittaire, 427; Seemiller, II, 67 & 94; Hain, *12312.

359. (Werneri ROLLEVINCK ....—1492) Chronica quae dicitur Fasciculus temporum. *Coloniae*, 1481.
In-fol., goth., 96 f., fig. [539]

  D. Clément, VIII, 255; La Vallière, N° 4557; Laire, II, 40; Mercier, 89; Hain, 6930.

  Souscription: Chronica quae dicitur fasciculus temporum edita in alma universitate colonie agrippine super renum. a quodam devoto cartusiensi finit feliciter. Sepius quidem jam impressa, sed negligentia correctorum in diversis locis a vero originali minus juste emendata; nunc vero non sine magno labore ad pristinum statum reducta. Cum quibusdam additionibus per humilem virum frēm heinricum Wirczburg de Vach monachum in prioratu Rubei montis ordinis cluniacensis sub lodovico gruerie comite magnifico. Anno dñi M CCCC LXXXI et anno praecedenti fuerunt aquarum inundationes maxĩe, ventusque horribilis, multa edificia subvertentes. [1])

---

[1]) L'arbre des Batailles par Honoré Bonnor. *Lyon*, 1481. In-fol.
Marii Philelphi Epistolarium. *Urbini*, 1481. In-4°. 1 édit. Premier livre imprimé à Urbin.

1482.

360. ABDILAZI (X. s.) libellus ysagogic⁹ d̄r alchabiti⁹ ad magisteriū judicioꝛ astroꝛ īterpretat⁰ a joañe yspalensi. *Venetiis, Erhard Ratdolt*, 1482 XVII Kal. febr.
In-4°, semi-goth., sign. a—d 4, fig. [540]

<small>Panzer, III, 176 & 177; Hain, *616.</small>

361. MISSALE Ambrosianum. *Mediolani, Christoph. Valdarfer*, 1482 15 martii.
In-fol., goth., 39 l., 2 col., 1 édit. [150 et 150²]

<small>Debure, N° 208; Sassi, 578; Hain, 11255.</small>

362. Francisci **ASTEXANI** de Ast de ordine fr. Minor. (XIV. s.) Summa de casibus. *Nuremberg, Anth. Coburger*, 1482 die XI may.
In-fol., goth., 2 col., titr. [448]

<small>Maittaire, 436; Panzer, II, 191, N° 109; Hain, *1897.</small>

<small>Une épître dédicatoire au verso du premier feuillet.</small>

363. EUCLIDIS (IV. s. a.) opus elementorum in artem geometriae, latine, cum Campani commentationibus. *Venetiis, Erhard Ratdolt augustens.*, 1482 octavis calend. jun.
In-fol., semi-goth., 45 l., sign. a—r 4, titr., fig., 1 édit. [231]

<small>Braun, II, 92; D. Clément, VIII, 143; Clemmius novae amoenit. litter. *Stuttgard*, 1762, in-8°, p. 532; Debure, N° 1959; Fossi, I, 643; Freytag, Anal., 315; Laire, II, 59; La Vallière, N° 1791; Maittaire, 434; Mercier, 6; Seemiller, II, 108; Spencer, II, 23, N° 234; Hain, *6693.</small>

<small>Une dédicace de l'imprimeur Radolt, au doge de Venise, J. Mocenico, remplit le verso du premier feuillet. Cette dédicace est imprimée en lettres d'or dans quelques exemplaires; le nôtre n'est pas de ce nombre.</small>

364. Claudii **CLAUDIANI** (V. s.) opera a Barnaba Celsano recognita. *Vicentiae, per Jac. Dusensem*, 1482 sex. cal. jun.
In-fol., sign. a—l 3, registr., 1 édit. [232]

<small>Debure, N° 2845; Fossi, I, 554; Maittaire, 433; Panzer, III, 516, N° 53; Santander, N° 3008; Spencer, II, 3, N° 217; Hain, *5370.</small>

365. M. T. QUINTILIANI (I. s.) declamationes CXXXVI Praemittitur Epistola Jacobi Grasolacii ad Christophorum de Priolis. *Venetiis, Luc. Venet.*, 1482 nonis juniis.
In-fol., 38 l., sign. a—o 3, registr. [233]

<small>Debure, N° 2457; Spencer, II, 315.</small>

<small>On trouve après le registre une table, qui remplit l'avant-dernier verso & le dernier recto.</small>

366. Joannis de Sacro-Busto (SACRO-BOSCO, Holywood ....—1256) Sphericum opusculum cum disputationibus Joannis de Monte Regio contra Cremonensia in planetarum theorias delyramenta; & cum Georgii Pulbachii in Planetarum motus accuratissimis theoriis. (*Venetiis*), *Ehrard Ratdolt*, 1482 11 non. julii.
In-4°, goth., sign. a—h 2, fig. [330]

Lalande, 13; Maittaire, 437; Panzer, 111, 177, N° 588; Hain, *14110.

367. Cl. PTOLAEMAEI (II. s.) Cosmographiae libri VIII latine, interprete Nic. Germano, cum hujusce praefatoria epistola ad Paulum II. *Ulmae, per ingeniosum virum Leonardum hol, praefati oppidi civis (sic)*, 1482 Augusti Kal. XVII.
Gr. in-fol., 2 col., cartes géographiques de J. Schnitzer de Armsheim. [47]

Braun, II, 96; Debure, 4194; Laire, II, 63; Orlandi, 157; Panzer, III, 535; Sartori, 20; Spencer, II, 293, N° 391; Hain, *13539.

368. GREGORII DE ARIMINO (....—1358) ordinis heremitarum S^{ti} Augustini lectura primi (libri) sententiarum. *Parisiis*, 1482 9 aug.
In-fol., goth., 2 col., sign. A—a—r 3, registr. [542]

D. Clément, II, 58; Fossi, 1, 148; Maittaire, 439; Hain, *1645.

On lit au verso du premier feuillet des vers à la louange de l'éditeur Guillaume Militis.

369. Hieronimynianus in laudem Hieronimi editus, continens ejus vitam, facta, dicta atque prodigia; autore JOHANNE ANDREAE (—1320). 1482 9 aug.
In-fol., goth., 2 col., sign. a—p iij. [541]

Maittaire, 436; Hain, 1082.

370. Marci Tullii CICERONIS (106—43 a.) Quaestiones tusculanae. *Venetiis, opera & impensa Joannis de Forlivio sociorumque ejus*, 1482 9 aug. imperante Joanne Mocenico.
In-fol., sign. a—m ij, registr. [234]

Maittaire, 432; Spencer, I, 341; Hain, *5317.

Les marges sont remplies d'un commentaire imprimé en caractères plus petits, et dont l'auteur est loué dans une pièce de vers qui occupe le dernier verso.

371. Joannis de Monte Regio (MULLERI, Molitoris, Regiomontani 1436—76) Kalendarium sive tabulae astronomicae & chronologicae. *Venetiis, per Ehrardum Ratdolt augustensem*, 1482 Idus 5 aug.
In-4°, goth., fig. [540]

Lalande, 14; Panzer, 111, 177 & 178; Hain, *13777.

372. PASSIO undecim milium virginum : accedunt miraculum & oratio sancte Ursule. 1482 die Brigide virginis
In-4°, goth., 31 l., sign. a—23 ; exemplaire de Tellier, 82. [724²]

<small>Liber rarissimus, dit Maittaire, 436 ; Hain 12458.

La date se trouve au recto du feuillet signaturé e i, entre la légende des onze mille vierges et le miracle de sainte Ursule.</small>

373. Iginii (HYGINI I. s. a.) Poeticon astronomicon de mundi et spherae ac utriusque partium declaratione. *Venetiis, per Ehrardum Ratdolt augustensem*, 1482 pridie idus octobris.
In-4°, goth., 31 l., sign. a—g 5, fig. [330 et 540]

<small>Laire, II, 263 ; Lalande, 13 ; Maittaire, 430 ; Spencer, III, 286 ; Hain, *9062.

La bibliothèque du Panthéon possède deux exemplaires de cette édition : l'un complet avec les figures en noir, l'autre avec les figures coloriées et manquant du dernier feuillet. Cette édition, annoncée comme la première par plusieurs bibliographes, n'est que la deuxième. La première est celle de Ferrare, 1475, décrite par Fossi, I, 809. On ne croit pas que cet ouvrage soit de l'auteur dont il porte le nom, et qui vivait au siècle d'Auguste : la barbarie du style annonce un écrivain du moyen-âge.</small>

374. M. F. QUINTILIANI (I. s.) Institutiones oratoriae. Praemittitur Epistola Andreae Pontici Brixiani ad Lodovicum Marcellum equitem Rhodium. *Tarvisii, per Dionysium Bononiensem ac Peregrinum ejus socium*, 1482 22 oct.
In-fol., 49 l., sign. a—r 5, belle édition. [235]

<small>Maittaire, 432 ; Hain, 13661.</small>

375. Bartholomaei, (de GLANVILLA, XIV. s.) ord. fratrum Minorum (Praedicatorum juxta quosdam) de proprietatibus rerum libri XIX. (*Lugduni*), *per Petrum Hungarum*, 1482 21 nov.
In-fol., goth., 2 col., sign. a—A—F 6, titr. [543]

<small>Maittaire, 430 ; Hain, 2502.

Ce livre, souvent imprimé dans le XVe siècle, traite de Dieu, des anges, de l'âme; des élémens, des humeurs & des parties du corps humain ; des âges, de la vie et des maladies ; du monde, du ciel et du tems ; de la matière et de la forme ; de l'air, des oiseaux, des eaux, de la terre, des provinces, des pierres et des métaux ; des arbres et des plantes, des animaux, des couleurs, des odeurs, des saveurs, des liqueurs, des oeufs, du nombre, de la mesure et des sons. Plusieurs des livres de cet ouvrage sont rédigés dans l'ordre alphabétique ; par exemple celui qui est intitulé *de Provinciis* est un livre de géographie. On ne sait pas très précisément si l'auteur de ce fatras était frère prêcheur ou frère mineur. On s'en est beaucoup enquis autrefois ; aujourd'hui l'on supporte plus patiemment cette ignorance.</small>

376. Oratoriae artis epitomata, sive quae ad consummatum spectant oratorem : ex antiquo Rhetoꝛ gymnasio dicendi : scribendiq3 breves rationes. Necnō & aptus optimo cuiq3 viro titulus : insup ꞇ p̄q̄ facilis memorie artis mod⁹ jacobi PUBLICII Flo-

rentini in lucem editus. *Venetiis, Erhard Ratdolt*, 1482 pridie caleñ dec.
In-4°, semi-goth., 31 l., sign. A—E 3 a—d 4, fig., l'intitulé en rouge. [540]
<small>Fossi, II, 420; Hain, *13545.</small>

377. TITI-LIVII (I. s.) historiarum libri qui supersunt. Praemittuntur epistola Andreae Aleriensis ad Paulum II, & Flori epitome XIV decadum. *Tarvisii, Joan. Vercell.*, 1482.
In-fol., 328 f., 55 l., sign. a—r iii, aa—oo iii, A—L iii, registr. [151]
<small>Drakenborch, ed. Tit. Liv., VII, 331; Maittaire, 432; Panzer, III, 40, 48; Seemiller, II, 105; Hain, *10135.</small>

378. BIBLIA latina. *Argentorati, per Marcum Reinhardi ac Nicolaum Philippi de Benzheym sotios* (sic), sub anno 1482.
Petit in-fol., goth., 2 col., sign. a—A—X 4, titr. [544]
<small>La Vallière, N° 43; Lelong, I, 253; Masch; Orlandi, 122; Seemiller, II, 106; Hain, 3085.</small>

379. Le trésor des humains. *Paris*, 1482.
In-fol., goth., sign. a—h v, titr., exemplaire imprimé sur vélin. [237]

<small>L'intitulé qu'on lit au verso du premier feuillet annonce que ce livre „traite de la manière de instruire ses enfans en la foi catholique et de leur desclairer toutes les lois tant christiennes que sarrasines, tois artz et toutes sciences tant praticiennes que spéculatives, de tous estats, mestiers et marchandises, de l'estat de religion, des élémens & quatre complexions, de l'advènement de Antecrist, des quinze signes du jugement et de la fin du monde, de la joie des sauvés et des peines des dañes, et de plusieurs autres belles matières, doctrines et enseignemens très utiles et profitables ...&c..."
Je ne trouve ni dans Panzer, ni ailleurs, l'indication de cette édition.</small>

380. CORDIALE de quatuor novissimis, opus impressum in Hollandia. *Delft*, 1482.
In-4°, goth., 25 l., sign. a—i iii. [724³]
<small>Maittaire, 435; Tellier, 82; Hain, 5701.</small>

381. TRAICTIÉ de Paix entre le roi Louis XI & le duc d'Autriche conclu le 24 decembre 1482. (*Paris*.)
In-4°, goth., sign. a—d iii. [754]
<small>Cette édition, dont les bibliographes ne disent rien, n'est peut-être pas de 1482, mais elle est du XVe siècle. ¹)</small>

<small>¹) Ptolemei cosmographia. *Bononiae*, 1462 (1482). In-fol., fig.
Pentateuchus hebraicus. *Bononiae, Ben Chaign.*, (1482). In-fol.
Aegid. Columna de erroribus philosophorum. *Vienne*, 1472 (1482). In-4°. L'un des premiers livres imprimés à Vienne.
Her boek van Tondalus. *Antwerpen, van de Goes*, 1472 (1482). In-4°. 1 édit.</small>

1483.

382. Roberti VALTURII (XV. s.) Ariminensis de re militari libri XII cum praefatione Pauli Ramusii Ariminensis. *Veronae, per Boninum de Boninis*, 1483 13 februar.

In-fol., sign. a—A—Ev, titr., registr., fig. [545]

<small>Conforme aux descriptions de Debure, N° 2133; Fossi, II, 760; Hain, *15848.</small>

383. Opera de facti e precepti militari di lo misier Rob. VALTURIO traducta in vulgar per el spectabel misier Paulo Ramusio. *Verona, Bonin. de Boninis*, 1483 a die 17 di februario.

In-fol., sign. a—A—Ov, titr., registr., fig., 1 édit. [546]

<small>Debure, N° 2134; Fossi, II, 761; Laire, II, 71; Hain, 15849.</small>

384. SILII Italici (25—100) Punicorum libri XVII cum commentariis Petri Marsi &c. *Venetiis, Bapt. de Tortis*, 1483 6 maii.

In-fol., sign. a—&c... ℞ iiii, regist., 1 édit. avec commentaire. [238]

<small>Debure, N° 2796; Hain, *14739.</small>

385. Aur. AUGUSTINI (354—430) episc. Hypponensis meditationes, soliloquia, manuale, enchiridion, confessiones, libri IV de doctrina christiania &c... *Venet., Octav. Scot.*, 1483 V kal. jun., duce Mocenico.

In-4°, goth., 2 col., sign., titr., registr. [755]

<small>Maittaire, 447; Panzer, III, 195, N° 760; Hain, *1946.</small>

386. Joannis CONSOBRINI, portugalensis, ord. fratrum Mariae de Monte Carmeli (XV. s.) tractatus de justicia commutativa, de cambiis ac alearum ludo; emendatus cura Francisci de Medicis ordinis antedicti. Impressus *Parisii*, 1483 kl. junii.

In-4°, goth., 34 l., sign. a—eii, 1 édit. [723]

<small>Maittaire, 619 et Panzer, II, 311, N° 372 font mention d'une édition in-8°, 14 nov. 1498, et paraissent n'en pas connaître de plus ancienne. Celle de 1483 est in-4°. Le recto du premier feuillet est blanc: le verso contient une épître de l'éditeur (m)*agnifico dño nicolao lipomano patricio veneto* &c... datée de Paris, *Kal. junii* 1483. Au recto suivant, l'ouvrage est précédé d'une courte épître dédicatoire adressée par l'auteur *ad P̄positum regalis collegii beate marie de amhton ī regno anglie*.... le traité *de justicia commutativa* commence ainsi à la fin de ce même recto:

(e)*gregius doctor aurelie augustine pspicue sicuti luce.*

Les initiales des chapitres manquent toujours. On lit à la fin du volume, au bas de l'avant-dernier verso, une souscription terminée ainsi: *impssus vero parisii Kl. junii M CCCC LXXXiii*. Le dernier feuillet est blanc.</small>

387. C. PLYNII Secundi (23—79) naturalis hystoriae libri XVII. *Venetiis, per Rainaldum de Novimagio alamanum*, 1483 6 junii, regnante Joanni Mocenigo.
In-fol., sign. a—A—I v, registr., 355 f., 49 l. [239]

<small>Panzer, III, 189 & 190; Weislinger, 275; Sartori, II, 184; Hain, *13095.</small>

388. Vocabulaire latin-françois. *Genève, Loys Garbin*, 1487 15 juin.
In-4°, semi-goth., 2 col., 39 l., sign. a—p iiii, 1 édit. [755²]

<small>Aucun bibliographe n'a fait, que je sache, mention de ce volume. C'est, je crois, le plus ancien dictionnaire latin-français. Je n'en connais point l'auteur. Ce lexique est très succinct, ainsi qu'on en peut juger par ces articles extraits de la première colonne du recto du feuillet 8.</small>

<small> Avis avis oyseau f.
  Avius avia, aviū sans voye . o.
  Aula le sale f.
  Aulic° ca um habitateur en sale.
  (f signifie féminin, o *omnis generis* &c.)</small>

<small>On trouve une lettre grise pour initiale du premier mot de chaque lettre de l'alphabet.</small>

389. VINCENTII (Burgundi ....—1264) Bellovacensis episcopis Speculum historiale. *Nuremberg, Ant. Koburger*, 1483 in vigilia S^{ti} Jacobi.
3 tom. en 2 vol. in-fol. max., goth., 2 col., titr. [449]

<small>Maittaire, 449; Weislinger, 270.</small>

390. Pauli OROSII (V. s.) historiarum libri VII (ab o. c. ad 316). *Venetiis, Octavianus Scot Modoetiens.*, 1483 III Kal. sextilis Jo. Mocenico duce.
In-fol., sign. a—n 2, titr., registr. [240 *et* 255].

<small>Maittaire, 445; Hain, 12102.</small>

391. LOTARII (Conti 1161—1216) levite et cardinalis, qui postea INNOCENTIUS papa tertius dictus est, liber de vilitate conditionis humanae. *Parisiis, per Antonium Caillaut et Ludovicum Martineau*, 1483 19 aug.
In-4°, goth., sign. A—D iii. [757]

<small>La Caille, 62; Maittaire, 441; Hain, 10218.</small>

392. (Joannis Fidanzae, BONAVENTURAE 1221—74. ord. min., episc. Alban. cardinalis, doctoris seraphici) tractatus corporis Christi, quomodo sacerdotes se debeant habere erga Eucaristiam consecrandam. *Parisiis, per Ant. Caillaut*, (circa 1483).
In-4°, goth., 33 l., sign. a—d ii. [757]

<small>La caractère est celui du traité *de vilitate conditionis humanae*, N° précédent 391.</small>

393. GUILLERMI Arverni (....—1248), Parisiensis episcopi, doctoris uncti et ungentis Rethorica divina. *Gandavi, Arnold Cesaris*, 1483 XI kal. Sept.

In-4°, goth., 130 f., 29 l., sign. a—q 5. Premier livre imprimé à Gand. [756]

<small>Lambinet, 447; Maittaire, 451; Marchand, 77; Hain, 8306.</small>

<small>Le premier feuillet est blanc. Au deuxième commence une notice sur la vie de l'auteur. Suit une table des chapitres qui finit au verso du 4e feuillet. Le cinquième offre cet intitulé:</small>

<small>Incipit liber dictus rethorica diuina quo null^a utilior dulcior ac deuotior est. Editus ab eleuate intelligentie et profunde speculationis magistro guillermo episcopo parisiensi.</small>

<small>La souscription suit immédiatement la *Rhetorica divina* au bas du quatrième recto du cahier q. Les pages suivantes renferment l'épitaphe de l'auteur en 8 vers, une épître de l'imprimeur Arnould de Keysere au général des Carmes; le *Dialogus Virginis Mariae et peccatoris* ...&c....</small>

394. GUILLERMI (Alverni), Parisiensis (episcopi), Rethorica divina. (*Basileae, J. de Amerbach*, 1480—86.)

In-fol., goth., 2 col., sign. a—i 4, titr. [547]

<small>Braun, II, 45; Seemiller, II, 169; Hain, *8303.</small>

<small>Le cahier signaturé a est précédé de 8 feuillets, qui contiennent le frontispice et la table.</small>

395. EFFREM diaconi (...—379) libri de compunctione cordis, de judiciis dei, de beatitudine animae, de penitentia, de luctamine spiritali, de die judicii; latine. (*Basileae, J. de Amerbach*, 1480—86.)

In-fol., goth., 2 col., 19 f., sign. A—C 6, titr., caractère du N° précédent. [547]

<small>Braun, II, 45; Denis, N° 4846; Hain, *6597.</small>

396. Jac. Philippi (**FORESTI** 1433—1518) Bergomensis ord. fratrum Eremitarum Augustini Supplementum Chronicarum (libros XV complectens ab orbe condito ad 1483). *Venetiis, Bernardinus de Benaliis*, 1483 23 aug.

In-fol., goth., 306 f., 54 l., sign. a—A—AA—DD 3, chiffr. 116 & 180, titr., 1 édit. [241]

<small>Debure, N° 4323; Fossi, I, 695; Hain, *2805.</small>

<small>Dix feuillets de table non chiffrés précèdent le cahier a. A partir du feuillet onzième, des chiffres arabes peut-être ajoutés, numérotent, non les feuillets, mais les pages. Sous l'année 1459, l'auteur parle de l'invention de l'imprimerie et laisse indécise la question déjà élevée de son temps sur le véritable inventeur de cet art. Il nomme Guttenberg, Fust & Nicolas Jenson comme trois concurrens, entre lesquels l'honneur de cette découverte est disputé.</small>

397. EUSEBII Caesariensis (...—338) Chronicon quem Hieronimus presbyter divino ejus ingenio latinum facere curavit et usque in Valentem Caesarem Romano adjecit eloquio; cum tabulis chronologicis Prosperi et Mathei Palmerii florentini;... ex recensione Lucilii Hippodami helbronensis. *Venetiis, Erhard Ratdolt*, 1483 Idibus Septembris, duce Joanne Mocenico.

In-4°, sign. a—x 4, une table alphabétique au commencement. [548]

<small>D. Clément, VII, 171; La Vallière, N° 4548; Seemiller, II, 132; Hain, 6717.</small>

398. Petri de ALLIACO (1350—1419) episcopi Cameracensis expositio super cantica. (*Parisiis*), *Ant. Cayllaut*, 1483 16 sept.
In-4°, goth., sign. a—d ii. [758]

<small>Maittaire, 450; Tellier, 50.</small>

399. Petri de ALLIACO episcopi Cameracensis meditationes devote super septem Psalmos Penitentiales. (*Parisiis, Ant. Caillaut*, circa 1483.)
In-4°, goth., 33 l., sign. a—c iii. [758]

<small>Panzer, II, 285, N° 92.</small>

400. Johannis (BALBI XIII. s.) Januensis (ord. Praed.) catholicon. *Venetiis, Hermanus Liechtenstein*, 1483 VIII kal. oct.
In-fol., goth., 2 col., sign. a—A—V 3, titr., registr. abr. [549]

<small>Maittaire, 446; Seemiller, II, 119; Hain, *2257.</small>

401. BIBLIA latina. *Venetiis, J. Herbort de Seligenstat alem.*, 1483 pridie kal. novembr.
In-fol., goth., 2 col., sign., titr., registr. [550]

<small>Lelong, I, 253; Maittaire, II, 439; Seemiller, II, 121; Weislinger, 275; Hain, *3090.</small>

402. Nicolai de LYRA (....—1340) ex ordine Minorum Postilla super librum Psalmorum. *Parisiis, in vico St Jacobi ad intersignium solis aurei, apud Udalr. Gering*, 1483 5 nov.
In-4°, sign. a—A—P vi. [551]

<small>Maittaire, 440; Hain, 10378.</small>

<small>Le texte du Psautier est au milieu des pages, encadré dans le commentaire qui est d'un caractère plus petit.</small>

403. MAGNINI (XIII. XIV. s.) mediolani medici famosissimi Regimen sanitatis Attrebatensi episcopo directum. *Paris, Gering*, 1483.
In-4°, titr., exemplaire mutilé qui ne va que jusqu'à la signature P i. [761²]

Panzer, II, 284; Hain, *10484.

La première édition de cet ouvrage est de Louvain, chez Jean de Westphalie, en 1482. Celle qui est l'objet de cet article est la deuxième; il en a été publié trois autres avant 1501, une à Louvain & deux à Bâle.

404. STATII Papinii (61—96) Thebaidon libri XII cum Placidii Lactancii commentariis. Statii Achilleidos libri II cum interpretatione et notis Fr. Mazaracii Peruvini. Statii Sylvae cum exercitationibus Domicii Calderini. Sequuntur ejusdem Calderini commentarii in Ovidii Heroidem inscriptam: Sapho phaoni. *Venetiis, Octavianus Modoetiensis,* 1483 IV non. dec.
In-fol., sign. A—a—n iii. [242]

Laire, II, 70; Spencer, II, 376; Hain, *14976.

405. Juris vocabularium. *Venetiis, impensa diligentiaque Octaviani Scoti,* 1483 VIII kal. jan.
In-fol., semi-goth., 2 col., sign. a—l 4, registr. [552]

Cette édition paraît assez rare. Panzer ne cite en l'indiquant, III, 194, N° 696, que la bibliothèque du monastère de Steingad.

406. C. PLINII Secundi (junioris I. s.) epistolarum libri VIII. *Tarvisii, Joan. Vercell.,* 1483.
In-4°, sign. a—m ii. [318]

Maittaire, 442; Panzer, III, 41, N° 53; Seemiller, II, 136; Hain, *13113.

407. ISIDORI Hispalensis episcopi (...—636) Etymologiarum libri XX et de summo bono libri III. *Venetiis, per Petrum Loslein de Langenceñ.*, 1483.
In-fol., goth., 2 col., sign. a—k 5, A—C 4, chiffr. 101 & 28, titr., fig. [553]

Braun, II, 104; Maittaire, 444; Hain, *9279.
Les feuillets qui contiennent les tables ne sont pas chiffrés.

408. ISIDORI (Hispalensis episc.) liber de ortu & obitu prophetarum et apostolorum. (1480—86.)
In-4°, goth., 20 f., sign. a—c ii. [746]

Laire, II, 2; Hain, 9305 (?)

409. Additiones ad postillam NICOLAI DE LYRA (....—1340) super Biblia, edite a PAULO de Sancta Maria episcopo BURGENSI (XV. s.), quibus insertae sunt replicae Mathiae Dorinck ordinis Minorum. *Venetiis, Renner de Hailbrun,* 1483.
Petit in-fol., goth., 2 col., sign. a—t 3, titr. [554]

Maittaire, 447; Panzer, III, 187, N° 657; Tellier, 7; Hain, *3165.

410. ANTONII ANDREAE (ord. Min. scotistae....—1320) quaestiones libri sex principiorum. (*Venetiis*, circa 1483).
In-fol., semi-goth., 2 col., sign. a—13. [501]

<small>Seemiller, IV, 127.</small>

411. SERMONES dominicales totius anni notabiles atque perutiles quibus ab editore suo doctore ac Praedicatore famosissimo nomen ut Thesaurus novus intitulentur inditum est. *Argentinae*, 1483.
In-fol., goth., 2 col., titr. [555]

<small>Maittaire, 450.
Deux tables occupent les 13 premiers feuillets.</small>

412. Enee Sylvii (PICCOLOMINI, 1405—64) postmodum papae Pii secundi epistole rerum familiarium peramene date ad amicos. *Lovanii, per Joannem de Westphalia*, 1483.
Petit in-fol., 31 l., sign. a—aa—qq iiii. [243]

<small>Braun, II, 98; Debure, N° 4138; Lambinet, 232; Panzer, I, 514, N° 25; Seemiller, II, 116; Weislinger, 249; Hain, *152.
Seemiller a représenté la disposition singulière qu'on a donnée aux signatures dans cette édition.
Le caractère est très beau. Il ressemble à celui d'une édition des Oraisons de Cicéron, exécutée en 1472 par Adam de Ambergau.</small>

413. Le fardelet des tems translaté du latin du francoys par Pierre Farget de l'ordre des Augustins (traduction du Fasciculus temporum de Werner ROLLEWINCK....—1492. Ci-dessus N° 281 & N° 360). *Lyon*, 1483 l'an XXII du règne de Loys XI.
In-fol., goth., sign. a—m iiii, fig. [556]

<small>Le feuillet signaturé m ii, au verso duquel est la souscription, est suivi de 5 feuillets qui contiennent une table alphabétique.
Je ne trouve nulle part l'indication de cette édition.</small>

414. Le livre COUSTUMIER du Pays & Duché de Normandie avec l'exposition d'icelui &c... *Rouen*, 1483.
In-fol., goth., 342 f., sign., titr., fig., 1 édit. [244]

<small>Maittaire, 450; Marchand, 78; Mercier, 95; Tellier, 216; Spencer, II, 295, N° 675; Hain, 5791.
Les neuf premiers feuillets signaturés I, II, III &c... (sans lettres) contiennent une table intitulée: *le repertore de ce livre*. Suivent, sous les signatures a—aa—mm iiii: 1° la coutume de Normandie en françois avec un commentaire; 2° la même coutume en latin; 3° la chartre aux Normands, la justice aux Barons, la taxation des droits des malefaçons de corps... &c...; 4° le traité latin de Jean André sur l'arbre de consanguinité après lequel se trouve la date 1483; 5° enfin une explication en français des degrés de consanguinité & d'affinité.
Mercier doutait que cette édition fût réellement de 1483.</small>

415. Venerabilis inceptoris Francisci Guillelmi de OCKAM (....—1347) anglici, ord. Minorum, scriptum super primum librum Sententiarum. 1483.
In-fol., goth., 2 col., 440 f., titr. [557]

<small>Denis, 1315; Panzer, IV, 32, N°243; Seemiller, II, 126; Hain, *11945.</small>

416. THOMAE EX CAPITANEIS de Celleonibus ordinis Predicat., oratoris xpanissimi Francorum regis, ad Sixtum IIII oratio in die oīm sanctorum hībita (sic) 1483. (Romae).
In-4°, goth., 6 f. [740]

<small>Audiffredi Rom., 258.</small>

417. Petri TERRASSE ordinis Carmelitarum (XV. s.) oratio de divina providentia coram papa Sixto IV. 1483. (Romae.)
In-4°, 6 f. [352]

<small>Caractère rond, Audiffredi le dit gothique (Rom. 257).</small>

418. Enee Silvii (PICCOLOMINI 1405—64) episcopi Senensis oratio habita anno 1455 coram Callixto papa tertio, de obedientia Frederici tertii imperatoris. (Romae, Steph. Plannck, circa 1483.)
In-4°, semi-goth., 6 f. [759]

<small>Audiffredi Rom., 422; Denis, N° 5913; Hain, *208.</small>

419. Petri MARSI (....—1512) oratio in die sancti Stephani habita, dicata Stephano car. Mediolaneñ. (Romae, Steph. Plannck, circa 1483.)
In-4°, goth., 6 f. [351]

<small>Audiffredi Rom., 427; Hain, *10785.</small>

420. Petri MARSI oratio de immortalitate animae habita die ascensionis Christi; cum praefatiuncula ad Raphaelem tituli sancti Georgii cardinalem ac papae camerarium. (Romae, Steph. Plannck, circa 1483.)
In-4°, semi-goth., 6 f. [759]

<small>Audiffredi Rom., 428; Denis, N° 5366; Hain, *10791.</small>

421. LES CRONIQUES de France abrégées avec la génération d'Adam et d'Eve et de Noe et de leurs générations et les villes et cités que fondèrent ceulx que yssirent d'eulx (jusqu'à la mort de Louis XI en 1483).
In-4°, goth., sign. a—piiii, fig. [760]

<small>Édition du XVᵉ siècle, mais qui pourrait être postérieure à l'année 1483. Je ne la trouve point indiquée par les bibliographes.</small>

422. LES ETATS tenus à Tours en 1483.
In-fol., goth., sign. a—L iii. [558]

<small>Imprimé dans le même temps, dit le catalogue de le Tellier, 216.</small>

423. Ordre des Etats tenus à Tours en 1483.
In-4°, goth., sign. a—h ii. [761]

<small>Ce volume renferme, comme le précédent, la liste des députés, le cahier des trois Etats & quelques harangues. L'édition est du XV. s.; elle pourrait être postérieure à 1483 & même à 1484. Les bibliographes ne l'indiquent point. [1])</small>

1484.

424. PTHOLOMAEI (II. s.) liber quadripartitus de stellis cum ejusdem centiloquio & commentario Haly; latine, interprete Ægidio Thebaldino. *Venetiis, Erhard Ratdolt*, 1484 15 jan.
In-4°, goth., 2 col., sign. a—h 5, fig. [762]

<small>Fossi, II, 419; Lalande, 15; Maittaire, 452; Seemiller, III, 7; Hain, *18543.</small>

425. Divina Philosophorum academia collecta, sive CHIROMANTICA scientia naturalis. *Paduae, per Math. Cerdonis de Vuindesgrecz cum instrumentis Erhardi Ratdolt*, 1484.
In-4°, goth., fig. [762]

<small>Braun, II, 111; Denis, N° 1385; Hain, *4974.</small>

426. GRAMMATICA graeca. *Venetiis, per Peregrinum Bononiensem*, 1484 die V^a februarii.
In-4°, 2 col., l'une grecque, l'autre latine; sign. a—f. [331]

<small>Weislinger, 308, est à ma connaissance, le seul bibliographe qui ait indiqué cette édition. Mais comme ce n'est pas un livre de théologie, il s'y arrête fort peu: il se contente de féliciter l'auteur d'avoir commencé cette grammaire par le *Pater* & l'*Ave* en grec & en latin. Ces deux prières se trouvent en effet au verso du premier feuillet, précédées des lettres de l'alphabet grec.
Souscription: Impressum Venetiis per Peregrinum Bononiensem.
M CCCC LXXXIIII. DIE QVINTA FEBRVARII.
Suivent les lettres de l'alphabet grec, puis ces mêmes lettres encore, mais cette fois avec leurs noms & les lettres latines correspondantes, savoir: a a Alfa (sic), bu (sic) b vita (sic)... l λ lauda (sic)... n. ν. ni (sic) &c...</small>

<small>[1]) Formulae novitiorum autore Bonaventura. *Harlemi, Joh. Andr.*, 1488. In-4°. Premier livre d'Harlem avec date.
Dialogus creaturarum moralizatus. *Stockolm, J. Snell*, 1483. In-4°. Premier livre imprimé à Stockolm.</small>

427. Opus praeclarum sermonum SOCCI de tempore cum suis tribus registris. *Argentinae, per Joh. de Gruningen*, 1484 pridie ydus febr.

In-fol., goth., 2 col., sign. a—A—aa—cc 4, titr. [559]

    Panzer donne l'explication suivante du mot *socci*: „Nomen autoris professi ordinis Cisterciensis latet. dicitur, fratres, mortuo autore, hos sermones in *soccis* seu sotularibus ejus absconditos invenisse & ideo illos *soccios* intitulasse; alii a *succo* & medulla sacrae scripturae *soccos* dici putant." Cette dernière interprétation se trouve dans la souscription même du volume: *Sic nuncupati cum de suco id est de medulla sacre pagine stilo eleganti exquisitissime sint collecti.* Weislinger, qui transcrit ces paroles, dit néanmoins, p. 289: *Quis sit ille fr. Soccus, ubi et quando vixerit divinare non potui.* Hain, *14826.

428. Anicii Manlii Severini BOETII (...—525) in Ciceronis topica commentarii. *Impr. per Oliverium Servium de Tholentino*, 1484 20 febr.

In-fol., 120 f., registr. [560]

    Maittaire, 454; Hain, *3429.

429. Joannis BIFFI (presbyteri Mediolanensis, XV. s.) de virginis Mariae miraculis (quae sunt numero LXI) poema heroicum Sixto IV° dicatum. *Romae*, 1484 die undecima martii.

In-4°, 35 l., registr., err. [763]

    Fossi, I, 360; Hain, 3192.

    La dédicace (en prose) à Sixte IV, commence au verso du premier feuillet et finit au verso du second.

430. La divina Comedia di DANTE Alighieri (1265—1321) cioe l'inferno, il purgatorio ed il paradiso, col commento di Christophoro Landino. *Vinegia, Octaviano Scoto*, 1484 a di 23 di marzo.

In-fol., sign. a—A—K iii, titr., registr. [152]

    Debure, N° 3325; Denis, N° 1387; Fossi, I, 597; Laire, II, 76; Hain, 5947.

431. BIBLIA latina. *Venetiis, J. Herbort de Selgenstat aleman*, 1484 pridie kal. maii.

In-4°, goth., 2 col., 56 l., sign. a—A—aa—dd 4, registr. [561]

    Laire, II, 75; Lelong, I, 273; Santander, 26; Seemiller, III, 11; Hain, *3091.

    Les vers *Fontibus ex graecis*, ci-dessus N° 337, précèdent la souscription, qui est elle-même fort singulière: Exactum est inclyta in urbe Venetiarum sacro sancte biblie volumen integerrimis expolitusque litterarum caracteribus. Magistri johannis dicti magni. Herbort de Selgenstat alemani qui salva omnium pace ausum illud affirmare: ceteros facile omnes hac tempestate supereminet.

432. PAULI FLORENTINI ordinis S^i Spiritus de Roma (XV. s.) Breviarium juris canonici scilicet Decretorum ac Decretalium, Sexti & Clementinarum. *Lugduni*, *Math. Hus et Joh. Battenschne*, 1484 6 julii.
In-fol., goth., 2 col., sign. a—q 3, chiffr. CXXIX, titr. [562]

<small>Maittaire, 459; Hain, *7160.</small>

<small>Quatre feuillets de table au commencement du volume ne sont pas compris dans la série des signatures ni dans celle des chiffres.</small>

433. ANTONINI archiepiscopi Florentini, ord. Praedic. (1389—1459) Chronica seu partes tres historiales (ab orbe condito ad 14..). *Nurembergae*, *Ant. Koberger*, 1484 die ultima julii, ad laudem Marie gerule Hiesu Cristi.
3 vol. in-fol., goth., 2 col., chiffr. CCXV. CCXLI. CCLVI. 69 l. [451]

<small>Maittaire, 454; Weislinger, 306; Sartori, 26; Hain, *1159.</small>

<small>Les premiers & les derniers feuillets de chaque volume contiennent des sommaires et des tables, & ne sont point chiffrés.</small>

434. MANILII (I. s.) Astronomicon (libri V) cum Laurentii Miniatensis commentario. *Romae*, 1484 26 oct., sedente Innocentio VIII.
In-fol., semi-goth., registr., 1e édition avec commentaire. [245]

<small>Audiffredi Rom., 260; Fossi, II, 144; Lalande, 14; Hain, *10706.</small>

435—436 [1]). Nicolai PEROTTI (archiepisc. Sipontini, ...—1480) Rudimenta grammatices (latinae). (*Venetiis*), *Jac. Britann. Brixiens.*, 1474 (1484) IV non nov.
In-4°, 37 l., sign. a—o iii, petites initiales. [304]

<small>Panzer, III, 207, N° 775, dit que cette édition est in-folio; c'est une erreur. Hain, 12673. On lit au recto du premier feuillet cet intitulé:</small>

<small>NICOLAI PEROTTI AD PYRRHUM PEROTTUM NEPOTEM EX FRATRE SUAVISSIMUM RUDIMENTA GRAMMATICES.</small>

<small>Et au bas du dernier recto:</small>

<small>Impressum quidē est hoc opus mira arte & diligentia Jacobi Britānici Brixiensis. INCLITO VENETIARUM DUCE JOANNE MOCENICO. M CCCC LXXIIII. Q VRTO NONAS NOVEMBRIS.</small>

<small>Il faut livre LXXXIII; car Jean Mocenigo n'était pas doge de Venise en 1474.</small>

437. Casus longi super quinque libros decretalium compilati a BERNARDO (DE COMPOSTELLA XII. s.). *Argentinae*, 1484.
In-fol., goth., 2 col., titr. [563]

<small>Panzer, I, 26, N° 64; Seemiller, III, 14; Weislinger, 300; Hain, *2932.</small>

---

[1]) Daunou a, par erreur donné deux numéros au même volume.

438. HERBARIUS. *Moguntie* impressus (*cum scuto Schoefferi*), 1484.
In-4°, goth., chiffr. CL, fig., 1 édit. [332]

Crevenna, II, 139; Maittaire, 454; Schelhorn, III, 123; Schwartz, 30; Wurdthweyn, 122; Hain, 8444.

Les 4 premiers feuillets qui contiennent l'intitulé (en lettres rouges), le prologue & une table alphabétique, ne sont pas chiffrés, non plus que les derniers où se trouve la table des chapitres.
Le feuillet LXXV est chiffré par erreur LXXIII.

439. EXPOSITIO MISSE multum utilis pro regentibus curam animarum, clericis simplicibus necnon & laicis; opus germanice scriptum. *Augustae*, 1484.
Petit in-fol., 32 l., fig., quelques intitulés en rouge, 105 f. [564]

Braun, I, 108; Sartori, 188.

440. LEGENDAE Henrici imperatoris & Cunegundis imperatricis virginum & conjugum, impressae *in civitate Bruxellensi per fratres communis vitae in Nazareth*, 1484.
In-8°, goth., 47 l., sign. a—h v, fig. [764]

Indiqué sous le titre inexact de *Legenda sanctorum* par Denis, N° 1415, et par Panzer, I, 265; mais décrit avec soin par Lambinet, 358. „Les caractères, dit Lambinet, sont d'un gothique cursif; les lettres sont liées, la virgule est en ligne d'abréviations; l'édition est chargée d'abréviations. Au verso du premier feuillet est une gravure en bois qui représente Henri & Cunégonde à côté d'un petit autel sur lequel est placé l'enfant Jésus, qui tient une couronne de chaque main.... Au recto du dernier feuillet, on voit une aigle éployée, portant sur la tête la couronne impériale et tenant dans ses serres l'écusson de Henri; ces deux gravures sur bois sont assez bien exécutées. L'ouvrage commence par deux prologues sur les légendes du saint & de la sainte. Suit la vie de Henri. Dans le premier chapitre, on trouve l'arbre généalogique de Henri II dont la tige est Othon, duc de Saxe... la légende de Henri est partagée en XIV chapitres, la vie de Cunégonde en VI. Les leçons & l'office de la messe, propres à Henri & à Cunégonde, sont placés à la fin des légendes.... Édition très soignée: lettres initiales rubriquées: très rare, très recherchée à raison de la souscription *par les frères de la vie commune* qu'on ne rencontre point dans les autres éditions qu'ils ont données. Je n'en ai vu qu'un seul exemplaire..." Hain, 8429. ')

1485.

441. Commento di J. POGGIO (Bracciolini, 1380 –1459) sopra el triumpho della fama di Petrarcha (1304—74). *Firenze, per Franc. Bonaccorsi*, 1485 a di 24 di gennaio.
In-4°, sign. a—q iii, registr. [333]

Audiffr. Ital., 297; Fossi, II, 137; Hain, 12789.

') La destruction de Troyes la grant par personaiges &c par Millet. *Paris, Bonhomme*, 1484. In-fol.
Senecae tragediae. (*Ferrariae*), *Andr. Gall.*, (circa 1484). In-fol., 1 édit.

442. Baptistae PLATINAE (Bartholomaei Sacchi de Piadena, 1421—81) opus de vitis summorum pontificum accurate castigatum. (*Tarvisii*), *impensa Joannis Vercellensis*, 1485 10 febr.
In-fol., sign. a—r iii. [565)

<small>Fossi, II, 364; Maittaire, 463; Seemiller, III, 28; Hain, *13048.
Même caractère que le Tite-Live qui va être indiqué.</small>

443. TITI-LIVII (59 a—18) historiarum libri qui supersunt, a Luca Porro recogniti *Tarvisii, Joan. Vercellens.*, 1485.
In-fol., sign. a—n iiii, aa—ll iii, A—H v, registr., abr. [154]

<small>Drakenborch, ed. Tit. Liv. VII, 331; Fossi, II, 87; Maittaire, 463; Spencer, II, 136; Panzer, III, 41, N° 56; Hain, *10136.</small>

444. STATII Papinii (61—96) Achilleidos libri V cum commentariis Joannis Britannici Brixiani. Praemittuntur Joannis Britannici carmen ad librum suum, ejusdem epistola soluta oratione scripta ad comitem Petrum Gambarensem, & Statii Papinii vita. *Brixiae, per Jacobum Britannicum Brixianum*, 1485 21 maii.
In-fol., sign. a—d iiii. [565²)

<small>Maittaire, 463; Panzer, I, 247; Hain, *14989.
Le commentaire imprimé avec un caractère plus petit environne le texte.</small>

445. MACROBII (V. s.) Aurelii Theodosii in somnium Scipionis libri II & Saturnaliorum libri VII. *Brixiae, Boninus de Boninis de Ragusia*, 1485 die ultimo maii.
In-fol., sign. a—A iiii, titr., registr. (246)

<small>Maittaire, 464; Panzer, I, 246 & 247; Spencer, II, 161; Hain, *10428.</small>

446. Le livre de VALERIUS MAXIMUS (I. s.) translaté du latin en francois par religieuse psonne maistre Simon de Hesdin maistre en theologie & frē de saint jehan de ihrlm. (*Paris*, 1480—85.)
In-fol., goth., 2 col., 44 l., fig., 1 édit. [454]

<small>Une table occupe les 18 premiers feuillets. Le volume ne contient que les 4 premiers livres de Valère Maxime, traduits & commentés. Cette édition, que Panzer n'indique point, est sans signatures, &c... Je la crois plus ancienne que les deux suivantes:</small>

447. Le livre de VALERE LE GRANT translaté du latin en franchoys. *Lyon, Math. Huss*, 1485, la vigile de S. Jean-Baptiste.
In-fol., goth., 2 col., sign. a—A—aa—dd iiii, fig. [455]

<small>Maittaire, 470; Panzer, I, 536, N° 44; Hain, 15796.

Ce volume contient deux parties: la première est composée des IV premiers livres de Valère Maxime, traduits & commentés par Simon de Hesdin,</small>

comme dans le N° précédent. La seconde renferme la traduction ou plutôt le commentaire des cinq derniers livres par Nicolas de Gonesse. Chaque partie est précédée d'une assez longue table.

444. VALERE LE GRANT translaté de latin en françois (avec commentaires). *Paris, Anthoine Verard* (1485—1500). In-fol., goth., 2 col., sign., titr. [456]

Mêmes traductions & mêmes commentaires que dans l'édition précédente.

449. PACIFICI Maximi (1400—1500) poetae Asculani ad magnificum Jacobum Salviatum, de componendo hexametro & pentametro libellus. *Florentiae*, 1485 pridie idus julias. In-4°, 10 f., sign. a—a iiii, fig. [334]

Audiffredi Ital., 298; Fossi, II, 171; Hain, *10935.

450. PACIFICI Maximi poetae Asculani carmen ad Joannem Fatalem Saluiatum. (*Florentiae*, circa 1485.) In-4°, 6 f., le premier signaturé a 1. [334]

Fossi, II, 171; Hain, 10937.

451. PACIFICI Maximi Asculani oratio habita ī senatu Lucensi in vexillorum assignatione. (*Florentiae*, circa 1485.) In-4°, 4 f., sign. a i—a ii. [334 et 740]

Fossi, II, 171; Hain, 10938.

452. (Werneri ROLLEWINCK ....—1492) Fasciculus temporum omnes antiquorum chronicas strictim complectens. *Venetiis, Erhard Ratdolt*, 1485 VI idus sept., inclyto principe Joanne Mocenico.
In-fol., semi-goth., chiffr. 66, fig. [552]

D. Clément, VIII, 255; Fossi, I, 651; Maittaire, 462; Orlandi, 32; Hain, *6935.

Le verso du premier feuillet contient une épître de l'imprimeur Ratdolt. Les sept feuillets suivans sont occupés par une table alphabétique. L'ouvrage commence au IX° qui est chiffré I.

453. Libellus ysagogicus ABDILAZI qui dicitur Alchabitius, interpretatus a Joanne Hispalensi cum commento Johannis Saxonie. *Venetiis, Erhard Ratdolt*, 1485 imperante Mocenico.
In-4°, 98 f., sign. aa—mm 5. [765]

Fossi, I, 57; Lalande, 15; Panzer, III, 117, N° 839; Seemiller, III, 24; Hain, *617.

L'Alchabitius qui remplit les 4 premiers cahiers est en caractères ronds. Le commentaire de Jean de Saxe, qui occupe les cahiers suivans, est en caractères gothiques.

454. Repertorium pronosticon in mutationes aeris. Libellus HYPPOCRATIS (436—338 a). Medicorum astrologia a Petro de ABBANO (1250—1316) in latinum translatus. *Venetiis, Erhard Ratdolt*, 1485 duce J. Mocenico.
In-4°, goth., sign. a—t 4, chiffr. 152. [566]

<small>Lalande, 16; Maittaire, 469; Typ. aug. 101.</small>

<small>Les 4 premiers feuillets ne sont pas chiffrés; ils contiennent une courte épître de l'imprimeur & la table.</small>

455. Le Propriétaire des choses (par Barthelemy de GLANVILLE XIV. s.) translaté de latin en françois par Jehan Corbichon, revisité par Pierre Ferget. *Lyon, Mathieu Husz*, 1485 12 oct.
In-fol., goth., 2 col., sign. a—A—N iiii, titr., fig. [457]

<small>Panzer parle d'une édition de 1485, 25 janvier, chez Guill. Le Roi, & d'une autre de 1487, 7 avril, chez Mathieu Husz. Il ne fait aucune mention de celle que j'indique ici, & dont la souscription se termine de cette manière: „Et imprime au dit lieu de lyon par honorable home maistre mathieu husz maistre en l'art de impression le XIIe jour doctobre l'an mil cccc huitante-cinq." Hain, 2518.</small>

456. Leonardi de NOGAROLIS prothonotarii apostolici liber de beatitudine. *Vincentiae, per Henricum librarium*, 1485 29 nov.
In-fol., semi-goth., 2 col., sign. a—e 4. [567]

<small>Panzer, III, 516, N° 56; Hain, *11895.</small>

<small>Le premier feuillet ne contient qu'une courte épître dédicatoire qui remplit un tiers du verso.</small>

457. PONTIFICALE Romanum cum epistola Augustini Patricii ad Innocentium VIII. *Romae, Steph. Plannck pataviens.*, 1485 20 dec., Pontificatus Innocentii VIII anno secundo.
In-fol., semi-goth., 2 col., titr., registr., 1 édit. [153]

<small>Audiffredi Rom., 270; Tellier, 155; Hain, 13285.</small>

458. Les commentaires de Jules CESAR (100—44 a.) sur le fait de la conquête du pays de Gaule mis en françoys et presentés au roi Charles huitiesme par Robert Gaguin general ministre de l'ordre de la Trinité. (*Paris, Ant. Vérard.*), 1485.
In-fol., goth., 2 col., sign. a—p ii, fig., 1 édit. [568]

<small>On ne trouve sur le premier feuillet que ce titre placé au milieu du recto: Les commentaires de Jules César. — Hain, 4222.</small>

HARANGUES PRONONCÉES EN 1485 A L'AVÈNEMENT D'INNOCENT VIII & VRAISEMBLABLEMENT IMPRIMÉES EN LA MÊME ANNÉE.

459. Guilelmi CAOURSIN (...—1501) Rhodiorum oratoris ad Innocent. VIII papam oratio habita V Kal. febr. 1485. (*Romae, Steph. Plannck.*)
In-4°, semi-goth., 2 f. [759]

<small>Audiffredi Rom., 265; Maittaire, 463; Hain, *4367.</small>

460 Philippi CHEURERII Sabaudiae praesidis (XV. s.) ad Innocentium VIII pontif. oratio habita quarto calendas februarias 1485. (*Romae, Steph. Plannck*)
In-4°, semi-goth., 2 f. [351]

<small>Audiffredi Rom., 265; Denis, N° 463; Hain, *4947.</small>

461. Hectoris FLISCI (XV. s.) Lavaniae & palatini comitis advocati consistorialis ac oratoris Reip. Genüens ad Innocent. VIII oratio dicta anno 1485 die 27 aprilis. (*Romae.*)
In-4°, goth., 6 f. [740]

<small>Audiffredi Rom., 266; Hain, *7134.</small>

462. J. Francisci MARLIANI (XV. s.) Mediolanensis oratio apud Innocentium VIII pont. max. 1485 tertio calendas quintiles. (*Romae.*)
In-4°, goth., 4 f. [351]

<small>Audiffr. Rom., 266; Denis, N° 1559; Hain, *10774.</small>

463. J. Camerarii DALBURGII (XV. s.) Vormaciensis episcopi, oratoris Ill. principis Philippi comitis palatini Rheni Innocentio VIII gratulatio. 1485 pridie nonas julii. (*Romae, Steph. Plannck.*)
In-4°, goth., 4 f. [740]

<small>Audiffr. Rom., 266; Hain, *5909.</small>

464. Jo. Camerarii DALBURGII Vormaciensis episcopi.... Innocentio octavo pontifici max. dicta gratulatio. (*Romae, Euch. Silber*), 1485.
In-4°, 6 f. [352]

<small>Audiffr. Rom., 274; Hain, *5910.</small>

465. VALASCI, Ferdinandi regis Portugalliae oratoris ad Innocentium VIII pontif. de obedientia oratio. (*Romae, 1485.*)
In-4°, semi-goth., 6 f., sign. a—aii. [740 *et* 759]

<small>Audiffr. Rom., 267; Denis, N° 1600; Hain, *15760.</small>

ÉDITIONS SANS DATES PUBLIÉES VERS 1485.

466. Oratio in funere Petri (Foscari) cardinalis Sancti Sixti habita a NICOLAO epo Modrusiensi. (*Romae*, *Steph. Plannck*, circa 1485.)
In-4°, goth., 6 f. [740]

<small>Cette édition diffère de celle dont parle Audiffredi Rom., 268; Hain, *11771.</small>

467. MODUS servandus in executione seu presentatione gratie expectative. Modus reservandi beneficia. Ac modus vacandi beneficiorum. Adjuncto modo acceptandi. (*Romae*, circa 1485.)
In-4°, 8 f. [766]

468. INNOCENTII VIII (1432—92) bulla excommunicationum data anno 1485 kal. april. (*Romae*, *Steph. Plannck*).
In-4°, 4 f. [766]

<small>Audiffr. Rom., 451; Hain, *9200.</small> [1]

ÉDITIONS SANS DATE:
1480—1490.

469. Estrif (débat) de fortune et vertu par Martin LE FRANC (XV. s.).
In-fol., car. bâtard, 126 f., 24 l., 1 édit. [569]

<small>Le premier feuillet commence par ces lignes imprimées en rouge:
A tres haut tres puissant & tres excellent prince phelippe duc de bourgoingne etc. Martin le franc prevost de lausane secretaire de ñre saint pere pape Nicolas tres humble recoommandation.
Au bas du recto du feuillet 126 on lit pour toute souscription: fin de l'estrif de fortune & vertu.
Cette édition sans signatures, sans réclames, sans chiffres, sans figures, &c. est sans contredit beaucoup plus ancienne que celles que La Croix du Maine (Bibl. françoise, édition de Rigoley de Juv. II, 100) & Goujet (Bibl. franç. IX, 225), ont indiquées comme publiées à Paris chez Michel Le Noir. D'un autre côté, le caractère est d'une forme bâtarde dont il y a peu d'exemples avant 1480. Debure, N° 2990, après avoir parlé d'un manuscrit de l'Estrif de fortune & de vertu ajoute *qu'il ignore si ce livre a été imprimé*. Les deux éditions annoncées par La Croix du Maine & Goujet sont en effet assez rares. Quant à celle qui est l'objet du présent article, je crois qu'aucun bibliographe n'en a fait mention.
Martin le Franc est plus connu par le *Champion des Dames* que par l'*Estrif de fortune et vertu*. On peut lire dans la Bibliothèque françoise de Goujet (IX, 187—226), une notice de ces deux ouvrages. Le second est divisé en 3 livres; ce sont des dialogues mêlés de prose & de vers entre la fortune, la vertu & la raison qui fait l'office de juge.</small>

<small>[1] Le livre de Bonnevie ou Mandevie (par J. Dupin). *Chamberry*, *Ant. Neyret*, 1485. In-fol.
Leonis Bapt. Alberti de re aedificatoria libri X. *Florentiae*, *Nic. Laurent*, 1485. In-fol. 1 édit.</small>

470. **MYSTÈRE** de l'incarnation & nativité de J.-C. à 78 personaiges représenté à Rouen les fêtes de Noël 1479. (*Paris, Verard.*)
 Petit in-fol., 42 l., sign. a—A—E iiii, chiffr. CCXXVIII. [203]
  Debure, N° 3186; Hain, 11658.
  Ce mystère est divisé en deux journées. La Sybille y joue un grand rôle. La pièce finit par les réjouissances des bergers de Bethléem. V. une analyse détaillée de ce drame dans la Bibliothèque du théâtre français (par le duc de la Vallière), t. I, p. 54.

471. Margarita decreti seu tabula martiniana edita per fratrem Martinum (polonum STREPPUM ....—1237) ordinis Praedicatorum.
 In-fol., semi-goth., 2 col., sign. a—v 2. [570]
  Laire, II, 14; Seemiller, IV, 141.
  Le recto du premier feuillet est vide; au verso commence une table qui finit avec le feuillet suivant. Cette table alphabétique, dont chaque article ne contient qu'un mot, est disposée sur 6 colonnes par pages.

472. JACOBI MAGNI (XV. s.) ordinis fratrum Eremitarum sancti Augustini Sophologium.
 In-4°, goth., 34 l., sign. a—A—E iiii. [767]
  Laire, II, 13; Hain, 10475 (?)
  Avec la souscription: *istuc clarorum*, &c. mentionnée ci-dessus N° 44.

473. MACRI FLORIDI carmen de viribus herbarum.
 In-4°, goth., sign. a—g ii, fig. [767²]
  Laire, II, 15; Maittaire, 767.
  Cet ouvrage n'est point de l'auteur dont il porte ici le nom. Car Pline y est cité, & Macer écrivait sous Auguste en même tems que Virgile & Ovide. V. Freytag, adpar., 1, 104.

1486.

474. Nicolai de TUDESCHIS abbatis Siculi, archiepiscopi Panormitani (....—1445) Lectura supra primam partem Decretalium. *Nuremberg, Ant. Koburger*, 1486 pridie idus jan.
 Gr. in-fol., goth., 2 col., titr. [458]
  Maittaire, 468; Hain, *12314.

475. Bernardi de BREYDENBACH (XV. s.) decani ecclesiae Maguntinensis sanctae peregrinationis in montem Sion ad Christi sepulchrum in Hierusalem atque in montem Sinaï. *Moguntiae, Erhard Reuwich de Trajecto inferiori*, 1486 die XI febr.
 In-fol., goth., 148 f., fig., 1 édit. [248]
  Braun, II, 134; D. Clément, V, 222; Debure, N° 4272; Gesner, 47; Panzer, II, 131, N° 58; Seemiller, III, 66; Spencer, III, 216, 651; Weislinger, 371; Hain, *3956.

476. MONACHI glosa una cum textu (Doctrinalis grammaticalis) Alexandri (galli, vulgo de Villa-dei XIII. s.) *Parisiis, Petrus Levet*, 1486 IV ydus febr.
In-fol., goth., sign. a—t iiii. [571]
<small>Édition inconnue à Panzer qui ne cite que celle de 1489, *die ult. augusti*.</small>

477. THOMAE Aquinatis (1227—74) quaestiones quodlibeticae. *Venetiis, per Hannibalem Parmensem & Marinum Saracenum*, 1486 die ultimo madii.
In-4°, goth., 2 col., sign. a—t 5, titr. [768]
<small>Denis, N° 221; Hain, *1406.</small>

478. Aeneae Silvii (PICCOLOMINI 1405—64) postmodum Pii secundi epistolae CCCXXXIII. *Nurenberg, Anthon. Koberger*, 1486 XVI kls. Augusti.
In-4°, goth., sign. a—aa—hh iiii, 234 f., 52 l. [769]
<small>Maittaire, 479; Sartori, 31; Hain, *154.</small>

479. PAULI DE CASTRO (....—1438) consilia et allegationes ex recognitione Antonii de Ripa. *Papiae, Joh. Ant. de Biret.*, 1486 XIX kal. Sept.
Gr. in-fol., goth., 2 col., sign., récl. [459]
<small>Maittaire, 480; Hain, 4642.</small>

480. Antonii GERALDINI (....—1488) prothonotarii apostolici oratio nomine Ferdinandi & Helizabet reg. Hispaniae habita ad Innocent. VIII. *Romae*, XIII Kal. oct. 1486, (*Steph. Plannck*).
In-4°, goth., 6 f., sign. aa ii. [352 *et* 759]
<small>Audiffr. Rom., 277; Panzer, II, 490, N° 404.</small>

481. Publii VIRGILII Maronis (70—19 a.) opera cum Servii commentariis. *Venetiis, Anton. Bartolomei*, 1486 mense octobris.
In-fol., sign., très belle édition. [249]
<small>Fossi, II, 805; Laire, II, 101.
Le volume commence par une vie de Virgile qui remplit les 3 premiers feuillets & le recto du quatrième. Cette édition renferme un très grand nombre de pièces attribuées à Virgile, & dont les titres se trouvent dans une table qui occupe le dernier feuillet.</small>

482. Fl. JOSEPHI (37—93) Antiquitatum judaicarum libri XX; de Bello judaeorum libri VII & liber contra Appionem; latine, interprete Rufino. *Venetiis, Joan. Vercellens.*, 1486 23 octobris (*sic*).
In-fol., sign. a—A—M iii, registr. abr. [250]
<small>Fossi, II, 17; Maittaire, 474; Panzer, III, 237, N° 962; Seemiller, III, 64; Hain, *9454.</small>

483. Clavis sanationis per Simonem (a CORDO, XIII & XIV s.) januensem, medicum Nicolai papae quarti. *Venetiis, per Guielmum de Tridino ex Monte ferrato*, 1486 13 nov.
In-fol., goth., 2 col., sign. a—n 3, registr. [572]

<small>Maittaire, 473; Panzer, III, 236, N° 963 & IV, 437, N° 963; Hain, *14749.</small>

484. La cité de Dieu de S. AUGUSTIN (354—430) translatée en françois par Raoul de Presles. *Abbeville, J. Dupré et P. Gerard*, 1486. (T. I, 24 novembre; t. II, 12 avril.)
2 vol. in-fol. max., goth., 2 col., sign., titr., fig., 1 édit. Premier livre imprimé à Abbeville. [49]

<small>Debure, N° 327; La Vallière, N° 457; Mercier, 100; Panzer, I, 1, N° 1; Spencer, I, 178; Hain, 2070.</small>

<small>Mercier se trompe lorsqu'il dit que la souscription ne porte pas le nom de Jehan Dupré.</small>

485. Publii OVIDII Nasonis Sulmonensis (43 a—17) opera. *Venetiis, Bernardin. de Novaria*, 1486. (I^a pars, 13 jun.; II^a pars, 27 nov.)
In-fol., sign. A—R v, a—aa—ee iii, registr. [210]

<small>Braun, II, 141; Crevenna, III, 214; Fossi, II, 265; Laire, II, 100; Maittaire, 476; Hain, *12143.</small>

<small>La première partie contient les Métamorphoses précédées d'épître dédicatoires, de tables &c. qui occupent le cahier A. Tous les autres ouvrages composent la 2e partie. Cette édition est appelée par Braun *splendidissima ac rarissima*; par Laire, *elegans et completa*.</small>

486. (Werneri ROLLEWINCK....—1492) Fasciculus temporum omnes chronicas strictim complectens. (*Aquilae*), *impressus per Adamum* (Rotwill) *Alamanum*, 1486 2 dec.
In-fol., goth., 2 col., sign. b—i iiii, chiffr. 66, fig. [573]

<small>Le premier feuillet est chiffré 1 et signaturé b i. Peut-être manque-t-il à cet exemplaire un premier cahier a, contenant des tables. La souscription de cette édition fort peu connue & omise dans Panzer, est conçue en ces termes: Adam Alemanus impressioni paravit anno salutis MCCCCLXXXVI. die secunda mensis decembris.</small>

487. Joannis GERSON (1363—1429) cancellarii Parisiensis de imitatione Christi & de contemptu mundi libri quatuor et tractatus de meditatione cordis. *Venetiis, impensis Francisci de Mediis*, 1486.
In-8°, goth., 2 col., sign. a—h 5, chiffr. 65, titr. [380]

<small>Braun, II, 138; Denis, N° 1674; Laire, II, 97; Maittaire, 480; Hain, *9090.</small>

<small>Le recto du premier feuillet présente ce titre:
Joannis Gerson de contemptu mundi omniuȝ vanitatuȝ mundi.
Au verso commence la table, qui finit avec le feuillet suivant. Ces deux premiers feuillets ne sont pas compris dans la série des signatures, ni dans celle des chiffres.</small>

488. Marii PHILELPHI (XV. s.) Epistolare. *Basileae, Joan. de Amerbach*, 1486.
In-4°, sign. a—u 4, titr. [770]

Braun, II, 129; Strass, 254; Hupfauer, N° 118; Hain, *12970.

489. Marii PHILELPHI Epistolarium sive praecepta Rhetorices. (*Parisiis*, forsan *Ulr. Gering*, 1480—90.)

L'Epistolare ou epistolarium de Marius Philelphe, fils de François Philelphe, est une rhétorique appliquée au genre épistolaire. L'auteur y distingue 80 espèces de lettres. Il donne pour chacune des règles & des exemples. Ces détails sont précédés d'un traité fort court sur les préceptes généraux de la Rhétorique, sur les genres d'éloquence, sur le style. [1])

1487.

490. Francisci PHILELFI (1398—1481) Epistolarum libri XVI. *Venetiis, per Joannem Rubeum*, 1487 jan.
In-fol., 53 l., sign. a—u ii, registr., abr. [252]

Fossi, II, 328; Hain, 12937.

491. EBRARDI Bituniensis (XII. s.) Graecismus una cum glossa Jo. Vicentii Metulini aquitanici. *Parisiis, P. Levet*, 1487 4 jan.
In-fol., goth., sign. a—x iiii, titr. [571]

Denis, N° 1762, Mercier, 115; Hain, 3012.

492. Celsi MAPHAEI (....—1503) Veronensis defensiones canonicorum regularium contra monachos. *Venetiis, per Petrum Bergamensem*, 1487 10 jan.
In-4°, goth., 2 col., sign. a—e iii, registr. [772]

Maittaire, 491; Hain, *10441.

493. Alberti de EYB (XV. s.) Margarita poetica, sive summa oratorum omnium, poetarum &c... 1487 kal. febr.
Petit in-fol., 53 l., sign. A—AA—FF iii, registr. [574]

Denis, N° 1795; Fossi, I, 653; Hain, *6823.
Avant le cahier A, il y a 2 cahiers de table signaturés a et b.

---

[1]) Orlando inamorato di Boiardo. *Venet., Piero de Piasi*, 1486 19 febr. In-4°.
Le grant Danse macabre. *Paris, Guyot Marchand*, 1486 7 juillet. In-fol.
Lucretius. *Veronae, Fridenberger*, 1486 28 sept. In-fol. 1 édition.
Le livre du roi Modus &c... *Chamberry, Neyret*, 1486 20 oct. In-fol. 1 édit.

494. LEONELLI de Chieregatis episcopi Traguriensis (XV. s.) sermo in publicatione confederationis initae inter Innocentium VIII & Venetos, habitus Rome die 2 februarii 1487 (*Euch. Silber*).
In-4°, 4 f. [351]
<blockquote>Audiffredi Rom., 281; Denis, N° 4632; Hain, *4959.</blockquote>

495. Guillermi Holzan (OCKAM ....—1347) de ordine fratrum Minorum quodlibeta septem emendata per Cornelium Oudendiich. *Parisii, arte magistri Petri Rubei impressoris regii,* 1487 die penultima februarii.
In-4°, 2 col., sign., titr. [773]
<blockquote>Laire, II, 107; Maittaire, 483; Hain, 11940.
Ce livre est le premier où l'on remarque la qualité d'imprimeur du roi.</blockquote>

496. BIBLIA latina. *Venetiis, Georg. de Rivabenis,* 1487 III cal. martii.
In-4°, goth., 2 col., sign. [575]
<blockquote>Maittaire, 481; Panzer, III, 245, N° 1015; Hain, *3099.</blockquote>

497. VALERII MAXIMI (I. s.) factorum ac dictorum memorabilium libri IX cum nova ac praeclara Oliverii Arzignanensi viri praestantissimi examinata interpretatione. *Venetiis, arte et impensis Joannis Forliviensi* (sic) *Gregoriique fratrum,* 1487 8 marcii.
In-fol., 2 car., sign. a—A—f III, chiffr. CCXLIII, titr., registr. [575²]
<blockquote>Maittaire, 484; Panzer, III, 240; Hain, *15789.
Le premier feuillet est blanc, les trois suivans contiennent une épître dédicatoire du commentateur à Pierre de Brutis, la réponse de celui-ci, une notice de la vie de Valère Maxime et une table des chapitres de l'ouvrage. Les quatre premiers feuillets ne sont ni signaturés ni chiffrés. Le commentaire accompagne le texte; il occupe les marges et quelquefois les hauts et les bas des pages; le texte est d'un caractère plus grand. Le registre est au recto du dernier feuillet, qui n'est point chiffré, et dont le verso est vide.</blockquote>

498. Joannis Petri FERRARII (XIV—XV. s.), Practica moderna judicialis. Impressit (*Venetiis*) *Jacobinus Suicus San Germanus,* 1487 20 martii.
Petit in-4°, goth., 2 col., sign. a—A—F 4, titr., registr. [774]
<blockquote>Denis, N° 1796; Panzer, III, 248, N° 1037; Hain, *6992.</blockquote>

499. Fr. POGGII (Bracciolini 1380—1459) facetiarum liber. *Venetiis,* 1487 10 april.
In-4°, sign. a—g 2. [775]
<blockquote>Maittaire, 487; Hain, *13193.</blockquote>

500. Alphonsi de SPINA (XV. s.) ordinis Minorum Fortalicium fidei, 1487 22 maii.
In-fol., goth., 2 col., sign. a—A—Liiij, titr. [576]

<small>Maittaire, 491; Hain, *874.</small>

501. Le livre des bonnes moeurs compilé par JACQUES LE GRANT (XV. s.) religieux de l'ordre S. Augustin. *Paris, Ant. Caillaut*, 1487 le 7 de juing.
In-4°, goth., sign. a—Lv. [776]

<small>Sallier, Inscript., XV, 800, donne une notice de ce livre. Ce n'est point une traduction, mais un abrégé du *Sophologium*, ci-dessus N° 44. Jacques le Grant est le même que Jacques Magni ou *Jacobus Magnus*.</small>

<small>Le livre des Bonnes moeurs est divisé en cinq parties: 1° remèdes contre les 7 péchés capitaux; 2° état des gens d'Eglise; 3° état des princes; 4° état du commun peuple; 5° de la mort et du jour du jugement. C'est une suite de préceptes moraux spécialement appuyés sur des textes de la Bible et de quelques pères de l'Eglise.</small>

502. Antonii de ROSELLIS de Aretio. (....—1467) tractatus de potestate imperatoris & pape et an apud papam sit potestas utriusq3 gladii et de materia conciliorum, qui appellatur Monarchia. *Venetiis, Herman. Lichtenstein coloniens.*, 1487 IX cal. jul.
In-fol., goth., 2 col., sign. a—o 3, registr. [577]

<small>Maittaire, 485; Panzer, III, 242, N° 999; Strauss, 33; Tellier, 152; Hain, *13974.</small>

<small>Les trois premiers feuillets contiennent deux prologues: *prohemium generale*, *prohemium speciale*, et la table.</small>

503. TROILI DE MALVITIIS (XV. s. Bononiensis) opusculum de canonizatione sanctorum. *Bononiae, per Ugonem de Rugeriis*, 1487 6 julii.
In-fol., semi-goth., 2 col., sign. a—ciii. [578]

<small>Maittaire, 491; Panzer, I, 217, N° 98; Hain, *10549.</small>

504. VIOLA sanctorum sive Martyrologium. *Argentinae, Joann. Prüss*, 1487 X kal. Sept.
In-4°, goth., sign., chiffr. CXXXV, titr. [777]

<small>Denis, N° 1878; Weislinger, 395.</small>

<small>Une table alphabétique remplit un premier cahier.</small>

505. VIOLA sanctorum sive compendiosae vitae sanctorum juxta ordinem dierum et mensium anni. (1480—1490.)
In-fol., goth., 128 f., 30 l., sign. a—n5. [579]

<small>Denis, N° 6153; Laire, II, 22; La Vallière, N° 4714; Hain, *10866.</small>

<small>La dernière page n'a que 15 lignes. La 15ᵉ se compose des quatre mots: *Finit viola sanctorum feliciter*.</small>

506. Tractatus de perfecta YMITATIONE CHRISTI et vero mundi contemptu cum tractatulo de meditatione cordis. (*Basileae*), 1487.
    Petit in-8°, goth., sign. a—z, chiffr. CLXXXII, titr. [381]

        Laire, II, 104; Tellier, 99; Hain, *9093.

        Il n'y a de signatures qu'au premier recto de chaque cahier; elles sont placées au milieu des marges supérieures, entre les titres et les chiffres; par exemple:
            Liber iii   P.   CXiii

        Après le feuillet CLXXXII, qui contient la souscription, il y a 6 feuillets de table non chiffrés.

507. Jacobi de VORAGINE (1230—98) Januensis Sermones de tempore et de sanctis. (*Basileae*, circa 1487.)
    In-fol., semi-goth., 2 col., 47 l., sign., titr. [580]

        Denis, N° 1882.

        On lit à la fin du volume:
        Finiuntur sermones eximii sacre theologie professoris Jacobi de Voragine de sanctis per circulum anni feliciter

508. EXEMPLA sacre scripture ex veteri et novo testamento collecta secundum ordinem litterarum. *Parisius, suburbio S^{ti} Germani de pratis, per Petrum Levet*, (circa 1487).
    In-12°, goth., sign. a—n iiii. [391]

        Braun, II, 36; Panzer, II, 348, N° 727; Hain, 6763. [1])

1488.

509. ALBERTI Magni (sive Groti, ord. Praed., 1205—82) commentum in Aristotelis octo libros Physicorum. *Venetiis, Jo. et Gregorius de Forlivio*, 1488 8 jan.
    In-fol., goth., 2 col., sign. a—x iij, titr., registr. [381]

        Maittaire, 494; Seemiller, III, 94; Hain, 518.

        Une épître de l'éditeur au verso du premier feuillet.

510. Liber dans MODUM LEGENDI abbreviaturas in utroque jure. *Parisiis, Petr. Levet*, 1488 24 jan.
    In-4°, goth., sign. a—K iii. [778]

        Édition omise par Panzer.

---

[1]) Fl. Vegetius de re militari. *Romae, Silber*, 1487 IV kal. febr. In-4°.
Aelianus de instruendis aciebus, latine. *Romae, Silber*, 1487 XV kal. martii. In-4°.
Frontinus. *Romae, Silber*, 1487 1 jun. In-4°.
Modestus de vocabulis rei milit. *Romae, Silber*, 1487 VII id. jun. In-4°.
Nic. Butrii musices opusculum. *Bononiae, de Rugeriis*, 1487. In-4°.
M. Ant. Cocc. Sabellicus de rebus Venetis. *Venetiis, Andr. de Torresanis de Asula*, 1487. In-fol., 2 vol. 1 édit.

511. Triumphi del PETRARCHA (1304—74) col commento di Bernardo da Monte Illicinio da Siena. *Venetiis, Bernardino di Novarra*, 1488 a di XVIII aprile.
In-fol., sign. a—t iii, chiffr. 149, titr., reg. abr., fig. [253]

<small>Fossi, II, 313; Hain, 12786.</small>

512. HIERONIMI (340—420) Epistolae. *Venetiis, Andr. de Torresanis de Asula*, 1488 idibus madii.
2 vol., in-fol. max., sign. a—s iiii, A—Z iiii, récl., chiffr. CLXXIIII & CCXXIX. [52]

<small>Fossi, I, 779; Maittaire, 497; Hain, *8558.

Très belle édition; les chiffres sont placés au bas des pages à la suite des signatures.
Une table précédée d'un prologue et une vie de S. Jérôme remplissent les cinq premiers feuillets du premier volume; la série des signatures et celle des chiffres ne commencent qu'au sixième. On trouve également à la tête du t. II, 14 feuillets de table avant le feuillet chiffré I et signaturé A.</small>

513. Matthei SILVATICI (XIV. s.) opus pandectarum medicine, emendatum per Math. Moretum Brixiensem. *Venetiis, per Marinum Saracenum*, 1488 XIV kalend. junii.
In-fol., goth., 2 col., sign., chiffr. 202, reg. abr. [582]

<small>La Caille, 23; Maittaire, 494.

Le feuillet chiffré 1 et signaturé a est précédé de 5 feuillets qui contiennent l'épître dédicatoire de Moret au cardinal Gonzague, et la table.</small>

514. Sonetti del PETRARCHA (1304—74) col commento di Francesco Philelpho. *Venesia, Bernardino da Novarra*, 1488 a di XII di zugno.
In-fol., sign. A—O iiii, chiffr. 112, titr., reg. abr. [254]

<small>Fossi, II, 313; Hain, 12770.</small>

515. Nicolai de AUSMO (XV. s.) ordinis Minorum supplementum summae Pisanellae. *Nurnberg, Georg. Stuchs impensis Antonii Kobergeri*, 1488 20 junii.
In-4°, goth., 2 col., sign. a—aa—zz 3. [583]

<small>Maittaire, 502; Tellier, 58; Hain, *2168.</small>

516. La mer des histoires, suivie d'un martyrologe. *Paris, Pierre le Rouge*, 1488, (1e partie, juillet; 2e partie, février).
2 vol. in-fol. max., goth., 2 col., sign., chiffr. CCLVII & CCLXXI, titr., fig. [460]

<small>Laire, II, 115; Maittaire, 494.

Les feuillets qui contiennent le prologue, les tables, le martyrologe &c... n'entrent point dans la série des chiffres.</small>

517. DECRETA Basiliensia necnon Bituricensia quae Pragmatica sanctio intitulantur, glosata per magistrum Cosmam Guymier (XV. s.). *Lugduni, partium Franciae amenissima urbe, per Nicol. Philippi aleman*, 1488 6 sept.
In-4°, goth., sign. a – & iiii. [584]

> Le texte occupe le milieu des pages; autour de lui, le commentaire forme 2 colonnes d'un caractère plus petit. Cette édition n'est point celle de Seemiller, quoique la sienne soit aussi de Lyon, 1488, in-4°.

518. Les Ethiques d'ARISTOTE (IV. s. a.) traduites en françois per Nicolas Oresme. *Paris, sur le pont Nostre Dame à l'ymaige Sainct Jehan l'evangeliste, (Ant. Verard)*, 1488 8 sept.
In-fol., goth., 2 col., sign. a—A—D iii, chiffr. CCXXXII & XXIX, titr., registr. [585]

> D. Clément, II, 38; La Vallière, N° 1226; Maittaire, 494.
>
> Huit feuillets placés avant celui signaturé Ai et chiffré II, contiennent le frontispice, *le prologue du translateur*, la table, &c...

519. El libro della vita de phylosophi et delle loro elegantissime sententie extracto da D. (DIOGENE) Lahertio (III. s.) et da altri antiquissimi doctori. *Impressum Florentiae per magistros magistrorum Jacobum Caroli & Petrum Honofrii de Bonaccursis*, 1488 IX kal. nov.
Petit in 4°, 33 l., sign. a—g iiii. [336]

> Audiffredi Ital., 310; Denis, N° 2034: Paitoni, I, 292; Hain, 6208 †.
>
> La vita de *philosophi* sont les seuls mots imprimés sur le premier feuillet. La souscription termine l'avant-dernier recto du volume: elle est suivie d'une table alphabétique qui finit avec le dernier recto. Cette table est sur 2 colonnes: le reste du livre est à longues lignes.

520. Gabrielis BIEL (Spirensis, 1430—95) Lectura super canonem missae. *(Rutlingae, Joh. Otmar)*, 1488 15 nov. in profesto Otmari S^t abbatis.
In-fol., goth., 2 col., sign. a—z, A—Z 5, titr., 1 édit. [586]

> Braun, II, 168; D. Clément, IV, 232; Maittaire, 781; Seemiller, III, 98; Weislinger, 420; Hain, *3178.

521. Peregrinacion de Oultremer en terre sainte de iherusalem et des avirons &c... par Nicole LE HUEN (XV. s.) carme. *Lyon, Michelet Topie de Pymont et Jacques Heremberetz*, 1488 28 nov.
In-fol., goth., sign. a—s v, fig. [587]

> Heineken, 144; La Caille, 41; La Vallière, N° 4521.
>
> „Le premier livre français, dit Heineken, où l'on trouve des planches gravées sur cuivre, et imprimé à Lyon en 1488. Nic. le Huen, religieux du Mont Carmel, a compilé ce livre tant de ses propres observations que de celles qu'il avait lues dans l'itinéraire de Breydenbach... les mêmes vues

de villes qu'on voit dans Breydenbach (ci-dessus N° 476) sont insérées dans cet ouvrage de Nic. de Huen, de même grandeur et composées pareillement de plusieurs planches, mais gravées en cuivre au lieu que les originaux sont taillés en bois. Cependant le graveur a fait dans ces copies quelques changements en y ajoutant des figures de vaisseaux et autres choses accidentelles. Les traits du burin sont assez fins, mais durs, et le dessin en général est beaucoup plus informe que celui des originaux."

522. HOMERI (X. s. a.) opera, graece. *Florentiae, typis Bernardi & Nerii Tanaïdis Nerlii*, 1488 9 dec.
2 vol. in-fol., 39 l., sign. A—℞ IIII, AA—ET ET III, 1 édit. [155]

    Audiffredi Ital., 309; Crevenna, III, 115; Debure, N° 2493; Fossi, I, 797; Laire, II, 115; Orlandi, 133; Schoelhorn, II, 334; Spencer, II, 55; Hain, 8772.

    Les deux préfaces, l'une en grec par Demetrius Chalcondyle, et l'autre en latin par Nerlius, manquent à notre exemplaire, aussi bien que la vie d'Homère extraite d'Hérodote et de Plutarque, et la dissertation de Dion Chrysostome. Cet exemplaire est d'ailleurs très beau, il est cité par Audiffredi.

523. Divini verbi pconis interpretis z pfessoris subtilissimi sancti VINCENTII Ferrarii (1357—1419) de regno Arragonie convētus Valentie divi pdicatorū ordinis sermones uberrimi estivales de tpe. *Basileae, (Nic. Kessler)*, 1488 XVI kal. jan.
In-fol., goth., 2 col., sign. Ae—Aaa—Fff 6, titr. [581²]

    Panzer, I, 161, N° 87; Seemiller, IV, 6; Hain, 7004.

    Ce volume ne renferme que la partie d'été des sermons de Vincent Ferrier. Kessler a imprimé de plus en 1488, non seulement la partie d'hiver, mais aussi les panégyriques. Tous ces sermons sont tellement pleins d'inepties qu'on prétend qu'ils ne sont pas de Vincent Ferrier; c'est du moins l'opinion de ceux qui prennent de l'intérêt à la mémoire de ce bienheureux.

524. Joannis (Charlerii) de GERSON (1363—1429) opera. (*Argentorati, Joh. Prüss*), 1488.
3 vol. in-fol., goth., 2 col., sign., titr. [588]

    Braun, II, 173; Fossi, I, 732; Panzer, I, 35, N° 134; Seemiller, II, 122 & III, 118; Weislinger, 486; Hain, *7622.

    Cette édition que Dupin ne connaissait pas lorsqu'il donna celle de 1728, a été regardée comme la première, mais Seemiller en a découvert une plus ancienne.

525. Rodorici (SANTII XV. s.) Zamorensis (episcopi) speculum humanae vitae. *Bizuncii*, 1488.
In-4°, goth., sign. a—y iiii. [779]

    Braun, II, 165; La Vallière, N° 1317; Mercier, 101; Panzer, I, 203 et 204; Hain, 13947.

526. THOMAE Aquinatis (1227—74) ordinis Praedic. opuscula. (*Mediolani*), *per Benignum et Joh. Antonium fratres de Honate*, 1488.
In-fol., goth., 2 col., sign. a—A—N 5, titr., registr. [591]

    La Caille, 32; Maittaire, 493a; Panzer, II, 56, N° 294; Sassi, 584; Hain, 1540.

527. Joannis HEROLT (XV. s.) ordin. Praedic. Sermones Discipuli de sanctis, promptuarium exemplorum et liber de miraculis virginis Marie, 1488.

In-4°, goth., 2 col., sign. aa—zz iij, titr. [592]

<small>Maittaire, 498; Hain, *8496.</small>

528. Roberti GAGUIN (....—1501) ordinis S^{ae} Trinitatis de redemptione captivorum, carmen de mundissima virginis Marie conceptione, adversus Vincentium de Castro Novo. (*Paris, Caillaut*), 1488.

In-4°, goth., sign. a—b iiij. [780]

<small>Panzer, II, 290, N° 145; Hain, 7414.</small>

<small>Dans une épître préliminaire, datée de 1488, Gaguin consulte Arnold Bostio pour savoir si cet ouvrage mérite d'être publié ou s'il a besoin d'être corrigé. Il n'y a aucune date dans le reste du volume. Celle-là suffit à Panzer pour placer l'édition sous l'année 1488.</small>

529. AUCTORES cum glossa octo libros subscriptos continentes, videlicet Cathonis, Theoduli, Faceti, Cartulae alias de contemptu mundi, Thobiadis, parabolae Alani, fabulae Æsopi, Floreti. *Lugduni, Joan. de Prato*, 1488 die ult. dec.

In-4°, goth., sign. [593]

<small>Panzer, I, 538; Hain, 1914.</small>

<small>Voici le compte que rend Menckenius des ouvrages compris dans ce volume (*Nova miscellan. Lips.*, VI, 127): Primus horum scriptorum Cato est notissimus moralis doctrinae magister.... hunc sequitur Theoduli qui presbyter natione Italus fuisse dicitur, liber alias egloga vocari solitus quo in carmine duae nymphae Pseustis & Alithia cantando inter se judice Fronesi certant. Docemur hic, ut ait glossator, amare veritatem et fugere falsitatem et mendacium. Si glossatori credas, Theodulus non est proprium nomen autoris sed nomen noviter inventum et fictum secundum proprietatem rei et materiae, sicut in comediis Davum, quasi dans vana... Excipit Theodulum ethica morosi Faceti de qua ita glossator: Solet sic describi communiter; Facetus est quidam liber metricus a magistro Faceto editus, loquens de preceptis et moribus, a Catone in sua ethica omissis. Et dicitur Facetus per etymologiam quasi favens coetui, id est placens tam in dictis quam in factis populo ... Hujus carminis auctorem fuisse quemdam ex seculo XII. Tebaldum observat Fabricius.... Pergimus ad librum de contemptu mundi, de cujus et auctore et argumento ita glossator noster: „Qui fuit causa efficiens? Communiter tenetur quod beatus Bernardus qui erat monachus albus et multum juvenis et habebat unum socium quem diligebat multum et putabat eum de ordine ponere et tamen non potuit, et cum vidit quod non poterat, fecit istum librum et transmisit ei ut ipsum legeret diligenter et perlecto libro, negligeret istum mundum et haereret ad gaudia paradisi." Tum legitur Thobias Mathaei Vindocinensis quo in carmine sancta et honesta Tobiae vita describitur.... Jam se nobis legendas praebent parabolae Alani quae et Doctrinale altum vocari solent et breviora exhibent proverbia quibus praecepta morum continentur. Auctor cui nomen Alani de Insulis fuit primum doctor parisiensis, inde monachus Claraevallensis et ex abbate Ripatorensi ordinis Cisterciensis, ab anno 1151 episcopus Antissiodorensis, denique ab anno 1167 iterum monachus Claraevallensis fuit, mortuus A. 1202...</small>

Inde locus datus fabulis Æsopi, elegiaco carmine expressis; quem laborem alii Romulo cuidam, alii aliis superiorum temporum auctoribus tribuunt. Ultimum omnium carmen est Floretus inscriptum, de quo ita glossator noster: „Floretus est quidam liber metricus, a sancto Bernardo Clarevallis editus, tractans de virtutibus et vitiis secundum praecepta Dei et Ecclesiae ad fugam peccatorum et electionem illorum operum quae hominem perducunt ad Deum finaliter; Floreti nomen ex ejusdem glossatoris indicio ideo datum huic libello quod flores sacrae theologiae atque sacrorum canonum non minus utiliter quam breviter continere videatur.

530. BERNARDI de Monte Mirato presbyteri COMPOSTELLANI (XII. s.) casus longi super sextum Decretalium et super Clementinas, a dño Helya Regnier elimatissime collecti. (*Argentorati*), 1488.
In-fol., goth., 2 col., sign. A—&5, titr. [594]

<small>Maittaire, 502; Panzer, IV, 44, N° 352; Seemiller, III, 125; Hain, *2935 ?</small>

531. BARTHOLOMAEI BRIXIENSIS (1166—1250) casus et notabilia Decretorum. (*Argentorati*, circa 1488.)
In-fol., goth., 2 col., sign. a—A—M iii, titr. [594]

<small>Sans autre souscription qui ces mots à la fin de la seconde colonne du dernier recto: *Expliciunt casus decretorum bartholomaei Brixieñs.* Le caractère est fort semblable à celui du N° précédent.
Panzer ne fait mention que de l'édition de Bâle, Kessler, 1489.</small>

532. CASUS longi super Instituta Justiniani. (1485—90.)
In-fol, goth., 2 col., sign. A—N 5, titr. [594]

<small>Le premier recto contient le titre de l'ouvrage et le premier verso la table.
Cette édition paraît un peu plus ancienne que celles qui sont décrites par Braun, II, 63; par Seemiller, IV, 152. C'est peut-être celle que Panzer, ne fait qu'indiquer sommairement, IV, 107, N° 293.</small>

533. Propositio facta per oratores Innocentii papae VIII coram Carolo VIII Francorum rege, proponente LEONELLO episcopo Traguriensi, (XV. s.). Parisius, in palacio regio, 1488 20 januarii. (*Romae, Steph. Plannck*, circa 1488.)
In-4°, goth., 6 f., sign. a—a ij. [351]

<small>Audiffr. Rom., 284; Denis, N° 5268; Hain, *4960.</small>

534. Propositio (eadem) facta per oratores Innocentii papae VIII coram Carolo VIII francorum rege, proponente LEONELLO episcopo Traguriensi. Parisius, in palacio regio, 20 jan. 1488. (*Romae, Stephan. Plannck*, circa 1488.)
In-4°, goth., 6 f., du même caractère que le N° précédent, mais sans signatures. [740]

<small>Audiffr. Rom., 284; Hain, 4961.</small>

535. BULLAE XIV quarum Prima est Pauli II de beneficiis affectis... &c... (*Romae*, *Steph. Plannck*, circa 1488.)
In-4°, goth., 18 f., registr. [749]

<small>Audiffr. Rom., 452; Hain, *12483. ¹)</small>

1489.

536. Joannis GERSON (1363—1429) cancellarii Parisiensis de imitatione Christi et contemptu omnium vanitatum mundi libri IV, et tractatus de meditatione cordis. *Parisius, per Higman Almanum (pro de Marnef)* in vico Clausi Brunelli ad intersignium Leonum prope scolas decretorum, 1489 18 jan.
Petit in-8°, sign. a—o iiii, titr. [382]

<small>Laire, II, 124, N° 9; Tellier, 99; Hain, 9097.</small>

537. BREVIARIUM Viennense. *Lugduni, Neumeister*, 1489 24 jan.
In-8°, semi-goth., 2 col., sign. a—aa—yy iii. [781]

<small>Maittaire, 721; Panzer, I, 541, N° 83; Hain, 3948.</small>

538. Roberti CARACZOLI de Licio (XV. s.) ordinis Minorum, pontificis Aquinatis, sermones de laudibus sanctorum. *Parisiis, per Georgium Wolf* in sole aureo vici Sorbonici, 1489 V cal. febr.
In-4°, semi-goth., 2 col., sign. a—A—J iiii, titr. [782]

<small>Laire, II, 126.</small>

539. Aurelii AUGUSTINI (345—430) de civitate Dei libri XXII cum commento Thomae Valois et Nicolai Triveth. *Basileae, J. de Amerbach*, 1489 id. febr.
In-fol., 4 col., 2 car., goth., sign. a—A—O 4. [595]

<small>Braun, II, 182; Fossi, I, 224; Maittaire, 510; Weislinger, 501; Hain, 2064.</small>

<small>Les pages où il n'y a que du texte n'ont que 2 colonnes.</small>

<small>¹) Le chevalier délibéré &c... (par Olivier de la Marche). *Paris, (Verard)*, 1488 8 aoust. In-4°, fig.
Biblia hebraica, cum punctis. *Soncini, Ben Chaijm*, 1488. In-fol., 1 édit.
Morgante maggiore de Luigi Pulci. *Venet., Barthol. de Zanis*, 1488. In-4°, 1 édit.
Le Roman du roi Artus ou Lancelot du Lac. *Rouen et Paris*, 1488. 3 part. in-fol.
Le Roman de Clamades et de la belle Cleremonde. *Lyon, J. de la Fontaine*, 1488. In-4°.
Sanctae Brigittae Revelationes. *Romae*, 1488. In-4°.</small>

540. Aur. AUGUSTINI de Trinitate libri XV. *Basileae, J. de Amerbach*, 1489.
In-fol., goth., 2 col., sign. a—m 3. [595]

<small>Braun, II, 182; Maittaire, 509; Panzer, I, 166, N° 108; Hain, 2037.</small>

541. Jacobi Januensis a VORAGINE (1230—98) ord. Praed. Lombardica historia quae a plerisque Aurea legenda sanctorum appellatur. *Argentinae*, 1489 in vigilia sancti Mathie apostoli.
In-fol., goth., 2 col., sign. a—A—N 5, titr. [596]

<small>Braun, II, 176; Maittaire, 512; Seemiller, III, 146.</small>

<small>Avant le feuillet signaturé a, on trouve 14 feuillets contenant le frontispice, le prologue et la table.</small>

542. CONSTITUTIONES ecclesiae majoris Neapolitanae, confirmatae per Alex. Caraffam archiep. Napol. *Neapoli, per Fr. de Tuppo*, 1489 die ultima februarii.
Petit in-4°, goth., 30 f., sign. a—d iii. [783]

<small>Maittaire, 515, croit que Fr. de Tuppo pourrait n'être que l'éditeur et non l'imprimeur. Hain, 5663.</small>

543. MISSALE Parisiense. *Lutetiae, Joh. Belin, Guill. le Caron et Joh. de Prato*, 1489 in vigilia beati Gregorii papae.
In-fol., goth., 2 col., sign., chiffr. CCLXVIII, fig. [54 et 597]

<small>Chevillier, III; Maittaire, 505; Hain, 11342.</small>

<small>La bibliothèque du Panthéon possède deux exemplaires de ce missel, l'un imprimé sur vélin avec les figures coloriées, et l'autre sur papier avec les figures noires.</small>

544. MISSALE Andegavense. *Parisiis, Joh. de Prato*, 1489.
In-fol., goth., 2 col., sign., chiffr., titr., fig. [598]

<small>Édition inconnue à Panzer.</small>

545. Aur. AUGUSTINI (354—430) Hypponensis episcopi opuscula: videlicet meditationes, soliloquia, enchiridion, confessiones, libri de doctrina christiana... &c... Accedit Possidonius de vita Augustini. *Argentinae, Martinus Flach*, 1489 XIII kal. aprilis.
In-fol., goth., 2 col., sign. a—A—Q 5, chiffr. CCLXVII, titr., 49 l. [599]

<small>Braun, II, 174; D. Clément, II, 275; Maittaire, 510; Seemiller, III, 171; Sartori, 190.</small>

546. Aphorismi exellentissimi Raby MOYSES, secundum doctrinam Galieni (*sic*) medicorum principis. *Bononiae, impensa*

Benedicti Hectoris librarii, opera vero Platonis diligentissimi impressoris, 1489 IV cal. junii.
In-4°, sign. a—r iii, titr., registr., abr. [784]

<small>Audiffredi Ital., 67; Braun, II, 184.</small>

547. Amphorismi (*sic*) Joannis Damasceni RASIS (X. s.) cum pronosticis Ypocratis q̄ fuerunt inventa in suo sepulchro in capsa eburnea. *Bononiae, impensa Benedicti Hectoris, cura vero Platonis de Benedictis stampatoris accuratissimi*, 1489.
In-4°, sign. A—C iiii. [784]

<small>Audiffredi Ital., 68; Braun, II, 184.
Le caractère est celui des aphorismes de Rabbi Moses, n° précédent. On peut même considérer ces deux articles comme n'en formant qu'un seul, car ils sont réunis dans la souscription qui suit les pronostiques d'Hippocrate : *Expliciunt amphorismi Rabi Moses et amphorismi Johannis Damasceni et amphorismi Rasis cum pronosticis*... &c.</small>

548. Joannis BURIDANI (XIV. s. Bethuniensis) quaestiones morales in X libros Aristotelis ad Nicomachum. (*Parisiis*), *Wolfgang Hopyl*, 1489 14 julii.
In-fol., 2 col., sign. a—A—H vi, chiffr. CCLXVI, titr. [600]

<small>Denis, N° 2104; Seemiller, III, 162.</small>

549. Les Politiques d'ARISTOTE (IV. s. a.) et ses II livres d'Economiques trad. en français par Nicolas Oresme. *Paris, Ant. Verard, à lymaige St Jehan levangeliste*, 1489 8 aoust.
In-4°, goth., 2 col., sign., chiffr., titr. [601]

<small>Maittaire, 507; Hain, 1772.</small>

550. Guillelmi de VORILLON (....—1464), ordinis fratrum Minorum, opus super quatuor libros sententiarum. *Lugduni, (J. Trechsel)*, 1498 24 aug.
In-fol., goth., 2 col., sign. a—A—S v, 56 l. [602]

<small>Maittaire, 515; Panzer, 540, N° 81; Santander, N° 482.</small>

551. SUETONIUS (II. s.) de vitis XII Caesarum; cum praefatiuncula Domitii Calderini, accedunt imperatorum posteriorum usque ad Numerianum vitae a diversis autoribus conscriptae; scilicet ab Ælio Spartiano, Julio Capitolino, Ælio Lampridio, Volcatio, Treb. Pollione, et Flav. Vopisco. Sequuntur Eutropius et Paulus Diaconus. *Venetiis, Bernardinus Novariensis*, 1489 kal. octobribus.
In-fol., sign. a—k iii, A—K iii, registr. [255]

<small>Fossi, II, 627; Maittaire, 507; Hain, 14562.
Le premier verso contient les vers d'Ausone *in libros Suetonii*... &c... On trouve au deuxième feuillet la préface de Calderin, après laquelle on lit</small>

ces mots, imprimés en lettres capitales et disposés en forme d'oeuf: *In hoc codice continentur Caius Suetonius... Aelius Spartianus, Julius Capitolinus...* &c... Le XIIe livre de Suétone est suivi du registre des cahiers a—k.

Le dernier recto du volume contient l'énumeration de tout ce qu'il renferme, y compris Suétone; le même recto se termine par la souscription.

552. Petri BRUTI (XV. s.) Veneti, episcopi Catharensis, victoria contra Judaeos. *Vicentiae, per Simonem Papiensem Bevilaquam*, 1489 3 oct.
In-fol, sign. a—x ii, titr., registr., 1 édit. [603]

Fossi, I, 430; La Vallière, N° 826; Maittaire, 512; Mercier-Trévoux, juillet 1763; Tellier, 6; Hain, *4027.

553. Thomae a KEMPIS (Haneerken sive Malleoli 1380—1471) de imitatione Christi libri IV cum tractatulo de meditatione cordis. *Lugduni, Trechsel*, 1489 die undecima octobris.
In-4°, semi-goth., sign. a—i vi, chiffr. LXVI. [785]

Laire, II, 127; Maittaire, 511; Hain, 9101.
Le cahier a contient le frontispice et la table.

554. Joannes (Charlerii) de GERSON (1363—1424, cancellarii Parisiensis) operum tercia pars. (*Argentorati, Joh. Prüss*), 1489 XII kal. nov.
In-4°., goth., 2 col., sign., titr. [604]

Panzer, I, 40, N° 169; Seemiller, III, 167; Hain, *7623.
Souscription: Finiunt opa cancellari parisiensis doctoris xp̄ianissimi magistri johannis de Gerson que ut frugē lectori uberrimam ferant emēdatissima lima castigata fuere. Anno dn̄i M CCCC LXXXIX. XII Kal. mensis novembris.

555. Roberti HOLKOT ordinis fratrum Praedicatorum comment. in Sapientiam Salomonis. (*Paris, Gering et Rembolt*), 1489 21 oct.
In-4°, 2 col., sign. a—A—AA iiii, titr. [786]

Chevillier, 98; Fossi, I, 794; Maittaire, 505; Hain, 8759.

556. Ricardi de Mediavilla (MIDDLETONI, doctoris solidi, copiosi, fundatissimi, autorati ....) ordinis fratrum Minorum commentarii in IV^{um} librum Sententiarum. *Venetiis, Dionys. Berthochius Bononiens.*, 1489 10 nov.
In-fol., goth., 2 col., sign., titr., registr. [605]

Braun, II, 192; Maittaire, 512; Panzer, III, 269, N° 1187; Strauss, 97. V. aussi Cave, Hist. litter. script. Eccles., p. 335; Hain, *10986.

557. PACIFICI MAXIMI (1400—1500) Hecatelegium sive carminum libri X. *Florentiae, Ant. Mischomin.*, 1489 id. nov.
In-4°, sign. a—n ii, titr., registr. [334]

Audiffredi Ital., 313; Debure, 2878; Fossi, II, 172; Hain, 10934.

Poésies fort peu décentes: c'est, dit-on, le premier livre où il soit question de la maladie vénérienne. Audiffredi n'avait vu aucun exemplaire de cette édition, et ne l'indiquait que d'après Debure.

558. Martini de MAGISTRIS (....—1482) quaestiones morales de fortitudine, ab Egidio Delfo Sorbonico editae. *Parisiis, Wolfgang Hopyl alman.*, 1489 1 decembr.
In-fol., goth., 2 col., sign. a—z iiii, chiffr. CXLVI, titr. [607]

Denis, N° 2173; Maittaire, 567; Hain, 10458.

559. Marii PHILELPHI (XV. s.) Epistolare de arte rhetorica. *Felsinae (Bononiae), per Bacilerium de Bacileriis Felsinatem*, 1489.
In-4°, sign. a—r ii. [787]

Audiffr. Ital., 71; Fossi, II, 337; Maittaire, 516; Panzer, I, 122, N° 128; Hain, *12975.

Un premier cahier signaturé A, et composé de 4 feuillets, contient des épîtres préliminaires et des tables.

560. GUILLERMI (Arverni ....—1248) Parisiensis episcopi liber de VII sacramentis. *Parisiis, per Johannem Bonhomme librarium universitatis parisiensis*, 1489.
In-4°, goth., sign. a—i v, chiffr. LXXIII, titr. [788]

Maittaire, 505; Hain, 8311.

La souscription est suivie d'un cahier qui contient la table.

561. (Dionysii de LEEWIS, 1394—1471, carthusiani) quatuor novissima cum multis exemplis pulcherrimis. *Daventriae, in platea episcopi (Rich. Paffroed)*, 1489.
In-4°, goth., sign. a—m iii. [745]

Maittaire, 516; Hain, *5705.

562. Caroli FERNANDI (....—1496, Brugensis, ordinis S¹ Benedicti) comment. in Roberti Gaguini librum de mundissimo Marie conceptu adversus Vincentium de Castronovo. *Parisiis, (Caillaut)*, 1489.
In-4°, goth., sign. a—d iii. [780]

Exemplaire de Le Tellier, 49.

563. LIBER SYNODALIS diocesis Cenomanensis. 1489.
Petit in-4°, goth., sign. A—D ii. [789]

Cette édition n'est, à ma connaissance, indiquée nulle part. [1]

---

[1] Le Roman de Tristan fils de Meliadus, par Luce. *Rouen, Le Bourgeois*, 1489. In-fol.

1490.

564. Karoli MENNIGKEN (XV. s.) studii Lovaniensis magistri formulae epistolarum in omni genere scribendi juxta majorum nostrorum doctrinam et veram Epistolandi artem. *Daventriae, in platea episcopi, (Rich. Paffroed)*, 1490 9 febr.

In-4°, goth., sign. a—o iii, chiffr. LXXXiiii, titr. [790]

<small>Panzer, I, 358, N° 41; Tellier, 405; Hain, 10676.</small>

<small>Le premier cahier signaturé A, et composé de 6 feuillets non chiffrés, contient le frontispice et la table.</small>

565. C. SUETONII Tranquilli (II. s.) vitae XII Caesarum cum commento M. Antonii Sabellici. *Venetiis, Bapt. de Tortis*, 1490, 15 febr.

In-fol., sign. a—s iiii, chiffr. 133, titr., registr. [256]

<small>Maittaire, 520; Panzer, III, 281, N° 1262; Seemiller, IV, 12; Gessner, 51; Hain, *15122.</small>

<small>Deux colonnes inégales, l'une pour le commentaire, l'autre en caractères plus grands pour le texte.</small>

566. Il libro della agricultura, overo delle villerecie utilita di Piero CRESCIENTII (XIV. s.) cittadino di Bologna. *Vicencie, Leonard. de Basilea*, 1490 17 febr.

In-fol., 2 col., sign. a—s 3, titr., registr. abr. [608]

<small>Maittaire, 524; Panzer, III, 519, N° 75; Hain, 5838.</small>

<small>Après la souscription, 4 feuillets de table signaturés A.</small>

567. Juniani MAII Parthenopei (XV. s.) opus de priscorum verborum proprietate ordine alphabetico digestum. *(Neapoli)*, 1490 23 febr.

In-fol., 2 col., sign. a—A—S iiii. [609]

<small>Maittaire, 522; Panzer, II, 162, N° 61; Hain, *10545.</small>

<small>La première édition de cet ouvrage est de Naples, 1475; la seconde de Trévise, 1477.</small>

568. AVICENNAE (980—1036) latine. *Venetiis, Octavian. Scot.*, 1490 24 martii.

Gr. in-4°, goth., 2 col., sign. a—A—aa—hh 5, titr., registr., abr. [610]

<small>Panzer, III, 279 et 280; Hupfauer, N° 166; Hain, 2206.</small>

569. Petri de ALLIACO (1350—1419) cardinalis quaestiones super IV libros Sententiarum. *Argentinae*, 1490 altera die sanctorum Tiburcii et Valeriani, (14 april.).

In-fol., goth, 2 col., sign. a—A—F 5, titr. [611]

Braun, 196; Denis, N° 2262; Maittaire, 525; Tellier, 39; Hain, 841.

Le frontispice et la table occupent les 16 premiers feuillets. L'ouvrage commence au XVII°, qui est signaturé a.

570. Petri de ALLIACO Tractatus et Sermones. *Argentinae*, 1490.
In-fol., goth., 2 col., sign. a—A—E 6, titr. [612]

Maittaire, 525; Seemiller, IV, 7; Tellier, 39; Weislinger, 544; Hain, *848.

571. Li triumphi del PETRARCHA (1304—74) col comento di Bernardo Ilicino; ed i sonetti colla interpretatione di Francescho Philelpho. *Venetia, per Piero Veronese*, 1490 a di 22 di aprile regnante Augustino Barbadico.
In-fol., sign. a—qiiii, A—Niii, chiff. 128 et 102, titr., registr., fig. color. [613]

Maittaire, 522; La Vallière, N° 3585; Hain, 12771.

Le premier cahier contient la table des Triomphes et la préface du commentateur Ilicino. Les huit feuillets de ce cahier n'entrent point dans la série des chiffres ni dans celle des signatures a—q.

Les Triomphes finissent au recto 128, dont la dernière ligne consiste dans ce registre abrégé: *Questi sono tutti quaterni* a, b, c, d, e, f, g, h, i, k, l, m, n, o, p, q. finis.

Le feuillet suivant, chiffré 1, contient au recto la table des sonnets, au verso l'épître dédicatoire du commentateur Philelphe au duc de Milan.

Au verso du feuillet 102 et dernier, se trouvent la souscription et le registre détaillé des cahiers A—N.

572. VITAE CAESARUM, autoribus Ælio Spartiano, Julio Capitolino, Ælio Lampridio, Vulcatio Gallicano, Trebellio Pollione, Flavio Vopisco... Sequuntur Eutropius et Paulus Diaconus. *Venetiis, Rub. de Vercellis*, 1490 15 julii.
In-fol., sign. A—Riiii. [258]

Maittaire, 520; Panzer, III, 287, N°1301; Tellier, 400; Hain, *14563.

Casaubon a cru que cette édition était la première de ce recueil connu sous le nom d'Histoire Auguste. Elle n'est que la troisième.

573. MARTYROLOGIUM simul et antiqua atque nova Regula canonica cum Tractatu de concordia grammatice et musice in ecclesiastico officio. *Parisii, per Guidonem Mercatoris*, 1490 julii die ultimo.
In-fol., goth., sign. a—oiiii, titr. [614]

La Caille, 66; Maittaire, 518; Tellier, 66.

574. FORMULARIUM instrumentorum ad usum curiae Romanae. *Romae, Steph. Plannck*, 1490 9 augusti sedente Innocentio VIII pontificatus sui anno sexto.
In-4°, goth., sign., chiff. CLXXXiiii. [766]

Audiffredi Rom., 293; Hain, *7267.

575. ODONISepiscopi Cameracensis (....—1113) expositio sacri canonis missae. (*Parisiis*), *in domo regalis collegii Navarre in campo Gaillardi, per Guidonem Mercatorem*, 1490 16 augusti.
In-4°, goth., sign. a—b iii. [758]

> Édition que Panzer (II, 293, N° 187) n'indique que d'après notre exemplaire, annoncé dans le catalogue de Le Tellier, 50. Hain, *11959.

576. Publii Fausti ANDRELINI Foroliviensis poetae (....—1518) Livia sive amorum libri IV. *Parisiis, (Guid. Mercat.)*, 1490 kalendis octobris.
In-4°, semi-goth., sign. a—k iiii. [791]

> D. Clément, I, 321; Maittaire, 524; Hain, 1090.

577. Martini de MAGISTRIS (....—1482) opus de virtutibus et vitiis ab Egidio Delfo recognitum. *Parisiis, per Wolfgang Hopyl Almanum*, 1490 10 octobr.
In-fol., 2 col., sign. a—F iii, chiffr., titr. [615 *et* 615²]

> Édition indiquée dans le catalogue de La Vallière, N° 1282, sous le titre de *Summa de virtutibus autore Martino*. Hain, 10458.

578. (Joannis Fidanzae, sive) BONAVENTURAE (1221—74) cardinalis, stimulus divini amoris devotissimus, correctus per Johannem Quentin canonicum et poenitentiarium Parisiensem. *Parisiis, impensis Georgii Mittelhus* (sic), 1490 23 oct.
Petit in-8°, goth., sign. a—x, registr. [615³]

> Maittaire, 529; Hain, *3479.

579. ALPHONSI Toletani (....—1329), ordinis Eremitarum S. Augustini, lectura super 1ᵐ Sententiarum. *Venetiis, Paganin. de Paganinis*, 1490 pridie kal. nov.
In-fol., goth., 2 col., sign. a—x 3, titr., registr. [616]

> Fossi, II, 705; Tellier, 39; Hain, *876.
> 8 feuillets de table &c... avant le cahier a.

580. Claudii PTOLEMAEI (II. s.) cosmographiae libri VIII, latine. *Rom., Petrus de Turre*, 1490 4 nov.
Gr. in-fol., 2 col., sign., titr., 27 cartes. [55]

> Audiffredi Rom., 299; Fossi, II, 418; Heineken, 145; La Vallière, N° 4483; Orlandi, 79; Panzer, II, 499 et 500; Hain, *13541.
> Le volume contient 1° 30 feuillets de table; 2° les VIII livres de la Géographie de Ptolémée; 3° les 27 cartes; 4° le traité *de locis ac mirabilibus mundi*, divisé eu 61 chapitres et occupant 61 feuillets.
> La bibliothèque du Panthéon possède deux exemplaires de cette édition; l'un, cité par Audiffredi, avec les cartes en noir, l'autre avec les cartes coloriées.

581. ALBERTI Magni (seu Groti 1205—82) ordinis Praedicatorum, episcopi Ratisponensis, tractatus de coelo et mundo. *Venetiis, per Jo. de Forlivio et Gregorium fratres*, 1490 18 nov.
In-fol., goth., 2 col., sign. a—k iiii, chiffr. 65, titr., registr., 70 l. [617]

Fossi, I, 43; Panzer, III, 279, N° 1246; Sartori, II, 188; Hain, *511.

582. AMBROSII (340—97, episc. Mediolanens.) epistolarum libri X; de vocatione gentium libri II; sermones XC; orationes ante missam; tractatus de sacramentis et mysteriis; de virginibus libri III; de viduis, de cohortatione virginum et dedicatione templi Juliani, de institutione virginis et de jejunio. *Mediolani, Leonardus Pachel*, 1490 18 dec.
In-fol., sign. a—& ii. [618]

Maittaire, 518; Sassi, 320 et 587; Hain, *898.

583. STATII Papinii (I. s. 61—96) opera omnia cum Placidi Lactantii et Domitii Calderini commentariis. *Venetiis, per Jacobum de Paganinis Brixiensis*, 1490 20 dec.
In-fol., sign. a—q, A—N iii, titr., registr., 2 caract. le plus petit pour le commentaire. [259]

Fossi, II, 614; Maittaire, 521; Seemiller, IV, 12; Spencer, II, 377; Hain, 14978.

584. ALBERTI DE SAXONIA (XIV. s.) Sophismata. *Parisiis, per Georgium Vuolf Badensem*, 1490.
In-4°, goth., 2 col., sign. a—o iiii, titr. [792]

Panzer, IV, 398, N° 198; Hain, 581.

585. MISSALE Nivernense. *Parisiis, Jo. de Prato*, 1490.
In-fol., goth., 2 col., sign. a—AA—CC iii, chiffr. CCXXVIII, titr., fig. [619]

Édition omise par Panzer. ¹)

ÉDITIONS SANS DATES, PUBLIÉES VERS 1490.

586. PETRI DE VICENTIA (XV. s.) episcopi Caesenatensis oratio pro capessenda expeditione contra infideles habita jussu Innocentii VIII, in die annunctiationis (sic) Beatae Virginis. 1490. (*Romae, Euch. Silber*, 1490.)
In-4°, 12 f. [352]

Audiffr. Rom., 294; Seemiller, IV, 135; Hain, 12860.

---

¹) Historia calumnie novercalis seu VII sapientum &c... *Antuerpiae, Leeu.* 1490. In-4°.

587. LEONELLI de Chieregatis (XV. s.) propositio (contra Turcas) habita nomine Innocentii papae VIII, Londoniis apud Henricum VII Angliae regem, die 29 martii 1490. (*Romae, Euch. Silber*, 1490.)
In-4°, 14 f., sign. [351]

<small>Audiffr. Rom., 294; Denis, N° 4633; Hain, 4967.</small>

588. Ludovici DONATI (XV. s.) episcopi Bergomensis oratio pro Augustini solemnitate habita assistentibus reverendissimis omnibus Cardinalibus. (*Romae, Steph. Plannck*, circa 1490.)
In-4°, goth., 2 f. [740]

<small>Audiffr. Rom., 431; Hain, *6391.</small>

589. Hieronimi SCOPTII Senensis episcopi (XV. s.) oratio in die festo omnium sanctorum ad Innocentium VIII pontificem, cum praefatione ad Carapham episcopum Sabinensem. (*Romae, Steph. Plannck*, circa 1490.)
In-4°, 10 f. [351]

<small>Audiffr. Rom., 429; Denis, N° 5874; Seemiller, IV, 134; Hain, 14541.</small>

590. C. Julii CAESARIS (I. s. a.) oratio Vesontione ad milites habita, ab Andrea Brentio ex Cesaris commentariis et e grecis codicibus eruta et integre edita. Praemittuntur editoris carmen decastichon ad Jul. Caesarem et epistola ad Sixtum IV ad Quirites. Ad calcem, carmina in laudem Brentii. (*Romae, Steph. Plannck*, circa 1490.)
In-4°, goth., 8 f. [740]

<small>Audiffr. Rom., 422.</small>

591. Hieronimi BUTICELLAE (XV. s.) oratio pro Jo. Phil. Gambaloita habita (circa 1490).
In-4°, goth., 6 f., sign. a—aiii. [351]

<small>Panzer, IV, 104, N° 266; Hain, 4170.</small>

592. Bernardi JUSTINIANI (XV. s. 1489) orationes et epistolae. = ISOCRATIS libellus ad Nicoclem regem latine redditus ab eodem Bern. Justiniano. = Leonardi JUSTINIANI epistolae. *Venetiis, per Bernardinum Benalium*, (circa 1490).
In-fol., sign. a—liiii. [621]

<small>Denis, N° 5217; Seemiller, III, 174; Hain, *9639.</small>

593. Crispi SALLUSTII (I. s. a. 86—35 a.) historia conjurationis Catilinariae et belli Jugurthini. Accedunt Sallustii vita,

ejus in Ciceronem invectiva, Ciceronis responsio, et Catilinae defensio contra Ciceronem. (*Venetiis, Jo. Vercellensis et Fr. Madius*, (circa 1490).

In-fol., 27 f., 54 l., sign. a—e ii, registr. [563²]

Panzer, III, 501, N° 2834; Hain, 14193.

594. Caii SUETONII Tranquilli (II. s.) vitae duodecim Caesarum. (*Venetiis, Jo. Vercellens.*, circa 1490.)

In-fol., 88 f., 54 l., sign. a—k iii, registr. [565²]

Le recto du premier feuillet est blanc, le verso contient plusieurs pièces de vers sur Suétone et son ouvrage. Le recto du dernier feuillet est occupé par le registre et par le commencement d'une pièce de vers qui finit au milieu du verso : elle est suivie de deux courtes notices sur la vie de Suétone. Le caractère est parfaitement semblable à celui du Salluste sans date, de Jean de Verceil, N° précédent. Panzer ne fait aucune mention de cette édition de Suétone.

595. JUSTINI (II. s. juxta plerosque) historici clarissimi epithomatum in Trogi Pompeii historias libri XLIV, et Lucii FLORI (III. s.) gestorum Romanorum epithoma. (*Venetiis, Jo. Vercellens.*, circa 1490.)

In-fol., 70 f., 54 l., sign. a—l iii, registr. [565²]

Le XLIVe livre de Justin finit au verso du feuillet signaturé h ii, et au recto h iii une courte préface annonce Florus dont l'ouvrage est suivi, à l'avant-dernier verso, de ces 8 vers:

> Aurea Justini Lucique epithomata Flori
> Aere tibi modico candide lector habe
> Contrahit iste Titi numerosa volumina Livi
> Pompeii historias colligit ille Trogi.
> Quā bene coniuncti : namqȝ hic ubi desinit, ille
> Incipit: atqȝ unum pene videtur opus.
> Rite recognovit quos Justinianus ad unguem
> Romanus. felix lector amice vale.
> FINIS.

Le registre est au dernier verso. La caractère est celui du Salluste et du Suétone, de Jean de Verceil, N^{os} précédents. Cette édition de Justin et Florus n'est point mentionnée par Panzer: ce n'est pas celle qu'il indique IV, 455, d'après Fossi, II, 372; Hain, 9655.

596. Christophori LANDINI (....—1494) quaestiones Camaldulenses quarum liber primus est de vita activa et contemplativa; II^s de summo bono; III^s et IV^s de Virgilii Maronis allegoriis. (*Florentiae*, circa 1490.)

In-fol., 72 f., 43 l., sign. a—o iii, titr., privil. [622]

Audiffredi Ital., 388; Panzer, IV, 316 & 317; Hain, 9851.

597. Magistri Joannis Nannis (ANNII Viterbiensis 1432—1502) opus de futuris xpianorum triumphis in Thurcos et Sara-

cenos ad Beatissimū pōtificem Sixtum quartum. *Lovanii, Joan. de Westphalia*, (circa 1490).
In-4°, sign. a—g 4. [793]

<small>Panzer, I, 520, N° 71; Hain, 1124.</small>

598. Cecilii CYPRIANI (....—258) episcopi Carthaginensis Epistolae. (*Memmingae, Albert Kune de Duderstat*, circa 1490.)
In-fol., goth., 132 f., 46 l., 2 col., sign. A—R iii. [496]

<small>Braun, II, 25; Hain, *5895.
Une table de deux pages précède l'ouvrage.</small>

599. Le proprietaire des choses (par Barthel. de GLANVILLE, XIV. s.) translate de latin en françois par Jehan Corbichon, revisite par Pierre Ferget. *Lyon, Jehan Cyber*, (vers 1490).
In-fol., goth., 2 col., sign. a—A—G v, titr. [462]

<small>Le cahier a est précédé de celui qui contient le prologue et la table. Je ne trouve point l'indication de cette édition dans les livres de bibliographie.
Hain, 2513.</small>

600. ERUDITORIUM Penitentiale (sive conscientiae examen) cuilibet christicole pernecessarium. (Circa 1490.)
In-4°, goth., sign. a—k iii, fig. [788]

<small>Laire, II, 7; La Vallière, N° 644; Tellier, 59; Hain, 13152 (?).</small>

601. MISSALE Romanum.
In-fol., goth., 2 col., sign. a—A—L ij. [620]

<small>Cette édition n'est clairement désignée par aucun bibliographe.</small>

1491.

602. LUDOLFI SAXONIS Cartusiensis (XIV. s.) interpretatio Psalmorum daviticorum, edita a Jacobo Wimfeling. *Spiris*, 1491 kal. januar.
Gr. in-4°, goth., 2 col., sign., chiffr., titr., exemplaire mutilé. [623]

<small>Je ne reconnais cette édition dans aucune de celles que les bibliographes ont indiquées.
Baur, p. 38, N° 30, indique: Ludolphi Saxonis... Expositio in Psalterium juxta spiritualem sensum ex Hieronimo, Cassiodoro, Augustino et Petro Lombardo. Cum praef. Jac. Wimpheling., Selestadiensis scripta. *Ex Spiris* 1491 (in-octavo) siue impress. — Hain, *10304.</small>

603. Guillelmi de OCKAM (....—1347) Anglici ordinis Minor. quodlibeta VII cum tractatu de Sacramento altaris et imprimis de distinctione puncti, lineae, superficiei, corporis,

quantitatis, qualitatis et substantiae. *Argentinae, (Martin Flach)*, 1491 post festum Epiphaniae.

In-fol., goth., 2 col., sign., titr., 118 f., 51 l. [624]

<small>Braun, II, 213; Fossi, II, 247; Panzer, I, 46, N° 216; Seemiller, IV, 17; Hupfauer; Sartori, II, 188; Hain, *11941.
Le ouvrage est précédé du frontispice, des 2 tables... &c...</small>

604. Petri RAVENNATIS (XV. s.) Foenix sive memoria artificiosa. *Venetias (sic), Bernardinus de Choris de Cremona*, 1491 10 jan.

In-4°, sign. a—d ii, privil. [752]

<small>Fossi, II, 440; Freytag, adp. I, 28; Maittaire, 535; Seemiller, IV, 20; Tellier, 385; Hain, *13697.</small>

605. Joannis Michaelis ALBERTI Carrariensis libellus de omnibus ingeniis augendae memoriae. *Bononiae, Plato de Benedictis*, 1491 24 jan.

In-4°, sign. a—b iii. [759]

<small>Maittaire, 536; Panzer, I, 223, N° 142; Hain, *426.</small>

606. MIRABILIA Romanae urbis. *Romae, per Eucharium Silber alias Franck*, 1491 24 jan. sedente Innocentio VIII, anno VII.

Petit in-8°, goth., fig., registr. [384]

<small>Édition romaine omise par Audiffredi, quoiqu'indiquée par Maittaire, 542; Hain, 11195.</small>

607. HEURES à l'usage de Rome. *Paris, Philippe Pigouchet, pour Simon Vostre*, 1491 1 mars.

In-8°, goth., sign. a—m ii, fig., exemplaire imprimé sur vélin. [360]

<small>Maittaire, 531.
Les figures bordent les quatre côtés de chaque page: elles encadrent le texte.</small>

608. JUSTINIANI (483—565) institutionum opus cum summariis et commentariis. *Lugduni, Jo. de Prato*, 1491 2 martii.

In-fol., goth., 4 col., sign. a—o iiii, chiffr. CX, titr., registr. [463]

<small>Après le feuillet CX, un dernier feuillet, non chiffré, contient au recto une table alphabétique, au verso le registre. Panzer n'indique point cette édition.</small>

609. BONAVENTURAE (sive Fidanzae 1221—74 ord. minor. cardin.) commentarii in librum primum Sententiarum. *Bamberg*, 1491 2 martii.

In-fol., goth., 2 col., sign. a—aa—gg 4. [625]

<small>Édition non indiquée par Panzer.</small>

610. CARMINA pia et preces. *Venetiis, Christoph. de Cremona*, 1491 die uigessimo (*sic*) tertio martii.
In-4°, sign. A—Liiiii, chiffr. 90. [791²]

Panzer, III, 308, N° 1438.
Les pièces contenues dans ce volume sont annoncées par une table (en espagnol) qu'on lit au premier verso:
    Los libros que en este uolumen se contienen son lo siguientes.
    El catō con el libro llamado cōtēto cuya obra es de saut bernardo
    El floreto el qual contiene seys principales partes... la primera &c...
    Contiene mas quinq₃ claves de la Sabiduria... las fabulas del Esopo,... los hymnos... las lectiones de job con el credo Salve regina el Pater noster con el ave Maria.
    Au 2ᵉ feuillet, on lit cet intitulé (en lettres rouges):
    Andreae Guterrii Cerasiani paucissimi sudores in laudem nostrae dominae filii dei genitricis et uirginis mariae et libētissimae et piētissimae dedicati.

611. Aurelii AUGUSTINI (354—430) opuscula plurima, quaedam non plus impressa (*sic*). *Venetiis, Dionys. Bertochus de Bononia*, 1491 26 martii.
In-4°, goth., 2 col., sign. a—A—Siii, chiffr. CCCXXXVIII, titr., registr. [626]

Braun, II, 229; Maittaire, 535; Hain, *1949.
Cette édition renferme les mêmes ouvrages que celle de Strasbourg, 1489, ci-dessus N° 539. Les feuillets du cahier a, qui contient la table, ne sont pas chiffrés, non plus que le dernier feuillet du volume. Ce dernier feuillet contient le registre imprimé sur 3 colonnes et l'écusson de l'imprimeur.

612. Aur. AUGUSTINI opuscula: videlicet de Academicis libri III; de vita beata libercunus; de ordine libri II; Soliloquiorum libri II; de immortalitate animae; grammatica; rhetorica; dialectica; de moribus ecclesiae catholicae; de animae quantitate; de libero arbitrio libri III. Accedit Augustini vita ex dictis ipsius desumpta; quam sequuntur libri de magistro; de opere monachorum; de bono perseverantiae; de decem cordis; de communi vita clericorum; et vita sancti Guarini. *Parmae, per Angelum Ugoletum*, 1492 pridie kal. april.
In-fol., sign. a—A—Niii, titr., registr. abr. [627]

Affo, 93; Laire, II, 162; Maittaire, 535; Hain, 1952.
Le premier livre *de Academicis* est précédé de trois feuillets occupés par des pièces préliminaires, épître de Severinus Calcus, index, extrait du livre des Rétractations...

613. Joannis GERSON (1363—1429) cancellarii Parisiensis de imitatione Christi libri IV, et tractatus de meditatione cordis. *Parisiis, per Philippum Pigouchet*, in via cithare in locagiis collegii vulgariter nuncupati de Dainville, *pro de Marnef*, 1491 die ultimo martii.
Petit in-8°, goth., sign. a—miiii, titr. [384]

Maittaire, 536; Tellier, 99; Hain, 9102.

614. Joannis GERSON tractatus de passionibus animae. (*Parisiis, Pigouchet*, circa 1491.)
Petit in-8°, goth., sign. a—ci. [794]

<small>Caractère du N° précédent. Édition que les bibliographes n'indiquent point.</small>

615. Nicholai de LIRA (....—1340) ordinis seraphici, preceptorium sive expositio tripharia in decalogum legis divine. (*Parisiis*), *Phil. Pigouchet*, (circa 1491).
Petit in-8°. [794]

<small>Maittaire, 541.</small>

616. STATUTA lecta in synodo Lingonensi per Joh. d'Amboise episcopi die mercurii post misericordia domini, 1491.
In-4°, 16 f., 26 l., sign. a—biiii, beau caractère, point d'initiales. [739]

<small>Marchand, 86.</small>

<small>Les signatures font quelquefois partie de la dernière ligne: par ex.: culiares seu privatas dicere: per quas populus Aaiiii.</small>

617. Guillermi HOUPPELANDE (XV. s. presbyteri Parisiensis) libellus de immortalitate anime a Ludovico Bochin castigatus. *Parisiis, Phil. Pigouchet pro Anthonio Baqueleri civitatis Grationopolitane*, 1491 hac luce maii 28.
Petit in-8°, goth., sign. a—ev, fig. [794]

<small>Maittaire, 702; Panzer, II, 296, N° 215; Hain, †8967.</small>

618. Johannis (BALBI, ord. Praed. XIII. s.) Januensis Catholicon emendatum et correctum per Petrum de Venetiis, 1491 XIII kal. julii.
In-fol., goth., 2 col., sign. a—A—Sii, titr., registr. [464]

<small>Cette édition, qui n'est mentionnée, à ma connaissance, dans aucun livre de bibliographie, est souscrite en ces termes:</small>

<small>Emendatum et summa cum diligentia correctum per venerabilem virum Magistrum Petrum de Venetiis. Anno Domini millesimo quadrigentesimo (*sic*) nonagesimo primo. XIII kalendas julij. Finit feliciter.</small>

<small>On lit cette souscription vers la fin de la seconde colonne du recto du dernier cahier. Le verso est occupé par le registre qui est sur 4 colonnes.</small>

619. BIBLIA latina integra: summata: distincta: superemendata: utriusque testamenti concordantiis illustrata. *Basileae, per Johannem Froben de Hammelburck*, 1491 27 junii.
Petit in-8°, goth., 2 col., sign., titr., 1ᵉ édition in-8° de la Bible. [385]

<small>Braun, II, 217; Fossi, I, 322; Freytag, adp. II, 721; Laire, II, 164; Maittaire, 530; Panzer, I, 170, N° 136; Hain, *3107.</small>

<small>On lit entre l'Apocalypse et la souscription, les vers *Fontibus ex graecis* &c..., ci-dessus N° 365.</small>

620. PRIVILEGIA ordinis Cisterciensis. *Divione, per Petrum Metlinger Alemanum*, 1491 III nonas julias.
In-4°, goth., sign. a—A—B 4, fig., 1 édit. [795]

Fossi, I, 548; La Vallière, N° 1116; Panzer, I, 375; Tellier, 181; Hain, *13367.

On ne connait que trois éditions de Dijon avant 1501; savoir: celle-ci le Compendium sanctorum Cisterciensium imprimé aussi en 1491, et le Boethius *de consolatione*, sans date. Toutes trois sont du même imprimeur, Metlinger.

621. Les histoires d'OROSE (V. s.) translatées en françois. *Paris, Ant. Vérard*, 1491 21 aoust.
2 tom. en 1 vol., fol. maj., goth., 2 col., sign. a—aa—dd iii, A—R iii, chiffr. CCXXVIII & VI^{xx}VII, fig. [465]

Maittaire, 542; Hain, 12105.

Outre les feuillets chiffrés, il y en a 16 qui ne le sont pas; savoir 12 au commencement du T. I, pour le frontispice, le prologue et la table, et 4 autres, à l'entrée du T. II.

622. Bulla INNOCENTII VIII revocationis et reductionis facultatum resignandi beneficia, lecta die jouis 6 oct. 1491. *Romae, Steph. Planck*, 1491.
In-4°, goth., 4 f. dont le dernier n'est point employé. [749]

Audiffredi, 303, cite une édition de cette bulle qu'il attribue à Silber (fortasse Silberi); il ne dit rien de celle que j'indique ici, et qui porte expressément le nom de Planck: Impressit Romae Stephanum Planck, 1491. Hain, 9198.

623. ARNOLDI de Villanova (....—1313) tractatus de virtutibus herbarum. *Vincentiae, Leonard. de Basilea, et Guillelm. de Papia*, 1491 27 oct.
Petit in-4°, sign. a—x, chiffr. CL, fig. coloriées. [796]

Fossi, I, 765; Laire, II, 169.

624. ARNOLDI de Villanova tractatus de virtutibus herbarum (forsan secunda editio vicentina, circa 1491).
Petit in-4°, sign. a—t iiii, chiffr. CL, fig. [797]

Le premier feuillet ne contient que ce titre *inicipit* (sic) *tractatus de virtutibus herbarum*; les seuls mots du volume qui soient en caractères gothiques. Une préface remplit le second feuillet. Le troisième commence par une explication des poids et mesures en usage dans la médecine. Suit une table imprimée sur 2 colonnes, qui ne finit qu'au 4me verso. A partir du cinquième feuillet, qui est signaturé a et chiffré 1, il y a une figure sur chaque recto. Je crois qu'aucun bibliographe n'a indiqué cette édition

625. TITI LIVII (I. s. 59 a.—18) historiarum libri superstites.... Epistola Joannis Andreae Aleriensis, &c.... *Vene-*

tiis, (per Bernardinum Herasmium Novocomensem), 1491 5 nov., Augustino Barbadico duce.

In-fol., sign., chiffr. CCXXII, titr., registr. [211]

<small>Drakenborch, édit. Tit. Liv., VII, 331; Fossi, II, 88; Maittaire, 532; Panzer, III, 309, N° 1447; Seemiller, IV, 19; Gessner, 53; Hain, *10137.

Le premier livre de Tite-Live est précédé: 1° des notes de Sabellicus; 2° de l'épître de Jean, évêque d'Alerie, à Paul II, v. ci-dessus N° 377; 3° de l'Epitome de Florus; 4° d'une table. Les feuillets qui contiennent les préliminaires ne sont pas chiffrés. Les chiffres employés dans le reste du volume sont arabes jusqu'à 166, et les suivans sont romains.</small>

626. Aur. AUGUSTINI (354—430) plurima opuschula. *Venetiis, Pelegrin de Pasqualibus*, 1491 10 nov.

In-4°, goth., sign. a—v ii, chiffr. 131, titr., registr. abr. [626]

<small>Braun, II, 229; Seemiller, IV, 20; Hain, *1953.

Au commencement du volume, deux feuillets non signaturés et non chiffrés contiennent l'épître de Séverin Chalcus, la table... &c. Cette édition renferme les mêmes ouvrages que celle de Parme, 1491, N° 612, ci-dessus, à quelques exceptions près.</small>

627. C. SUETONII Tranquilli (II. s.) vitae XII Caesarum cum M. Ant. Sabellici commentario. *Mediolani, Scinzenzeler*, 1491 19 nov.

In-fol., sign. a—s iiii, chiffr. CXXXVI, titr., registr. [212]

<small>Denis, N° 2592; Sasse, 589; Hain, 15123.</small>

628. TIBULLUS (I. s. a.), CATULLUS (I. s. a.), PROPERTIUS (I. s. a.) cum commento. *Venetiis, Bonet. Locatelli. Bergom. et Octav. Scot*, 1491 quinto jd. dec.

In-fol., sign. a—x iii, titr., registr., lettres grises. [627]

<small>Maittaire, 533; Panzer, III, 297, N° 1368; Hain, *4753.

Les commentaires de Bernardin de Vérone sur Tibulle, d'Ant. Partenius Lacisius sur Catulle, de Philippe Béroalde sur Properce, sont en caractères plus petits en environnent les textes.</small>

622. BIBLIA latina. *Venetiis, Simon de Gara*, 1491.

In-fol., goth., 2 col., sign. a—A—Aa—Hh 5, titr. [628]

<small>Maittaire, 530; Tellier, 2; Hain, 3110.

Le cahier H h est suivi de trois autres, qui contiennent le dictionnaire des mots dérivés de l'hébreu, sur 4 colonnes, et en plus petits caractères.</small>

630. BREVIARIUM Rothomagense. *Rothomagi, per Martinum Morin, impensa Johañis Ricardi Mercatoris librarii*, 1491.

In-fol., goth., 2 col., sign., titr. [629]

<small>Mercier, 96; Tellier, 156; Hain, 3929.</small>

631. GREGORII pape urbis Romae (...—604) liber omeliarum XL de diversis Evangelii lectionibus. *Parisiis, per Georgium Vuolf Badensem*, 1491.
In-4°, 30 l., sign. a—y iii. [798]

Denis, N° 2521; Hain, *7950.

Une table des homélies termine le volume. ¹)

1492.

632. Rosa anglica sive Joannis Anglici (GASTIDENI XIV. s.) practica medicine a capite ad pedes. *Papiae, per Joannem Santonium Birretam*, 1492 24 jan.
Petit in-fol., goth., 2 col., sign. a—y 3, récl., chiffr. 173. [630]

Braun, II, 235; Denis, N° 6261; Maittaire, 545; Seemiller, IV, 28; Hain, *1108.

633. Bonifacii SIMONETAE (XV. s. ord. Cisterciensis) Epistolarum et Capitulorum de persecutionibus Christianis libri sex a Stephano Dulcino editi. *Mediolani, Ant. Zarot*, 1492 in mense januarii.
In-fol., sign. a—N—C v, 1 édit. [631]

Argelati, Script. mediol., II, 2160; Fabricius Med., VI, 205; Laire, II, 180; Sassi, 343 & 589; Hain, 14750.

Le dernier feuillet contient une pièce de vers adressée à l'auteur par J. Biffi.

634. Angeli de CLAVASIO (XV. s.; ord. Min.) summa angelica de casibus conscientiae. *Nurembergae, Anth. Koberger*, 1492 10 febr.
In-fol., goth., 2 col., sign. a—A—B 5, chiffr. CCCX, titr. [632]

Maittaire, 549; Hain, 5395.

635. Chronica Bossiana sive Donati BOSSI (1427—1502, mediolanensis) Chronica gestorum dictorumque memorabilium ab orbe condito ad ann. 1492. Praemittitur arbor genealogica principum Mediolanensium ab Invorio. *Mediolani, Ant. Zarot*, 1492 Calendis martiis.
In-fol., sign. a—y 2, 1 édit. (exemplaire complet). [213]

D. Clément, V, 124; Debure, N° 4327; Laire, II, 172; Sassi, 341 & 590; Hain, *3667.

---

¹) Le mystère de la vengeance de J.-C. *Paris, Vérard*, 1491 28 mai. In-fol.
Joannis Cuba ortus sanitatis. *Moguntiae, Meydenbach*, 1491 23 jun. In-fol.
Pentateuchus hebraicus cum paraphr. &c... *Ulyssipone*, 1491, 2 vol. in-fol.
Le Roman de Jason et Médée. (Par Raoul Lefebvre.) *Lyon, Maillet*, 1491. In-fol.

636. Aegidii Romani (de COLUMNA ....—1316) archipraesulis Bituricensis ordinis heremitarum S. Augustini opus in primum Sententiarum. *Venetiis, Peregrin. de Pasqualibus de Venetia*, 1492 14 april.

In-fol., goth., 2 col., 69 l., sign. a—A iii, titr., reg. abr. [633]

<small>Braun, II, 239; Fossi, I, 22; Seemiller, IV, 29; Hain, *125.</small>

637. BREVIARIUM Parisiense. *Parisiis, per Joh. de Prato*, 1492 9 jun.

In-fol., goth., 2 col., sign., titr., fig. [466]

<small>Exemplaire de Le Tellier, 156, indiqué par Panzer, II, 297, N° 226; Hain, 3869.</small>

638. Petri Apollonii COLLATII presbyteri Novariensis (XV. s.) fastorum majorum libellus. *Mediolani, per Philippum de Mantegatiis, impensa Pauli Taegii*, 1492 22 junii.

In-4°, sign. a—e ii. [799]

<small>Sassi, 591; Seemiller, IV, 32; Hain, 1290.</small>

<small>C'est un recueil de poésies sacrées.</small>

639. L'aquila di Leonardo (BRUNI 1370—1444). *Napoli, per Ayolfo de Canthono, cithadino de Milano*, 1492 27 de junio.

Petit in-fol., sign. a—x ii, registr. abr., fig. [634]

<small>Fossi, II, 429; Freytag, Anal., 37; Panzer, II, 163, N° 71; Hain, 1577.</small>

<small>8 feuillets de table avant le cahier a.</small>
<small>On croit que cet ouvrage, extrêmement médiocre, n'est point de l'auteur dont il porte le nom.</small>

540. MACROBII Aurelii Theodosii (V. s.) in somnium Scipionis libri II & Saturnaliorum libri VII. *Venetiis*, 1492 29 junii.

In-fol., sign. a—p ii, chiffr. LXXXIX, titr., registr., fig. [261 et 641]

<small>Fossi, II, 115; Maittaire, 546, Panzer, III, 329, N° 1597; Hain, *10429.</small>

641. NOBILIARIO [spagnuolo], copylado por el onrrado cavallero Feranto Mexia. *Sevilla, Pedro Brun*, 1492 30 de junio.

In-fol., goth., 2 col., sign. a —m iiii, titr., fig. [635]

<small>*Libris rarissimis primi ordinis annumerandum*, dit Vogt, 465; Hain, 11133.</small>

<small>Le cahier a renferme le frontispice, la table qui est imprimée sur 3 colonnes, et le prologue. Quelques intitulés sont en lettres rouges.</small>

642. Johannis de GERSONO (1363—1429) de imitatione Christi sive de contemptu mundi libri IV et tractatus de medi-

tatione cordis. *Parisiis*, *per Philippum Pygouchet* in vico Citharc, in locagiis collegii vulgariter nuncupati de Dainville, 1492 15 julii.
In-16°, goth., sign. a—m iiii, titr. [386]

<small>Maittaire, 553; Tellier, 99; Hain, 9104.</small>

646. Tractatus de perfecta IMITATIONE CHRISTI et vero mundi contemptu cum tractatulo de meditatione cordis. (*Paris*, *Phil. Pigouchet*), 1492.
In-16°, goth., sign. a—z iiii, chiffr. 182, titr. [387]

<small>Maittaire, 553; Hain, *9103.</small>

<small>Le cahier a est précédé de 8 feuillets qui contiennent le frontispice et la table.</small>

644. Jacobi Januensis de VORAGINE (1230—98) ordinis Praedicat. legendae Sanctorum. *Argentinae*, 1492 in vigila (*sic*) sancti Laurentii martyris.
In-fol., goth., 2 col., sign a—A—N 5, titr. [636]

<small>Maittaire, 552.</small>

<small>Le cahier a est précédé de 13 feuillets qui contiennent les prologues et des tables.</small>

645. La historia fiorentina di Fr. POGGIO (Bracciolini 1380—1459) tradotta di latino in lingua thoscana de Jacopo Poggio suo figliolo. *Firenze*, *Bartholomaeo P. (Pio) florentino*, 1492 a di III di septembre.
In-fol., sign. A—O 6. [637]

<small>Audiffredi Ital., 329; D. Clément, II, 34; Debure, N° 5083; Fossi, I, 424; Laire, II, 173; Hain, *13173.</small>

<small>Une table remplit les 2 derniers feuillets.</small>

646. Fr. PETRARCHAE (1304—74) Aretini Epistolarum de rebus familiaribus libri VIII. *Venetiis, per Johannem et Gregorium de Gregoriis fratres*, 1492 jdibus sept. Augustino Barbadico Venetiarum principe.
In-4°, sign. a—p iii, chiff. 117, titr., registr. [338]

<small>Braun, II, 237; Maittaire, 548; Strauss, 264; Hain, *12811.</small>

<small>On trouve à la fin de ce volume un cahier in-4° signaturé F, qui ne fait pas suite avec les précédens et qui n'est pas sorti des mêmes presses: il contient le discours de Raphaël Regius *de laudibus eloquentiae*, précédé d'une épître dédicatoire, et suivi d'une dissertation de quatre pages, par le même R. Regius sur la question de savoir si la Rhétorique à Herennius est véritablement de Cicéron. Ce cahier, terminé par un registre abrégé, un errata et la date 1492 25 sept., est le dernier de l'ouvrage de Raph. Regius, intitulé: *Problemata in Quintiliani declamationes*, imprimé à Venise en 1492 chez Octavien Scot.</small>

647. Marii PHILELFI (XV. s.) Epistole sumopere emendate. *Venetia, J. de Monteferrato di Tridino*, 1492 6 oct. regnante inclio (sic) duce Augustinus (sic) Barbadico.
In-4°, sign. a—n iiii, registr. [339]

<small>Maittaire, 547; Panzer, III, 328, N° 1584; Hain, *12976.
Le cahier a est précédé d'un cahier A qui renferme le frontispice, la table & d'autres pièces préliminaires.</small>

648. Petri HÆDI sacerdotis Portus naensis (XV. s.) anteroticorum sive de amoris generibus libri III. *Tarvisii, Gerard. de Flandria*, 1492 13 oct.
In-4°, 103 f., 25 l., chiffr. XCVII, petites initiales. [340]

<small>D. Clément, I, 278 et IX, 339; Debure, N° 3744; Fossi, I, 761; Laire, II, 124; La Vallière, N° 4257; Santander, N° 924; Hain, *8343.
Les 6 premiers feuillets ne sont pas chiffrés; ils contiennent le frontispice, la table, &c... Le premier livre de l'ouvrage traite de l'amour profane, du dieu Cupidon, des attributs que lui donnent les poètes. Anteros ou le contre amour est l'objet spécial du second livre, où après quelques chapitres sur Hippolyte, il est surtout question des mauvaises qualités des femmes. Dans le troisième livre, il s'agit de l'amour divin, de la charité... &c...
Ce volume est, selon David Clément, d'une extrême rareté; il s'est vendu 49 florins à la vente de Ménars.</small>

649. P. VIRGILII Maronis (I. s. a.) opera cum commentariis Donati, Servii Mauri Honorati & Christophori Landini cujus praemittitur Epistola ad Petrum Medicem magni Laurentii filium. Accedunt notae quaedam Domitii Calderinii Veronensis, et ad calcem reperiuntur tum liber XIII Æneidos a Maphaeo Regio laudensi scriptus, tum opuscula quae sub Virgilii nomine circumferuntur. *Venetiis, impensis Fr. de Gerardenghis de Papia et arte Antonii Lambillionis*, 1492 nonis nouembribus.
In-fol., sign. a—A—L iiii, chiffr. 298, titr., registr. [157]

<small>Heyne, édit. Virgil., V, 452; Maittaire, 545; Orlandi, 51; Panzer, III, 325, N° 1568.</small>

650. Francisci PETRARCHAE (1304—74) opus divinum de remediis utriusque fortunae. *Cremonae, per Bernardinum de Misintis Papiensem ac Cesarem Parmensem*, 1492 die 17 nov.
In-fol., sign. a—A—C 4, récl. [262]

<small>Exemplaire cité par Audiffredi Ital., 223 & conforme à la description du N° 1325 de Debure. V. aussi Laire, II, 178; Maittaire, 548; Seemiller, IV, 27; Hain, *12793.</small>

651. ODONIS (....—1113) Cameracensis episcopi Expositio canonis missae. (*Parisiis*) *in vico S' Jacobi prope parvum fontem per Georgium Mittelhuss*, 1492 10 dec.
In-4°, goth., 12 f., sign. A—B iij. [746]

<small>Exemplaire de Le Tellier, 52, le seul qui soit indiqué par Panzer, II, 298, N° 242; Hain, 11960 (?)</small>

652. SENECAE (I. s.) Tragedie.... cum Gellii Bernardini commentariis. *Venetiis, per Lazarum Isoarda de Saviliano*, 1492 12 dec.
In-fol., sign. a—z iiii, récl., registr. abr. [263]

<small>Debure, N° 2774; Freytag Adp., II, 1361; Hain, 14666.</small>

<small>2 colonnes, l'une pour le texte, l'autre en caractères plus petits pour le commentaire.</small>

653. Bernardi JUSTINIANI (....—1489) patricii Veneti de originibus urbis Venetiarum libri XV, cum ejusdem orationibus, epistolis, &c.... Praemittitur Brognoli (editoris) ad auctoris filium epistola data pridie cal. febr. 1492. *Venetiis, Bernardinus de Benaliis*, 1492.
In-fol., 38 l., sign., petites init., 1 édit. [638]

<small>La Vallière; Maittaire, 548; Niceron, VII, 7; Panzer, III, 319, N° 320; Hain, 9638.</small>

<small>Cette histoire des premiers siècles de la République de Venise jusqu'en 809, a été traduite en italien par Dom Enichi. (*Vinegia*, 1545, in-8°; *ibid.*, 1608, in-8°.)</small>

654. DIONYSII Areopagitae (...—95) liber de mystica theologia et de nominibus; latine, interprete Marsilio Ficino, et cum hujusce epistola dedicatoria ad Joannem Medicem cardinalem. *Florentiae, per Laurent. Francisci Venetum*, 1492.
In-4°, goth., 147 f., sign. a—u, exemplaire imprimé sur vélin. [278]

<small>Audiffredi Ital., 355; Maittaire, 553; Panzer, I, 419, N° 141; Hain, *6234.</small>

<small>Audiffredi croit que cette traduction n'a paru qu'en 1496, avec les commentaires de Marsile Ficin sur quelques ouvrages de Platon.</small>

655. Johannis de LAPIDE cartusiani (XV. s.) Resolutorium dubiorum (166) circa celebrationem missarum occurentium. *Basileae, J. Froben de Hamelburg*, 1492.
In-8°, goth., sign. [794 *bis*]

<small>Maittaire, 553; Panzer, I, 173, N° 150; Weislinger, 579—584; Hain, *9905.</small>

656. GERARDI DE ZUTPHANIA (1367—98) tractatulus de reformatione virium animae. (*Basileae, Jo. de Amerbach*), 1492.
Petit in-8°, goth., sign. a—h 2, titr. [388]

<small>Denis, N° 2788; Panzer, I, 172, N° 148; Weislinger, 591; Hain, *16291</small>

657. QUATUOR NOVISSIMA cum multis exemplis pul-

cherrimis. *Impressa in sancta Colonia per Henricum Quentell*, 1492.
In-4°, goth., sign. a—giiii, titr. [746]

<small>Braun, II, 233; Maittaire, 550; Panzer, I, 305, N° 206; Santander, N° 640; Tellier, 52; Weislinger, 585; Hain, *5707.</small>

658. MISSALE Turonense. 1492.
In-fol., goth., 2 col., sign., chiffr., fig., exemplaire imprimé sur vélin. [254]

<small>Panzer ne fait pas mention de ce livre, non plus que de suivant.</small>

659. Antonii MANCELLINI (Veliterni 1452—....) Epitoma seu regulae constructionis. *Parisiis, pro Alexandro de Mediolano commorante ante collegium Navarre* (1492).
In-4°, goth., sign. a—eiiii, reg. abr., errata. [800]

<small>1492 est la date de l'épître dédicatoire. ¹)</small>

HARANGUES PRONONCÉES EN 1492, A LA MORT D'INNOCENT VIII ET A L'AVÈNEMENT D'ALEXANDRE VI, VRAISEMBLABLEMENT IMPRIMÉES EN LA MÊME ANNÉE.

660. LEONELLI episcopi Concordiensis oratio habita Romae in funere Innocentii papae VIII, 1492 28 julii. (*Romae, Eucharius Silber.*)
In-4°, 4 f. [352]

<small>Audiffr. Rom., 308; Hain, *4965.</small>

661. Eadem. (*Romae, Steph. Plannck.*)
In-4°, semi-goth., 4 f. [351]

<small>Audiffr. Rom., 308; Maittaire, 786; Hain, 4966.</small>

662. Bernardini CARVAJAL (XV. s.) oratio in funere Innocentii VIII de eligendo summo pontifici habita Romae die transfigurationis dominicae sexta augusti 1492. (*Romae, Euch. Silber.*)
In-4°, 10 f., sign. a—b2. [351]

<small>Audiffr. Rom., 309; Denis, N° 4576; Hain, *4541.</small>

663. Lucensium oratio luculentissima pont. maximo Alexandro VI per Nic. TIGRINUM (XV. s.) habita in consistorio publico

<small>¹) Le livre de Matheolus contre le mariage. *Paris, Vérard*, 1492 3 oct. In-fol.</small>

pro obedientia praestanda. 1492 die 26 octobr. (*Romae, Andr. Frytag.*)
In-4°, 4 f., sign. a—aii. [740]

<small>Audiffr. Rom., 311; Denis, N° 6097; Hain, *15751.</small>

664. Eadem. (*Romae, Steph. Plannck.*)
In-4°, 4 f. [352]

<small>Audiffr. Rom., 311; Denis, N° 6096; Hain, *15753.</small>

665. LUCIDI CATANEI (XV. s.), archidiaconi ac consiliarii marchionalis Mantuani & oratoris, ad Alexandrum VI Oratio habita Romae, 5 nov. 1492. (*Romae, Steph. Plannck.*)
In-4°, 8 f., sign. a—a4. [740]

<small>Audiffredi n'en fait pas mention; Hain, *4683.</small>

666. Jacobi SPINOLAE (XV. s.) oratio pro Genuensibus ad pontificem Romanum habita 1492, pridie id. decembr. (*Romae, Steph. Plannck.*)
In-4°, 6 f., sign. a—a3. [351]

<small>Audiffr. Rom., 311; Hain, *14955.</small>

667. Sebastiani BADUARII (XV. s.) equitis, patricii & senatoris Veneti oratio Venetorum nomine ad Alexandrum VI pont. in praestanda obedientia; Romae, die 17 dec. 1492. (*Romae, Steph. Plannck.*)
In-4°, 2 f. [351]

<small>Audiffr. Rom., 312; Denis, N° 4312; Hain, *2242.</small>

668. Senensium obedientia publica sive oratio ad Alexandrum VI. (*Romae, Andr. Frytag*, 1492.)
In-4°, goth., 2 f. [351]

<small>Audiffr. Rom., 310; Denis, N° 5893; Hain, *14676.</small>

669. Eadem. (*Romae, Steph. Plannck*, 1492.)
In-4°, 2 f. [351]

<small>Audiffr. Rom., 311; Hain, *14677.</small>

670. Florentinorum oratio coram summo pontifice Alexandro VI ac sacro ejus senatu, per GENTILEM (XV. s.) episcopum Aretinum. (*Romae, Steph. Plannck*, 1492.)
In-4°, 4 f. [352]

<small>Audiffr. Rom., 311; Denis, N° 4960; Hain, *7559.</small>

671. Eadem. (*Romae, Euch. Silber*, 1492.)
In-4°, 6 f. [351]

Édition inconnue à Audiffredi; Hain, *7560.

672. Antonii MANILII (XV. s.) pro Britonoriensibus oratio ad Alexandrum VI pontificem maximum. (*Romae, Steph. Plannck*, 1492.)
In-4°, 4 f. [352]

Audiffr. Rom., 310; Hain, *10700.

673. Eadem. (*Romae, Steph. Plannck*, 1492.)
In-4°, 8 f., sign. a—a iiii. [351]

Édition inconnue à Audiffredi; Hain, *10701.

674. Oratio Antonii Galeacii BENTIVOLI prothonotarii apostolici oratoris nomine Bononiensium habita apud Alexandrum VI. (*Romae, Steph. Plannck*, 1492.)
In-4°, 2 f. [740]

Audiffr. Rom., 310; Hain, *2789.

675. Rutilii ZENONIS (XV. s.) servi inutilis Jesu-Christi antistitis Sancti Marci pro Ferdinando Italo rege ad gloriosissimum Alexandrum VI oratio. (*Romae, Steph. Plannck*, 1492.)
In-4°, 4 f. [740]

Audiffr. Rom., 310; Hain, *16282.

676. Defensio honoris serenissimi Romanorum regis semper augusti contra falsas Francorum litteras. 1492.
In-4°, goth., 8 f., sign. a—a 4. [351]

Je ne trouve aucune mention de cette édition chez les bibliographes.

1493.

677. Caii Julii SOLINI (I. s.) liber de mirabilibus mundi. *Venetiis*, 1493 die 13 januariis (*sic*).
In-4°, 40 l., sign. a—f iii. [801]

Fossi, II, 598; Maittaire, 787; Seemiller, IV, 34; Hain, *14881.

678. Pomponii MELAE (I. s.) cosmographi de situ orbis libri III cum praefatione Hermolai Barbari ad Alexandrum VI. pontif. (Circa 1493.)
In-4°, 27 l., sign. a—i iiii, récl., titr. [801]

Freytag Adp., I, 127; Hain, *11013.

679. M. Ann. LUCANI (I. s.) Pharsalia cum argumentis J. Sulpitii Verulani et commentariis Omniboni Vincentini. *Venetiis, per Simonem Bevilaquam Papiensem*, 1493 die ultimo januarii.
In-fol., sign. a—A—Diii, titr., registr., abr. [265]

Fossi, II, 102; Maittaire, 561; Panzer, III, 339, N° 1672; Strauss, 268; Hain, *10241.

Avant le cahier a, 6 feuillets contiennent le frontispice, la table imprimée sur 5 colonnes et diverses pièces préliminaires en vers et en prose.
Le commentaire est d'un caractère plus petit; il environne le texte.

680. Marsilius FICINUS (1433—92) in librum de sole. *Florentiae, Ant. Mischominus*, 1493 pridie kal. febr.
In-4°, sign. a—eiii, err. [732]

Fossi, I, 672; Laire, II, 185; Maittaire, 557; Hain, *7079.

681. Les lunettes des Princes avec aucunes balades de plusieurs matieres, par Jean MESCHINOT (....—1509) seigneur de Morlieres (surnommé le Banni de Liesse). *Nantes, Estienne Larcher*, 1493 15 d'apvril.
Petit in-4°, goth., sign., fig., 1 éditon. [337]

Gouget, IX, 4070; Mercier, 104; Hain, 11100.

Cette édition a été annoncée sous la date de 1488 par plusieurs bibliographes, qui trompés par la forme singulière de l'X ont lu VIII au lieu de XIII.
Lunettes des princes est un titre d'autant plus singulier que les instructions morales contenues dans ce livre conviennent à tous les états. „Mais, dit l'auteur, leur ay principalement ce nom imposé, pour ce que tout homme peut être dict prince en tant qu'il a reçu de Dieu gouvernement d'ame." Affligé de la mort de ses protecteurs et de quelques autres revers, Meschinot reçoit les consolations de la raison, qui lui prouve par l'histoire, par la fable, par le Roman de la Rose, que tout est fragile ici-bas. Elle lui promet des *lunettes* qui apparemment le seront moins. Ces lunettes arrivent: sur l'un des verres est écrit *prudence*, sur l'autre *justice;* l'ivoire qui les enchasse s'appelle force et le clou tempérance. L'auteur assure:
Que jamais oeil ne vit telles besicles.

682. Le livre de Jehan BOCASSE (1313—75) de la louenge & vertu des nobles et clercs dames, translaté & imprimé à *Paris, Ant. Vérard*, 1493 28 avril.
Petit in-fol., goth., sign. a—tiii, fig. [639]

Maittaire, 561; Hain, 3337.

683. TRACTATUS MUNERUM editus a Petro Antiboli. *Impressum per Jacobum Malletti*, 1493 2 maii.
In-4°, goth., 2 col., sign. a—niii. [640]

Article non indiqué par les bibliographes; Hain, *1146.

684. Thomae de KEMPIS (1380—1471) de imitatione Cristi

et de contemptu mundi libri IV, et Joannis Gerson tractatulus de meditatione cordis. *Lunebork, per Joannem Luce*, 1493 22 may.

Petit in-8°, goth., sign. a—x, titr. Seul livre imprimé a Luneborch au XV° siècle. [389]

> La Caille, 48; Maittaire, 556; Panzer, I, 560, N° 1; Hain, 9105.
>
> Le premier cahier ne contient que le frontispice & la table.

685. Zachariae LILII Vicentini (XV. s.) Breviarium orbis fide, compendio, ordineque, captu ac memoratu facillimum. Praemittuntur autoris epistola ad Matthaeum Bossum et Bossi responsio. *Florentiae, Ant. Mischomin.*, 1493 non. jun.

In-4°, sign. a—r iii, titr. marg. [696²]

> Panzer, I, 420; Hain, 10101.
>
> La souscription est suivie de 3 feuillets où se trouve une table imprimée sur 2 colonnes.

686. MISSALE Eduense. *Parisiis, J. Higman*, 1493 5 junii.

In-fol., goth., 2 col., sign., titr., exemplaire imprimé sur vélin. [158]

> Indiqué par Panzer, II, 301, N° 266, d'après notre exemplaire qui est celui de Tellier, 158; Hain, 11298.

687. HERODIANI (III. s.) libri VIII de suis temporibus sive historiae de imperio post Marcum. Latine, interprete Angelo Politiano. *Rome*, 1493 20 junii.

In-fol., sign. a—i ii, registr., err., 1 édit. [258]

> Audiffr. Rom., 325; D. Clément, IX, 435, N° 55; Fossi, I, 766; Hain, 8466.

688. Historia della guerra hebbono i Giudei co Romani, di Flavio JOSEPHO (I. s.). *Firenze, (Barth. Pio)*, 1493 a di VI di luglio.

In-fol., sign., 1° édition de la traduction italienne de cet ouvrage. [214]

> Debure, N° 4701; Fossi, II, 18, 19; Laire, II, 186; Paitoni, II, 96; Hain, 9460.
>
> Au verso du premier feuillet, est une préface du traducteur.

689. Aurelii Cornelii CELSI (I. s.) medicinae libri VIII. *Venetiis, per Joannem Rubeum Vercellensem*, 1493 8 julii.

In-fol., sign. a—lii, chiffr. LX, titr., registr. [641]

> Fossi, I, 510; Maittaire, 557; Seemiller, IV, 33; Hain, *8437.
>
> Les deux derniers feuillets ne sont pas chiffrés.

690. (Hartmanni SCHEDELII XV. s.) liber chronicarum ab initio mundi ad.... *Nurembergac, Ant. Koberger*, 1493 12 julii. Gr. in-fol., goth., chiffr. CCXCIX, titr., figures dessinées par Mich. Wolgemut & gravées par Guill. Pleidenwurf. [467 et 472²]

<small>Debure, N° 4332; Fossi, I, 518; Maittaire, 557; Strauss, 180; Weislinger, 608; Gessner, 55; Spencer, III, 255; Hain, *14508.</small>

<small>Le feuillet chiffré I est précédé de 20 feuillets qui renferment le frontispice & une table sur 2 colonnes: l'ouvrage est à longues lignes; il est connu sous le nom de Cronique de Nuremberg.</small>

691. M. Fabii QUINTILIANI (I. s.) institutionum oratoriarum libri XII, cum Raphaelis Regii commentario. *Venetiis, par Bonetum Locatellum, sumptibus Octaviani Scoti*, 1493 XVI. kal. sext. In-fol., 61 l., sign., titr., registr. [215]

<small>Braun, II, 250; Fossi, II, 434; Maittaire, 559; Panzer, III, 333, N° 1628; Hain, *13652.</small>

<small>Le cahier est précédé de deux feuillets: l'un ne contient que cet intitulé: Quintilianus cum commento; l'autre est occupé par la table des chapitres. Le texte est environné du commentaire qui est d'un caractère plus petit.</small>

692. Mathaei BOSSI (1427—1502) Veronensis canonici regularis, recuperationes fesulanae, orationes & epistolae. *Bononiae, per Platonem de Benedictis*, 1493 XIII. kallendas augustas. In-fol., 35 l., sign. a—i, A—O iiii, reg. abr., 1 édit. [266]

<small>Audiffr. Ital., 85; Fossi, I, 404; Laire, II, 188; Maittaire, 561, N° 1; Hain, *3669.</small>

<small>6 feuillets contenant le frontispice, la table &c... précèdent le cahier a.</small>

693. DIONIS (I. s.) opusculum aureum ac penitus divinum de regno, latine, interprete Franc. de Picolhomineiis Senens. cardin. *Bononiae, per Platonem de Benedictis*, 1493. In-4°, sign. a—f ii, registr. [802]

<small>Audiffr. Ital., 84; Maittaire, 559; Panzer, I, 227, N° 174; Hain, *6187.</small>

694. GEORGII Trapezuntii (....—1484) Rhetoricorum libri V. *Mediolani, Leonard Pachel*, 1493 tertio kal. augustas. In-fol., sign. a—q iiii, registr. [642 et 642²]

<small>Maittaire, 559; Sassi, 593; Hain, 7609.</small>

695. HERODIANI (III. s.) libri VIII de imperio post Marcum, latine, interprete Angelo Politiano. *Bononiae, Plato de Benedictis*, 1493 pridie kal. sept. In-fol. sign. aa—ii iii, registr. abr. [219]

Audiffr. Ital., 87; Debure, N° 4940; Spencer, II, 38; Hain, *8467.

Cette édition mérite l'éloge qu'elle se donne à elle-même dans la souscription : *Plato de Benedictis accuratissime..... quam pulcherrimis his caracteribus impressit.*

696. ALFRAGANI (IX. s.) brevis ac perutilis compilatio continens rudimenta astronomica. *Ferrariae, per Andream Galli*, 1493 3 sept.

In-4°, goth., sign. a—d 3. [732]

Barnstaldi, 57; Maittaire, 566; Panzer, I, 401, N° 56; Hain, *822.

697. Les anciennes **CHRONIQUES DE FRANCE**, dites les chroniques de St Denys. *Paris, Ant. Vérard*, 1493. (T. I, 10 sept.; t. II, 9 juillet; t. III, dernier jour d'août.)

3 vol. in-fol., goth., 2 col., sign. a—A—M iii, A—AA—MM iiii, AAA—AAAA—MMMM iii, chiff. CCLXXiii, CCLXXiiii, CCLVii, titr., fig. [468]

Maittaire, 558; Hain, 5008.

Le frontispice, la table... &c... occupent à l'entrée de chaque volume plusieurs feuillets, qui n'entrent point dans les séries des signatures & des chiffres.

698. Guillermi **HOUPPELANDE** (XV. s. presbyteri Parisiensis) libellus de immortalitate animae a Ludovico Bochin castigatus. *Parisius, Anguilb. de Marnef*, 1493 17 sept.

Petit in-8°, goth., sign. a—c v. [803]

Panzer, II, 300, N° 254; Hain, 8968.

699. HERODIANI (III. s.) libri VIII de imperio post Marcum, latine, interprete Angelo Politiano. *Bononiae, per Bazalerium de Bazaleriis*, 1493 pridie kalendas octobr.

In-4°, sign. a—h iiii, registr. abr. [802]

Audiffr. Ital., 89; Debure, 4940; Fossi, I, 767; Panzer, I, 227, N° 175; Hain, 8468.

700. J. BIFFI (XV. s.) Poemata. *Mediolani, Ant. Zarot Parmens.*, 1493 10 oct., re. Joanne Galeazio. du. se.

In-4°, sign. a—b 2. [763]

Denis, N° 2810; Sassi, 363 & 593; Hain, 3194.

701. J. BIFFI in laudem Virginis Mariae carmina. Praemittitur epistola ad Arcimboldum episcopum Mediolanensem. (*Mediolani*, 1493, vel 94.)

In-4°, goth., 8 f., sign. a—a iiii. [763]

Article non mentionné par les bibliographes; Hain, 3196.

702. Jacobi WIMPFELINGI (XV. s.) Sletzstatensis elegantiarum medulla oratoriaque precepta. Praeit epistola autoris ad Theodoricum Gresmundt data Spiris pridie ydus junias 1493. Ad calcem, ejusdem Gresmundt ad lectores epistola data ex Maguncia XVII kal. nov. 1493. (*Moguntiae, Petr. Fridberg.*)
In-4°, goth., sign. a—e v, titr. [*manque*]

<small>Panzer, II, 144, N° 133; Seemiller, IV, 131; Hain, *16166.</small>

703. Le livre tres salutaire de l'IMITATION nostre seigneur Jesu Crist et parfait contempnement de ce present miserable monde.... Translaté de latin en françois pour la consolacion des simples non saichans entendre latin. *Paris, Jehan Lambert*, 1493 16 nov.
In-4°, goth., sign. a—c iii, chiffr. CX, titr., fig., exemplaire imprimé sur vélin. [279]

<small>Maittaire, 556; Schelhorn, VIII, 423; Hain, 9121.
Les quatre derniers feuillets ne sont pas chiffrés, ils contiennent la table.</small>

704. Joh. BURIDANI (XIV. s. Bethuniensis) Sophismata. *Parisiis, Fel. Baligault.* 1493 20 nov.
In-4°, goth., 2 col., sign. a—g 3. [792]

<small>Maittaire, 787; Hain, 4111.</small>

705. Hermolai BARBARI (1454—93) Aquileiensis pontificis castigationes Plinianae primae & secundae. *Romae, Eucharius Argenteus (Silber) Germanus*, 1493 VIII kal. dec. Alexandri VI pont. max. pontificatus statione prima.
In-fol., sign., titr., registr., err., 1 édit. [643]

<small>Audiffr. Rom., 307; Fossi, I, 255; Panzer, II, 503, N° 488; Gesner, 56; Hain, *2421.

Ce volume renferme deux parties. La première qui est la plus étendue, se termine par une souscription portant la date 1492. La seconde partie, imprimée en plus petits caractères, renferme les morceaux intitulés : *Castigationes secundae in Plinium; Emendatio in Pomponium Melam: Glossemata in Plinium*. Ce dernier article est un dictionnaire des mots les moins connus qui se trouvent dans Pline. Cette seconde partie est suivie de l'errata, d'une seconde souscription datée des ides de février 1493, & du registre des signatures de tous les cahiers du volume.</small>

706. GAETANI Thienensis (XV. s.) expositio in III libros Aristotelis de anima; quaestio de sensu agente; quaestio de intellectus perspicuitate. Accedunt expositio & quaestiones super libro de substantia orbis a Joanne de Gandavo. *Venetiis, per Bonetum Locatellum Bergomensem, impensa Octaviani Scoti*, 1493 X kal. januarias.

In-fol., goth., 2 col., sign. A—T 3, chiffr. 113, titr., registr. [644]

<small>Fossi, I, 170; Maittaire, 567, N° 1; Panzer, III, 332, N° 1623; Seemiller, IV, 34; Hain, 15504.</small>

707. Aur. AUGUSTINI (354—430) episcopi Hypponensis epistolae CCVII. (*Basileae, per Joannem de Amerbach*, anno Dñi ɷ.XCiij (*sic* pro 1493).
In-fol., sign. a—A—S 5, titr. [645]

<small>Freytag Adp., II, 873; Maittaire, 563; Seemiller, IV, 35; Weislinger, 601; Hain, *1969.</small>

<small>Le frontispice & les sommaires des épîtres occupent 8 feuillets avant le cahier a. Le cahier S est suivi d'une table alphabétique qui forme 5 cahiers signaturés a—e 4. *Nitidissima editio, literis romanis impressa*, dit Weislinger.</small>

708. Listoire de la Passion de notre doulx sauveur & redempteur ihūs rememorié es sacres & saintz mistere de la messe, composée par le beau pere reverend frere MAILLARD (....—1502) de l'ordre des freres mineurs. *Paris, Jehan Lambert*, 1493, le derrenier jour de decembre.
In-4°, goth., sign. a—e iii, fig., exemplaire imprimé sur vélin. [279]

<small>Panzer n'indique pas cette édition, non plus que l'article suivant.</small>

709. Etablissemens des chevaliers hospitaliers de S. Jean de Jerusalem mis en ordre par Guillaume CAOURSIN en 1489 & traduits en françois par ordre du grand maitre Pierre Daubusson. (Imprimés vers 1493.)
In-fol., goth., sign. a—q iii, titr. [646]

HARANGUES EN 1493.

710. Illustris & reverendi domini Nicolai Mariae ESTENSIS episcopi Hadriensis oratio pro consanguineo suo inclyto Hercule Estensi Ferrariae duce secundo. *Romae, impressa per m̄grm Steffanum Planck, Julio Cempello spolentino procurante*. Anno Salvatoris 1493.
In-4°, 4 f. [351]

<small>Audiffr. Rom., 133; Hain, *6689.</small>

711. Nicolai Marie ESTENSIS episcopi Hadriensis oratio pro consanguineo suo Hercule Estensi Ferrariae duce secundo. *Impressa Rome, per Andr. Frytag*, 1493.
In-4°., goth., 4 f. [351]

<small>Audiffr. Rom., 325; Maittaire, 788; Hain, *6690.</small>

712. BENEVENTI DE S° GEORGIO Blandratae comitem equitem Iherosolimitanum oratio ad Alexandrum VI pro Bonifacio marchione Montisferrati, cum praefatiuncula ad eundem Bonifacium. Scripta kal. marcii 1493. (*Romae, Steph. Planck.*)
In-4°, 8 f. [351]

    Audiffr. Rom., 314; Denis, N° 4962; Hain, *7579.

713. Rhodiorum obedientia sive oratio ad Alexandrum sextum pontificem habita a Mario MONTANO Rhodio archiepiscopo, 1493 10 martii. (*Romae, Steph. Plannck.*)
In-4°, 4 f. [352]

    Audiffr. Rom., 326; Panzer, II, 510, N° 541; Hain, *11572.

    La date est conçue en ces termes : *anno verbi* incarnati 1493, c'est-à-dire selon Audiffredi & Panzer *verbi* nati 1494. Cette interprétation est-elle bien sûre ? Le *Catholicon*, ci-dessus N° 2, est daté *ann. dnicae* incarnationis 1460 : en conclut-on qu'il n'ait été imprimé qu'en 1461 ? est-ce que ces deux manières de dater n'ont pas été cent fois employées indifféremment ?

714. Jasonis de MAYNO (....—1519) oratio pro Mediolanensium principe habita apud Alexandrum VI idibus decembris 1492 cum praefatoria ejusdem Jasonis ad Ludovicum Sfortiam epistola scripta XII kal. januarii 1493. (*Papiae.*)
In-4°, goth., 10 f., intitulé en rouge. [351]

    Audiffr. Rom., 312; Denis, 2907.

    Édition qui pourrait être de la fin de 1492, & qui paraît antérieure à celle qui va être indiquée.

715. Jasonis de MAYNO oratio pro Mediolanensium principe habita apud Alexandrum VI idibus decembris 1492. (*Romae, Steph. Plannck*, 1493 vel 1494.)
In-4°. [351]

    Audiffr. Rom., 312; Hain, *10976.

716. Thimothei de TOTIS de Mutina ordinis Praedicatorum sermones duo; 1. de ascensione Christi; 2. qualiter possimus Christum induere; habiti coram Alexandro VI. (*Romae, Steph. Plannck*, circa 1493.)
In-4°, goth., 8 f. [351]

    Seemiller, IV, 135.

717. Bernhardi PERGER (XV. s.) oratio in funere Friderici III Romanorum imperatoris (defuncti anno 1493). (*Romae, Steph. Plannk*, 1493.)
In-4°, goth., 4 f. [740]

    Audiffr. Rom., 315; Hain, *12620.

718. Epistola Christophori COLOM (1442—1506), cui etas nostra multū debet, de insulis in die supra Gangem nuper inventis... ad Gabrielem Sanchis... quam nobilis ac litteratus vir Leander de Cosco ab hispano idiomate in latinum convertit tertio kal's maii 1493. Pontificatus Alexandri VI anno primo. (*Romae, Steph. Plannck.*)
In-4°, goth., 4 f. [740]

<small>Édition omise par Audiffredi, décrite depuis par Fossi, I, 561; Panzer, II, 544, N° 815; Hain, *5489. ¹)</small>

1494.

719. Psalterium cum cantu ad usum ecclesiae Parisiensis. *Parisius in sole aureo vici Sorbonici opera Udalrici Gering & Berchtoldi Renbolt sociis* (sic), 1494 18 jan.
In-4°, goth., sign. [805]

<small>Chevillier, 98 (3ᵉ liste des éditions de Gering); Maittaire, 572; Panzer, II, 302, N° 283; Hain, 13505.</small>

720. Magistri ALBERTI DE SAXONIA (XIV. s.) Proportionum libellus. *Venetiis, per Bernardinum Venetum, impensa d. Jeronimi Duranti*, 1494 29 zenaro.
In-4°, goth., sign. A—Biij. [806]

<small>Panzer, III, 362, N° 1648; Hain, 586.</small>

721. ALEXANDRI DE SANCTO ELPIDIO ordinis fratrum heremitarum Sancti Augustini (XIV. s.) Tractatus de ecclesiastica potestate. *Taurini, per Nicolaum de Benedictis & Jacobinum Suigum de Sancto Germano*, 1494 10 fabruarii (sic).
In-4°, semi-goth., 2 col., sign. a—diii, l'intitulé en rouge. [807]

<small>Panzer, 46, N° 19.</small>

722. Joannes de SACRO BOSCO (Holywood—1256) de sphera libri IV. *Parisii, per Wolfgangum Hopyl*, 1494 12 febr.
In-fol., goth., sign. a—C v, titr., fig. [647]

<small>Panzer, II, 305, N° 309; Hain, 14119.</small>

<small>¹) Isocrates, graece. *Mediolani*, 1493 24 jan. In-fol. 1 édit.
Demetrii Calcondilae, Moscophuli &c. Erotemata graece. (*Mediolani*, circa 1493). In-fol. 1 édit.
Theocritus & Hesiodus, graece. (*Mediolani*, circa 1493). In-fol. 1 édit.
Les quatre fils Aymon. *Lyon*, 1493 20 d'apvril. In fol., fig.
Le rime del Belinzone. *Milano*, 1493. In-4°.</small>

723. CONSTITUTIONS de Cathalunya fetes per lo illustriss. senyor rey don Ferrando. *Barchinone, J. Rosembach*, 1494 14 febr.
In-fol., goth., sign. a—d iiij. [648]

> Panzer, IV, 235, N° 5; Hain, 5669.

724. STATII (61—96), Sylvae cum Domitii Calderini commentario; Thebais cum comm. Lactantii; & Achilleis cum Maturantii interpretatione. *Venetiis, Barthol. de Zanis de Portesio*, 1494 15 martii.
In-fol., sign., chiffr. 203, titr., registr. [267]

> Fossi, II, 615; Maittaire, 567; Panzer, III, 355, N° 1802; Spencer, II, 377.

> Deux colonnes inégales, la plus grande pour le texte, l'autre pour les commentaires, qui sont d'un caractère plus petit.

725. THOME de Aquino, ordinis fratrum Predicatorum (1227—74), Opus aureum sive catena aurea super Evangelia dominicalia & ferialia. *Venetiis, per Rubeum Vercellensem*, 1494 28 aprilis.
In-4°, goth., 2 col., sign. A—V iii. [808]

> Panzer, III, 355, N° 1797; Hain, *1337.

> On lit dans la souscription:
> Quam (catenam) vir in hac arte imprimendi singularis Johannes Rubeus Vercellensis miro modo & admirabili ingenio, his nostris temporibus, uti quoddam singulare munus coeleste nobis impressam in alma Venetiarum civitate Benedicti a fonte impensis dodit &c...

726. BERNARDI (1091—1153) primi Clarevallis abbati Epistolae. *Parisiis*, 1494 die penultima maii.
In-4°, goth., 2 col., sign. a—n 5, chiffr. CCII. [649]

> Maittaire, 585; Weislinger, 625; Hain, 2874.

> La souscription est suivie de 3 feuillets de table qui ne sont point chiffrés.

727. Joannis ANGELI (Bavari ....—1512) astrolabium planum in tabulis ascendens, continens qualibet hora atque minuta aequationes domorum coeli.... cum quodam tractatu nativitatum & de horis inaequalibus pro quolibet climate mundi. *Venetiis, Jo. Emeric. de Spira*, 1494 V. id. junii.
In-4°, goth., 90 f., sign. a—A—D 6, titr., registr. abr., fig., 1 édit. [806 et 790²]

> Freytag Adp., II, 1421; Laire, II, 190; Maittaire, 584; Panzer, III, 363; Seemiller, IV, 444; Hain, *1101.

728. Floretus in quo flores omnium virtutum & detestationes

viciorum metrice continentur una cum commento Johannis Jarson cancellarii ecclesiae cathedralis Parisiensis. *Lugduni, per Johannem Fabri alemanum*, 1494 21 junii.

In-4°, goth., sign., titr., 1 édit. [341]

<blockquote>
Braun, II, 259; D. Clément, III, 191; Mercier, Suppl. 74; Hain, *7183.

Cet ouvrage réimprimé en 1499 & en 1520, a été quelquefois attribué à S. Bernard, spécialement par Manriquez (*Annal. Cisterciens.*, t. II, anno 1153, c. 10). D'autres comme Labbe (*Biblioth. nova manuscript.*, p. 333) l'attribuent au pape Clément.
</blockquote>

729. Celsi MAPHAEI Veronensis canonici regularis Lateranensis congregationis (....—1503) dissuasoria ne christiani principes Ecclesiasticos usurpent census, ad inclytum Venetorum senatum. *Bononiae, Plato de Benedictis*, 1494 V kallendas julias.

In-4°, 36 f., 26 l., sign. a—e ii, registr. [735 *et* D 1660]

<blockquote>
Maittaire, 586; Panzer, I, 229, N° 189; Hain, *10443.

L'ouvrage annoncé dans le titre qu'on vient de lire, est suivi d'une courte dissertation sur cette question : *An aliqua Respublica possit conducere judaeos ad foenerandum sine peccato & an papa valeat concedere quod id fieri possit sine peccato?* Cet opuscule fait partie du volume. La série des signatures y est continuée.
</blockquote>

730. ODONIS (....—1113) Cameracensis episcopi expositio canonis misse. *Parisius, in campo Gaillardi per Guidonem Mercatoris*, 1494 2 julii.

In-8° min., goth., sign. a—A—B ii. [391]

<blockquote>
Panzer, II, 304, N° 294; Hain, 10961.
</blockquote>

731. MISSALIA ad usum ecclesie Cenomanencis per Petrum Hennier canonicum emendata. *Parisiis, Hygman aleman.*, 1494 13 jul.

In-fol., goth., 2 col., sign., titr., fig. [650]

<blockquote>
Maittaire, 585; Hain, 11278.
</blockquote>

732. Enee Silvii (PICCOLOMINI postea Pii II, 1405—64). Opusculum de duobus amantibus Eurialo & Lucretia. *Parisii, per Vulcanum* (sic) *Hopyl*, 1494 20 jul.

In-4°, goth., sign. a—d ii. [775]

<blockquote>
Exemplaire de Tellier, 403.
</blockquote>

733. PLANUDIS (XIV. s.) anthologia graeca, recognita a J. Lascari Rhyndanensi, graece. *Florentiae, per Laurentium Francisci de Alopa venetum*, 1494 III idus augusti.

In-4°, 28 l., sign., 1 édit. [268 *et* 342]

Audiffredi Ital., 342; Debure, N° 2488; Fossi, I, 106; Laire, II, 183; Spencer, III, 3, N° 594; Seemiller, IV, 54; Hain, *1145.

Édition célèbre, exécutée en lettres capitales : la Bibliothèque du Panthéon en possède deux exemplaires, l'un sur papier, l'autre sur vélin.

734. BONEAVENTURE Cardinalis (Joannis Fidanzae 1221—74) dyalogus in quo anima devota meditando interrogat & homo mentaliter respondet. *Parisiis, in Campo Gaillardi per Guidonem Mercatoris*, 1494 16 augusti.
Petit in-8°, goth., sign., fig. [391]

Maittaire, 586; Hain, 3488.

735. Articuli fidei (versibus latinis expositi). (*Parisiis*), *per Guidonem Mercatoris*, (circa 1494).
Petit in-8°, goth., 12 f., sign., fig., caractères du N° précédent. [391]

736. STELLA clericorum. (*Paris, Guid. Mercat.*, circa 1494).
Petit in-8°, goth., sign. A—C i. Enseigne & caractère du N°. 734. [391]

737. Martini MAGISTRI (....—1482) tractatus consequentiarum. *Parisiis, Fel. Baligault*, 1494 20 augusti.
In-4°, goth., 2 col., sign. a –f 3. [792]

Hain, 10459.

738. Guillermi de OCKAM (....—1327) dialogus de haereticis: accedit ejusdem compendium de erroribus Joannis XXII papae. *Lugduni, apud Jodocum Ascensium*, 1494 pridie idus septembrias.
In-fol., 2 col., sign. a—A—O 5, chiffr. CCLXXVI, titr., fig. [651]

Exemplaire de Tellier, 39; Hain, *11938.

La date ne se trouve qu'à la fin de l'épître de J. Ascensius, au verso du premier feuillet. Les feuillets qui renferment l'épître, la table &c. n'entrent point dans la série des chiffres, ni dans celle des signatures. Il en est de même de ceux qui contiennent l'opuscule sur les erreurs de Jean XXII, à la fin du volume.

739. Antiochi TIBERTI Cesenatis (   ) chiromantia. *Bononiae, per Benedictum Hectoris*, 1494 jd. nov. Jo. Bentiuolo merito regnante.
In-4°, sign. a—e ii, fig. [732]

Denis, N° 3198; Freytag Analect., 995, Hain, *15519.

740. BERNARDI (1091—1153) abbatis (Clarevallensis) sermones super Cantica canticorum. *Parisiis*, 1494 24 nov.
In-4°, goth., 2 col., sign. a—p v, titr. [649]

Hain, 2858.

Le cahier p contient une table alphabétique.

741. BERNARDI abbatis de monte Clarevallis opus egregium amplectens sermones de tempore & super omnes fere totius anni festivitates... &c... (*Parisiis*, circa 1494.)
In-4°, goth., 2 col., sign. a—A—D v, chiffr. CCXVI, titr., caractère du N° précédent. [649]

Hain, *2843.

A la fin, deux feuillets de table non chiffrés.

742. Thomae de KEMPIS (1380—1471) ordinis canonicorum Regularium de imitatione Christi libri IV, sermones, epistolae & alia opera. *Nurenberg, Caspar Hochfeder*, 1494 in vigilia Andree apostoli.
In-fol., goth., 2 col., sign. a—A—C iiii, chiffr. CLXXVIII, titr. [652]

Maittaire, 571; Hain, 9769.

La série des chiffres ne comprend point les 4 premiers feuillets où se trouvent le frontispice, des tables & d'autres préliminaires.

743. Joannis (Charlerii) GERSON (canc. Parisiens. 1363—1425) opera. *Argentorati, Martin Flach*, 1494 idibus decembris.
4 part. en 3 vol. in-fol., goth., 2 col., sign., titr. [653]

D. Clément, IX, 139; Maittaire, 571, N° 2; Gesner, 57; Seemiller, IV, 50; Weislinger, 623; Hain, *7625.

Les deux premières parties sont datées des ides de décembre, & la 3ᵉ du 3ᵉ jour avant les ides d'août; la 4ᵉ qui forme le 3ᵉ volume, n'a paru que huit ans après les autres, en 1502.

744. ALBERTI MAGNI (1205—82) episcopi Ratisbonensis libri XIII Metaphysicae. *Venetiis, per Joan. & Gregorium de Gregoriis fratres*, 1494 18 dec.
In-fol., goth., 2 col., sign. a—& iiii, récl, chiffr. 146, titr., registr. br., privil. [656]

Denis, N° 2989; Hain, *501.

Avant le feuillet chiffré I & signaturé a, on trouve 4 feuillets, qui renferment le frontispice, le privilège & la table.

745. WERNERI (XIII. s.) abbatis monasterii Sᵗⁱ Blasii in Nigra Silva, ordinis S. Benedicti, liber deflorationum Patrum

sive excerptionum ex melliflua doctrina Augustini, Hieronimi...
&c... *Basileae, (Nic. Kesler)*, 1494.
In-fol., goth., 2 col., sign. a—&iiii, titr. [657 *et* D fol. 790]

<small>Braun, II, 254; Maittaire, 570, N° 11; Panzer, I, 174, N° 161; Seemiller, IV, 48; Hain, *16158.</small>

<small>Hic liber, dit Maittaire, mihi videtur a Nicolao Kesler excusus quod eodem sit charactere quo Homiliarium anni 1493. Nota etiam in hujus libri initio imaginem senis tricipitis conspici cum his verbis supra positis: *Sancta Trinitas* libertate sane nimis, ut ne pejus dicam, profana. La figure dont parle Maittaire est précédée de 15 feuillets qui contiennent le frontispice & une table alphabétique.</small>

745—746 ou mieux ci-dessus 718—719. (Jacobi Philippi FORESTI 1433—1518) Reformatorium vite morumque & honestatis clericorum, cum expressione quorumdam signorum ruinae & tribulationis Ecclesiae. *Basileae, per Michaelem Furter*, 1444 (1494) in kathedra Petri (18 jan.).
In-8°, goth., sign. a—m 7, titr. [658]

<small>V. sur cet ouvrage, sur son auteur Jacques Philippi, sur l'imprimeur et sur la fausse date 1444, les lettres d'Iselin dans le *Mercure Suisse*, août & novembre 1734, & Mercier-Trévoux, juillet 1764, p. 103—137. Ce livre, qui est très rare, a été selon toute apparence, imprimé en 1494. Hain, 13720.</small>

746. BIBLIA latina. (*Lugduni*), *per Mathiam Hus alemanum*, 1494.
In-fol., goth., 2 col., sign. a—A—Aa iii, titr., registr. [658]

<small>Maittaire, 570; Hain, 3115.</small>

747. RICHARDI DE SANCTO VICTORE (....—1173) liber de minori contemplatione qui et de duodecim Patriarchis inscribitur. (*Parisiis*), 1494.
Petit in-8°, goth., sign. a—i 5, titr. [392]

<small>Maittaire, 581; Weislinger, 629, 630; Hain, *13912.</small>

748. RICHARDI DE S. VICTORE, de arca mystica libri V. (*Parisiis*, 1494.)
Petit in-8°, goth., sign. a—t 3, titr. Caractère du n° précédent. [392]

<small>Hain, *13912.</small>

749. NIMIREI archidyaconi (XV. s.) oratio cujus textus est: Foderunt manus meas & pedes meos &c... *Romae*, 1494.
In-4°, goth., 10 f. [352]

<small>Audiffr. Rom., 330; Hain, 11889.</small>

<small>C'est un sermon sur la Passion de J.-C.</small>

750. MARTINI DE VIANA (XV. s.) oratio de Christi ad coelos ascensione. *Romae*, 1494.
In-4°, goth., 6 f. [352]

<small>Audiffr. Rom., 330.</small>

751. MARTINI DE VIANA oratio de Trinitate. *Romae*, 1494.
In-4°, goth., 6 f. [352]

<small>Audiffr. Rom., 331.</small>

752. DECEM NATIONES Christianitatis. (Circa 1494.)
In-4°, goth., 2 f., petites initiales. [788]

<small>A la fin le seul mot: Explicit.

V. une dissertation de Mercier intitulée: Particularités de la liturgie mozarabe, in-4°. ¹)</small>

1495.

753. Jacobi de VORAGINE (1230—98), natione Januensis, ord. Praed., legenda Sanctorum quae Lombardica hystoria nominatur. 1495 5 jan.
In-4°, goth., 2 col., sign. a—A—Fiiii, chiffr. CCXLVII, titr. [809]

<small>Le volume commence par vingt feuillets non chiffrés, qui contiennent le frontispice, des prologues et des tables.</small>

754. THEOCRITI (III. s. a.) Eglogae XXX, Catonis Romani, Septem sapientum et Theognidis sententiae. Pythagorae aurea carmina. Phocylidae poema admonitorium, carmina sybillae Erythreae de J.-C., Hesiodi Theogonia, Scutum Herculis et Georgicon (sive operum et dierum) libri II. Omnia graece. *Venetiis, apud Aldum Manutium Romanum*, 1495 mense februario.
In-fol., 140 f., 30 l., sign., récl., 2 reg., privil. [Œ a, 2]

<small>Braun, II, 274; Debure, N° 2480; Fossi, II, 751; Laire, II, 205; Maittaire, 590; Renouard, 8; Seemiller, IV, 60; Spencer, II, 440, N° 483; Hain, *15477.</small>

755. Thomae BRADVARDINI (....—1349) arithmetica speculativa ex libris Euclidis, Boecii et aliorum revisa et correcta

---

<small>¹) Constantini Lascaris erotemata, graece & latine. *Ven.*, *Aldus*, 1494. In-4° Musaei carmen de amoribus Herus & Leandri. *Ven.*, *Aldus*, circa 1494. In-4°. 1ᵉ édit.
Joannis Trithemii liber de scriptoribus ecclesiesticis. *Basileae*, 1494. In-fol. 1ᵉ édit.
Les merveilleux faits & gestes du chevalier Lancelot du Lac. *Paris*, *Verard*, 1494. 3 vol. In-fol.</small>

a Petro Sanchez Arragonensi. *Parisius, Guid. Mercat.*, 1495 in mense februarii.
In-4°, goth., sign. A—B 4, fig. [810³]

<small>Édition omise par Panzer qui ne parle (II, 307), que de la Géométrie spéculative, 1495 20 mai; Hain, 3712.</small>

756. Tractatus arithmetice practice qui dicitur algorismus a Petro Sanchez CIRVELO (XV. s.) noviter compilatus. *Parisius, Guido Mercator*, 1495 22 febr.
In-4°, sign. A—B 4, fig. [810³ et 810³ bis]

<small>Article encore omis dans Panzer.</small>

757. Marsilii FICINI (1433—99) Florentini epistolae. *Venetiis, opera Mathei Capusae parmensis*, 1495 Aequinoctium vernale Phoebo introeunte..., vigilia divi Gregorii.
In-fol., sign., chiffr. 204, reg., privil., 1 édit. [160]

<small>D. Clément, VII, 315; Debure, N° 4139; Fossi, I, 676; Freytag Adpar. I, 406; Maittaire, 591; Strauss, 277; Hain, *7059.</small>

758. Ludovici BOLOGNINI (XV. s.), Tabula brevis ad inveniendum omnes textus et glosas singulares in utroque jure, cum innumerabilibus et quottidianis interpretationibus, necnon cum novis intellectibus ad omnia predicta. *Bononiae, Ug. de Rugeriis*, 1495 24 martii.
In-fol., goth., 2 col., sign a—d ij, registr., br. [471]

<small>Audiffredi Ital., 107; Hain, 3442.</small>

759. VITA et processus Thomae Cantuariensis super libertate ecclesiastica. Accedunt IV epistolae, scilicet Ignatii ad Johannem-Baptistam duo et ad Virginem Mariam una, quarta vero Virginis Mariae ad Ignatium. *Parisius, per Joh. Philippi alemanum*, 1495 27 martii.
In-4°, goth., 2 col., sign., titr. [659 et 659²]

<small>Maittaire, 589; Hain, 15510.</small>

760. Philippi BEROALDI (1450—1505) de felicitate opusculum. *Bononiae, per Caligulam de Bazaleriis*, 1495 kalendis aprilibus.
In-4°, 25 l., sign. a—d, registr. [802]

<small>Audiffr. Ital., 105; Fossi, I, 369; Hain, *2968.</small>

761. Petri BERTRANDI (XIV. s.) libellus de jurisdictione ecclesiastica adversus Petrum de Cugneriis. *Parisiis, per Johannem Philippi alemanum*, 1495 2 aprilis.
In-4°, goth., 2 col., sign. aa—bb 5. [659 et 659²]

<small>Maittaire, 589; Panzer, II, 308, N° 345; Hain, 3002.</small>

762. Guillelmi de OCKAM (....—1347) opus nonaginta dierum, 124 capitulis comprehensum, cum libellis seu epistolis Michaelis Cezenatis de gestis Guillelmi Ockam. *Lugduni, per Joh. Trechsel, apud Jodocum Ascensium*, 1495 16 julii.
In-fol., goth., 2 col., sign. a—5v, titr. [660]
Seemiller, IV, 59; Tellier, 39; Hain, *11935.

763. Guillelmi TARDIVI (XV. s.) Aniciensis, lectoris Francorum regis Caroli VIII, antibalbica sive recriminatio in Balbum, recognita per Petrum Botilerium. *Parisiis, Ant. Caillaut*, 1495 21 julii.
In-4°, goth., sign. a—fiii. [747]
Exemplaire de Tellier, 403, le seul cité par Maittaire, 602; Hain, 15239.

764. THOMAE de Aquino (1227—74). Confessionale sive tractatus de confessione seu puritate cordis et munditia mentis. (*Parisiis, Ant. Caillaut*, circa 1495.)
In-4°, goth., sign. a—ciii. [788]
Laire, II, 148; Hain, 1347.

765. Domini HUGONIS (...—1260) primi cardinalis ordinis Predicatorum, tractatus amantissimus qui speculum Ecclesie inscribtur, cum Speculo sacerdotum volentium celebrare missam. (Forsan *Parisiis, Ant. Caillaut*, circa 1495.)
In-4°, goth., 14 f., sign. a—biiii. [E 1343]
Laire, II, 140; Hain, *8978.

766. Jacobi MAGNI (XV. s.) religionis fratrum Heremitarum sancti Augustini sophologium. *Lugduni, per Johannem de Vingle*, 1495 26 julii.
In-4°, goth., 2 col., sign. a—yii, chiff. CLVI, titr. [811]
Panzer, I, 548, N° 145; Hain, 10479.

767. Valerii MARTIALIS (I. s.) Epigrammata cum duobus commentis, scilicet Domitii Chalderini Veronensis et Georgii Merulae Alexandrini. *Venetiis*, 1495 calendis agusti (*sic*).
In-fol., sign., chiffr. 159, titr., reg., br.; 2 caractères, le plus grand pour le texte. [269]
Fossi, II, 159; Maittaire, 591; Gessner, 58; Hain, *10824.

768. Jasonis MAYNI (....—1519) equitis romani ad Maximilianum Romanorum regem, in ejus et augustae Blanchae Mariae nuptiis Epithalamion. *Parisiis, per Antonium Denidel*, 1495 14 aug.
In-4°, 6 f., goth., sign. A—Aiii. [812]
Maittaire, 606 et Panzer, II, 310, N° 362, n'indiquent cette édition que d'après notre exemplaire; Tellier, 433; Hain, 10970.

769. Pratique (de medecine) de Bernard GORDON. *Lyon*, 1495 le dernier jour d'aoust.
Gr. in-4°, goth., 2 col., sign. a—aa—ee iiii, titr. [661]

<small>Maittaire et Panzer citent sous l'année 1495 une édition in-folio, d'après Du Verdier; Hain, 7801.</small>

770. T. LUCRETII Cari (I. s.) poetae philosophici antiquissimi de rerum natura libri VI. *Venetiis, Theodor. de Ragazonibus de Asula*, 1495 4 sept.
In-4°, sign. a—q v, reg., br. [343]

<small>Laire, II, 205; Maittaire, 591; Spencer, II, 155; Hain, *10283.</small>

771. Le miroir historial de VINCENT de Beauvais (....—1264) traduit en françois (par J. de Vignay). *Paris, Ant. Verard*, 1495 10 sept.
5 vol. in-fol., goth., 2 col., sign., chiffr., fig. [472]

<small>Maittaire, 608.
Le premier volume est daté du 10 septembre 1495; les trois suivans n'ont point de date, et le cinquième porte celle du 6 mai 1496.
C'est la traduction faite par Jean de Vignay sur la demande de Jeanne de Bourgogne, première femme de Philippe de Valois. L'éditeur n'y a fait que quelques changemens, et l'a néanmoins publiée comme une version nouvelle.</small>

772. Inutilis servi Jesu Christi fratris Hieronimi de Ferraria (SAVONAROLAE 1452—98) ord. Praed. compendium revelationum. *Florentiae, Franc. Bonaccursi*, 1495 V nonas oct.
Petit in-4°, 34 l., sign. a—g ij. [813]

<small>Fossi, II, 491; Panzer, IV, 310, N° 170; Hain, 14332.
Le premier feuillet, blanc au recto, ne contient au verso qu'une figure, le second est occupé par une préface de Benivieni; le troisième est signaturé a i.</small>

773. Praestantissimi adulescentis Gaspari FANTUTII (XV. s.) oratio coram gymnasio Bononiensi pronunciata et per Hieronym. Petrobanum Alexandrinum repastinata. *Bononiae, per Platonem de Benedictis de Bononia*, 1495 19 oct.
In-4°, 6 f., sign. A—A iii. [759]

<small>Audiffr. Ital., 101; Panzer, 231; Hain, 6912.</small>

774. Biblia latina. *Basileae, Joh. Froben de Hamerburgh*, 1495 sexto kalendas novembres.
In-8°, goth, 2 col., 54 l., sign. a—A—Aa—Mm 4, titr. [393]

<small>Maittaire, 588; Panzer, I, 178; Gesner, 59; Santander, 27; Hain, *3118.
Quatre feuillets avant la signature a renferment des préfaces et des sommaires. A la fin du volume, cinq cahiers signaturés A. B. C. D. E. contiennent le dictionnaire des mots dérivés de l'hébreu.</small>

775. GREGORII Papae (...—604) moralium libri XXXV, cum gemina tabula. *Parisius, per Udalr. Gering et B. Rembolt in sole aureo vici Sorbonici*, 1495 die ultima octobris.

In-fol., goth., 2 col., sign. a—A—T v, titr. [662]

<small>Maittaire, 588, fait remarquer dans la souscription: *Per Udalricum Gering et B. Rembolt sociorum commorantium*. Cette souscription est suivie de cinq cahiers de tables; Hain, *7932.</small>

776. J. Antonii CAMPANI (1427—77) opera edita a Michaele Ferno qui Campani vitam praemisit. *Romae, Euch. Silber alias Franck*, 1495 pridie kalendas nov.

In-fol., sign., titr., reg., br., err., fig., 1 édit., 298 f., 56 l. [161]

<small>Audiffredi Rom., 334; D. Clément, VIII, 178; Crevenna, IV, 233; Debure, N° 4044; Fossi, I, 457; Maittaire, 591, N° 6; Panzer, II, 513 & 514; Tellier, 400; Vogt, 167; Sartori, 194; Santander, N° 3450; Hain, 4286.</small>

<small>Une cloche énorme qui fait allusion au nom de Campanus, occupe la plus grande partie du frontispice; elle est chargée et environnée d'inscriptions, dont l'une contient la liste des ouvrages recueillis en ce volume: *Tractatus* (morales) *V. Orationes XV. Epistolae libri IX. Vita Pii II. Historia Brachii. Epigrammatum libri VIII.* L'inscription placée au bas de la cloche est composée de huit vers: *Pulsabar solida*... &c... Cette édition est regardée comme la première; celle de Venise, publiée vers le même tems, n'en est qu'une copie, et celle de 1476 est chimérique.</small>

777. Matthaei BOSSI (1427—1502) Veronensis canonici regularis de instituendo sapientia animo disputationes per dies octo in pratis D. Leonardi juxta Veronam habitae. *Bononiae, per Platonem de Benedictis*, 1495 VIII id. nov.

In-4°, sign. A—Q, registr., br., exemplaire imprimé sur vélin. [280]

<small>Audiffr. Ital., 101; Maittaire, 590; Mercier-Trévoux, août 1763, p. 2049—2051; Hain, *3677.</small>

<small>Les trois premiers feuillets ne sont pas signaturés: ils contiennent une épître de l'auteur à Severinus Calchus.</small>

778. Guillelmi de OCKAM (....—1347) centilogium theologicum. *Lugduni, per J. Trechsel alemanum*, 1495 9 nov.

In-fol., goth., 2 col., sign. A—B iiii, titr. [663]

<small>Seemiller, IV, 59, N° 17; Strauss, 93; Hain, *11942.</small>

779. Guillelmi de OCKAM quaestiones super quatuor libros Sententiarum. *Lugduni, Trechsel aleman.*, 1495 10 nov.

In-fol., goth., 2 col., sign., titr., reg., br., une très longue table au commencement du volume. [663]

<small>Fossi, II, 248; Seemiller, IV, 57; Hupfauer, N° 226; Hain, *11942.</small>

780. Mathaei BOSSI (1427—1502) Veronensis canonici regularis, in Jesu Christi Passione flebilis et devotissimus sermo. *Bononiae, Plato de Benedictis*, 1495 III id. nov.
In-4°, 12 f., sign. A—Biii, reg., br., exemplaire imprimé sur vélin. [280]

<small>Audiffr. Ital., 102; Hain, *3678.</small>

781. MISSALE Rothomagense. *Rothomagi, per Martinum Morin*, 1495 18 nov.
In-fol., goth., 2 col., sign., titr., fig. [664]

<small>Maittaire, 599; Mercier, Suppl. 96; Hain, 11418.</small>

782. Le BLASON de toutes armes et escuts. *Paris, Pierre Le Caron*, 1495 23 nov.
Petit in-8°, goth., sign. A—Eiii, fig. coloriées. [394]

<small>Édition non indiquée par les bibliographes.</small>

783. GEORGII BRUXELLENSIS prestantissimi nominalium recitatoris interpretatio textus magistri Petri Hispani, cum magistri Thomae Bricot quaestionibus. *Parisiis, Bocard*, 1495 18 dec.
In-4°, goth., 2 col., sign., titr. [814]

<small>Les bibliographes ne font pas mention de cette édition.</small>

784. Grammatici graeci, scilicet: THEODORI GAZAE (1395—1475) introductivae grammaticae libri IV et opusculum de mensibus. APOLLONII (II. s.) de constructione libri IV. HERODIANUS (II. s.) de numeris omnia graece. *Venetiis, in aedibus Aldi Romani*, 1495 octavo calendas januarias.
In-fol., 198 f., 31 l., sign. a—Liiii & A—Mii, récl., registr., privil., 1 édit. [Œ a, 1]

<small>Debure, N° 2222; Fossi, I, 726; Laire, II, 206; Maittaire, 592; Renouard, 7; Seemiller, IV, 57; Spencer, III, 120, N° 589; Hain, *7500.</small>

785. ARISTOTELIS (IV. s. a.) opera omnia, (cum Theophrasti et aliorum quibusdam operibus,) graece. *Venet., Aldus*, 1495, 1497, 1498.
6 vol. in-fol., 1836 f., 30 l., sign., récl., chiffr. (arabes), titr., registr., lettres grises, privil., 1 édit. [Œ a, fol. 3—8]

<small>D. Clément, II, 91; Renouard, II, 13, 14, 15, 20; Spencer, I, 258; Hain, *1657.</small>

<small>*Tome I.* Le titre, la préface de l'éditeur, les catégories d'Aristote, l'interprétation, les quatre livres d'analytiques, les huit livres de topiques, les deux livres sur les sophismes. 204 f., sign. A—N & a—Siii, registr., privil., 1495 cal. nov.</small>

T. II. Titr. et préface, vies d'Aristote par Diogène de Laerce et par J. Philipon: vie de Théophraste, par Diogène; extraits de Galien; les huit livres de la physique d'Aristote; ses quatre livres du ciel; ses deux livres de la génération et de la corruption; ses quatre livres sur les météores; traité du monde adressé à Alexandre; traité du monde par Philon; traités de Théophraste sur le feu et sur les vents; traité anonyme sur les eaux et sur les vents; traité des pierres par Théophraste. 300 f., 32 sans chiffr., 268 chiffrés, sign., récl., registr., br., privil., 1497 febr.

T. III. Titr. et préf., les livres d'Aristote et de Théophraste sur les animaux. A la fin du volume, le dixième livre de l'histoire des animaux d'Aristote. 466 f., les 457 premiers avec chiffres, sign. aa—AA—XX 4, récl., titr., registr., priv., 1497 janv.

T. IV. Titr. et préf., les dix livres de Théophraste sur l'histoire des plantes; ses six livres sur les causes des plantes. 227 f. chiffrés, excepté le premier, sign. aaa—AAA—DDD iiii, récl., titr.

T. V. ou 2e partie du t. IV. Les Problèmes d'Aristote et d'Alexandre d'Aphrodisée, la mécanique d'Aristote et ses quatorze livres de métaphysique suivis de celle de Théophraste. 292 f., chiffrés 1—116, 1—42, 1—12, 1—122, et le dernier sans chiffre, sign., récl., titr., registr., br., privil., 1498 cal. jun.

T. VI. Titr. et préf., les dix derniers livres de morale à Nicomaque; les huit livres de politiques; les deux livres d'oeconomie; les grandes morales en deux livres & les huit livres de morale à Eudemus. 317 f. le dernier non chiffré, sign. aaaa—AAAA—KKKK 6, récl., titr., priv., 1498 jun.

Je suis entré dans ce détail parce que notre exemplaire est très complet, et que cette édition n'a point été décrite avec assez d'extractitude par les bibliographes.

786. PSALTERIUM graecum. *Venet., Aldus*, (circa 1495).
In-4°, 150 f., 20 l., sign. a—u iiii, récl., reg., br., 1 édit. [Œ a, 4°, 71⁴]

Maittaire, 74; Panzer, III, 495 et 6; Renouard, 437; Spencer, I, 129; Hain, *13452.

Ce volume a deux parties: la première comprend les 76 premiers psaumes; la deuxième les suivans et les cantiques. Chaque partie est suivie de vers grecs en l'honneur de David. La première est précédée d'une préface grecque.

Anni indicio destituitur, dit Maittaire, opus est igitur conjectura. Eodem quo Aristoteles aliique supra memorati caractere excuditur. Paginis subsunt signaturae et voculae reclamantes, nullae autem paginarum numerum indicans cyphrae. In Aristotelis organo (t. I) quod 1495 prodiit signaturis solis usus est Aldus: in Cornucopia 1496 signaturas reclamantes et cyphras adhibuit. Istius ergo Psalterii editio, hoc forsan prior, illa posterior.

787. Johannis de LAMSZHEYM, canonici regularis in Kirszgarten prope Vuormaciam, libellus perutilis de fraternitate sanctissima et rosario beate Marie Virginis. *Maguntie, Petr. Friedbergensis*, 1495.
In-4°, goth., sign. a—d iiii. [815]

Weislinger, 638; Hain, *9847.

Souscription: Desideratus jam pridem finis huic tersissimo opusculo imponitur per Petrum Friedbergensem impressorie artis non ignarū in aurea magūcia. Anno humane restaurationis MCCCCXCV.

788. Petri BALTHAZAR, collegii Sancti Bernhardi provisoris, tractatus de expositione misteriorum misse Cristi passionem

figurantium et de modo celebrandi. *Impressus in gymnasio Lipczenzi par Gregorium Boettiger*, anno Domin... nonagesimo quinto (1495).
In-4°, goth., sign. a—e iij. [665]

Panzer, I, 484, N° 107; Hain, 2348.

789. ISIDORI HISPALENSIS (...—636) episcopi de summo bono libri III. *Lyptzck, per Arnoldum de Colonia*, (circa 1495). In-4°, goth., sign. aa—nn iii, chiffr. LXXiiii, titr. [665]

Édition omise dans les Annales de Panzer; Hain, *9287.

Le frontispice et les deux feuillets suivants, qui contiennent la table, ne sont pas chiffrés.

On ne voit pas que Arnold de Cologne ait imprimé plus tard que 1495.

790. Fasciculus temporum (de Werner ROLLEWINCK, ...— 1492) traduit par P. Ferget ou Farget ou Sarget) en françois, ou le Fardelet hystorial. *Genesue*, 1495, auquel an fist si tres grand vent le IX jour de janvier qu'il fist remonter le Rosne dedans le lac.
In-fol., goth., sign. A—M iiii, fig. [666]

D. Clément, VIII, 259; La Vallière, N° 4558; Maittaire, 590; Hain, 6943.

791. LEONELLI DE CHIEREGATIS (XV. s.) sermo in publicatione confederationis inter Alexandrum VI et Romanorum Hispaniaeque reges necnon Mediolanensium Venetorumque duces. Romae habitus in die palmarum 1495, cum decreto Alexandri VI ejusdem sermonis impressionem jubente, dato idibus aprilis 1495. (*Romae, J. Besicken.*)
In-4°, 6 f. [351]

Audiffr. Rom., 332; Denis, N° 4634; Hain, *4962.

792. LEONELLI DE CHIEREGATIS sermo in publicatione confederationis inter Alexandrum VI et Romanorum Hispaniaeque reges &c..... 1495. (*Romae.*)
In-4°, goth., 4 f. [740]

Audiffr. Rom., 332; Hain, *4963. ')

1496.

793. Jac. BRUTI Cluriensis (XV. s.) ex Castello ab Aqua Vallis Telline, corona aurea coruscantibus gemmis et preciosis-

') Trithemii liber de luminaribus Germaniae. (*Ultrajecti*), 1495. In-4°, 1 édit.
Acta in synodis Wurceburgensibus ann. 1452 et 1453. (*Herbipoli*, Reyser, circa 1495). In-fol.

simis conferta margaritis in qua perpulcre et scientifice materie Parisiensi more perpetrantur, videlicet tractatus de laudibus litterarum, de quidditate anime, de unione anime ad corpus... de viginti differentiis inter animam et angelum, de immortalitate anime, de pueris in originali (peccato) decentibus &c.... *Venetiis, per Joan. de Tridino alias Tacuinum*, 1496 15 jan.

In-4°, sign., titr., registr. [667 *et* D 1611, 4°]

Maittaire, 617; Tellier, 49; Hain, *4026.

794. Marci Tullii CICERONIS (l. s. a.) de officiis libri III cum Petri Marsi commentariis; accedunt Ciceronis paradoxa, dialogi de amicitia et de senectute cum interpretationibus. 1496 3 martii.

In-fol., sign. a—CC iii, chiffr. CLVII, titr., reg. [270]

Denis, N° 3420; Hupfauer, N° 239; Hain, *5288.

795. Petri TATERETI Quaestiones super VI libros Ethicorum Aristotelis. *Parisiis, per Johannem Lambert pro Dionisio Rose* (*sic*), 1496 ad idus martis.

In-4°, goth., 2 col., sign. a—g iij, titr. [816]

La Caille, 68; Maittaire, 608 et Panzer, II, 313, N° 387 n'indiquent cette édition que d'après notre exemplaire, Tellier, 58; Hain, 15343.

796. Joannis PICI MIRANDULAE (1463—94) Concordiae comitis opuscula; videlicet Heptaplus de opere VI dierum, Apologia XIII quaestionum; tractatus de ente...; epistolae &c... Praemittitur auctoris vita; habentur vero ad calcem testimonia de ipsius doctrina et ingenio variis ex locis collecta. *Bononiae, impressit Benedictus Hectoris*, 1496 20 martii.

In-fol., sign., registr., 1 édit. [668]

Maittaire, 611; Panzer, I, 232 & 233 & IV, 251, N° 218; Hain, *12992.

Le premier feuillet présente au recto les titres des diverses parties du volume, au verso une épître dédicatoire du fils de l'auteur à L. M. Sforce. Il y a une deuxième édition donnée à Bologne, en la même année 1496.

797. GUILLERMI PARISIENSIS (....—1248) episcopi opera de fide, legibus, virtutibus, moribus, viciis, peccatis, temperationibus, resistentiis, meritis, retributionibus et immortalitate animae. *Nurnberg*, (*Ant. Koburger*), 1496 pridie calendas apriles.

In-fol., goth., 2 col., sign. a—aa—tt iii, chiffr. CCXLiij, titr. [669]

Braun, II, 32; Freytag Adpar., III, 200—205; Maittaire, 617; Gesner, 62; Hain, 8300.

La date 1496 est à la fin d'une courte épître de Théodoric Ulsenius a P. Danhusius, laquelle se trouve au recto du troisième feuillet. La série des chiffres ne comprend ni les quatre premiers feuillets, ni les cahiers pp, qq, rr, ss, tt, qui sont occupés par la table.

798. Nicolai PEROTTI (....—1480) Cornucopia sive commentarii grammatici in epigrammata Martialis. Accedit ejusdem Perotti in Caii Plynii Secundi prooemium brevis expositio. *Parisiis, Udalr. Gering et B. Renbolt*, 1496 23 aprilis.
In-fol., sign. a—A—H iii, chiffr. CCXLVI, titr. [670]

La Vallière, N° 2203; Hain, 12703.

Avant le feuillet chiffré 1 et signaturé a, deux cahiers contiennent le frontispice, la table et d'autres préliminaires.

799. De DEDICATIONE ecclesiae Parisiensis. *Parisiis, per Guidonem Mercatorem apud amenissimam domum du Champ gaillard*, 1496 mense amenissimo mayo.
In-4°, goth., 8 f., sign. a—a iiii. [817 et 824]

Cette édition est annoncée comme de 1480 dans le catalogue de Le Tellier, p. 49. C'est une erreur qui provient sans doute de la manière dont la date est disposée: *M. CCCC. IIIIXX. XVI mense amenissimo mayo*.

800. Tractato di maestro Dominico BENIVIENI (XV. s.) prete florentino in defensione et probatione della doctrina et prophetie predicate da frate Hieronymo (Savonarola) di Ferraria. *Firenze, ser Francesco Bonaccorsi*, 1496 a di 28 di maggio.
In-4°, sign. a—g ii, fig. [813]

Denis, N° 3394; Fossi, I, 290; Maittaire, 616, N° 8; Hain, 2784.

801. Dialogo di Domenico BENIVIENI canonico di S. Lorenzo della verita della doctrina predicata da frate Hieronymo da Ferrara nella cipta di Firenze. (*Firenze*, 1496.)
In-4°, 12 f., 33 l., sign. a—b. [813]

Audiffr. Ital., 374; Fossi, I, 289; Hain, 2786.

802. Epistola di maestro BENIVIENI a uno amico responsiva a certe objectione et calumnie contra a frate Hieronymo da Ferrara. (*Firenze*, 1496.)
In-4°, 8 f., sign. a—a iiii. [813]

Fossi, I, 289; Hain, 2785.

803. Le livre de BIEN VIVRE et bien mourir. *Paris, Ant. Verard*, 1496 20 juin.
Petit in-fol., goth., 2 col., sign., fig. [671]

Maittaire, 623; Hain, 1847.

804. Guillermi de VORILLONG (....—1464) ordinis fratrum Minorum opus super quatuor libros Sententiarum. *Venetiis, per Jacobum de Leucho impensis Lazari de Soardis*, 1496 9 julii.
In-4°, goth., 2 col., sign. a—A—R 4, chiffr. 327, registr., privilège. [818]

Editio, ut videtur, *ignota*, dit Seemiller, IV, 68. Cette édition est néanmoins indiquée dans le catalogue de Le Tellier, 47; dans Maittaire, 625... &c... Elle est décrite par Strauss, 95.
Le frontispice n'est point compris au nombre des feuillets chiffrés.

805. Joannis PICI MIRANDULAE litterarum principis (1463—94) disputationes adversus astrologiam divinatricem. *Bononiae, impressit Benedictus Hectoris*, 1495 (1496) 16 julii.
In-fol., sign., titr., registr., privil., err. [668]

Hain, *12994.

La premier feuillet, vide au verso, ne contient au recto que le titre de volume. Deux épîtres occupent le second. Une table qui commence avec le troisième, finit avec le recto du sixième dont le verso n'est pas employé. L'ouvrage commence au septième.
On trouve à la fin du volume deux errata, l'un pour cet ouvrage même, l'autre pour les opuscules de Pic de la Mirandole, ci-dessus N° 796. Il y a de même deux privilèges donnés par Louis Marie Sforce. Ces deux privilèges étant datés 1496, il y a erreur dans la date 1495 que la souscription présente. D'ailleurs les opuscules N° 796 ci-dessus, sont datés 1496 20 mars: or, au premier feuillet de ces opuscules, et à la suite de leurs titres, on lit l'annonce de la publication prochaine du livre contre l'astrologie: *Exibunt prope dies disputationes adversus astrologos* &c...

806. JORDANI NEMORARII (XIII. s.) Elementa arithmetica; quibus accedunt Jac. Fabri Stapulensis III opuscula, scil. Elementa musicalia, Epitome in II libros arithmeticos Boetii, et Rithmimachiae ludus qui et pugna numerorum appellatur. *Parhisii, J. Higman et Volfgang Hopil*, 1496 22 julii.
In-fol., goth., sign. a—i 4, titr., reg., fig. [647]

Maittaire, 625; Seemiller, IV, 72; Hain, 9436.

807. Hieronimi de Ferraria (SAVONAROLAE, 1452—98) Revelatio de tribulationibus nostrorum temporum, de reformatione Ecclesiae et de conversione Turcorum. *Parisii, per Guidonem Mercatorem in officina sua retro collegium Navarre, in descensu ad collegium Atrebatense*, 1496 6 aug.
In-4°, goth., sign. a—e iiij. [819]

Maittaire, 616; Hain, 14337.

808. DIURNALE ad usum ecclesiae Parisiensis. *Paris., Gering et Renbolt*, 1496 9 augusti.
Petit in-16°, goth., sign. a—A—AA iiii, titr. [820]

Chevillier, 99, dans la 3e liste des édit. de Gering; Maittaire, 607; Tellier, 211; Hain, 6298.
Le cahier a est précédé d'un cahier non signaturé, qui contient le calendrier.

809. Publii FAUSTI ANDRELINI Foroliviensis (.....—1518) carminum libri II de Neapolitana Fornoviensique victoria, sive

de gestis gloriosissimi Caroli francorum regis octavi. *Parisiis, diligentia Guidonis Mercatoris et Joannis Parvi in Bello visu*, 1496 pridie kal. sept.

In-4°, 18 l., sign. a—e iiii, titr., err. [821]

<small>Laire, II, 209; Maittaire, 629; Seemiller, IV, 70; Hain, 1092.</small>

810. Summa nuncupata DESTRUCTORIUM vitiorum a cujusdam fabri lignarii filio. *Nuremberg, Anth. Koberger*, 1496 XII kal. oct.

In-fol., goth., 2 col., sign. a—A—L 5, titr. [673]

<small>Maittaire, 612; Panzer, II, 221, N° 267, dit par erreur *sine signaturis*; Hain, *652.</small>

811. Johannis de TURRECREMATA (Torquemada, cardin. 1388—1468) de Ecclesia Domini contra Ecclesiae et primatus apostoli Petri adversarios. *Lugduni, per J. Trechsel alemanum*, 1496 20 sept.

In-fol., goth., 2 col., sign. a—A—I vi, titr., reg. br. [672]

<small>Fossi, II, 734; Maittaire, 613; Hain, *15732.</small>

<small>Le cahier a est précédé de 6 feuillets qui renferment le frontispice, une épître dédicatoire et une table alphabétique.</small>

812. Johannis de TURRECREMATA (Torquemada) ordinis Praed. tractatus compendiosissimi LXXIII quaestionum super potestate et auctoritate papali, ex sententia Thomae de Aquino. *Lugduni, J. Trechsel*, 1496 20 sept.

In-fol., goth., 2 col., 8 f., sign. Aa—Aa v, titr., reg. br. [672]

<small>Tellier, 41; Hain, *15732.</small>

813. BREVIARIUM Upsalense. *Holmiae, per Johannem Fabri impressorem*, 1496 pridie kls octobr.

In-4°, goth., 2 col., sign. [822]

<small>Denis, N° 3404; Maittaire, 621; Mercier, suppl. 74; Tellier, 187; Hain, 3950.</small>

<small>Le premier feuillet ne contient que ces deux mots: *Breviarium upsaleñ*. Ils sont imprimés en rouge vers le milieu du recto. Au verso du dernier feuillet, on lit avant la souscription qui est aussi en rouge, ces quatre vers singuliers:</small>

<small>Pax. gradus. et Pastor. Antist. Rex. congregat atque
Catholicus. populus. iter. et qui navigat. adverss.
Discors. peniteat. fructus. bona qui facit. infr
Pro functis Cristi requiescat dicimus amen.</small>

814. CONSTANTII APPLANI Mediolanensis canonici regu-

laris soliloquiorum liber. *Cremonae, per Charolum de Darleriis*, 1496 quarto nonas octobres.

In-4°, sign. a—A—L vi, chiffr. 176, sans la préface et l'index. [323]

<small>Argelati, Bibl. script. Mediol., t. I, p. II, 59; Fossi, I, 134, 136; Laire, II, 210; Maittaire, 613; Panzer, I, 351 et 352; Tellier, 53; Hain, 1313.</small>

815. Guilhelmi de OCKAM (....—1347) super potestate summi pontificis octo questionum decisiones. *Lugduni, J. Trechsel*, 1496 8 oct.

In-fol., goth., 2 col., sign. aa—ff iiii, titr., reg. br. [672 et 624]

<small>Laire, II, 216; Maittaire, 608; Seemiller, IV, 72; Hain, *11952.</small>

816. Joannis GANIVETI amicus medicorum cum opusculo inscripto: Coeli enarrant gloriam Dei, quod quidem opusculum est abbreviatio libri Abrahe Avenecze (Abenezra) de luminaribus et diebus creticis. *Lugduni; per Joan. Trechsel alemanum*, 1496 14 oct.

In-4°, goth., 2 col., sign. a—f vi, titr. [67]

<small>Fossi, I, 722; Maittaire, 608; Seemiller, IV, 75; Hain, *7467.</small>

817. Ricardi RADULPHI archiepiscopi Armachani defensio curatorum contra mendicantes, et Rogerii Chonoe defensio mendicantium contra Ric. Armachanum. (*Lugduni*), *J. Trechsel aleman.*, 1496 20 oct.

In-fol., goth., 2 col., sign. AA—DD iij, titr., reg. br. [672 et 682]

<small>Maittaire, 618, N° 8; Panzer, I, 549, N° 156; Hain, *13675.</small>

818. Guillelmi CAOURSIN Duaceni Rhodiorum vice-cancellarii (....—1501) opuscula historica, videlicet: Obsidionis Rhodiae urbis descriptio; orationes de Magni Turci morte; de casu regis Zizimi; de foedere Rhodiorum cum Bagyazit Turcarum rege; de admissione regis Zizimi in Gallias; de translatione sacrae dextrae Joannis-Baptistae ex C. P. ad Rhodios; oratio ad papam Innocentium VIII et oratio de traductione Zizimi ad Urbem. *Ulmae, per Joan. Reger*, 1496 24 oct.

In-fol., sign. a—h iii, fig., 1 édit. [675]

<small>D. Clément, VI, 206; Freytag Anal., 202; Laire, II, 211; Niceron, XV, 146; Spencer, IV, 366, N° 947; Hain, *4369.</small>

819. COMPENDIUM divinorum officiorum seu tabula (alphabetica) sine qua esse nolo. *Parisius, Joh. Dupré*, 1496 27 oct.

In-4°, goth., sign. a—d iii. [824]

820. Johannis CONSOBRINI Portugalensis ordinis fratrum Mariae de Monte Carmeli (XV. s.) tractatus de justicia commutativa et arte campsoria seu cambiis. *Parisius, per Guidonem Mercatoris in Campo Gaillardi*, 1496 14 nov.
  Petit in-8°, goth., sign. a—f4. [395]
    Maittaire, 619; Hain, 5644.

821. BURLAEI (1275—1337) tractatus de intentione et remissione formarum. Jacobi de Forlivio tractatus de intentione et remissione formarum. Alberti de Saxonia tractatus proportionum. *Venetiis, per Bonetum Locatellum Bergomensem, expensis Octaviani Scoti*, 1496 IV kal. decembr.
  In-fol., goth., 2 col., sign. a—h 2, chiffr. 45, titr., reg. [644]
    Fossi, I, 434; Panzer, IV, 449, N° 2037; Hain, 4141.

822. Caii PLYNII Secundi (23—79) de naturali hystoria libri XXXVII. *Venetiis, Bartolam. de Zanis de Portesio*, 1496 12 dec.
  In-fol., sign. a—A—D v, titr., reg. [216]
    Maittaire, 610; Panzer, III, 394, N° 2076; Hain, *13100.

823. SUETONII Tranquilli (II. s.) Vitae XII Caesarum cum Philippi Beroaldi et Marci Antonii Sabellici commentariis. *Venetiis, Simon Bevilaqua Papiens.*, 1496.
  In-fol., sign. a—A—S iii, titr., registr. [218]
    Maittaire, 614; Panzer, III, 395, N° 2081; Hain, *15128.
    Le texte est encadré dans les commentaires, dont le caractère est plus petit.

824. Tabulae tabularum coelestium motuum quarum autor est Abraham ZACUTUS cum canonibus traductis a linga (*sic*) ebrayca in latinum per Joseph. Vizinum. (*Venetiis*), 1496.
  In-4°, goth. [825]
    Maittaire, 625; Hain, 16267.

825. LUCIANI Samosatensis (II. s.) opera omnia graece. Accedunt graece pariter Philostratorum icones, Philostrati junioris (rectius majoris) Heroica et vitae sophistarum, Callistrati descriptiones. *Florentiae, (ex officina Juntarum juxta quosdam)*, 1496.
  In-fol., 42 l., sign., 1 édit. [217]
    Audiffr. Ital., 350; Debure, N° 4030; Fossi, II, 104; Laire, II, 215; Panzer, I, 425; Spencer, II, 144; Hain, *10258.
    Reitz, dans la préface de son édition des oeuvres de Lucien, Amsterdam, 1743, in-4°, s'exprime ainsi sur celle de 1496 : Prima omnium Florentina editio anni 1496 graeca etsi a typographicis vitiis non est immunis, in vestigiis tamen priscae lectionis servandis tantum alias praecellit, ut codicis manuscripti vicem praestare queat.

826. APOLLONII Rhodi (III. s. a.) Argonauticon libri IV graece cum scholiis graecis. *Florentiae*, (*Laur. Franc. de Alopa*), 1496.
In-4°, sign. a—xii, 1 édit. [344]

<small>Audiffr. Ital., 352; Debure, N° 2520; Fossi, I, 129; Laire, II, 210; Seemiller, IV, 76; Vogt, 56; Spencer, 1253; Hain, *1292.</small>

<small>Le texte, imprimé en lettres capitales, occupe le milieu des pages.</small>

827. EURIPIDIS (V. s. a.) tragoediae IV: Medea, Hippolitus, Alcestes, Andromache. Graece. (*Florentiae, Laur. Fr. de Alopa*, circa 1496.)
In-4°, en lettres capitales, sign., 1 édit. [345]

<small>Debure, N° 2549; Gaignat, N° 1551; Maittaire, 101 & 752; Panzer, I, 434, N° 287; Spencer, II, 26, N° 235; Hain, *6697.</small>

828. Francisci PETRARCHAE (1304—74) opera omnia latina scilicet: Bucolicum carmen sive Eglogae XII; de vita solitaria libri II; de remediis utriusque fortunae libri II; secretum sive de conflictu curarum suarum colloquium trium dierum; de vera sapientia dialogi II; de rebus memorandis libri IV; contra medicum objurgantem libri IV; Epistolarum de rebus familiaribus libri VIII; alterae sine titulo epistolae; ad Carolum IV Romanorum regem epistola; de studiis suis ad Posteritatem; noua Psalm. VII poenitentialium versio; epitoma illustrium virorum. His Petrarchae operibus accessere Lorbardi de Siricho supplementum in epitoma illustrium virorum, Benevenuti de Rombaldis liber augustalis et annotatio sive index principalium sententiarum Petrarchae. *Basileae, J. de Amerbach*, 1496.
In-fol., 55 l., sign., titr., 1 édit. [271]

<small>Gesner, 60; Laire, II, 215; La Vallière, N° 4343; Maittaire, 611; Strauss, 281; Spencer, III, 454, N° 748; Weislinger, 648; Hain, 12749.</small>

829. Magistri GONETI de Prato loquendi facetia a multis doctoribus solerter approbata. *In venusto Abolene oppido.* (*Lugduni, Mareschal et Chaussard*), 1496.
In-4°, goth., 21 l., sign. a—f. [346]

<small>Maittaire, 629; Hain, 7793.</small>

<small>Les noms de Pierre Mareschal et Barnabé Chaussard (imprimeurs de Lyon) se lisent dans l'écusson qui se trouve sous le titre du livre, au premier recto</small>

830. PRIVILEGIA et indulgentie fratrum Minorum et Predicatorum. *Tresis* (forsan Tresen in Suecia prope Holmiam), 1496.
Petit in-8°, goth., sign. A—G. [396]

<small>Édition que les bibliographes ne désignent pas.</small>

831. Stephani THEGLIATII, archiepiscopi Patracensis et episcopi Torcellani (XV. s.), oratio de Passione Domini habita die 20 aprilis 1492. (*Impressa Romae*, circa 1496.)
In-4°, goth., 12 f. [351]

<small>Audiffredi Rom., 368; Seemiller, IV, 135; Hain, 15457.</small>

832. Stephani THEGLIATII, archiepiscopi Patracensis et episcopi Torcellani, oratio habita in die omnium sanctorum coram Alexandro papa VI. MCCCC LXXXVI (pro 1492 vel 1496). *Romae, Euch. Silber.*
In-4°, 8 f., sign. a—aiiii. [351]

<small>Audiffr. Rom., 309; Hain, 15458.</small>

833. MARTINI DE VIANA (XV. s.) oratio in festo Thome de Aquino habita. *Romae, (Steph. Plannck)*, 1496.
In-4°, 6 f. [352]

<small>Audiffr. Rom., 337.</small>

384. Petri CARE Sabaudiae senatoris (XV. s.) oratio Taurini habita coram Philippo Sabaudiae duce et utriusque Sabaudianae Galliae concilio die 9 junii 1496 cum praefatiuncula ad episcopum Lausanensem. Scripta die undecima junii 1496. Impressa *Lugduni*, (1496).
In-4°, 6 f., sign. a—aiii. [351]

<small>Panzer, I, 550, n'indique qu'une édition en italien des oraisons de P. Cara: *Le orazioni di Pietro Cara in Lione per Nic. de Benedictis et Jac. Suigo*, 1496, sans aucune description, et même sans désignation de format. Hain, 4415. [1])</small>

1497.

835. Fratris URBANI Bellunensis ord. Min. (XV. s.) institutiones graecae grammatices. *Venet., Aldus*, 1497 jan.
In-4°, 214 f., sign. a—A—Bv, récl., registr., err., privil., 1 édit. [Œ a 4°, 71³]

<small>Laire, II, 232; Maittaire, 84 & 638; Renouard, 15; Seemiller, IV, 88; Spencer, III, 133; Hain, 16098.</small>

<small>Le premier recto n'offre que le titre: *Institutiones graecae grammatices*. Le deuxième feuillet contient au recto une épître dédicatoire d'Alde Manuce a Fr. Pic de la Mirandole et au verso les lettres grecques, le Pater et l'Ave</small>

<small>[1]) Bapt. Fulgosi Anteros (italice). *Mediolani, Vachet*, 1496. In-4°.
Thesaurus Cornucopiae et horti Adonidis, graece. *Venet., Aldus*, 1496. In-fol.
Vitruvius et Frontinus. *Florentiae*, 1496. In-fol.
Callimachi hymni cum scholiis graecis (*Florentiae*, 1496.) In-4°. 1 éd. L. capit.</small>

Maria en grec. L'ouvrage d'Urbanus commence au troisième feuillet; le verso du quatrième est remarquable par un tableau analytique des voyelles, des diphtongues et des consonnes. Après la souscription, il y a deux feuillets qui contiennent un errata. Cette édition était déjà rare en 1499, lorsque Érasme écrivait ce qui suit: Grammaticam graecam summo studio vestigavi ut emptam tibi mitterem: sed jam utraque divendita fuerat et Constantini quae dicitur, quaeque Urbani.

836. LUCIANI (II. s.) opera nonnulla, videlicet de veris narrationibus, de asino, de philosophorum vitis, Scipio, Tyrannus; Schaphidium; Palinurus; Charon; Diogenes; Terpsion; Hercules; Virtus dea; in amorem; Timon; sermo de calumnia; laus musicae. Omnia latine. *Mediolani, Ulderic. Scinzenzeler*, 1497 20 martiii (*sic*).
In-4°, sign. a—n ii, registr. [347]

Panzer, II, 83, N° 506; Sassi, 601; Hain, 10262.

837. Antonii RAMPEGOLI de Janua ordin. heremitaȝ sancti Augustini (XV. s.) figure biblie. *Parisiis, Andr. Bocard*, 1497 ex kal. VIII april.
In-8°, goth., 2 col., sign. a—y 4, chiffr. 174, titr. [826]

Chevillier, 324; La Caille, 68; Lelong, 919; Maittaire, 645; Hain, 13688.

Le cahier a est précédé de deux cahiers non chiffrés et signaturés A et B; ils contiennent des tables.

838. BREVIARIUM ecclesiae Cameracensis. *Parisiis, Udalric Gering et B. Rembolt*, 1497 ultima die martii.
2 vol. in-8°, goth., 2 col., sign., titr., exemplaire imprimé sur vélin. [361]

Chevillier, 99, dans la 3e liste des éditions de Gering; Maittaire, 631; Tellier, 212; Hain, 3813.

839. BREVIARIUM ad usum insignis ecclesiae Belvacensis. *Parisius*, 1497.
In-8°, goth., 2 col., sign., titr., rubr., imprimé sur vélin. [863²]

Panzer ne fait pas mention de cette édition.

840. Roberti HOLKOT (....—1349) ord. Praed. quaestiones super quattuor libros Sententiarum; quedam conferentie; de imputabilitate peccati questio longa; determinationes quarūdam aliarum questionum; et tabule duplices omniū predictorum. *Lugduni, J. Trechsel aleman.*, 1497 ad nonas apriles.
In-fol., goth., 2 col., sign., titr., registr. br. [676]

Fossi, I, 795, 796; Maittaire, 633; Panzer, I, 555, N° 178; Seemiller, IV, 83; Tellier, 39; Hain, *8763.

841. Georgii Benigni Salviati (DRACHISICH XV. s.) ord. Min. Propheticae solutiones. *Florentiae, per Ser Laurentii de Morgianis*, 1496 VI idus aprilis.
In-4°, sign. a—c iii. [813]

<small>Fossi, II, 480; Maittaire, 648; Hain, 2279.</small>

842. MISSALE Ebroicense. *Rothomagi, per Martinum Morin*, 1497 10 april.
In-fol., goth., 2 col., sign., chiffr. CCXVII, titr., fig. [477]

<small>Indiqué par Maittaire, 646, d'après le seul catalogue de Le Tellier, 156; Hain, 11297.</small>

<small>Les six feuillets du calendrier ne sont point chiffrés, non plus que le dernier feuillet du volume.</small>

843. Jacobi Philippi (FORESTI, 1433—1518) Bergomensis ordinis erem. S. Augustini opus de plurimis claris scelectis (sic) mulieribus. *Ferrariae, (Laur. de Rubeis)*, 1497 III kl. maias.
In-fol., goth., 45 l., sign. a—z iii, chiffr. CLXX, titr., reg., fig. [677]

<small>Audiffr. Ital., 251; Baruffaldi, 85; Braun, II, 293; D. Clément, III, 572; Fossi, 1, 699; Freytag Anal., 85; Laire, II, 223; Maittaire, 634; Hain, *2813.</small>

<small>Les cinq premiers feuillets contiennent le frontispice, le prologue et deux tables. De ces cinq feuillets, le cinquième seul est compris dans la série des signatures et dans celle des chiffres. On remarque au feuillet 133, la figure et l'histoire de la papesse Jeanne. L'auteur, théologien très orthodoxe, finit son récit sur la papesse par ces paroles : Petri collocaren sede priusq̃ȝ p foratā sedē futuri Potificis genitalia ab ultimo diacono cardiāle attrectarent.</small>

<small>Cette édition est plus ample que celles de 1483 & 1485, mentionnées par Debure.</small>

844. Johannis NESII florentini (XV. s.) oraculum de novo saeculo ad Johannem Franciscum Picum Mirandulam. *Florentiae, Ser Laurent. de Morgianis*, 1497 VIII id. maias.
In-4°, sign. a—d ii, 31 l. [813]

<small>Fossi, II, 229; Maittaire, 633; Hain, *11693.</small>

845. LUDOLPHI DE SAXONIA Cartusiensis (XIV. s.) Vita Christi. *Parisiis, per Felicem Baligault*, 1497 18 maii.
In-fol., goth., 2 col., sign. a—A—O iiii, titr. [478]

<small>Maittaire, 651; Hain, 10297.</small>

846. THOMAE de Aquino (1227—74) ord. fr. Praedic. opus in quartum Sententiarum. *Venetiis, apud Octavian. Scotum, per Bonetum Locatellum Bergomensem*, 1497 decimo kalendas junias.
In-fol., goth., 2 col., sign. A—AA–KK 4, chiffr. 264, titr., registr. [678]

<small>Denis, N° 3695; Fossi, III, 104; Maittaire, 642; Hain, *1485.</small>

847. Postilla Evangeliorum a fr. GUILHELMO desumpta ex scriptis Augustini, Hieronimi, Bedae, Nicolai de Lyra, Thomae de Aquino, Guillelmi Lugdunensis, Jordani... &c... *Parisiis, per Andream Bocard*, 1497 28 maii.
In-4°, goth., 2 col., sign. a—&2. [827]

<small>Maittaire, 646; Hain, *8292.</small>

848. BREVIARIUM Salzburgense. *Nurnberg, Georg. Stuchs*, 1497 III kal. junii.
In-8°, goth., 2 col., sign. et chiffr. [828]

<small>Seemiller, IV, 83; Hupfauer, N° 248; Hain, *3932.</small>

849. Epistola di BERNARDINO DE FANCIULLI (XV. s.) della cita di Firenze mandata a epsi fanciulli el di di sancto Barnaba apostolo a di XI di giugnio 1497.
In-4°, 12 f., sign. a—b2. [813]

<small>Hain, 6910.</small>

850. Epistola responsiva a frate Hieronimo da Ferrara (SAVONAROLA) delle ordine de frati Predicatori del amico suo. (*Firenze*, 1496—98.)
In-4°, goth., 8 f., sign. a—bii. [813]

<small>Fossi, I, 637; Hain, 14464.</small>

851. Defensio Hieronimy Savonarolae Ferrariensis ordinis Predicatorum adversus Samuelem Cassinensem, a Francisco PICO MIRANDULO (1463—94). (*Florentiae, Laur. de Morgianis*, circa 1497).
In-4°, 16 f., 33 l., sign. a—b4. [813]

<small>Hain, 13003.</small>

852. L'aquila volante composta per Leonardo Aretino (BRUNI, 1370—1444) et de ipso translata da latino in vulgare sermone. *Venetia, Theodoro de Ragazone de Asola dicto Bressano*, 1497 28 de zugno.
In-fol., sign. a—uiii, chiffr. CXVIIII, titr. [679]

<small>D. Clément, II, 33: Maittaire, 654; Hain, 1580.</small>

<small>Le six premiers feuillets ne sont pas chiffrés; ils contiennent la table, &c...</small>

853. Sebastiani BRANDT (1454—1520) Stultifera navis e theutonico sermone in latinum a Jacobo Locher Philomuso translata et ab autore S° Brandt denuo revisa. *Basileae, Joh. Bergman de Olpe*, 1497 kl. augusti.
In-4°, sign. a—yii, chiffr. CLIX, fig., 5ᵉ édit. [680]

D. Clément, **V**, 193—196; Braun, II, 291, N° 5; Spencer, III, 203, N° 648; Hain, 3750.

Le première édition de ce livre est datée des calendes de mars 1497, à Bâle chez Bergman de Olpe. On distingue même deux éditions sorties ce même jour des mêmes presses. La troisième est d'Augsbourg, aux calendes d'avril de la même année, et la quatrième de Strasbourg, calendes de juin, toujours 1497. L'année 1498 fournit trois autres éditions. L'ouvrage si souvent imprimé dans le cours de deux ans, est une traduction en vers latins d'un poème que Brandt avait d'abord composé en langue allemande. L'auteur parcourt à l'aventure et sans ordre, toutes les folies humaines et leur oppose des sentences empruntées de quelques écrivains de l'antiquité, mais surtout de la Bible.

854. Manuale secundum usum ecclesiae Parisiensis. *Parisius, per Johannem Mourand pro Antonio Verard*, 1497 12 aug. In-4°, sign. a—p iiii, titr. [681]

Tellier, 186; Hain, 10724.

855. Felicis HEMMERLIN (sive Malleoli, a Kempis 1380—1471) cantoris Thurinensis varie oblectationis opuscula et tractatus; scilicet contra validos mendicantes, contra beghardos et beginas... de anno jubileo... de exorcismis, de matrimonio etc.... edidit Seb. Brandt. *Basileae*, 1497 idibus aug. In-fol., goth., sign. a—aa—gg 4, titr. [682]

Maittaire, 637; Tellier, 43; Gesner, 63; Hain, *8424.

Le cahier a est précédé de 4 feuillets : le premier contient le frontispice, le deuxième une épître en vers, de Sébastien Brandt, le troisième une table, le quatrième n'est pas employé.

856. PONTIFICALE Romanum. *Rome, per Stephanum Plannck*, 1497 16 aug., pontificatus Alexandri VI anno V. In-fol., goth., 2 col., sign. a—A—F 3, chiffr. CCXXVI, reg. abr., errata. [479]

Audiffr. Rom., 341; Hain, 13286.

Le quatre premiers feuillets qui contiennent des épîtres préliminaires et une table, ne sont pas chiffrés, non plus que celui de l'errata à la fin du volume.

857. Jacobi de VORAGINE natione Januensis ordinis Praed. (1230—98) Legenda sanctorum que Lombardica nominatur historia, cum quibusdam aliis legendis noviter superadditis. (*Hagenoae, Henr. Gran*), 1497 22 aug. In-4°, goth., 2 col., sign. a—A—E iiij, chiffr. CCLIIII (pour CCXLIIII), titr. [683]

Panzer, IV, 331, N° 20. b.

Les 12 premiers feuillets ne sont pas chiffrés ; ils renferment le frontispice, des tables, des prologues..... &c.....

858. Biblia latina. *Venetiis, Hieronym. de Paganinis Brixiens.*, 1497 VII id. sept.

In-8°, goth., 2 col., sign. a—aa—A—Fiiii, titr., registr. abr. [397]

Fossi, I, 336; Maittaire, 631; Panzer, III, 419, N° 2244; Tellier, 4; Hain, *3123.

Le feuillet signaturé a est précédé d'un cahier qui contient le frontispice, une table et d'autres préliminaires. Cinq cahiers, après celui dont la signature est F, sont occupés par le dictionnaire des mots de la Vulgate dérivés de l'hébreu.

859. Petri Pauli VERGERII (....—1428) liber de ingenuis moribus cum commentariis Joannis Bernardi presbyteri Veronensis; sequuntur Basilii de legendis antiquorum libris opusculum divinum, latine, interprete Leonardo Aretino; Xenophontis libellus de tyrannide, latine, interprete eodem; Plutarchi tractatus de liberis educandis, latine, interprete Guarino Veronensi; deinque Hieronimi de officiis liberorum erga parentes brevis admonitio. *Venetiis, Jo. Tacuinus*, 1497 22 sept.

In-4°, sign. a—kii. [829]

Maittaire, 644; Hain, 15999.

Ces opuscules ne forment qu'un seul volume sous la même série de signatures. Ils sont tous annoncés, excepté le dernier, dans l'intitulé qui se trouve au recto du premier feuillet.

860. BONAVENTURE (Joannis Fidanzae 1221—74) (cardinalis) tractatus de dieta salutis cum tractatu de resurrectione hominis a peccato et cum tabula quam accuratissime confecta. *Parisius, per Petrum Ledru, pro Johanne Parvo*, 1497 die ultima sept.

Petit in-8°, goth., sign. a—tiiii, chiff., titr. [398]

Panzer, II, 316, N° 421; Hain, 3530.

861. LAVACRUM conscientiae omnium sacerdotum. *Lyptzch, per Bacalarium Wolfgangum monacensem*, 1497 3 oct.

In-4°, goth., sign. AA—OOiiij, chiffr. LXXXVI, titr. [665]

Maittaire, 646; Tellier, 51; Hain, *9961.

862. QUATUOR NOVISSIMA cum multis exemplis pulcherrimis. *Lipsigck, per Baccalarium Wolfgangum monacensem*, 1497. In-4°, goth., sign. AA—lliij [665]

Braun, II, 294; Maittaire, 647; Tellier, 51; Hain, *5711.

863. Guidonis JUVENALIS patria Cenomani (XV. s.) in latinae linguae elegantias tam a Laurentio Valla quam a Belio

memoriae proditas interpretatio dilucida. *Parisii, Anth. Denidel*, 1497 8 oct.
In-4°, sign. A—T 4, chiffr. CXXXVII. [804]

<small>Maittaire, 640; Hain, 9723.
La série des chiffres ne s'étend point aux 6 feuillets de table qui terminent le volume.</small>

864. HEURES à l'usage de Rouen. *Paris, Thielman Kerver*, 1497 24 oct.
In-8°, goth., sign. a—m, fig., exemplaire imprimé sur vélin. [363]

<small>Chaque page de texte est encadrée dans ces figures. Nulle mention de cette édition dans Panzer.</small>

865. Joannis Duns SCOTI (....—1308) ordinis fratrum Minorum aurea quarti Sententiarum expositio emendata a Jo. Grillot et Ant. Capelli. *Parisiis, per Andream Bocard, sumptibus Joannis Richard, Jo. Petit et Durandi Gerler*, 1497 23 nov.
In-fol. goth., 2 col., sign. a—A—Miii, chiffr. 292, titr. [684]

<small>Maittaire, 633; Weislinger, 672; Hain, 6431.
Le feuillet 292 est suivi de trois cahiers non chiffrés contenant la table et la souscription.</small>

866. MISSALE Trajectense. *Parisiis, per Johannem Higman*, 1497 pridie kal. dec.
In-fol., goth., 2 col., sign., chiffr., titr. [480]

<small>Chevillier, 99; Maittaire, 635; Tellier, 156; Hain, 11434.</small>

867. Bernardi CARVAJAL (XV. s.), cardinalis S^e Crucis in Jerusalem, episcopi Saguntini, epistola consolatoria Ferdinando et Helizabeth Hispaniarum catholicis regibus in obitu Johannis Hispaniae principis, hispano sermone missa, a Garsia Bovadilla autoris secretario latine reddita et ab eodem Bovadilla interprete ad Didacum de Mendoza patriarchem Alexandrinum dicata. *Romae*, kl. decembris 1497.
In-4°, semi-goth., 14 f., sign. a—bij. [352]

<small>Hain, *4550.</small>

868. AMMONII (Alexandrini IV. s. a.) dictionarium graecum copiosissimum cum interpretatione latina. Cyrilli opusculum de dictionibus quae variato accentu mutant significationem cum interpretatione latina. Ammonius de differentia vocum. Vetus instructio et denominatio praefectorum militum. Significata Του n et Του ωs. Index docens latinas dictiones fere omneis graece dicere et multas etiam multis modis. Praemittuntur his omnibus Aldi epistola studiosis omnibus, et tetrasticha duo graeca in laudem Aldi. *Venetiis, in aedibus Aldi Manutii Romani*, 1497 dec.

In-fol., 244 f., 42 l., 2 col., sign. A—O et p—t viii, récl., registr., privil., 1 édit. [Œ a fol., 9]

<small>Crevenna, III, 14; Debure, 2225; Fossi, I, 607; Laire, II, 222; Renouard, 17; Seemiller, IV, 87; Spencer, III, 58, N° 553; Hain, *6151.</small>

869. Nove interpretationes, novique intellectus ad omnes textus et glosas singulares in utroque jure per Ludovic. BOLOGNINUM. *Bononiae, Plato de Benedictis*, 1497.
In-fol., goth., 2 col., sign. a—p, A—L iiii, registr. [471]

<small>Édition indiquée par Maittaire, 650, d'après le catalogue de Le Tellier, 213; Hain, 3446.

Le premier feuillet contient au recto des vers adressés à l'auteur par Laurent Rossi et imprimés en caractères ronds. Le reste du volume est en caractères gothiques.</small>

870. Secunda interpretatio novique intellectus ad omnes textus et glosas singulares et notabiles in utroque jure per Ludovic. BOLOGNINUM. *Bononie, Hieron. de Benedictis*, 1497.
In-fol., goth., 2 col., sign., registr. [471]

<small>Hain, 3446.

Cette seconde partie est précédée d'une table alphabétique en 21 feuillets. Le 22e n'est pas employé. L'ouvrage commence au 23e.</small>

871. Jacobi LOCHER Philomusi (XV. s.) Epistola ad Conradum Sturczel de Bucham, panegyricus Maximiliano Romanorum rege dictus; tragoedia de bello contra Thurcas, et dialogus de Heresiarchis... &c... *Argentine, Joh. Gruninger*, anno Christo (sic) salutifero 1497.
In-4°, sign. A—L iii, titr., fig. [830]

<small>Braun, II, 289; Maittaire, 637, N° 2 et 640; Seemiller, IV, 89; Hain, *10153.</small>

872. PSALTERIUM cum interpretatione Brunonis episcopi Herbipolensis. (*Nurenberg*), *Anth. Koberger*, 1497.
In-4°, goth., sign. a—y 2, titr. [686]

<small>Maittaire, 631; Weislinger, 671; Hain, *4013.

Le texte est encadré dans le commentaire qui est d'un caractère plus petit.</small>

873. MISSALE Parisiense. *Parisiis, per Udalr. Gering et Berchtoldum Rembolt expensis Simonis Vostre*, 1497 24 dec.
In-fol., goth., 2 col., sign., chiffr., fig. Deux exemplaires, l'un sur vélin, avec les figures coloriées, l'autre sur papier. [162 et 685]

<small>Chevillier, 99, dans la 3e liste des éditions de Gering; Maittaire, 632 N° 1; Hain, 11346. ¹)</small>

<small>¹) Censorinus de die natali, cum Epicteti Enchiridio &c... *Bononiae, Benedict. Hect.*, 1497. In-fol. 1 édit.</small>

1498.

874. METHODII (IV. s.) revelationes. *Basileae, per Michaelem Furter*, opera et vigilantia Sebastiani Brant, 1498 nonis januarii. In-4°, goth., sign. a—i iiii, fig. [801]

<small>Maittaire, 666, N° 1; Tellier, 234; Hain, *11121.</small>

875. DIONYSII Areopagitae (I. s.) quaedam opera latine, interprete Ambrosio Camaldulensi. S. Ignatii epistolae undecim. S. Polycarpi epistola una. *In alma Parhisiorum schola per Joannem Higmanum et Wolfgangum Hopylium artis formularie socios*, 1498 6 febru.
In-fol., goth., sign. A, a—v iii, chiffr. 117, titr., titr. marg., frontisp., errat., reg. abr., petites initiales, fig. [687²]

<small>Braun, II, 303; Fossi, I, 620; Laire, II, 236; Maittaire, 658; Panzer, II 321; Hain, *6283.</small>

<small>Les quatre premiers feuillets qui n'entrent pas dans la série des chiffres ni dans celle des signatures, contiennent: 1° le frontispice orné de figures; 2° une préface du traducteur; 3° la table; 4° un avis de Jacques le Févre d'Etaples aux lecteurs.</small>

876. Joannis de SACRO BUSTO anglici et doctoris Parisiensis (Sacro Bosco seu Holywood ....—1256) tractatus de sphera mundi, una cum additionibus et commentario Petri Cirvelli et subtilibus quaestionibus Petri de Aliaco. *Parisius, in campo Gaillardo, oppera* (sic) *atque impensis Guidonis Mercatoris*, 1498 in mense februarii.
In-fol., goth., sign. a—n iiii, titr., fig. [687]

<small>Panzer, II, 320, N° 459; Hain, 14120.</small>

877. Sebastiani BRANDT (1454—1520) navis stultifera seu narragonica e theutonico in latinum sermonem translata per

<small>Sebastiani Brandt navis stultifera. *Basileae, Bergman*, 1497 kal. martiis. In-8°. 1 édit.
La nef des fols par Seb. Brandt, translatée en (vers) françois par Joce Bade. *Paris*, 1497. In-fol.
Les reguards traversant les perilleuses voyes.... *Paris*, 1497. In-fol.
Julius Firmicus Maternus. De nativitatibus. *Venet.*, 1497. In-fol. 1 édit.
Le trésor de la cité des Dames selon Christine de Pisan. *Paris, Verard*, 1497. In-fol.
Jamblicus. De mysteriis Aegyptiorum, Proclus... &c... *Venet., Aldus*, 1497. In-fol. 1 édit.
Gabrielis de Bareleta quadragesimale. *Brixiae, Jac. Britann.* 1497. In-4°.
Michaelis Tarchaniotae Marulli epigrammata. *Florentiae*, 1497. In-4°. 1 édit.
Zenobii, Tarrhaei et Didimi proverbia. *Florentiae, Zunta (Junta)*, 1497. In-4°.
El roman del cavallero Tiran Blanc. *Barcelona*, 1497. In-fol.</small>

Jacobum Locher Philomusum et a Seb. Brandt denuo revisa. *Paris, Gauffrid. de Marnef*, 1498 8 martii.

In-4°, sign. a—vii, chiffr. CLII (sans la table), titr., fig., 7ᵉ édit. [831]

<small>Maittaire, 665; Hain, 3754.</small>

878. Baptistae (SPAGNOLI 1444—1516) Mantuani calamitatum nostri temporis opus divinum. *Parisiis, Mich. Le Noir*, 1498 13 marcii.

In-4°, sign. aa—kkiiii. [800]

<small>On lit, après le 3ᵉ & dernier livre de ce poème, une épître en vers de Fr. Cereti de Parme à Jac. Marie de Lino, et après cette épître la souscription, dans laquelle le mot *quadringentesimo* est omis: il y a *millesimo nonagesimo octtavo* (sic). Panzer ne fait pas mention de cette édition.</small>

879. Ordenanças reales per Alfredo DIAS DE MONTALVO (XV. s.). 1498 29 dias de março.

In-fol., goth., 2 col., sign. a—&v, chiffr. Cxiiii, titr., reg. abr. [688]

<small>Maittaire, 679.</small>

880. Marii Coccii SABELLICI (439—1506) Enneades VII (seu partes VII quarum unaquaeque IX libris constat) ab orbe condito ad inclinationem imperii Romani. *Venetiis, per Bernardinum et Mathaeum Venetos*, 1498, pridie kal. april.

In-fol., sign. a—A—AA—GGv, chiffr. CCCCLXII, titr., reg., privil., 1 édit. [481]

<small>Freytag Adpar., II, 1055—59; Maittaire, 664; Niceron, XII, 151; Panzer, III, 439; Seemiller, IV, 103; Strauss, 188; Hain, *14055.

Les quatorze premiers feuillets contiennent le frontispice, l'épître de l'auteur au Doge et au Sénat de Venise, les sommaires des 63 livres. Ces quatorze feuillets ne sont pas chiffrés, non plus que le dernier du volume, où l'on trouve, au recto, le *registrum* sur 6 colonnes, et au verso le privilège et la souscription.</small>

881. MISSALE Pictaviense. *Parisiis, Joh. Higman pro de Marnef*, 1498 20 april.

In-fol., goth., 2 col., sign., chiffr., titr., fig. coloriées. Exemplaire imprimé sur vélin. [163]

<small>Édition indiquée par Maittaire, 674, d'après cet exemplaire même; Tellier, 156; Hain, 11351.</small>

882. Oliverii MAILLARD (ord. Min. . . . .—1502) Sermones dominicales. *Parisius, per Anthonium Caillaut*, 1498 die ultima aprilis.

In-4°, goth., 2 col., sign. a—oiiii, chiffr. XCVIII, titr. [832]

<small>Freytag Analect., 558; Maittaire, 669, N° 8; Niceron, XXIII, 51; Hain, 10512.</small>

883. Oliverii MAILLARD sermones de stipendio peccati. (*Paris, Ant. Caillaut*, 1498.)
In-4°, goth., 2 col., sign. A—G iiii, chiffr. XLVII, titr. [832]

Cet article n'est pas clairement indiqué par les bibliographes. Il est imprimé avec les mêmes caractères que le N° précédent. Hain, 10513.

884. SIDONII Apollinaris (430—488) carmina et epistolae cum Joannis Baptistae Pii commentariis. *Mediolani, Ulderic Scinzenzeler*, 1498 quarto nonas maias.
In-fol., sign. a—s iiii, reg. abr., privil. [272]

Debure, N° 2860; Fossi, II, 584—585; Laire, II, 233; Hupfauer, N° 270; Spencer, IV, 7; Sassi, 417, prouvent que les éditions citées par Maittaire sont supposées. Mais celle que Sassi annonce lui-même, p. 585, sous la date de 1488, n'est pas moins apocryphe. L'édition de 1498, objet de cet article, passait pour la première, lorsque Laire, I, 184, a fait connaître comme plus ancienne, une édition sans date, dont M. de Brienne possédait un exemplaire. Hain, *1287.

885. Stultifera sive narragonica navis per Sebastianum BRANT (1454—1520) vulgari sermone theutonico quondam fabricata et per Jacobum Locher cognomento Philomusum in latinum traducta. (*Lugduni*), *per Jacobum Zachoni de Romano*, 1488 (1498) die 20 junii.
In-4°, sign. a—u ii, chiffr. CLII, fig. [335]

Debure, N° 2921; Fossi, I, 410—412; Panzer, II, 554 & 555; Crevenna, III, 290; Denis, N° 2002 et 2738; Hain, 3752.

La date 1488 est fausse, puisque l'épître dédicatoire de Locher à Brant est datée 1497. Cette édition, qui a longtemps passé pour la première, n'est réellement que la huitième. Voyez la cinquième et la septième ci-dessus N°s 853 et 877.

886. MISSALE Romanum. *Venetiis, per Joannem Emericum de Spira, jussu Lucae Antonii Giuntae*. Quarto kal. julii, ducante Augustino Barbadico.
In-fol., goth., 2 col., sign., chiffr. CC (sans le frontispice et le calendrier), titr., reg. abr., fig. [482]

Panzer, III, 443, N° 2399; Tellier, 155; Hain, *11414.

887. ARISTOPHANIS (V. s. a.) comoediae IX (Plutus, Nebulae, Ranae, Equites, Acharnes, Vespae, Aves, Pax, Concionantes) cum scholiis, graece. *Venet., Ald. Manut. Roman.*, 1498 idibus quintilis.
In-fol., 348 f., sign. α—ω, A—T iii, récl., registr., titr., privil., 1 édit. [Œ a 2]

Clément, II, 82; Fossi, I, 152; Laire, II, 233; Maittaire, 662; Renouard, 21; Seemiller, IV, 102; Spencer, I, 256; Hain, *1656.

L'édition de 1495, indiquée dans le catalogue de Smith, p. 5, est fort apocryphe, quoique citée par Denis, N° 3265.

888. Angeli (BASSI) POLITIANI (de Monte Pulciano 1454—94) opera omnia (latina excepto commentariolo de conjuratione Pactiana). *Venetiis, in aedibus Aldi Romani*, 1498, mense julii. In-fol., 452 f., 38 l., sign. a—A—aa—xx5, récl., titr., petites initiales, privil. [Œ a 10]

Braun, II, 307; Freytag Adpar., I, 666—675; Laire, II, 242; La Vallière, N° 4354; Fossi, II, 390—392; Maittaire, 664; Renouard, 22; Seemiller, IV, 100; Weislinger, 697; Spencer, III, 468, N° 756; Hain, *13218.

On annonce quelquefois cette édition comme la première du recueil des oeuvres d'Ange Politien. C'est au moins la plus célèbre. Celles de Florence, 1482, de Brescia, 1486, de Florence, 1497, sont peu connues; leur existence n'est pas très certaine. Celle d'Alde renferme : XII livres d'épîtres; un livre de mélanges divisé en 100 chapitres et contenant surtout des extraits d'auteurs grecs et latins et des observations sur leurs écrits; les traductions latines des Histoires d'Hérodien, du Manuel d'Epictète, des Problèmes d'Alexandre d'Aphrodisée, des narrations érotiques attribuées à Plutarque; des observations sur les Analytiques et sur les Morales d'Aristote; un traité de la colère, où Ange Politien veut prouver qu'elle est dans les enfans le signe d'un caractère libéral; des préfaces sur Homère, sur Quintilien, sur Stace, sur Suétone; des oraisons; une dialectique; des remarques sur Perse; quatre poèmes bucoliques, une élégie; des épigrammes latines et grecques. Ce volume ne contient ni l'histoire de la conjuration des Pazzi, l'un des meilleurs ouvrages latins d'Ange Politien, ni ses poésies italiennes.

Le catalogue de Le Tellier annonce, p. 274, *Herodiani historiae libri VIII Ang. Politiano interprete*, 1493, *fol*. En conséquence, Panzer, IV, 59, N° 510 indique, en citant ce catalogue, une édition de la traduction d'Hérodien par Ange Politien, in-fol. 1493, et la distingue des trois éditions de la même année 1493, mentionnées ci-dessus N°s 687, 695, et 699. Mais le volume de Le Tellier, qui a donné lieu à l'indication de Panzer et qui se trouve dans la Bibliothèque du Panthéon, n'est qu'un double des cahiers L—R de l'édition des oeuvres d'Ange Politien, Venise, Alde, 1498, objet du présent article. Ces cahiers contiennent la traduction d'Hérodien, précédée d'une épître qui est datée 1493.

V. 889—891, ci-dessus page 95.

892. GREGORII papae (...—604) liber pastoralis in IV partes divisus. *Parrhisiis, Udalric. Gering et B. Rembolt*, 1498 18 julii.
In-4°, sign. a—h iiii, titr. [824]

Laire, II, 237; Maittaire, 665; Hain, *7989.

La souscription est précédée des 8 vers mentionnés ci-dessus, N° 298.

893. Consilium Montis pietatis a fratre FORTUNATO Perusino (XV. s.) opus in quo continētur appollogia (*sic*) fratris Ludovici de la Turre contra cujusdam invectivam, et confutatio questiuncule contra Montem pietatis fratris Philippi de Rotingo. *Venetiis, Petrus de Quarengiis*, 1498 die ultimo julii.
In-4°, goth., 2 col., sign. a—d 4. [833]

Article omis dans les livres de bibliographie. Hain, *7307.

894. Pro Monte pietatis consilia sacrorum theologorum ac collegiorum Patavii et Perusii clarissimorumque doctor Joānis Baptistae ROSELLI et Joānis CAMPEGII. Cum bulla ac brevi dato fratri Bernardino Feltrēsi sanctissimi pape Innocentii octavi. (Forsan *Venetiis*, circa 1498.)
In-4°, sign. a—fiiii. [833]

<small>Braun, II, 69; Panzer, IV, 116, N° 379, et 165, N° 844.</small>

895. Joannis ANNII (sive Nanni 1432—1502) Viterbiensis ordinis Praedicatorum commentaria super opera diversorum autorum de antiquitatibus loquentium. *Romae, Euch. Silber, alias Franck*, 1498 3 aug.
In-fol., sign., registr., privil., 1 édit., 2 caractères, l'un gothique pour les textes, l'autre romain pour les gloses. [689]

<small>Audiffr. Rom., 343; Braun, II, 303; D. Clément, I, 351; Fossi, I, 103; Maittaire, 660; Niceron, XI & XX, 1; Panzer, II, 517, N° 888; Seemiller, IV, 98; Hain, *1130.

Cette édition, qu'Audiffredi croit la seconde, est regardée comme la première par la plupart des bibliographes, spécialement par Panzer.
Ce volume renferme d'abord XVII livres d'antiquités, dans lesquels Annius a rassemblé et commenté des fragmens de Myrsilus, de Xénophon, de Fabius Pictor, de Caton, de l'Itinéraire d'Antonin, de Sempronius, d'Archilochus, de Metasthène, de Philon, de Manéthon, de Bérose.... &c.... On est persuadé qu'Annius a fabriqué lui-même presque tous ces fragmens; ils n'ont du moins aucune authenticité. A la suite de ces prétendus textes et des longs commentaires qui les accompagnent, on trouve, sous les noms d'Institutions, de Questions &c... diverses notices grammaticales, critiques, historiques: elles sont fort superficielles.</small>

896. HEURES à l'usage de Rome. *Paris, pour Simon Vostre par Pigouchet*, 1498 22 aoust.
In-4°, goth., sign. a—iiiii, fig., exemplaire imprimé sur vélin. [281]

<small>Panzer, II, 324, N° 496.
Chaque page est encadrée dans les figures.</small>

897. Petri SCHOTTI Argentinensis patricii (1460—91) lucubratiunculae; videlicet epistolae et carmina. *Argentorati, per Martinum Schottum*, 1498 VI nonas octobres.
In-4°, sign. a—A—Iiii, chiffr. CLXXXVII (sans le frontispice, la table &c...) [834]

<small>Maittaire, 666; Seemiller, IV, 104; Tellier, 403; Hain, *14524.
On lit, après la souscription, ces 3 vers:
   Quod minus est supple; quod plus, abrade; quod hirtum
   Come; quod obscurum, declara; quod viciosum
   Emenda: a curis istis sint omnia sana.</small>

898. Antonii TROMBETAE (....—1518) Patavini, ordinis Minorum tractatulus singularis contra Averroïstas de humanarum

animarum plurificatione. *Venetiis, artificio presbyteri Boneti Locatelli, impensa Octaviani Scoti*, 1498 25 octobr.
In-fol., semi-goth., 2 col., sign., chiffr. 30, registr. [644]

Maittaire, 676; Seemiller, IV, 95; Panzer, III, 428 & 429; Hain, *15646.

899. HORATII (I. s. a.) epistole noviter emendate. *Parisii, Anth. Denidel*, 1498 26 oct.
In-4°, goth., 34 f., 24 l., sign. A—Eiii. [810]

Avec cette souscription:

Paulo accuratius q̃z prius magister Anthonius denidel cuius edes ferme e regione scholarum decreti situate sunt: has horatii epistolas parisii (diligēti premissa castigatione) curauit imprimendas. nonulla carmina in priscis impressionibus omissa recolligeus. brevesq̃z suprascriptiones annectens. quibz et medullam cuiusq̃z epistole: et personaz ad quã scribitur cognoscere est. xxvi octobris. Anno a natali salvatoris Mil. cccc. xcviii.

Al lectorem hexasticon.
Hoc opus eximium mercare numismate pauco.
Moribus utilius legimus esse nichil.
Quelibet est mire gravitatis epistola plena:
Ut flaccum reliquis vatibus aute feras.
Argumenta brevi spectes adjuncta fenore:
Que facilem metra dant ad venusina viam.
Vale.

Aucun bibliographe, à ma connaissance, n'a indiqué cette édition, ni celle qui suit. Hain, 8911.

900. Publii OVIDII (I. s. a.) Nasonis libellus de nuce. (Forsan *Parisiis, Ant. Denidel*, circa 1498.)
In-4°, goth., 4 f., 24 l. [810]

Le premier feuillet est signaturé A; il n'y a pas d'autre signature. Le caractère ressemble beaucoup à celui du N° précédent.

901. Heinrici de Hassia (de LANGENSTEIN, ...—1397) secreta sacerdotum, opus a Michaele Lochmeyer correctum. *Liptzk, Melchior Lotter*, 1498 VI kal. nov.
In-4°, goth., sign. A—Biij. [665]

Tellier, 51; Hain, 8385.

902. Mathei BOSSI (1427—1502) epistolae familiares CCXXXII. *Mantuae, Vinc. Bertoch. Regiens.*, 1498 V id. nov.
In-fol., 39 l., sign. A—Ziiii, registr., err. [690]

Fossi, I, 405; Panzer, II, 8, N° 24; Volta, 37—39.

Maittaire, 520, parle d'une édition de 1490 dont l'existence est impossible, puisque parmi les 232 lettres de Math. Bossus, il en est qui sont datées de 1495, 1496 &c... L'erreur de Maittaire & de quelques autres bibliographes vient vraisemblablement de ce que la date est partagée entre la fin d'une ligne & le commencement de la suivante. Ils n'ont fait attention qu'à M CCCC LXXXX qui termine la 1ᵉ & ils ont négligé les chiffres VIII qui commencent la seconde. L'édition de *Jacobi comitis purliliarum opus Epistolarum familiarium* annoncée sous la date 1480 dans la Bibliographie instructive, N° 4133, est également supposée, puisqu'il est question dans plusieurs de ces lettres d'évènemens du XVI° siècle. Hain, *3671.

903. M. Tullli CICERONIS (I. s. a.) de officiis libri III cum Petri Marsi commentariis; dialogus de amicitia cum Omniboni Leoniceni interpretatione; Cato major sive de senectute, cum Martini Philectici commentario; et paradoxa quibus pariter interpretatio sua annectitur. *Parrhisiis, Georg. Vuolf et Thielman Kerver*, 1498 XVIII kal. dec.

In-fol., sign. a—A—B iiii, chiffr. CLXXXXVIII, titr. [273]

Maittaire, 667; Hain, 5282.

Deux caractères, le plus petit pour le commentaire qui environne le texte. A la fin du volume, cinq feuillets non chiffrés, qui contiennent une table alphabétique.

904. M. Tullii CICERONIS opera omnia. *Mediolani, Alex. Minutianus*, 1498 et 1499.

4 vol. in-fol, sign., chiffr., titr. 1° édition complète des oeuvres de Cicéron. [56]

D. Clément, VII, 139; Debure, N° 2364; Sassi, 415 & 604; Spencer, I, 380; Hain, 5056.

On trouve, au verso du premier feuillet du T. I, une épître dédicatoire d'Alexandre Minutianus. Suivent la vie de Cicéron par Plutarque, la table des ouvrages contenus dans les 4 volumes, et le livre *de Petitione consulatus* adressé à Cicéron par son frère Quintus: préliminaires qui occupent douze feuillets chiffrés et n'entrent point dans la série des signatures. Ce premier tome, qui contient les livres de Rhétorique sous les signatures A—V iiii et sous les chiffres 1—117, est daté de 1498.
Le deuxième, qui est aussi de 1498 (IX kal. dec.) renferme les ouvrages philosophiques sous deux séries de chiffres 1—25 et 1—144, & sous une seule série de signatures: a—s iiii.
Le troisième volume, daté Id. oct. 1499, contient, sous les signatures AA—VV v et les chiffres 1—175, les épîtres, suivies de la vie d'Atticus par Cornelius Nepos.
Les oraisons remplissent le quatrième volume qui est sans date, chiffré 1—250, signaturé a—aa—ee v.

905. ALBERTI MAGNI (sive Groti 1205—82) ord. Praed. summa de quatuor coequaevis, et summa de homine. *Venetiis, impensis Andreae Torresani de Asula, arte Simonis de Luere*, 1498 (1ª pars, 19 déc. — 2ª pars, 16 febr.).

2 vol. in-fol., goth., sign., chiffr. 195 (sans le frontispice & les tables), registr. [691]

Editio ut videtur parum cognita vel potius incognita, dit Seemiller, IV, 202. Cependant Maittaire a indiqué cette édition; il a même distingué les deux parties et les deux dates. V. aussi Panzer, III, 438, N° 2376; Gesner, 65; Hain, *569.

906. DYONISII (Alexandrini I. s.) liber de situ orbis, latine;

interprete Antonio Bechariae Veronensi. *Venetiis, per Christoforum de Pensis dictum Mandello*, 1498.
In-4°, sign. a—h, registr. [801 *manque*]

<small>Maittaire, 660; Panzer, III, 435, N° 2354; Tellier, 234; Hain, *6229.</small>

907. Le livre de IMITATIONE CHRISTI et de contemptu mundi translate de latin en françois. *Rouen, Jean le Bourgeois*, 1498.
In-4°, goth., sign. a—p iii, chiffr. CXXI, titr. [835 *et* D 8°, 5772]

<small>La Caille, 39; Maittaire, 659; Hain, 9122.</small>

<small>Les cinq derniers feuillets ne sont pas chiffrés : ils contiennent des prières et une table.</small>

908. Legenda alme virginis Lydwie composita a fratre Johāne BRUGMANN (XV. s.). *Schiedamis*, 1498.
In-4°, goth., sign. a—v iij, fig. [836]

<small>Maittaire, 670; Panzer, III, 7, N° 2; Hain, 4002.</small>

909. REGULAE, ordinationes ᴛ constitutiones cancellariae Alexandri divina providentia pape VI lecte et publicate die mercurii 13 junii 1498. (*Romae, Steph. Plannck*, circa 1498.)
In-4°, goth., sign. a—d. [749]

<small>Cet article n'est pas clairement indiqué par les bibliographes non plus que le suivant.</small>

910. REGULAE, ordinationes et constitutiones cancellariae papae Alexandri VI (....—1503). *Romae, Euch. Silber alias Franck in Campo flore* (circa 1498).
In-4°, goth., sign. [749]

911. LEONELLI DE CHIEREGATIS episcopi Concordiensis (XV. s.) sermo de origine ac dignitate cardinalium editus Ambasiae Turonensis dioecesis ob traditionem capelli reverentissimo Dño cardinali Lugdunensi faciendam. Praemittitur epistola Joannis Zuffati Vīcentini Nicolao de Chieregatis data ex conventu Friburgensi tertio nonas julii 1498. (*Romae, Euch. Silber,* circa 1498.)
In-4°, semi-goth., 16 f., sign. a—b iiii. [352]

<small>Audiffr. Rom., 375; Denis, N° 4636; Hain, 4968.</small>

912. Le debat des heraulx d'armes de France et d'Engleterre. *Rouen, Richard Auzout*, (vers 1498).
In-4°, goth., sign. a—d ii. [754]

<small>Hain, 6038.</small>

913. Ordonance faicte par Messire Pierre d'URFE chevalier grant escuyer de France pour les obsèques du roi Charles VIII. (*Paris*, 1498.)
In-4°. [754]

Maittaire, 682; Hain, 16101.

914. COMPLAINTE trespiteuse de dame Chrestienté sur la mort du feu roi Charles huitiesme. (*Paris*, 1498.)
In-4°, goth., 4 f., fig. [754]

Hain, 16101.

915. Les EPITAPHES de Loys unziesme, de Charles son fils VIII: et la piteuse complainte de Dame Chrestiente avec la complainte des trois estats. (*Paris*, 1498.)
In-4°, goth., 6 f., sign. a—a 3. [754]

Hain, 16101.

916. Le SACRE du roi Loys tres chrestien fait à Reims l'an 1498, le 27 mai. (*Paris*, 1498.)
In-4°, goth., 6 f., sign. a—a 3. [754]

Hain, 16101.

917. L'ENTRÉE du roi Loys douziesme à sa bonne ville de Paris en 1498. (*Paris*, 1498.)
In-4°, goth., 6 f., sign. a—a 3. [754]

Hain, 16101.

918. Les JOUTTES faites à Paris en la Rue St Anthoine après l'entrée du roi Loys douziesme. 1498.
In-4°, goth., 4 f. [754]

Hain, 16101.

Cet article n'est pas indiqué par les bibliographes non plus que les six N^{os} précédens. [1])

[1]) Gabrielis Barelette Sermones de sanctis. *Brixiae*, 1498. In-4°.
Apicii de re culinaria libri X. *Mediolani*, *Signerre*, 1498. In-4°. 1 édit.
Polidori Vergilii Proverbiorum libellus. *Venetiis*, 1498. In-4°. 1 édit.
Epistolae Phalaridis, Apollonii, Bruti graece. (*Venetiis*), J. *Bissolin*, 1498. In-4°. 1 édit.
Oliverii Maillard Sermones quadragesimales. *Lugduni*, *de Vingle*, 1498. In-4°.
Oliverii Maillard Sermones de adventu et dominicales. *Lugduni*, *de Vingle*, 1498. In-4°.
Sonetti, capitoli et rime di Ant. Tebaldeo. *Modena*, 1498. In-4°. 1 édit.
Les chroniques de France, d'Angleterre &c... par Enguerrand de Monstrelet &c... *Paris*, *Verard*, 1498. 3 vol. in-fol. 1 édit.
Histoire de la vie et des prophéties de Merlin. *Paris*, *Verard*, 1498. 3 vol. in-fol. 1 édit.

1499.

919. Liber decretorum sive Panormia IVONIS CHARNO-TENSIS (sic) episcopi (1035—1115). *Basileae, expensis Mihaelis Furter*, 1499 6 martii.
In-4°, goth., sign. A—Z iiii, chiffr. CLXXVIII, titr., 1 édit. [603]

> Braun, II, 311; Maittaire, 696; Strauss, 171; Tellier, 167; Hain, *9328.
>
> Les premiers feuillets ne sont pas chiffrés; ils contiennent le frontispice, une figure, une préface & une table.

920. GREGORII papae IX (....—1241) Decretalium compilatio. *Parisiis, Udalrici Gering et B. Rembolt*, 1499 16 marcii.
In-fol., goth., 4 col., sign. a—aa—A—B ij, chiff., titr. [483]

> Maittaire, 692; Hain, 8038.
>
> Le feuillet chiffré 1 et signaturé a n'est que le 9e. Les 8 premiers contiennent le frontispice, une table et différens préliminaires.
>
> Il y a plusieurs séries de chiffres. La première pour le Ier livre des décrétales va jusqu'au N° Ciiii. La deuxième pour le IIe livre, finit par xCij; la troisième pour le livre III, va jusqu'à LXXXI. Le nombre des feuillets du livre IV n'est que de XXX. Le Ve en a LXXiiij. Les deux derniers feuillets du volume contiennent des tables, et ne sont pas chiffrés.
>
> Les 2 colonnes de commentaire sont d'un caractère plus petit que celui du texte.

921. MINORICA elucidativa rationabilis separationis fratrum Minorum de observantia ab aliis fratribus ejusdem ordinis. *Parisiis, J. Petit*, 1499 22 martii.
Petit in-8°, goth., sign. A—I ii. [396]

> En transcrivant la date, *ex Parisiis, xxij martii M CCCC XCIX*, Denis, N° 4020, ajoute: *Si modo is est annus impressionis.*

922. EPISTOLAE diversorum philosophorum, oratorum &c... graece. *Venetiis, apud Aldum*, 1499. 1ª pars mense martio; 2ª pars XV cal. maias.
2 part. in-4°, 266 & 138 = 404 f., 26 l., sign., récl., reg., privil., 1 édit. [Œ a 72]

> Braun, II, 317; Crevenna, IV, 273; Debure, N° 4099; Fossi, I, 270; Laire, II, 249; Maittaire, 86 et 686; Panzer, III, 460; Renouard, 24; Seemiller, IV, 111; Spencer, III, 13, N° 527.
>
> La 1e partie contient les lettres de vingt six philosophes, orateurs, rhéteurs, parmi lesquels on distingue Platon, Aristote, Démosthène, Synésius, Hippocrate, Cratès, Anacharsis, Héraclite, Démocrite, Elien... &c...
> On trouve dans la deuxième partie des lettres de l'évêque Basile, de Libanius, de Ohion, d'Eschine, d'Isocrate, de Phalaris, de Brutus, d'Apollonius de Tyane, de l'empereur Julien.

923. Remundi (LULLII 1236—1315) pii Eremitae libri de laudibus Virginis Mariae; de natali pueri; clericus et phantasticus. *Parrhisii, per Guidonem Mercatorem*, 1499 6 april.
Petit in-fol., goth., sign. a—n iii, chiffr. 85, titr., reg. abr., errata, fig. [694]

<small>Maittaire, 684; Tellier, 43; Hain, *10327.</small>

924. Petri HELIAE (XI. s.) grammatica hexametro confecta carmine cum Johannis Sommerfelt commentatione. *Argentorati, Martin Flach*, 1499 quinto idus aprilis.
In-4°, goth., sign. a—AA—aa—ff 6, chiff. CCCCXVII, titr. [695]

<small>Maittaire, 700; Hain, *8422.</small>

<small>Le feuillet chiffré 1 et signaturé a, est précédé de deux cahiers qui contiennent la préface et l'*inventarium vocabulorum*.</small>

925. Johannis de LAPIDE (XV. s.) Resolutorium dubiorum circa celebrationem missarum *Lypczk, Melchior Lotter*, 1499 VI id. may.
In-4°, goth., sign. A—D iij. [665]

<small>Maittaire, 700; Tellier, 51; Hain, *9917.</small>

926. ISIDORI HISPALENSIS (episcopi ·...— 636) opus Ethymologiarum. *Parrhisii, per Georgium Vuolff et Thielmanum Kerver, pro Johanne Parvo*, 1499 25 maii.
In-fol., 2 col., sign. a—r iii, chiffr. CIII et 3 feuillets non chiffrés. [696]

<small>Maittaire, 690; Hain, *9275.</small>

927. M. T. CICERONIS (I. s. a.) Epistolae ad Brutum, ad Octavium, ad Atticum, cum Attici vita a Cornelio Nepote descripta. *Venetiis*, 1499 12 junii.
In-fol., 132 f., 45 l., sign. a—r ii, titr., reg. abr., petites initiales. [Œ a 10]

<small>Maittaire, 707; Hain, *5217.</small>

928. Pamphili SAXI Epigrammatum libri IV; distichorum libri II; de Bello gallico; de laudibus Veronae et Elegiarum liber unus. *Brixiae, Bernardinus Misinta*, 1499 pridie nonas quintiles.
In-4°, sign., titr., privil., errata, 1 édit. [348 et 348*bis*]

<small>Debure, N° 2881; Panzer, IV, 262, N° 137; Hain, *12300.</small>

929. Marci MUSURI (1481—1517) Etymologicum magnum

graecum. *Venetiis, sumptibus Nic. Blasti, industria Zachariae Calliergi*, 1499 8 jul.

Grand in-fol., 2 col., 224 f., 50 l., sign. A—AA—DD, reg., 1 édit. [60]

> D. Clément, VIII, 128; Crevenna, III, 15; Debure, N° 2226; Fossi, I, 640; Maittaire, 95 & 690; Orlandi, 59; Panzer, III, 466, N° 2551; Spencer, III, 65, N° 556; Hain, *6691.
>
> Dictionnaire estimé, dont l'auteur n'est pas très bien connu. On croit que Marc Musurus n'en a fait que la préface. Baillet prétend que l'ouvrage est de Nicas, La Monnoye l'attribue à Mégalos &c... Ces conjectures sont très vaines; mais enfin en 1499, Musurus n'avait que 18 ans.

930. Pauli OROSII (V. s.) Historiarum libri VII. *Venetiis, Octav. Scot*, 1499 XV kal. augustas.

In-fol., 46 l., sign. a—m iii, titr., registr., une table de 4 pages à la fin du volume. [274]

> Fossi, II, 259; Maittaire, 686; Panzer, III, 456, N° 2494; Hain, *12103.

931. Georgii Benigni Salviati ord. Min. (DRACHISICH XV. s.) opus de natura coelestium spirituum quos angelos vocamus. *Florentiae*, 1499 13° kal. augusti.

In-fol., 2 col., sign a—q iiii. [697]

> Maittaire, 702; Tellier, 43; Hain, *2783.
>
> Les deux premiers feuillets, qui n'entrent point dans la série des signatures, contiennent l'épître dédicatoire, des vers... &c...

932. Georgii Benigni de SALVIATIS ord. Min., septem et septuaginta in opusculo Nicolai de Mirabilibus reperta mirabilia (opus Laurentio Medic. dicatum). *Florentiae*, (circa 1499).

In-4°, 24 l., sign. a—f iii. [722]

> Denis, N° 508; Hain, 2782.

933. Opusculum in errores monarchie, sive replica inquisitoris Germanie fratris HEINRICI INSTITORIS (XV. s.) adversus dogmata perversa Roselli. *Venetiis, arte et ingenio Jacobi de Leucho, expensis tamen Petri Liechstenteyn*, 1499 27 julii.

In-fol., goth., 2 col., sign. a—d iii. [577]

> Maittaire, 697; Panzer, III, 465, N° 2544; Tellier, 152; Hain, 9237.

934. MISSALE Ambrosianum. *Mediolani, Leonard Pachel*, 1499 27 augusti.

In-fol., goth., 2 col., sign. a—z iii, chiffr. CLXXiii, titr. [698]

> Maittaire, 700; Sassi, 583; Tellier, 155; Hain, 11257.

935. Petri REGINALDETI ordinis fratrum Minorum Speculum finalis retributionis. (*Parisiis,*) *suburbiis St Germani de Pratis per Petrum Levet*, 1499 2 sept.
Petit in-8°, goth., sign. a—y, titr. [399]

<small>Maittaire, 702; Hain, 13772.</small>

936. Petri LOMBARDI (episcopi Parisiens. XII. s.) Sententiarum textus cum conclusionibus Henrici Gorrichem et concordantiis Bibliae ac canonum. (*Paris,*) *J. Pyuard*, 1499 quarto id. sept.
In-4°, goth, 2 col., sign. a—A—S vi, titr. [699]

<small>Édition omise par Panzer, ou mal·indiquée comme in-folio, sans nom d'imprimeur... &c... Hain, 10199.</small>

<small>La souscription est au recto du dernier feuillet du cahier P. Les cahiers Q, R contiennent un opuscule intitulé: *Varii articuli erronei omniū pene facultatū: in Anglia z Parisius: studiose z auctoritative pdemnati cuz revocationibus eorūdem.* La table occupe le cahier s.</small>

937. M. Ac. PLAUTI (III. s. a.) comediae XX cum Joannis Petri Vallae et Bernardi Saraceni commentariis. *Venetiis, per Simonem Papiensem dictum Bevilaqua*, 1499 XV klendas octobres, Augustino Barbadico imperante.
In-fol., sign. a—A—F ii, récl., titr., registr., privil., errata. [164]

<small>Debure, N° 2594; Laire, II, 252; Panzer, III, 454, N° 2485; Spencer, II, 251; Hain, *13082.</small>

<small>Une épître dédicatoire et des corrections du texte des vingt comédies occupent les six premiers feuillets. Les suivans offrent 2 caractères, l'un pour le texte, l'autre pour les commentaires qui l'accompagnent. L'errata termine le volume.</small>

938. Philippi BEROALDI (1450—1505) Bononiensis **orationes et carmina**. *Parrhisiis, D. Roce*, 1499 12 oct.
In-4°, sign. a—k iii. [837]

<small>Panzer, II, 328, N° 537; Hain, 2960.</small>

939. ASTRONOMICI VETERES; scilicet: Firmici libri VIII; Manilii V; Arati phenomena latinis versibus a Germanico Cesare reddita; eadem interprete Cicerone, eorumdem paraphrasis a Ruffo Festo Avieno. Eadem Arati phenomena, graece. Theonis in Aratum commentarii. Procli Diadochi Sphera, graece et latine interprete Thoma Linacro Britanno. *Venetiis, in aedibus Aldi Romani*, 1499 mense octobri.
In-fol., sign., récl., titr., registr., privil., petites initiales, fig., 1 édit. [Œ a 11]

Debure, N° 1972; Fossi, I, 685; Laire, II, 247; Panzer, III, 461; Renouard, 26; Spencer, III, 5; Hain, *14559.

Le premier feuillet offre au recto, la liste de tous les ouvrages réunis dans le volume, au verso, une épître d'Alde Manuce. Le 2e et le 3e sont occupés par une lettre de F. Negri au cardinal d'Este. Une table occupe les trois feuillets suivans. Au 7e commence l'ouvrage de Julius Firmicus Maternus.

940. SUIDAE (XII. s.) Lexicon graecum, editum a Demetrio Chalcondyla. *Mediolani, impensa et dexteritate D. Demetrii Chalcondyli, Joannis Bissoli, Bened. Mangi, Carpensium*, 1499 15 nov. In-fol., 45 l., sign., récl., registr., 1 édit. [165]

Debure, N° 2237; Fossi, II, 630; Laire, II, 253; Sassi, 420 & 606; Spencer, III, 100, N° 583; Hain, *15135.

941. Collacio habita in publico conventu Cluniacensium ordinis Sancti Benedicti per Joannem RAULIN (1443—1514) Parisiensem, de perfecta religionis plantatione, incremento et instauratione. Praemittuntur Enee Siluii alias Pii pape carmen sapphicum de passione Christi et epistola Sebastiani Brant Christofero de Utenheim Basiliensi canonico. *Parisius, per Guidonem Mercatorem pro de Marnef*, 1499 16 nov.
Petit in-8°, sign. a—c, fig. [395]

Maittaire, 703; Panzer, II, 327, N° 524; Hain, 13702.

942. INTERROGATIONES et doctrine quibus quilibet sacerdos debet interrogare suum confitentem. (*Parisiis, Guid. Mercat.*, circa 1499.)
Petit in-8°, goth., 8 f., sign. a—a ii. [391]

Cet article n'est pas clairement indiqué par les bibliographes.

943. MODUS CONFITENDI. (*Parisiis, Guid. Mercat.*, circa 1499.)
Petit in-8°, goth., 8 f., sign. a—a ii. [391]

Panzer, II, 327, N° 523.

944. (Francisci COLUMNAE 1446—1527, ord. Praed.) Poliphili Hypnerotomachia ubi humana omnia nonnisi somnium esse ostendit. *Venetiis, in aedibus Aldi Manutii*, 1499 mense dec.
In-fol, 39 l., sign. a—A—F ii, errata, fig. dessinées, dit-on, par Raphaël, 1 édit. [Œ a, 12]

Crevenna, IV, 175; Debure, N° 3766; Fossi, I, 563; Laire, II, 252; Maittaire, 91 et 691; Orlandi, 57; Palmer, 163; Panzer, III, 462, N° 2525; Renouard, 28; Tiraboschi; Spencer, IV, 145, N° 833.

Les quatre premiers feuillets qui contiennent des pièces préliminaires et le dernier où se trouvent l'errata, la souscription d'Alde et la date 1499, sont manuscrits dans notre exemplaire; mais le dernier, copié par l'abbé

Lavini imite l'impression de manière à tromper au moins des yeux peu exercés ou peu attentifs. Notre exemplaire est en tout le reste conforme à la description du N° 3766 de la Bibliographie instructive. La figure du 6e feuillet du cahier m est intacte, et les initiales sont partout gravées en bois, signe qui distingue la première édition, 1499, de celle de 1545.

On sait que la date *Tarvisii* 1467 *kalendis maii*, la seule qu'on lise dans les exemplaires dépourvus du dernier feuillet, ne peut s'appliquer qu'à la composition de l'ouvrage. On sait encore que ce roman, dont le titre est en latin, et qui est écrit en italien mélangé de quelques autres langues, est l'ouvrage de François Colonne. Les initiales des 28 chapitres, rassemblées donnent:

Poliam frater Franciscus Columna peramavit.

945. Gabrielis BIEL (1430—95) Expositio canonis missae. *Thubingen*, 1499.
In-4°, goth., sign. A—K 4, titr. [665]
Tellier, 51; Weislinger, 728—731; Hain, *3180.

946. Baptistae (SPAGNOLI 1444—1516) Mantuani carmelite opusculum contra impudice scribentes. *Parisiis, apud Jodocum Badium Ascensium et Bernardum Aubry*, 1499.
In-4°, goth., sign., chiffr. [800³]
Maittaire, 693, N° 2.

947. PORPHYRII (233—305) Praedicabilium expositio perutilis a magistro Martino Magistri copiosissime edita. (*Parisiis*, circa 1499.)
In-4°, goth., 44 l., 2 col., sign. a—m 4. [792]
Maittaire, 705.

948. Marie AEQUICOLI Olivetani (XV. s.) oratio de Passione Domini dicta Mediolani IIII calend. april. 1499.
In-4°, goth., 6 f., sign. a—a iij. [351]
Les bibliographes ne font mention ni de cet article, ni du suivant.

949. ALEXANDRI VI (....—1503) Bulla dicta in cena Domini, 1499.
In-4°, 4 f. [749] ¹)
Hain, *629.

---

¹) Valerius Probus &c... *Venet., J. de Tridino*, 1499. In 4°. 1 édit.
Dion Chysostomus ad Ilienses, et Petronius. *Venet.*, 1499. In-4°. 1 édit de Pétrone.
Dioscorides et Nicander, graece. *Venet., Ald.*, 1499. In-fol. 1 édit.
Polydorus Vergilius de inventoribus rerum. *Venet., Christ. de Pensis*, 1499 In-4°. 1 édit.
Simplicius in Cathegorias Aristotelis, graece. *Venet., Blast. et Calliergi*, 1499. In-fol. 1 édit.
Martiani Capellae libri IX. *Vicentiae*, 1499. In-fol. 1 édit.
Leyes hechas por el rey Fernando y la reyna Ysabel &c... *Madrid*, 1499. In-fol. 1ʳ livre imprimé à Madrid.

1500.

950. MISSALE mixtum secundum regulam beati Isidori dictum Mozarabes, cum praefatione Alphonsi Ortis. *Toleti, Hagembach*, 1500 9 januarii. [166]

951. BREVIARIUM mixtum secundum eamdem regulam pariter dictum Mozarabes cum ejusdem Ortis praefatione. *Toleti, Hagembach*, 1502 25 oct.

2 vol. in-fol., goth., 2 col., 32 l., sign. { a—AA—Nn iiii, a—A—aA—ii ij, chiffr. { CCCCLXIX. CCCCXXXII. [166]

    Beyer, 138; Debure, N°s 210 & 211; Fossi, II, 201; Spencer, I, 135; Mercier, Trév. juillet 1763; et Particularités sur la liturgie Mozarabe, in-4°; Vayrac, Etat présent de l'Espagne, 553; Vogt, 469; Hain, 11336 (*le missel seulement*).

    Les Mozarabes sont la dixième des nations dont il est parlé dans le livre intitulé: *Divisiones decem nationum Christianitatis* (1494), ci-dessus, N° 752.

    On n'est point d'accord, dit Beyer, sur l'étymologie du mot *mozarabe*: il vient selon les uns du nom de l'Arabe Musa. Il signifie, selon d'autres, un peuple mêlé aux Arabes: c'est l'explication qu'en donne Génebrard dans sa chronique sous l'année 740 et Ortiz, dans la description du Temple de Tolède, p. 26.

    Le cardinal Ximenès fit imprimer ces deux volumes avec des caractères fondus tout exprès. Les frais de l'édition furent immenses et l'on tira peu d'exemplaires. Ce sont des livres trèsrares et encore chers aujourd'hui, quoiqu'on les recherche moins qu'autrefois. Ils ont été vendus 3005 livres à la vente de la Bibliothèque de Colbert.

    Ce missel et ce bréviaire ne se séparent point: ils n'ont une grande valeur que lorsqu'ils sont réunis. J'ai dû les rapprocher ici, quoique le deuxième ne soit pas du XVe siècle.

952. ORDONNANCES de la prévosté des marchans et echevinaige de la ville de Paris. Imprimé ou moys de janvier 1500. In-fol., goth., sign. a—p iii, chiffr. CCCCLXXXII, fig. [700]

    Maittaire, 736; Hain, 12074.

953. Le COUSTUMIER de Poictou auecques la briefue declaration et cōcordāce de chascun chapitre et les ordōnances royaulx vieilles et nouvelles. *Paris, et se vend à Poictiers chez J. de Marnef*, 1500.

In-fol., goth., sign., titr. [558]

    Maittaire, 736; Tellier, 216; Hain, 5797.

954. FORO real gloxado de Spagna. *Venetiis, arte Simonis de Luere et impensis Andr. Torresani de Asula*, 1500 pridie id. januar.

Grand in-fol., goth., 4 col., sign. a—t v, chiffr. CL, titr. [484]

Maittaire, 736; Tellier, 217; Hain, 7304.

Deux caractères, le plus grand pour les 2 colonnes de texte; à la fin du volume sept feuillets non chiffrés, qui contiennent une table alphabétique sur 3 colonnes.

955. Roberti GAGUINI (....—1501) compendium de Francorum gestis. *Parisiis, per Thielmanum Kerver, impensis Durandi Gerlier et Joannis Parvi*, 1500 ad idus januarias (*sic*).
In-fol., sign. a—A—F iiii, chiffr. CLXIX, fig. [701]

D. Clément, IX, 11; Maittaire, 721 & 740; Panzer, II, 333, N° 590; Hain, *7413.

Les sept premiers feuillets, qui contiennent le frontispice, la table &c... ne sont pas chiffrés, non plus que les cinq derniers, qui renferment diverses pièces accessoires. Après la souscription, on lit, au lieu de registre, ces mots: *Omnes cartharum coplicationes sunt terne.*
Editio optima, auctiorque, dit Panzer.

956. BIBLIA latina cum summariis, concordantiis, divisionibus, repertoriis, numerique foliorum distinctione terse et fideliter. (*Paris.*) *impressa per Johan. Piuard*, 1500 ad quartum kalendas februarias.
In-4°, goth., 2 col., sign., chiffr. CCLXXXII, titr., reg. abr. [702]

Maittaire, 710; Panzer, II, 337, N° 627; Hain, 3128.

La série des chiffres ne comprend ni les 16 premiers feuillets, qui renferment divers préliminaires, ni les 4 derniers cahiers, qui contiennent le dictionnaire des mots dérivés de l'hébreu.

957. BIBLIA latina (circa 1500).
In-fol., goth., 2 col., sign. a—aa—zz iii, titr. [485]

Les cahiers uu, xx, yy, zz contiennent le dictionnaire des mots dérivés de l'hébreu.
Je ne sais pourquoi l'on a quelquefois annoncé cette édition comme de Nevers, en citant l'article 69 p. 2 de la *Bibliotheca Telleriana*. Il n'est point question de Nevers dans cet article qui est ainsi conçu: *Biblia latina veter. edit.* (veteris editionis) *circa an.* 1500, *in-fol.*

958. Gabrielis BIEL (1430—95) Sermones dominicales de sanctis, de festivitatibus Christi et Virginis Marie. *Tubinge, expensis Friderici Meyenberger ductuque Johannis Otmar*, 1500 10 martii.
In-4°, goth., 2 col., sign. AA—AAA—SSS 4, titr. [703]

Braun, II, 323; Maittaire, 723; Panzer, III, 55; Tellier, 61.

3 feuillets de préliminaires et 10 de table à la fin; Hain, *3185.

959. Libellus de MODO CONFITENDI et penitendi. *Antuerpiae, Gerardus Leeu*, 1400 (1500) XVI kal. april.
In-4°, goth., sign. a—d 3, fig. [756]

Lambinet, 421; Panzer, I, 113, N° 93; Hain, 11497.

La première figure est au frontispice: elle représente un confessionnal, le confesseur et le pénitent. La deuxième est au recto du dernier feuillet: c'est un portail d'hôtel de ville, (*marque de l'imprimeur*).

Souscription: Presens hoc opus de modo cōfitendi et penitendi completum est in mercuriali oppido Antwerpiensi per me Gerardum Leeu. Anno Dñi MCCCC decimo sexto calēdas apriles.

960. GUILLERMI Antissiodorensis (1230) summa aurea in IV libros Sententiarum. *Parisiis, cura Philippi Pigouchet, impensis Nicolai Vauthier et Durandi Gerlier*, 1500 3 april. ante Pascha.
In-fol., goth., 2 col., sign. a—A—N v, chiffr. CCCVI, titr. [705]

Tellier, 38; Hain, *8324.

Le cahier N est suivi de cahiers signaturés A. B. C. dont les feuillets ne sont pas chiffrés, et qui contiennent la table.

961. ACTA et decreta generalis concilii Constantiensis. *Hagenow, per Henricum Gran, expensis Johannis Rynman*, 1500 XI april.
In-4°, goth., sign. a—o 4, titr. [833]

Braun, II, 323; La Caille, 49; Maittaire, 711; Panzer, I, 452, N° 35; Strauss, 83; Tellier, 158; Hain, 5609.

962. BENEDICTI, Basilii, Augustini et Francisci regulae, collectae per J. Fr. Brixianum Monachum, cum expositionibus et compendiosis libellis de illorum quatuor fūdatorum vita. *Venetiis, arte Joannis de Spira et impensis Antonii de Giunta*, 1500 idibus aprilis.
In-4°, goth., 2 col., sign. a—A—H 4, chiffr. CLXXVIII, titr., reg. abr., fig. [704]

Braun, II, 325; Fossi, I, 282—286; Maittaire, 710; Orlandi, 60; Panzer, III, 478; Hain, *13827.

963. JOANNIS BAPTISTAE gratia Dei artium et medicine doctoris ex judaeo christiani liber contra judaeos. *Romae, Euch. Silber, alias Franck alamañ.*, anno jubilaei 1500 14 maii.
In-8°, semi-goth., sign. a—x iiii, chiffr. CLXiii (sans le frontispice et la table), titr., errata. [706]

Audiffredi Rom., 349; Fossi, I, 741; Hain, *7878.

Quelques bibliographes ont pris pour le nom propre de l'auteur les mots *gratia Dei* qui se rapportent aux suivans *artium ac medicine doctoris*, médecin par la grâce de Dieu.

964. Lucii **APULEII** (II. s.) asinus aureus cum Philippi Beroaldi commentariis. *Bononiae, Benedict. Hectoris*, 1500 cal. augusti.
In-fol., sign. A—AA—XXiii, chiffr. 282, titr., registr. [707]

Audiffredi Ital., 124; Fossi, I, 138; Maittaire, 720; Panzer, I, 239, No 272; Hain, *1319.
Édit. Bipont. Apul. XXVI.
Les 3 premiers feuillets, qui contiennent une épître du commentateur, ne sont pas chiffrés. Le texte occupe le milieu des pages, il est entouré du commentaire dont le caractère est plus petit.

965. JOHANNIS BAPTISTAE, gratia Dei artium et medicinae doctoris, liber de confutatione hebraice secte. (*Argentorati*,) *ex officina Martini Flach*, 1500 in vigilia Mathaei apostoli et evangelistae.
In-4°, goth., sign. A—R 5, chiffr. CXXXIII. [838]

Braun, II, 319; Maittaire, 710; Hain, *7879.
Le frontispice, la table, deux épîtres de l'auteur, l'une au cardinal Carvajail, l'autre aux Juifs, occupent six feuillets avant celui qui est chiffré 1 et signaturé A.

966. ANSELMI MEIANI de Monte Meiano philosophi enchiridion naturale continens LX quaestiones. 1500 5 nov. regnante Ludovico augusto Francorum rege.
In-4°, goth., 2 col., sign. a—k iiii. [806]

Édition omise par Panzer.

967. BERNARDI glossatoris COMPOSTELLANI (XIII. s.) Casus longi cum notabilibus super quinque libros Decretalium. *Lugduni, per Johannem Bachelier*, 1500 18 dec.
Gr. in-4°, goth., 2 col., sign. a—A—G iiii, titr. [708]

Maittaire, 734; Tellier, 168; Hain, 2939.

968. MISSALE Sagiense. *Rothomagi, Petrus Regnault*, 1500 die X mensis (*sic*, absque ullius mensis nomine).
In-fol., goth., 2 col., sign., chiffr. CLXXXVI, titr. [486]

Article omis par Panzer, ainsi que les deux suivans.

969. LEGENDA decem milium martyrum, impressa jussu Raymundi cardinalis et legati a latere. *Colonie*, 1500.
In-4°, goth., 6 f. [H 2062]

970. Antonii RUSSI siculi thesaurus musices. *Messanae*, 1500.
In-4°, 8 f., sign. a—a iiii, fig. [839]

Le premier feuillet présente au recto le titre THESAURUS MUSICES; au verso une courte épître de l'auteur à Pierre Suagles, archevêque de Rhegio. On lit au bas du recto du feuillet 8 cette souscription : MESSANAE IMPRESSUM EST PRESENS OPUSCULUM SINGULARE 1500.

971. BREVIARIUM secundum consuetudinem Elnensis ecclesiae. *Perpiniani, per Jo. Rosembach Germanum*, 1500.
2 tomes en 1 vol. in-8°, goth., 2 col., chiffr. CLXXIX, LXXV et CCXVIII, titr. [364]

> Seul livre imprimé à Perpignan dans le XVe siècle. Exemplaire imprimé sur vélin.
> Maittaire, 750; Mercier, Suppl., 129, et Panzer, II, 378, ne citent que notre exemplaire, Tellier, 212; Hain, 3835.
>
> Outre les trois séries de feuillets chiffrés, il y a d'une part un premier cahier pour le frontispice et le calendrier, et de l'autre, à la fin du volume, 4 cahiers d'additions. Le total des feuillets est de 508.
> Elne, dans le département des Pyrénées orientales, à un myriamètre de Perpignan, a été ville épiscopale jusqu'en 1604. [1])

ÉDITIONS SANS DATE, DE LA FIN DU XVe SIÈCLE.

1° ÉDITIONS DE STRASBOURG, BALE, BOLOGNE, DEVENTER, PARIS, ROME, VENISE.

972. Fratris **HUGONIS DE PRATO** (Florido ....—1322) ord. Praed. sermones dominicales et per totum annum CXV. (*Argentorati, Gruninger.*)
In-fol., goth., 2 col., sign. a—A—Q 5, titr., 7 feuillets de table avant le cahier a. [709]

> Panzer, IV, 179, N° 1002; Hain, 9004.

973. Concordantie autoritatum sacre Scripture juxta ordinem librorum Biblie, pro jure canonico, per **JOHANNEM NIVI-CELLENSEM**, abbatem, decretorum professorem (XV. s.). (*Basileae, Nic. Kesler.*)
Petit in-fol., goth., 2 col, 49 f., sign. A—H iiii, titr. [554]

> Panzer, I, 199, N° 306; Hain, *9412.

974. Peregrini **SERAPTI** Pontremulensis silva quae Belpodium nominatur, ad Urium Hannibalem Bentivolum. (*Bononiae,*) *Plato (de Benedictis).*
In-4° de 4 f., avec la souscription: Plato impressit. [ ]

> Panzer n'indique pas cette édition.

---

[1]) Erasmi adagia. *Paris*, 1500. In-4°. 1 édit.
Opere poetiche di Girol. Benivieni. *Firenze, Tubini*, 1500. In-fol.
Orphei argonautica et hymni Cum hymnis Procli. *Florentiae, Junta*, 1500. In-4°. 1 édit.
Lucretius de rer. nat. *Venet., Ald.* 1500. In-4°.
Ciceronis rhetorica ad Herennium. *Cracoviae*, (*J. Haller*), 1500. L'un des premiers livres imprimés à Cracovie.
Le roman du Chevalier aux dames, en rime. In-4°. 1 édit.
Giron le Courtois. *Paris, Verard.* In-fol.

975. QUATUOR NOVISSIMA cum multis exemplis pulcherrimis et de terroribus mortis cum eterne beatitudinis gloria. *Daventrie, Jac. de Breda.*
In-4°, goth., 2 col., 36 l., sign. a—l. [840]

Panzer, I, 369, N° 160; Hain, 5697.

976. Parabole ALANI (de Insulis 1109—1202) cum commento. (*Parisiis,*) *F. Baligault.*
In-4°, goth., sign. f—h 4, 2 caractères, le plus grand pour le texte. [D 2095]

Article non indiqué dans Panzer, non plus que le suivant.

977. Roberti GAGUINI (....—1501) elegia de misera hominis conditione. (*Parisiis,*) *Felix Baligault.*
In-4°, goth., 6 f., sign. A 3. [788]

978. Roberti GAGUINI tractatus de puritate conceptionis beate Marie Virginis. (*Parisiis,*) *Fel. Baligault.* [725]

Panzer, VIII, 216, N° 2786.

979. Enee Silvii poete Senensis (PICCOLOMINI, postea Pii II. 1405—64) opusculum de duobus amantibus Eurialo et Lucretia. *Parisiis, per Ant. Cayllaut.*
In-4°, goth., 34 l., sign. a—C v, frontispice avec armoiries. [841]

Panzer n'indique pas cette édition, non plus que les deux suivantes.

980. Enee Silvii (PICCOLOMINI, pii II) tractatus de remedio amoris et tractatus de amore. (*Paris,*) *Ant. Caillaut.*
In-4°, goth., 6 f., 36 l., sign. a—a iii. [842]

981. Libellus de MODO CONFITENDI et penitendi. (*Parisiis,*) *Anthon. Cayllaut.*
In-4°, goth., sign. a—d ii. [788]

982. Joannis de HESE presbyteri Ultrajectensis (XIV. s.) itinerarius a Hierusalem describens dispositiones terrarum, insularum... &c... per diversas mundi partes. — Tractatus de decem nationibus et sectis christianorum. — Epistola Joannis Soldani ad Pium papam II. — Epistola responsoria Pii pape ad Soldanum. — Joannis presbyteri Indorum et Ethiopum christianorum imperatoris et pratriarchae epistola ad Emmanuelem Rome gubernatorem de ritu et moribus Indorum. — Tractatus de situ et dispositione regionum et insularum totius

Indie; necnon de rerum mirabilium ac gentium diversitate. *Parisius, per Robertum Gourmont pro Oliverio Senant.*
In-4°, 20 f., sign. A—D iii. [843]

<blockquote>
Maittaire, 761; cf. Hain, 8536.

Le frontispice contient les titres de tous les opuscules renfermés dans ce volume.
</blockquote>

983. J. BOCCACII Certaldensis (1313—75) de casibus libri IX. *Parrhisiis, Jo. Gourmont pro Joanne Parvo.*
In-fol., sign. A—S v, chiffr. CXVII, titr. [709²]

<blockquote>
Les deux premiers cahiers ne sont pas chiffrés; ils sont signaturés AA—BB. Ils contiennent le frontispice, des préfaces de l'éditeur Jean Théoderic de Beauvais, une table alphabétique, des vers... &c... Ces préliminaires occupent 12 feuillets.

Panzer omet cette édition, aussi bien que les deux qui suivent.
</blockquote>

984. HORATII (I. s. a.) sermones (sive satirae) sine commento. *Parisius, Jehan Petit.*
In-4°, 23 l., sign. a—h ii, titr. [Y. 287]

985. MARCI ANTONII (Coccii) SABELLICI (1436—1506) epistolarum libri XII. *Parisiis, J. Petit.*
In-4°, sign. a—m iiii, chiffr. XCIII. [Z 4°, 799]

986. Le Roman (en rimes) des trois pèlerinages; le premier de l'homme durant qu'est en vie; le second de l'ame séparée du corps; le tiers de N. S. J. C. en forme de monotesseron (les IV évangiles en un). Par Guillaume de GUILLEVILLE moyne de Chaalis ordre de Citeaux (XIV. s). *Paris, Barthole et Jehan Petit.*
In-4°, goth., 2 col., 216 f., sign. a—A—C vi, chiffr. CCVI, titr., errata, 1 édit. [844]

<blockquote>
Goujet, IX, 72; Lenglet, Bibliothèque des romans, II, 158; Laire, II, 151; Maittaire, 759; Hain, 8326.

Les 10 premiers feuillets, contenant le frontispice, l'errata et la table, ne sont pas compris dans la série générale des signatures, ni dans celle des chiffres.
</blockquote>

987. PETRI DE ALLIACO cardinalis Cameracensis (1350—1419) questiones super primum, tertium et quartum Sententiarum: accedunt principia quattuor in quattuor libros Sententiarum cum collativis questionibus et questiones in vesperiis & resumpta. (*Parisiis,*) *industria Johannis Barbier, expensis Johannis Petit.*
In-8°, goth., 2 col., sign. a—A—M iiii, chiffr. CCXCV, titr. [D 3161]

Fossi, I, 72; Hain, 839.

Le frontispice et la table forment 3 cahiers avant le feuillet chiffré 1. Une autre table occupe le dernier feuillet du volume.

988. Anthonii FORNERII dyalogus de peccato originali et conceptione intemerate virginis Marie. *Parisiis, per Anthonium Denidel impressorem prope collegium de Coqueret, pro Joanne Parvo.*
In-8°, goth, sign. a—fii. [845]

Panzer, II, 348, N° 731; Hain, 7302.

989. Nicolai de CLAMENGIIS (....—1430), tractatus de filio prodigo ad penitentiam exhortativus. Sequitur explanatio parabolae evangelicae: cecus quidam sedebat secus viam medicans. *Parisiis, Guid. Mercator.*
In-4°, goth., sign. a—Ciii. [D 2084]

Panzer ne fait mention ni de cet article, ni des trois suivans.

990. ANTONII DE RAYMUNDIA tractatus contra beneficiorum reservationes et epistola Luciferi ad principes ecclesiasticos sive ad filios superbiae. (*Paris, Guid. Mercat.*).
In-4°, goth., 8 f., sign. a—aiiii. [819]

991. Juliani QUIMONI tractatus novus super reformatione status monastici. (*Parisiis,*) *Guyot Marchant.*
In-4°, semi-goth., 8 f., sign. a—aiiii, fig. [819]

992. EPISTOLA ad diffamatores status monastici responsiva. (*Parisiis,*) *Guyot Marchant.*
In-4°, goth., 6 f., sign. a—aiiii, fig. [819]

993. Sancti BASILII (329—379) libellus de laude solitarie vite; et Guigonis cartusiani (....—1137) de laudibus ejusdem vite solitarie liber. Accedunt Nicolai de CLAMENGIIS (....—1430) tractatus epistolaris de fructu heremi, et Sebastiani BRANT (1454—1520) carmen sapphicum de laude et exornatione ordinis Cartusiensis. *Parisius, apud Johannem Lambert.*
Petit in-8°, goth., sign. a—Cii. [855[5]]

Fossi, III, 26—27.

994. CICERONIS (I. s. a.) paradoxa ad Brutum. *Parisi[s], Georg. Mittelhus.*
In-4°, semi-goth., 24 l., sign. A—Biii. [810]

Cette édition n'est pas indiquée dans Panzer.

995. Publii OVIDII Nasonis (I. s. a.) libri de remedio amoris cum commento Ægidii Delfi. *Parisii, Phil. Pigouchet in domo collegii nuncupati de Dainville.*
In-4°, goth., sign. a—iv, 2 caractères, le plus grand pour le texte. [842]

Maittaire, 758

996. Illustrium virorum EPISTOLAE quos rogatus Politianus Bassi in ordinem redegit. *Parrhisiis, per Thomam Kees Wesaliensem impensis Dionysi Roce.*
In-4°, goth., sign., chiffr. [846]

Denis, N° 4858.

997. THERENCE (II. s. a.) en françois prose et rime avecques le latin. *Paris, Ant. Verard.*
In-fol., goth., 2 col., sign. a—A—AA—BBiiii, chiffr. CCCLXXXV, fig. [710]

Debure, N° 2683; Maittaire, 748; Hain, *15435.

998. Le grant Vita Christi (par LUDOLPHE chartreux XIV. s.) translate de latin en françois par Guill. le Menand de l'ordre des frères Mineurs. (*Paris, Verard.*)
In-fol., goth., 2 col., sign. a—q iii, aa—qq iiii, chiffr. CXXII & CXXVI, titr., fig. [711]

Laire, II, 142.

939. Le NEF DE SANTE, le gouvernail du corps humain, la condānacion des banquets et le traictie des passions de l'ame. *Imprimé à Paris pour Antoine Verard marchant libraire.*
In-4°, goth., 2 col., sign. a—q iiii, fig., 1 édit. [712]

Debure, N° 3249.

La nef de santé et le gouvernail du corps humain sont écrits en prose. La condamnation des banquets est une moralité en vers à 38 personnages; le traité des passions de l'âme est aussi en vers. L'auteur est NICOLLE DE LA CHESNAYE (XV. s.)

1000. Le tresor des poures selon maître ARNOUL DE VILLENOVE (....—1313) et maître Girard de Follo docteur en medecine de Montpellier. *Imprimé à Paris, pour Antoine Verard marchant libraire demourant devant la rue neufve de Notre Dame ou au palais au premier pillier devant la chapelle ou l'on chante la messe de Messeigneurs les presidens.*
In-4°, goth., sign. a—aa—ff iii, chiffr. CLXXV (sans le frontispice et la table), fig. [T 241]

Nulle indication de cette édition chez les bibliographes.

ÉDITIONS SANS DATE

1001. HEURES de Nostre Dame en françoys et en latin. *Paris, Ant. Verard sus le Pont Nostre Dame, à l'image S. Jean l'évangeliste.*
In-4°, goth., sign. a—q iiii, fig. [847]

<small>Maittaire, 790; Panzer, II, 349.</small>

<small>La traduction française est en vers et occupe la plus grande partie de chaque page. Le latin est dans les marges et en plus petits caractères.</small>

1002. Le Rommant de la Rose (par GUILL. DE LORRIS XIII. s., & JEAN DE MEUNG dit Clopinel...—1364). (*Paris.*) In-fol., goth., 2 col., 41 l., sign. a—t iii, fig., 1 édit. [713]

<small>Denis, N° 5787; La Vallière, N° 2743; Hain, 13964.</small>

<small>Poème célèbre, contre lequel Gerson prêchait en ces termes: Si esset mihi liber Romanii de Rosa qui esset unicus et valeret mille pecuniarum libras, comburerem potius quam venderem... et si scirem ipsum (autorem) non egisse poenitentiam, non potius pro eo rogarem quam pro Juda. Et augmentam hi qui in malo eum legunt poenam suam, si est damnatus aut in Purgatorio.</small>

1003. Raphaelis BRANDOLINI Lippi junioris (XV. s.) oratio parentalis de obitu Guillermi Perrerii, primarii causarum apostolicarum auditoris. (*Romae, Euch. Silber.*)
In-4°, 10 f., sign. a—b ii. [352]

<small>Audiffredi Rom., 351; Hain, *3717.</small>

1004. CASUS papales, episcopales et abbatiales. (*Romae, Euch. Silber.*)
In-4°, 4 f. [749]

<small>Audiffredi Rom., 355; Panzer, II, 532, N° 708; Hain, *4670.</small>

1005. STILUS Romanae curiae. (*Romae*).
In-4°, goth., 10 f., sign. a—b ii. [E 1453]

<small>Panzer, IV, 197, N° 1176, indique une édition gothique de 10 feuillets comme celle-ci, mais sans signatures.</small>

1006. TAXE cancellarie et penitentiarie apostolice. (*Romae.*)
In-fol., goth., sign. a—c ii, 22 f. [749]

<small>Même caractère pour les deux parties de cet article. La deuxième, savoir: *Taxe penitentiarie*, n'a que 4 feuillets, et n'est point signaturée. Les bibliographes ne désignent pas clairement cette édition.</small>

1007. Speculum peccator de contemptu mundi per beatum BERNARDINUM (XV. s.) compositum. (*Romae.*)
In-4°, goth., 8 f., sign. a—a 4 [E 2065]

<small>Cette édition ne paraît point être celle que Panzer indique, IV, 95, N° 174, et qu'il dit n'avoir que 6 feuillets. Hain, *2836.</small>

1008. Nicolai de LYRA (...—1340) tractatus de differentia nostrae translationis ab hebraica littera in Veteri Testamento. *Rothomagi, Mart. Morin.*
In-8°, goth., 2 col., chiffr. LXXXXV, titr. [848]

<small>Maittaire, 789; Panzer, II, 562, N° 26.</small>

1009. Antonii CERMISONI (XV. s.) consilia contra aegritudines. Accedunt Gentilis de Fulginno opuscula de hernia, de febribus, de balneis... &c...; et Francisci Caballi Brixiensis tractatus de pastillis theriacis. *Venetiis, (Octav. Scot.)*
In-fol., goth., 2 col., sign. A—M 4, chiffr. 94, titr., reg. [714]

<small>Panzer, IV, 455, N° 2835 a; Hain, *4884.</small>

1010. Caii PLINII Secundi Novocomensis oratoris (I. s.) epistolarum libri VIII, panegyricus Trajano dictus et (Aurelii Victoris) liber de illustribus viris. (*Venetiis.*)
In-4°, 36 l., sign. a—o iii, A—B iiii. [319]

<small>Fossi, II, 372; Hain, 13116.</small>

1011. VALERII MAXIMI (I. s.) fastorum ac dictorum memorabilium libri IX cum Omniboni Leoniceni interpretatione. *Venetiis.*
In-fol., 2 car. rom., sign., titr., registr. [714²]

<small>Panzer, III, p. 498; Hain, *15785.</small>

<small>Le recto du premier feuillet est blanc. La table des chapitres en occupe le verso et finit au recto du 2ᵉ, dont le verso ne contient que quelques lignes sur la vie de Valère Maxime. Le commentaire d'Ognibene, en plus petit caractère que le texte, remplit les marges et quelquefois la partie inférieure des pages. Le dernier verso contient le registrum. ¹)</small>

2° LIVRES SANS DATE ET SANS INDICATION DE LIEU.

1012. ALBERTI DE FERRARIIS opusculum de horis canonicis.
In-4°, goth., 36 f., 27 l., sign. a—d vi. [723]

<small>Sans autre conclusion que les mots *finit feliciter*, qui achèvent la dernière ligne du verso du 36ᵉ feuillet.</small>

1013. PETRI DE ALLIACO (1350—1419) opuscula cosmographica, videlicet tractatus de ymagine mundi, epilogus mappae mundi, tractatus de legibus secretis, de correctione kalendarii, de vero ciclo lunari, de concordantia astronomiae

---

<small>¹) Gyron le Courtois. *Paris, Verard.* In-fol. 1 édit.
Le roman du Chevalier aux Dames, en rimes. (*Paris.*) In-4°. 1 édit.</small>

cum theologia et historia, apologeticae defensiones astronomicae veritatis; et tractatus de concordia discordantium astronomorum. Accedunt Joannis Gersonis astrologia theologisata et propositiones contra observationes dierum superstitiosas. . . .
In-fol., semi-goth., sign. a—12, aa—kk 7, fig. [715]

<blockquote>Editio incognita, dit Seemiller, IV, 150. Notre exemplaire a été néanmoins annoncé dans le catalogue de Le Tellier, 378. On lit à la fin du volume: Joannes (sic) Gerson cancellarii parisien̄. opusculuʒ contra superstitiosos dierem observatores. Finit feliciter. Hain, *836.</blockquote>

1014. (JACOBI DE ANCHARANO seu Theramo) processus Belial sive Luciferi contra Jhesum coram judice Salomone.
Gr. in-4°, goth., 2 col., 38 l., sign. a—iv. [716]

<blockquote>Maittaire, 759.</blockquote>

1015. ANSELMI episcopi Cantuariensis (1033—1109) opuscula.
In-4°, goth., 2 col., sign., titr. [849]

<blockquote>Braun, II, 60; Seemiller, IV, 143; Hain, *1136.</blockquote>

1016. Septem sapientum apophthegmata cum PYTHAGORAE (VI. s. a.) versibus aureis.
In-4°, goth., 26 l., 8 feuillets dont le dernier n'est pas employé. [724²]

<blockquote>Panzer, IX, 334, N° 1083, 6; Hain, *14681.</blockquote>

1017. AUGUSTINI de Ancona ordinis heremitarum S. Augustini (1243—1328) summa de ecclesiastica potestate.
In-fol., goth., 2 col., 54 l., sign. a—A—15. [717]

<blockquote>D. Clément, II, 278; Maittaire, 790.</blockquote>

1018. Hieronimi BALBI (XIII. s.) dialogus de glorioso rhetore, cum duobus epistolis autoris, altera initio voluminis ad Guidonem de Rupeforti, altera vero ad calcem Ambrosio de Cambray cancellario Parisiensi directa.
In-4°, 38 l., sign. a—g iiii [735]

<blockquote>Cet article n'est pas clairement indiqué dans les livres de bibliographie, non plus que le suivant.</blockquote>

1019. BARTOLI de Saxoferrato (1305—56) tractatus judiciorum. Accedit processus spurcissimi Satane contra genus humanum coram Jhesu Cristo, virgine Maria pro nobis advocata et comparente.
In-8°, goth., sign. A—C iii. [778]

1020. Viatorium utriusque juris a Johē BERBERII ex oppido Yssingachii patrie Vallauień orinudo (*sic*).
In-4°, 37 l., sign. a—A—C v, titr. [850]

Seemiller, IV, 157.

On ne lit sur le premier feuillet que le titre *Viatorium utriusq₃ juris*. Le deuxième contient la table. L'ouvrage commence au troisième. A la fin du volume on ne trouve que ces quatre mots: *Finis est laus deo*.

1021. L'arbre des Batailles (par Honoré BONNOR prieur de Salon).
In-fol., goth., sign. a—t iii, fig. [718]

Maittaire, 790; Panzer, IV, 86, N° 87.

1022. QUATUOR NOVISSIMORUM liber, quem plerique Cordiale compellant.
In-4°, goth., 37 l., sign. a—e 5. [826]

Le premier feuillet, vide au verso, ne contient au recto que le titre: *Liber quatuor novissimorum*. Cette édition n'est point indiquée par les bibliographes, non plus que les deux suivantes.

1023. QUATUOR NOVISSIMORŪ liber de morte videl₃ penis inferni judicio τ celesti glīā quē pleriq₃ cordiale cōpellant.
In-4°, goth., 34 l., sign. a—c 5. Avec une table au dernier recto. [737]

1024. QUATTUOR NOVISSIMORUM liber de morte videlicet, penis inferni, judicio et celesti gloria, quem plerisque (*sic*) cordiale appellant.
Petit in-8°, 31 l., sign. a—g ii. [391]

1025. CORREPTORIUM Flamingorum seu mandatum apostolicum et maledictio adversus Brugenses et Flamingos propter detentionem ac inclusionem principis Maximiliani Romanorum regis.
In-4°, 16 f., sign. a—b 3. [853]

Panzer, IV, 130, N° 513; Hain, *5762.

1026. SOMNIA Danielis prophetae revelata ab angelo missus (*sic*) a Deo.
In-4°, goth., 10 f., sign. a—a v. [759]

Denis, N° 4769; Hain, *5934.

1027. DEFENSORIUM curatorum contra eos qui privilegiatos se dicunt. Accedit epistola Pii pape Ludovico Francorum regi ad quassationem sanctionis pragmatice transmissa anno 1461.
In-4°, goth., sign. A—D ii, 33 l. [736]

1028. DEFENSORIUM curatorum contra eos qui privilegiatos se dicunt. Accedit epistola Pii pape Ludovico Francorum regi ad quassationem seu destructionem sanctionis pragmaticae.
In-4°, goth., sign. a—gii. [758]

<small>Édition différente de la précédente. Panzer, IV, 118, N° 398 n'indique que l'une des deux.</small>

1029. Le livre de boñe vie qui est apellé mā de vie ave maria par Jehan DUPIN (1302—72). (Ouvrage en vers.)
Petit in-fol., goth., 31 l., sign., une figure au verso du premier feuillet. [719]

<small>Panzer, IV, 100, N° 226; Hain, 6458.</small>

1030. Guillelmi DURANDI (1222—86), rationale divinorum officiorum.
In-fol., goth., 2 col., 48 l., sign. a—A—Qiiii, chiffr. CCLXXII (sans le frontispice et la table), titr. [720]

<small>Cette édition ressemble beaucoup à celle que Panzer indique, IV, 124, N° 459. La différence consiste dans le nombre des pages que Panzer porte à 313. Hain, *6468.</small>

1031. Johannis GERSON (1363—1429) alme universitatis Parisiensis cancellarii opusculum de preceptis decalogi, de confessione et de arte moriendi.
In-4°, goth., 24 f., 31 l., sign. a—ciiii (le premier et le dernier feuillets ne sont pas employés. [756]

<small>Panzer, IV, 133, N° 546.</small>

1032. Johannis de GERSON cancellarii Parisiensis astrologia theologisata: sequuntur GUILLERMI Parisiensis tractatus de beneficiis, capitulum de proprietatibus apum extractum a libro de Bono universali, epistola LUCIFERI ad malos principes ecclesiasticos; Johannis de GERSON tractatus de meditatione et simplificatione cordis.
In-4°, goth., 2 col., 35 l., sign. f—liiii. [758]

<small>Point de mention de cet article dans Panzer non plus que:</small>

1033. Johannis GERSON cancellarii Parisiensis doctoris consolatorii tractatus de modo vivendi omnium fidelium.
In-4°, goth., 30 f., (le dernier blanc, ainsi que le verso de l'avant-dernier), 31 l., sign. a—d 3. [756]

1034. Concordantia discordantium canonum sive decretum GRATIANI cum commentariis Bartholomaei Brixiensis.

In-fol., goth., 2 colonnes de texte encadrées dans les commentaires. Sign. a—A—Q v, titr., registr. [486²]

> On lit au bas du dernier recto ces mots imprimés en lettres rouges : Decretum Gratiani cuʒ suo apparatu diligenter correctum ⁊ emendatum finit feliciter. Le *registrum* occupe le verso.

1035. GUILLERMI PARISIENSIS episcopi (....—1248) Rhetorica divina. Sequuntur sancti Effrem libri de compunctione cordis et resurrectione, de beatitudine anime, de penitentia, de luctamine spirituali et de die judicii.
In-8°, goth., 2 col., sign. a—i iiii, titr. [852]

> Panzer, IV, 137, N° 588; Hain, *8305.
> Le cahier a est précédé de 8 feuillets qui contiennent le frontispice, la préface, la table... &c...

1036. GUILLERMI episcopi Parisiensis dyalogus de septem sacramentis.
In-8°, goth., sign. a—m, chiffr. XC (sans la table), titr. [855⁴]

> Panzer, IV, 137, N° 590.

1037. Fratris JOHANNIS ABBATIS VERCELLENSIS sermones vademecum de tempore et de sanctis per figuras utiles.
In-4°, goth., sign. a—A—E 3, titr. [?]

> Braun, II, 54.

1038. Speculum animae seu soliloquium Henrici LANGESTEYN de Hassia (...—1397)
In-4°, goth., 8 f., sign. A—B iii. [746]

> Panzer, IV, 138, N° 600; Tellier, 52; Hain, 8401?

1039. LUDOLPHI DE SAXONIA cartusiensis (XIV. s.), vita Christi.
In-fol., 2 col., 55 l., sign. a—aa—A—F iiii, titr. [478²]

> Panzer ne désigne pas cette édition. Le volume est terminé par ces mots: Divinū devotissimūqʒ vite xp̄i op°: scdm evangelii seriem: per devotum religiosissimumqʒ ordinis carthusiensiū patrem Lentolphū de saxonia argētine pfessum: ad dei laudem et totius religiōis xp̄iane utilitatē cōpilatū: finit. Hain, 10288?

1040. Dominici MANCINI (XV. s.) de Passione Jesu Christi carmen.
In-4°, semi-goth., 37 l., sign. a—b iiii. [799]

> Panzer, IV, 157, N° 762.

1041. MANUALE insignis ecclesiae Senonensis.
In-4°. [BB 4°, 207]

<small>Annoncé dans le catalogue de Le Tellier, 187, comme une ancienne édition publiée vers 1500.</small>

1042. MISSALE Trecense.
In-fol., goth., 2 col., sign. a—A—Riii, chiffr. CCCXI (outre le calendrier). [721]

<small>Maittaire, 790; Panzer, IV, 163, N° 830; Tellier, 156; Hain, 11435.</small>

1043. Sermones tredecim universales magistri MICHAELIS DE UNGARIA (XV. s.).
In-4°, goth., 30 l., sign. a—q 4. [852²]

<small>Panzer indique jusqu'à 14 éditions des divers sermons de Michel de Hongrie. Celle-ci n'est aucune de ces 14 éditions là. Mais elle est sûrement du XVe siècle. On en peut juger par l'absence des initiales, par la forme des caractères arabes employés dans les signatures... &c. Il est d'ailleurs difficile de conjecturer le lieu et le temps de l'impression.</small>

1044. MODUS CONFITENDI.
In-4°, goth., 6 f., 38 l. [788]

<small>Braun, II, 59.</small>

1045. MODUS SERVANDUS in executione seu prosecutione gratie expectative.
In-4°, goth., 4 f. [749]

<small>Panzer, IV, 163, N° 823.</small>

1046. MODUS VACANDI beneficiorum et modus acceptandi.
In-4°, goth., 4 feuillets dont le premier n'est pas employé. [749]

1047. Preclara Francorum facinora variaque ipsorum certamina ab anno 1200 ad 1311 quo templarii e medio tolluntur; ab illustrissimo principe MONTISQUE FORTIS comite dum viveret (XII. et XIII. s.) Christi athleta fortissimo ac rei bellicae peritissimo accuratissime recollecta.
In-8°, sign. A—Giiij, titr. marg. [855]

<small>Panzer, IV, 132, N° 524.</small>

1048. (GUIDONIS DE MONTE ROCHERII XIV. s.) liber qui manipulus curatop inscribit.
In-4°, 36 l., sign. a—pv, une table à la fin. [853]

<small>Seemiller, IV, 153.</small>

1049. FLORES MUSICE.
In-4°, goth., sign. [777²]

<small>Denis, N° 4918; Panzer, IV, 130, N° 518.</small>

1050. J. Fr. POGGII Florentini (1380—1459) liber de potestate papae et concilii.
In-4°. [E 1610]

<small>Article annoncé dans le catalogue de Le Tellier, 171, comme une ancienne édition antérieure à 1500.</small>

1051. Marci Antonii (Coccii) SABELLICI (1436—1506) libri VI de vetustate Aquileiensis patriae, cum ejusdem autoris carminibus. *Impr. Antonius Avenionensis.*
In-4°, sign. a—n iiii. [350]

<small>Maittaire, 758; Seemiller, IV, 144; Panzer, IX, 334, N° 1037; Hain, *14058.</small>

<small>Toutes les parties de ce volume sont indiquées par Maittaire. L'exemplaire que Seemiller décrit ne contient que les 6 premiers cahiers a—f. On lit à la fin du cahier m des vers que Maittaire a transcrits et dont les deux derniers désignent l'imprimeur:</small>

<small>Ast opus eximia buliens Antonius arte
Imprimit auenio quem generosa tulit.</small>

1052. STELLA clericorum.
In-4°, goth., 16 f., 36 l., sign. a—b iii. [353]

<small>Laire, II, 129.</small>

<small>Au bas de l'avant-dernier verso *finit stella clericorum feliciter.* Au dernier recto 16 vers, dont voici le dernier:</small>

<small>Terrenos cum artus spiritus exuerit.</small>

1053. THOMAE de Aquino (1227—74) confessionale seu libellus de modo confitendi et de puritate conscientiae.
In-4°, goth., 20 f., sign. a—c iii. [746]

<small>Laire, II, 148; Tellier, 52.</small>

<small>Le premier feuillet contient au recto le titre, au verso la table de l'ouvrage.</small>

1054. THOMAE ATTRABATENSIS quaestiones dubitabiles super quatuor libros Sententiarum.
In-4°. [854]

<small>Édition indiquée, dans le catalogue de Le Tellier, 47, comme antérieure à 1501.</small>

1055. THUCYDIDIS (V. s. a.) historiarum libri VIII latine, interprete Laurentio Vallense qui praemisit epistolam ad Nicolaum V.
In-fol., 136 f., 47 l., sign. a—r iiii, registr., 1 édit. [275]

<small>Debure, N° 4750*; Fossi, II, 698; Maittaire, 448; Seemiller, IV, 135; Sartori, 90; Hain, *15511.</small>

1056. Joannis de URBACH processus judiciarius. Accedunt tractatus praescriptionum a Dyno de Mugilo; tractatus de arbitrio a Petro Jacobo Montipessulano; differentiae legum et canonum a Galuano de Bononia.
In-fol., goth., 2 col., 43 l., sign. a—t iii, titr. [563²]

Panzer, IX, 195, N° 362.

1057. (Nigelli WIREKERI XIII. s.) veteris Vigelli speculum stultorum hexametro carmine conscriptum.
In-4°, goth., sign. a—g v. [349]

Panzer, IV, 167 et 168.

Le premier feuillet ne contient que les deux mots *Speculum stultorum* L'épître (en prose) de l'auteur *ad Wilhelmum amicum suum*, commence avec le 2ᵉ feuillet et finit ligne 8 du recto du 4ᵉ. Le verso du dernier feuillet contient: 1° les 8 derniers vers de l'ouvrage; 2° la conclusion *explicit speculum stultorum;* 3° 6 vers dont voici le premier et le sixième:
Quisquis theologus, quisquis legista peritus...
Quisque sibi libros vendicet ergo. Vale.

1058. P. VIRGILII Maronis (l. s. a.) opera cum commentariis Servii Mauri Honorati, Aelii Donati, Christophori Landini Florentini, et Antonii Mancinelli Veliterni. Accedit decimus tertius Aeneidos liber autore Mapheo Regio laudensi et sequuntur opuscula Virgilio adscripta inter quae Priapeia reperiuntur.
In-fol., sign. a—A—T iiii, chiffr. CCCLII, titr. [260]

Les commentaires sont d'un caractère plus petit; ils accompagnent, partagent, environnent le texte de diverses manières.

SUPPLÉMENT.

Liste des Incunables omis par Daunou.

1059. ABRAHAM (Aben Ezra). Liber de nativitatibus, et compositio astrolabii HENRICI BATE. *Venetiis, Erhardus Ratdolt*, 1485.
　In-4°, goth., 38 l., sign. a—d, initiales et fig. [V 4°, 363]

　　Maittaire, 468; Denis, *Suppl.*, 194; Zapf, 170; Fossi, I, 8; Panzer, III, 214; Hain, *21.

1060. ACRONIS expositio in Quinti Horatii opera. *Mediolani, Antonius Zarotus*, 1474.
　In-4°, 34—33 l., 147 f., 1 édit. [119^3]

　　Maittaire, 339; Sax., 561; Clément, I, 42; Panzer, II, 15; Hain, *8876.
　　La bibliothèque ne possède que le tome II de cet ouvrage.

1061. Fabulae AESOPI cum commento. *Parisiis, Andreas Bocard.*
　In-4°, goth., 2 caract., sign. A—E 3, titr. [Y *inv.* 1000]

　　Non cité par les bibliographes.

1062. ALBERTI de Saxonia, sophismata. *Parisiis, Petrus Le Rouge,* 1489.
　In-4°, goth., 2 col. de 46 l., sign. a—s, titr. [Œ XV. s. 8°, *suppl.* 2]

　　Non cité par les bibliographes.

1063. Petri de ALLIACO conceptus insolubilia. *Parisiis, Durand Gerlier*, sans date.
　In-4°, 2 col. de 41 l., sign. a—c. [Œ XV. s. 8°, *suppl.* 2]

　　Non cité par les bibliographes.

1064. Petri de ALLIACO de arte obligandi. *Parisiis, Georgius Mittelhuss*, 1489.

In-4°, goth., 2 col. de 39 ll., sign. A—D. [Œ XV. s. 8°, *suppl.* 2]

<small>Non cité par les bibliographes.</small>

1065. ALPHONSI regis Castellae tabulae astronomicae. *Venetiis, Johannes Hamman de Landoia*, 1492.

In-4°, goth., 42 l., 114 f., sign., initiales. [800²]

<small>Maittaire, 544; Mittarelli, 12; Seemiller, IV, 29; Clément, I, 209; Fossi, I, 78; Braun, II, 240; Panzer, III, 322; Hain, *869.</small>

1066. AMBROSIUS de Spira. Quadragesimale de floribus. *Venetiis per Gabrielem Grassis de Papia*, 1485.

In-4°, goth., 50 l., 410 f., sign. a—z, ꝯ ꝑ ꝗ, A—Z, registr. [Œ XV. s. 4°, *suppl.* 3]

<small>Maittaire, 466; Braun, II, 124; Panzer, III, 225; Hain, *921.
Au dessous du registre des cahiers, est la marque de l'imprimeur.</small>

1067. AMMONIUS Parvus Hermias. Commentarius in quinque voces Porphyrii. *Venetiis, Calliergus*, 1500.

In-fol., caract. grecs, 36 l., 37 f., sign. A—E, init. et figures. [698²]

<small>Maittaire, 96; Panzer, III, 478; Hain, *927.</small>

1068. Johannis ANNII sive Nannii, Viterbiensis, opus de futuris Christianorum triumphis in Saracenos. *Colonie, (Bartholomaeus de Unkel)*, 1482.

In-4°, goth., 28 l., 62 f. [540²]

<small>Panzer, I, 291, et IV, 273; Hain, *1128.</small>

1069. ARISTOTELIS ethicorum libri X. (*Parisiis, P. Caesaris et J. Stol*, 1474?)

In-4°, 24 l. [Œ XV. s. 4°, *suppl.* 7]

<small>Édition non citée par les bibliographes.
Exemplaire incomplet des premiers feuillets de la table.</small>

1070. ARISTOTELIS quaestiones Politicorum editae cura Ludovici BOCHIN. *Parisiis, Wolfgang Hopyl pro Durando Gerleri librario*, sans date (1500).

In-fol., 2 col. de 51 l., sign. A, a—s iii, titr. [488]

<small>Non cité par les bibliographes.</small>

1071. AUGUSTINI (S.), de conflictu vitiorum et machina virtutum. (*Parisiis, Petrus Caesaris et Joh. Stol*, 1474?)

In-4°, 24 l. [Œ XV. s. 4°, *suppl.* 9]

<small>Panzer, II, 341; Hain, 2087.</small>

1072. AURBACH (Joh. de). Summa de sacramentis. (*Argentorati?*)
 In-fol., goth., 34—35 l., 52 f. [71²]
  Panzer, I, 94; Hain, *2123.

1073. Petri AUREOLI, tractatus de conceptione virginis Mariae. (*Moguntiae, Petrus Schoeffer*, 1470?)
 In-4°, goth., 33—34 l., sign. a—e iiij, 44 f. [317²]
  Seemiller, IV, 130; Denis, *Suppl.*, 502; Panzer, II, 142; Hain, *2142 (diffère).
  Le feuillet du titre manque dans cet exemplaire.

1074. BEROALDUS (Philippus). Declamatio an orator sit philosopho et medico anteponendus..... *Bononiae, Benedictus Hectoris*, 1497.
 In-4°, caract. romains et grecs, 27 l., 38 f., manchettes, sign. A—E. [Œ XV. s. 4°, *suppl.* 10]
  Panzer, I, 234; Hain, *2963.

1075. BONAVENTURAE (S.) dialogus sive soliloquium. *Parisiis, Johannes Lambert.*
 In-8°, goth., 32 l., 38 f., sign. a—e iii, initiales. [848²]
  Non cité par les bibliographes.

1076. BONAVENTURAE (S.) sermones de morte. *Parisiis*, 1495.
 In-8°, goth., 31 l., sign. a—g, titr., figures. [826²]
  Maittaire, 599; Panzer, II, 310; Hain, 3524.

1077. BURIDANUS (Johannes). Sophismata. (*Parisiis.*)
 In-4°, 2 col. de 39 l., sign. a—g. [Œ XV. s. 8°, *suppl.* 2]
  Non cité par les bibliographes.
  A la fin du traité est une table des matières.

1078. Nicolai BURTII opusculum musices cum defensione Guidonis Aretini. *Bononiae, impressum per Ugonem de Rugerijs impensis Benedicti librarii*, 1487.
 In-4°, goth., 29 l., sign. a—i ii, fig. et notation musicale. [334²]
  Panzer, I, 217; Denis, *Suppl.*, 226; Crevenna, II, 134; Hain, *4145.

1079. CANON de domibus celi fabricandis. (*Vers 1490.*)
 In-4°, goth., 20 f., sign. ☉ C—☉ D, titr., initiales. [V 4°, 363]
  Non indiqué par les bibliographes.

1080. Hubertini de CASALI ordinis Minorum arbor vitae crucifixi Jesu. *Venetiis, per Andream de Bonettis de Papia*, 1485.
In-fol., 2 col. de 58 l., 258 f., sign. a—H, titr. [154²]

Maittaire, 467; Fossi, I, 480; Crevenna, IV, 59; Braun, II, 123; Panzer, III, 222; Hain, *4551.

1081. M. Aurelii CASSIODORI historia tripartita ex Socrate, Sozomeno et Theodorico in unum collecta. *Augustae Vindelicorum, Johannes Schussler*, 1472.
In-fol., goth., 33 l., 192 f., 1 édit. [94²]

Maittaire, 311; Seemiller, I, 37; Braun, I, 148; Panzer, I, 102; Hain, *4753.

1082. CASUS papales, episcopales, etc. (*Parisiis.*)
In-8°, goth., 24 l., 8 f., sign. A. [391]

Non cité par les bibliographes.

1083. CATHONIS liber cum glosa. *Parisiis, Georgius Mittelhuss*, 1500.
In-4°, goth., 2 sortes de caractères, sign. a—g iii, titr. [Y *inventaire*, 1000]

Non cité par les bibliographes.

1084. CICERO (M. Tullius). De officiis. (*Venetiis?* 1474?)
In-fol., 36 l., 142 f. [121]

Non cité par les bibliographes.

1085. CICERONIS epistolae ad Brutum.... 1470.
Double du n° 22. [72³]

Cet exemplaire est plus complet que celui décrit par Daunou; il a le premier feuillet, au verso duquel est imprimée la préface de Jean André adressée à Paul II.

1086. COLLOQUIUM peccatoris et crucifixi Jesu Christi. (*Parisiis, Guido Mercator.*)
In-8°, goth., 27 l., sign. a—b i, fig. [391]

Non cité par les bibliographes.

1087. CORDIALE seu liber quattuor novissimorum. (*Parisiis, Petrus Caesaris et Joh. Stol*, 1474?)
In-4°, 24 l. [Œ XV. s. 4°, *suppl.* 9]

Panzer, II, 343.

1088. CORDIALE seu sermones quatuor novissimorum. (Circa 1480.)
In-4°, romain, sign. a—n iiii, titr. [724⁵]

Non cité par les bibliographes.

L'exemplaire est incomplet des trois premiers et des deux derniers feuillets. Avant la table qui doit occuper les cinq derniers feuillets, on lit la souscription : Sermones de quattuor nouissimis finem habent.

1089. CRAB (Gilbertus). Tractatus terminorum moralium. (*Parisiis.*)
In-8°, goth., 34 l., sign. A—C iiij, titr., fig. [848²]

Non cité par les bibliographes.

1090. Mathaei de CRACOVIA dialogus de accedendo ad sacramentum altaris. *Parisiis, Guido Mercator*, 1497.
In-8°, goth., 27 l., sign. a—c iiij, titr. [826²]

Maittaire, 646 ; Panzer, II, 315 ; Hain, 5808.

Cet opuscule est attribué à Thomas de Cracovie, tandis que les autres éditions citées par Hain portent le nom de Mathieu de Cracovie.

1091. DIONYSIUS Afer seu Alexandrinus. De situ orbis traductio Antonii Becharie. *Venetiis, Franciscus Renner de Hailbrunn*, 1478.
In-4°, 26 l., 36 f., manchettes. [324²]

Maittaire, 394 ; Crevenna, V, 6 ; Fossi, I, 624 ; Panzer, III, 138 ; Hain, *6027.

David Clément dit que cette édition (qui est la seconde) est rarissime. (*Note ms. au premier feuillet.*)

1092. Guillelmi DURANDI, episcopi Mimatensis, rationale divinorum officiorum. *Venetiis, Perrinus Lathomi, Bonifacius Johannis, et Johannes de Villa veteri socii*, 1494.
In-4°, goth., 2 col. de 47 l., 3 f. n. ch., f. chiffrés CCLXVII, sign., titr., initiales. [806³]

Maittaire, 571 ; Clément, VII, 470 ; Panzer, III, 364 ; Hain, *6499.

1093. FACETUS cum glosa. *Parisiis, Johannes Trepperel.*
In-4°, goth., 2 sortes de caractères, sign. A—B iii, titr. [Y *inventaire*, 1000]

Non cité par les bibliographes.

1094. FERRARIIS (Theophilus de), ord. Praedicatorum. Propositiones ex omnibus Aristotelis libris philosophicis.... collectae. *Venetiis, Gregorius et Johannes de Gregoriis*, 1493.
In-4°, 41 l., 56 f. n. ch. et f. chiffrés 258 (erreur), privilège. [802²]

Maittaire, bis, 557 et 570 ; Seemiller, IV, 36 ; Fossi, I, 666 ; Panzer, III, 331 ; Hain, *6997.

1095. FORMULARIUM instrumentorum ad usum curiae Romanae.

In-4°, goth., 55 l., 126 f., registr. [Œ XV. s. 4°, *suppl.* 1]

Non cité par les bibliographes.

L'ouvrage est précédé d'une table de 6 feuillets, imprimée sur 2 colonnes.

1096. GAGUINI (Roberti) de variis vite humane incommodis elegia. *Parisiis, in via sancti Jacobi ad signum capitis divi Dyonisii* (1498?)

In-4°, 20 l., 4 f., manchettes. [665²]

Hain, *7423.

1097. GAGUINI (Roberti), de arte versificandi. *Parisiis, Antonius Caillaut.*

In-4°, goth., 35 l., 40 f., sign. a—e iiii. [665²]

Non cité par les bibliographes.

1098. GAGUINI (Roberti), epistolae, orationes, etc. *Parisiis, impressa impensa Durandi Gerleri bibliopole*, 1498.

In-4°, goth., 39 l., f. chiffrés i—lxiiij, et 36 f. n. ch., sign. a—i, A—D, manchettes, initiales. [665²]

Maittaire, 662; La Vallière, II, 755; Panzer, II, 322; Hain, *7425.

1099. GAGUINI (Roberti) de mundissimo virginis Marie conceptu cum commentario Caroli Fernandi. *Parisiis*, 1490.

In-4°, 29 l., 30 f., sign. a—d iii. [665²]

Non cité par les bibliographes.

La souscription est terminée par ces mots; Parisii, M cccc nono. Le premier feuillet manque.

GREGORIUS Britannicus. *Voyez* Sermones funebres.

1100. GRITSCH (Johannes). Quadragesimale.

In-fol., goth., sign. a—z, A—H, 2 col. de 51 l., 250 f., titr. [Œ XV. s. fol., *suppl.* 1]

Hain, *8062.

Exemplaire mutilé à la fin.

1101. GUILLELMUS Parisiensis. Postilla super epistolas et evangelia. (*Argentorati? Eustadii?*)

In-fol., semi-goth., caract. de 2 grandeurs, 41 l., 216 f. [Œ XV. s. fol., *suppl.* 2]

Seemiller, II, 157; Denis, *Suppl.*, 579; Panzer, I, 96; Hain, *8288.

D'après Hain les grands caractères seraient du „typographe inconnu" de Strasbourg, et les plus petits de Reyser.

1102. HALY (Abbohazen), filius Abenragel. Liber in judiciis astrorum. *Venetiis, Erhardus Ratdolt,* 1485.
In-fol., goth., 2 col. de 59—60 l., 4 f. n. ch. et chiffrés 1—152, sign., initiales. [566²]

<small>Maittaire, 462 et 468; Seemiller, III, 30; Braun, II, 125; Fossi, I, 51; Panzer, III, 215; Hain, *8349.</small>

1103. HERMANNUS Guillelmus de Gouda. Sylva odarum. *Parisiis, Guido Mercator,* 1497.
In-4°, goth., 24 l., 42 f., sign. a—f. [346²]

<small>Maittaire, 645 et 668; Panzer, II, 315; Hain, *8452.
Le feuillet du titre avec la marque de Denis Roce, manque dans cet exemplaire.</small>

1104. HERODOTI Halicarnassei historiarum libri IX, interprete Laurentio Valla. *Venetiis, Jacobus Rubeus Gallicus,* 1474.
In-fol., 35 l., 260 f. [119²]

<small>Maittaire, 335; Crevenna, IV, 67; Strauss, 116; Panzer, III, 104; Hain, *8469.</small>

1105. HIERONYMI (S.) epistolae. *Basileae, Nicolaus Kessler,* 1497.
Trois volumes in-fol., 55 l., t. I, 152 f., t. II, 178 f., t. III, 202 f., manchettes, titr. [685² à 685⁴]

<small>Maittaire, 640; Denis, *Suppl.*, 428; Panzer, I, 182; Hain, *8565.</small>

1106. Expositio HYMNORUM. (*Lugduni, Nicolaus Philippi.*)
In-4°, goth., 34 l., sign. a—g iij, la table est à 2 col. [853²]

<small>Non cité par les bibliographes.
Relié à la suite de *l'Expositio psalterii* imprimée par N. Philippi à Lyon, n° 1170, et imprimée avec les mêmes caractères.</small>

1107. GERSON (Johannes). De passionibus animae. (*Parisiis.*)
In-8°, goth., 33 l., sign. a—c i, grav. sur le titre. [*Legs Delaunay* 35]

<small>Non cité par les bibliographes.</small>

1108. Johannis GERSON de imitatione Christi et de meditatione cordis. (*Parisiis.*)
In-8°, goth., 29 l., sign. a—o iiii, lettres grises. [*Legs Delaunay* 35]

<small>Non cité par les bibliographes.</small>

1109. Johannis GERSON de contemptu mundi. (*Lovanii*), *Joh. de Westfalia*, (1485?)
In-4°, goth., 30 l., sign. a—l 5. [*Legs Delaunay* 24]

Panzer, I, 519; Hain, 9083.

L'exemplaire est incomplet des feuillets i 1 et i 2, qui ont été remplacés par des ff. écrits en caractères gothiques.

1110. GERSON (Joh.) Imitatio Christi. *Venetiis, Dionysius et Peregrinus Bononienses*, 1485.
In-8°, goth., 2 col. de 39 l., 56 f., sign. a—f5, titr. [*Legs Delaunay* 25]

Maittaire, 461; Braun, II, 126; Strauss, 180; Panzer, III, 221; Hain, 9088.

Au verso du dernier feuillet la marque des imprimeurs, semblable à celle employée par Nicolas Jenson.

1111. GERSON (Joh.) l'Imitation de J.-C. en allemand. *Augsbourg, Antoine Sorg*, 1486.
In-4°, goth., 23—24 l., 6 f. n. ch. et f. chiffrés i—cxci et 1 f. blanc, titr. [*Legs Delaunay* 779]

Hain, *9116.

Le premier f. de la table et le f. chiffré i manquent dans cet exemplaire.

1112. Thomae de KEMPIS de imitatione Christi ɛ de ɔtemptu omnium vanitatum mundi. *Argentinae, Martinus Flach*, 1487.
In-4°, goth., 34 l., 4 f. n. ch., f. chiffrés I—LXXXI et 1 f. blanc, titr. [*Legs Delaunay* 21]

Panzer, I, 31; Hain, *9092.

1113. IMITATIO Christi. *Ulmae, Joh. Zainer*, 1487.
In-8°, goth., 22 l., 8 f. n. ch., f. ch.: j—clxxxij, titr. [*Legs Delaunay* 27]

Denis, *Suppl.*, 229; Helmschrott, 93; Panzer, III, 537; Hain, *9093.

1114. Johannis GERSON tractatus de imitatione Christi et de contemptu mundi. *Venetiis, Bernardinus de Benaliis*, 1488.
In-8°, goth., 38 l., 2 f. n. chiffrés et f. chiffrés 1—62, sign. a—h, titr. [*Legs Delaunay* 29]

Panzer, IV, 439; Hain, *9095.

Les feuillets sont chiffrés à l'angle inférieur du texte, à côté des signatures.

1115. GERSON (Joh.). De imitatione Christi et de contemptu mundi. *Augustae, Erhard Ratdolt*, 1488.
In-4°, goth., 2 col. de 40—41 l., 50 f., lettres grises, titr. [*Legs Delaunay* 22]

Maittaire, 493; Braun, II, 162; Seemiller, IV, 6; Panzer, I, 115; Hain, *9094.

1116. Johannis GERSON. De immitatione (*sic*) Christi et de

contemptu mundi in vulgari sermone. *Impressa a Venetia per Matheo di Codeca da Parma*.... 1489.
In-4°, 35 l., sign. a—k iiii. [*Legs Delaunay* 828]

<small>Hain, 9127.
Après le troisième et dernier livre de l'Imitation est une : Epistola di Joanni neapolitano ad Siluia uergine.....</small>

1117. Thomae de KEMPIS de imitatione Christi, etc. cum tractatulo Joh. GERSON de meditatione cordis. *Argentinae*, 1489.
In-8°, goth., 22—23 l., 168 f., sign. B—X (les f. de la table ne sont pas signés), titr. [*Legs Delaunay* 30]

<small>Maittaire, 511; Seemiller, III, 152; Panzer, I, 41; Hain, *9098.
Au verso du premier feuillet est une petite gravure.</small>

1118. De IMITATIONE Christi, de contemptu mundi, etc. 1492.
In-8°, goth., 22 l., 8 f. n. ch., f. chiffrés 1—182, sign. a—z, titr. [*Legs Delaunay* 34]

<small>Maittaire, 553; Panzer, IV, 55; Hain, *9103.
Ni au début ni à la fin de cette édition, on ne nomme l'auteur.</small>

1119. Johannis GERSON de imitatione Christi, de contemptu mundi, etc. *Romae, Stephan Plannck*, 1493.
In-8°, goth., 24 l., sign. a—r, titr. [*Legs Delaunay* 36]

<small>Denis, *Suppl.*, 346; Audiffredi Rom., 458; Panzer, II, 506; Hain, 9106.</small>

1120. GERSON (Juan). El mosprecio del mundo. *Impressa por maestre Fadrique aleman de Basilea enla... cibdad de Burgos...* 1495.
In-4°, goth., 28 l., sign. a—p, init. [*Legs Delaunay* 802]

<small>Non cité par les bibliographes.</small>

1121. GERSON (Johannes). De imitatione Christi et de meditatione cordis. *Parisiis, Georgius Mittelhuss*, 1496.
In-8°, goth., 30 l., signatures a—m, titr. [*Legs Delaunay* 37]

<small>Maittaire, 622; La Vallière, I, 247; Panzer, II, 311; Hain, 9108.
Au verso du dernier f. est une des marques de Mittelhus, et au recto et au verso du premier feuillet une gravure, la Crucifixion.</small>

1122. Johannis GERSON de imitatione Christi et de contemptu mundi. *Florentiae, per Johannem Petri de Maganza*, 1497.
In-8°, goth., 24 l., sign. a—q ii, titr. [*Legs Delaunay* 38]

<small>Denis, *Suppl.*, 427; Panzer, I, 426; Hain, 9110.</small>

1123. Johannis GERSON de imitatione Christi. *Parisiis*, *Petrus Ledru*, 1498.

In-8°, goth., 31 l., sign. a—m, titr., gravure sur le f. du titre. [*Legs Delaunay* 39]

Non cité par les bibliographes.

1124. Le liure intitule eternelle CONSOLACION. *Paris*, *Michel Lenoir*, 1500.

In-4°, goth., 36 l., 84 f., repère: Eter. con., gravures, init. [*Legs Delaunay* 876 A]

Maittaire, 732; Panzer, II, 335; Hain, *5648.
Au verso du dernier f., la grande marque de Michel Lenoir.

1125. Thome de KEMPIS de imitatione Christi et de contemtu omnium vanitatum mundi. Cum tractatulo Johannis GERSON de meditatione cordis. Et complures alij tractat[9] pulcri.

In-4°, goth., 2 col. de 33 l., 4 f. n. ch. et ff. chiffrés: I—cxij, sign. a—o iiij. [*Legs Delaunay* 207]

Hain, *9081.
Cette édition fut faite aux frais de Jean Numburg, docteur en médecine, par ses exécuteurs testamentaires.

1126. Thomae à KEMPIS de imitatione Christi. (*Augustae*, *Gunther Zainer de Reutlingen*, (vers 1471).

In-fol., goth., 35 l., 76 f. [*Legs Delaunay* 14]

Braun, I, 39; Denis, *Suppl.*, 598; Panzer, I, 132.
Brunet, au mot *Imitatio*, dit que cette édition est la première et que les exemplaires en sont très rares.

1127. ISIDORUS episcopus Hispalensis. Contra Judaeos. (*Romae*.)

In-4°, 27 l., 38 ff., registr. [Œ XV. s. 4°, *suppl.* 4]

Audiffredi Rom., 356; Denis, *Suppl.*, 576; Panzer, II, 552, et IV, 416; Hain, *9306.

1128. JOHANNIS abbatis Nivicellensis concordantiae bibliorum et canonum. *Venetiis, Franc. de Hailbrunn*, 1483.

In-fol., goth., 2 col. de 54 ou 73 l., sign. A—H, a—t 3, titr. [554]

Maittaire, 450; Panzer, III, 187; Hain, 9414.

1129. Flavii JOSEPHI antiquitatum libri XX. *Venetiis, Raynaldus de Novimagio*, anno domini M.cccc. (*sic*) decimo die maij (1481).

In-fol., goth., 48 l., sign. a—z, z ꝯ 4. [225^x]

Denis, *Suppl.*, 135; Crevenna, IV, 39; Panzer, III, 168; Hain, 9453.

1130. De LAUDE caritatis.
In-4°, goth, 31 l., sign. A. [758]
Non cité par les bibliographes.

1131. LEUPOLDUS dux Austriae. Compilatio de astrorum scientia. *Venetiis, Erhardus Ratdolt*, 1489.
In-4°, goth., 39 l., 110 f., sign., figures. [V 4°, 363]
Maittaire, 507, Braun, II, 178; Strauss, 213; Seemiller, IV, 7; Panzer, I, 116; Hain, *10042.

1132. LIGNANO (Joh. de). Tractatus de pluralitate beneficiorum. *Parisiis, P. Caesaris et Joh. Stol*, sans date, (1486).
In-4°, 24 l., 176 f. [311²]
Non cité par les bibliographes.

1133. LOPEZ de Ayala (Petrus). Cronica del rey don Pedro... *Sevilla, por Meynardo Ungut z Estanislao polono*, 1495.
In-fol., goth., 2 col. de 46 l., f. chiffrés ij—ccviij, sign. a—z, A—C, titr., lettres gravées. [P 29]
Hain, 10206.
Le titre est gravé sur bois et orné d'une gravure.

1134. LUCRETII Cari (T.) de rerum natura. *Veronae, Paulus Fridenperger*, 1486.
In-fol., 41 l., 96 f., sign. a—m iiii, 1 édit. [154³]
Maittaire, 474; Seemiller, III, 57; Freytag, Adpar., 101; Panzer, III, 505; Hain, 10282.

1135. LUPI (Jacobi) liber de assertionibus catholicis apostoli. *Parisiis, Antonius Denidel*, 1497.
In-8°, goth., 25 l., sign. A—X ii, titr. [826²]
Maittaire, 632; Panzer, II, 317; Hain, 10339.

1136. LYRA (Nicolai de) postillae in universa Biblia. *Venetiis, O. Scot*, 1488.
Deux volumes in-fol., goth., 2 col. de 58—59 l., 417 et 353 f., sign., titr. [595²]
Maittaire, 504; Panzer, III, 252; Hain, *10365.
Le tome III manque à cet exemplaire.

1137. Martini de MAGISTRIS tractatus consequentiarum. *Parisiis, Wolfgang Hopyl*, 1489.
In-4°, 2 col. de 39 l., sign. A—G. [Œ XV. s. 8°, *suppl.* 2]
Non cité par les bibliographes.
Le titre est imprimé en lettres majuscules au verso du dernier feuillet.

1138. Martini de MAGISTRIS, doctoris Parisiensis, devota expositio super Salve Regina. (*Parisiis.*)
In-4°, goth., 32—33 l., sign. A—Ciii. [792²]
> Hain, *10464.

1139. Juniani MAII Parthonopaei, de priscorum proprietate verborum. *Tarvisii, Bernardus de Colonia*, 1477.
In-fol., goth., 2 col. de 51 l., 330 f., sign. [609²]
> Maittaire, 377; Braun, I, 190; Panzer, III, 35; Hain, *10540.
> Les derniers feuillets manquent dans cet exemplaire.

1140. Fratris Baptiste MANTUANI carmelite contra impudice scribentes opusculum familiariter explicatum a Jodoco Ascensio. *Parisiis, Bernardus Aubry.*
In-4°, goth., 47 l., f. chiffrés xvii, manchettes, titr. [800³]
> Non cité par les bibliographes.

1141. MODUS confitendi. (*Parisiis, Guido Mercator.*)
In-8°, goth., 27 l., 8 f., sign. a. [391]
> Non cité par les bibliographes.

1142. Guidonis de MONTEROCHERII manipulus curatorum.
In-4°, goth., 2 col. de 35 l., 94 f., titr. [Œ XV. s. 4°, *suppl.* 11]
> Il y a au commencement deux feuillets de table entre deux feuillets blancs.

1143. Guidonis de MONTEROCHERII manipulus curatorum. *Imprimé à Orléans par Mathieu Vivian*, le dernier jour de mars 1490.
In-4°, goth., 24 l., sign. a—z, 9, A—D iiii, titr. [Œ XV. s. 4°, *suppl.* 2]
> Non cité par les bibliographes.
> L'exemplaire est incomplet du premier feuillet, et le dernier f., où se trouve la souscription, est mutilé.

1144. MORIBUS (De) Turcorum.
In-4°, goth., 36 l., 36 f., registr. [Œ XV. s. 4°, *suppl.* 4]
> Hain, *15673.

1145. NIDER (Johannes). Tractatus de lepra morali. *Parisiis, Ul. Gering, Martinus Crantz et Michael Friburger*, 1477.
In-4°, goth., 30 l., sign. [Œ XV. s. 4°, *suppl.* 9]
> Maittaire, 379; La Vallière, I, 222; Crevenna, I, 144; Panzer, II, 279; Hain, 11844.
> Ce traité a été imprimé à la suite du *Manuale confessorum* du même auteur, mais celui-ci manque dans notre exemplaire.

SUPPLÉMENT 247

1146. NIDER (Johannes). Praeceptorium legis seu expositio Decalogi. *Parisiis, Udalricus Gering*, 1478.
In-4°, 37 l., sign. a—z, A—Yiiii, titr. [324 2*bis*]
Maittaire, 392; Panzer, II, 281; Hain, 11791.

1147. Johannis NIDER manuale confessorum. *Parisiis, Joh. Bonhomme*, 1489.
In-4°, goth., 36 l., sign. a—g3, titr. [789²]
Maittaire, 505; Panzer, II, 290; Hain, 11842.

1148. Johannis NIDER tractatus de lepra morali. *Parisiis, Johannes Bonhomme*, 1490.
In-4°, goth., 36 l., sign. A, a—i4, titr. [789³]
Denis, *Suppl.*, 293; Panzer, II, 294; Hain, 11819.

1149. ODONIS, episcopi Cameracensis, expositio canonis missae. *Parisiis, Guido Mercator*, 1496.
In-4°, goth., 27 l., 8 f., sign. a—biiij, figures. [826²]
Maittaire, 621; Le Tellier, 100; Panzer, II, 311; Hain, 11963.

1150. OPPIANUS. Helieutica seu de piscatu libri III, a Laurentio Lippio latinis versibus reddita. *In Colle oppido municipio florentino, Gallus cognomine Bonus impressit*, anno Christi 1478.
In-4°, goth., 32 l., 64 f., sign. a—h3, registre, 1 édit. [324³]
Maittaire, 391; La Vallière, I, 597; Panzer, I, 273; Hain, *12015.

1151. Publii OVIDII Nasonis metamorphoseon libri. *Parmae, (Stephanus Corallus,)* 1478.
In-fol., 36 l., 202 f., sign. a—z, & iii. [247]
Hain, *12159.
La fin de l'exemplaire manque.

1152. Nicolai PEROTTI Cornucopia linguae latinae. *Parisiis, Ulric Gering et Berchtold Rembolt*, 1500.
In-fol., goth., caract. rom., goth. et grecs, 2 col. de 67 l., 28 f. n. ch., f. chiffrés ccxl, manchettes, titr., initiales. [704²]
Maittaire, 729; Panzer, II, 332; Hain, 12707.

1153. PHILELPHI (Francisci) odae. *(Brixiae,) Angelus Britannicus*, 1497.
In-4°, 28—29 l., 94 f., sign. a—mii, initiales. [828²]
Maittaire, 636; La Vallière, II, 127; Panzer, I, 257; Hain, *12954.

1154. PICCOLOMINI (Aeneas Sylvius.) Epistola ad Mahumetem.
In-4°, goth., 30 l., 44 f., registr. [Œ XV. s. 4°, *suppl.* 4]
Non cité par les bibliographes.

1155. Marco POLO Veneziano, de consuetudinibus et condicionibus orientalium regionum.
In-4°, goth., 33 l., sign. a—i. [852³]
Denis, *Suppl.*, 688; Panzer, IV, 206; Hain, 13244?
L'exemplaire est incomplet des derniers feuillets.

1156. PRAGMATICA sanctio glossata per Cosmam Guymier. *Lugduni*, (*Guill. Balsarin*), 1488.
In-4°, goth., 2 caract., 2 col. de 44 l., sign. a—z, A—G iij. [E 1479²]
Hain, *4530.
La souscription et la marque de l'imprimeur ont été enlevées.

1157. Johannis QUINTINI sermones aurei super evangelia dominicarum totius anni.
In-4°, goth., 36 l., sign. a—y v, [737 *bis*]
Non cité par les bibliographes.

1158. Libellus de venerabili SACRAMENTO et de valore missarum. *Parisiis*, *Guido Mercator*, 1497.
In-8°, goth., 28 l., sign. a—d iiij, fig. [826²]
Hain, 14098.
Sur le f. du titre, la marque de Michel Lenoir.

1159. Libellus de venerabili SACRAMENTO et valore missarum.
In-4°, 28 l., 32 f., sign. a—d iiii. [758]
Non cité par les bibliographes.

1160. Johannis de SACRO BUSTO sphaera mundi cum glossis Georgii de Monteferrato. *Venetiis*, 1500 die 28 januarii.
In-4°, 40 l., 26 f., sign. A—F 3, 2 caractères, le plus petit pour le commentaire, titres cour., initiales et figures. [839²]
Panzer, III, 480; Hain, 14126.

1161. Guillelmi de SALICETO summa conservationis et curationis. *Venetiis*, 1490.
In-fol., goth., 2 col. de 72 l., 178 f., sign., registr. [610²]
Maittaire, 527; Seemiller, IV, 12 et 16; Panzer, III, 292; Hain, 14145.

1162. SAMUEL (Rabbi). Epistola ad rabbi Isaac.
In-4°, 25—26 l., 38 f. [Œ XV. s. 4°, *suppl.* 4]

Hain, *14264.
Exemplaire incomplet du dernier feuillet.

1163. SENECA (Lucius Annaeus). Opera philosophica et epistolae. *Tarvisii, Bernardus de Colonia*, 1487.
In-fol., goth., 53 l., 214 f., sign. a—z, ꝛ, aa—bb. [Œ XV. s. fol., *suppl.* 3]

Maittaire, 387; La Vallière, I, 379; Crevenna, II, 52; Panzer, III, 35; Hain, *14591.

1164. SERMONES funebres, (Gregorius Britannicus.) *Lugduni, Pierre Mareschal et Bernabe Chaussard*, (1492?).
In-8°, 2 col. de 35 l., titr., lettres grises. [*Legs Delaunay* 35]

Non cité par les bibliographes.
Sur le f. du titre est la petite marque des deux imprimeurs. A la fin du texte on lit :.... Acta Cremone in.... Augustini templo decimo kalendas februarij. Millesimo quadragesimo nouagesimo secundo. Do (*sic*) gratias.

1165. SIMPLICII hypomnemata in Aristotelis Categorias, graece. *Venetiis, Zacharias Calliergus*, 1499.
In-fol., caract. grecs, 37 l., 168 f., sign. A—Φ, initiales et figures, 1 édit. [698²]

Maittaire, 95 et 690; La Vallière, II, 6; Crevenna, II, 32; Panzer, III, 466; Hain, *14757.

1166. SPECULUM animae peccatricis. *Parisiis, Antonius Caillaut*.
In-8°, goth., 32 l., sign. a—d ii. [826²]

Non cité par les bibliographes.

1167. SPECULUM aureum animae peccatricis.
In-4°, 27 l., sign. a—d vi. [737 *bis*]

L'exemplaire est incomplet du dernier feuillet.

1168. THOMAE de Aquino secunda pars secundae partis Summae theologiae. *Venetiis, Franc. de Hailbrunn et Nic. de Francfordia*, 1475.
In-fol, goth., 2 col. de 51 l., 332 f. [509³]

Maittaire, 349; Panzer, III, 110; Hain, *1462.

1169. THOMAE de Aquino quaternarius. (*Parisiis*.)
In-8°, goth., 23 l., 12 f., sign. a—b i, fig. [391]

Non cité par les bibliographes.

1170. Johannis de TURRECREMATA expositio super toto Psalterio. (*Lugduni*, *Nicolai Philippi*.)
In-4°, goth., 2 col. de 43 l., sign. a—n iiij, titr. [853²]

Hain, *15690.

1171. Le songe du VERGIER qui parle de la dispute du clerc et du chevalier. Imprime (à *Lyon*) par *Jacques Maillet*, lan mil CCCC. quatre vintz et unze.
In-fol., goth., 2 col. de 51 l., sign., figures. [625²]

Maittaire, 535; Panzer, I, 543, et II, 296; Hain, 16006.

1172. AEGIDII (Francisci) ordinis fratrum Minorum aurea verba de gratia Dei. (*Magontiae*, 1475?)
In-8°, goth., 26 l., 24 f. [723²]

Panzer, IV, 117; Hain, *105.

1173. Secreta mulierꝛ et viroꝛ ab ALBERTO MAGNO composita. (*Antwerpiae*), *Godfridus Back*, (1495).
In-4°, goth., 2 caract., sign. a—f, fig. [855²]

Panzer, I, 15.

1174. ALBUMASAR, de magnis conjunctionibus, etc. *Augustae Vindelicorum*, *Erhard Ratdolt*, 1489.
In-4°, goth., 40 l., sign. A—P, gravures. [789⁴]

Panzer, I, 117; Hain, *611.

1175. Johannis ANDREAE arbor consanguinitatis. (1480.)
In-fol., semi-goth., 43 l., 8 f., initiales et figures. [*Manuscrit* D.1, in-fol. 10]

1176. ARS moriendi.
In-fol., goth., 12 f., 2 col., 38 l., gravures. [622²]

1177. ARS bene vivendi beneqꝛ moriendi. *Parisiis*, *Guido Mercator pro Joh. Petit*, 1497.
In-8°, goth., 27 l., sign. a—f, fig. [826²]

Panzer, II, 317; Hain, 1846.

1178. AUGUSTINI episcopi Hipponensis tractatus diversi. (*Cologne*, 1475?)
In-4°, goth., 27 l., 28 f. [723²]

Hain, 1962.

1179. Sancti BERNHARDINI, ordinis fratrum Minorum, sermo de gloriosa virgine Maria. (*Cologne*, 1475?)
In-4°, goth., 26—27 l., 26 f. [723²]
Panzer, I, 327; Hain, 2833.

1180. Sancti BERNARDI abbatis speculum de honestate vite... Octo puncta mediante quibus pervenitur ad perfectionem vite spiritualis.
In-4°, goth., 8 f., 26 l. [312²]

1181. Domini BONAVENTURE de modo se preparandi ad celebrandum missam. (*Parisiis*, 1500.)
In-4°, goth., 36 l., sign. A. [725]

1182. BREVIARIUM Tornacense pars hyemalis. (1497.)
In-8°, goth., 2 caract., 2 col de 37 l., sign. a—m, aa—kk, A—F, A, titr., grav. [828³]
Panzer, IV, 66; Hain, 3944.

1183. CASUS papales, episcopales et abbatiales.
In-4°, goth., 4 f., 34 l. [E 1453, t. II]

1184. Guillelmi CHABUTI semita diversarum quatuor viarum. *Parisiis, Michael Tholoze.*
In-4°, goth., 2 caract., 16 f., fig. et init. [725]

1185. Magistri Nicolai de CLEMANGIS tractatus super exhortatione peccatoris ad penitenciam. *Parisiis, Guido Mercator* (1498).
In-4°, goth., 35 l., sign. a—c. [844²]

1186. DIURNALE Fontisebraldense. (*Parisiis?*), 1500.
In-4°, goth., 29 l., sign. A—I, a—m, +, AA—FF, aa—bb. Exempl. sur vélin. [282]

1187. Antonii FARENI confessio utilis et necessaria. *Parisiis, Georgius Mittelhus.*
In-4°, goth., 6 f., 36 l., sign. a. [788]
Non cité par les bibliographes.

1188. (Jacobi Philippi) reformatorium vitae clericorum. *Basileae, M. Furter*, 1444 (1494).
In-4°, goth., 31 l., sign. a—m, titr. [390]
Hain, 13720.

1189. Johannis de GALANDIA penitentiarius.
In-4°, goth., 4 f., 20 l. [788]

    Non cité par les bibliographes.

1190. Johannis HEROLT sermones. *Lugduni, Mathias Huss*, 1489.
In-4°, goth., 2 col. de 50 l., sign. a—z, τ ρ, A—G, aa—xx, titr. [592 *bis*]

    Panzer, I, 539; Hain, 8498.

1191. HEURES à l'usage de Rome. *Paris, Guillaume Anabat, pour Gillet Hardouin*, (1500).
In-4°, goth., 22 l., sign. A—S, gravures. Exemplaire sur vélin. [365]

    Non cité par les bibliographes.

1192. HORATII opera cum annotationibus Jacobi Locher. *Argentorati, Joh. Gruninger*, 1498.
In-fol., 219 f., 2 caract., sign., titr., gravures. [687^3]

    Panzer, I, 61; Hain, *8898.

1193. JOSEPHI libri antiquitatum XX. *Augustae, Joh. Schussler*, 1470.
In-fol., goth., 2 col, 50 l., 287 f. [72^2]

    Panzer, I, 100; Hain, *9451.

1194. Guidonis JUVENALIS in Terentianas comœdias interpretatio. *Lugduni*, 1495.
In-4°, goth., 2 caract., sign. a—z, τ ρ ꝑ, titr., initiales. [815^2]

    Non cité par les bibliographes.

1195. Les postilles sur le livre des psaumes de maistre Nichole de LIRE imprimees a Paris par Pierre Lerouge (1490)
In-fol, 2 vol., goth., 2 caract., 2 col., ff. chiffr. CCxliij et CCxxvi, manchettes. [622$^{3-4}$]

    Non cité par les bibliographes.

1196. Le roman de la Rose (par Guill. de LORRIS et Jean de MEUNG).
In-fol, goth, 2 col. de 34 l., sign. a—z. [712^2]

1197. Johannis LUPI liber de republica. *Parisiis, Antonius Denidel*, (1498).
In-fol., goth., 40 l., sign. A—D, gravure. [810^2]

    Panzer, II, 349; Hain, 10341.

1198. MANUALE parrochialium sacerdotum multum perutile.
In-4°, goth., 38 l., sign. Aa—Bb. [855³]
Hain, *10726.

1199. Fratris Francisci de MAYRONIS expositio super Ave Maria. (*Parisiis*, 1500.)
In-4°, goth., 34 l., sign. a—e. [725]

1200. Monteville composé par messire Jehan de MONTEVILLE.... *Lyon, Barnabe Chaussard*, sans date.
In-4°, 66 f., 44 l., sign. a—q, gravures. [848 *bis*]
Incomplet de la fin. Voyez Brunet, III, 1358.

1201. OVIDII amores et tristia. (*Romae, Sweynheym et Pannartz*, 1473.)
In-fol., 37 l. [88]
Hain, 12137.
Ce volume fait partie du tome II des œuvres d'Ovide indiqué au N° 59.

1202. PLINIO. Historia naturale tradocta per Christophoro Landino. *Venesia, per Bartolameo de Zanis*, 1489.
In-fol., 2 col. de 60 l., sign. a—s, A—P, titr. [239⁴]
Panzer, III, 275; Hain, 13107.

1203. PRONOSTICATION perpetuelle.... aussi la fleubotomie de maistre Anthoine Dauignon... (1500).
In-4°, goth., 6 f., 37 l., sign. A, fig. [839]
Non cité par les bibliographes.

1204. Libellus de venerabili SACRAMENTO et valore missarum. (*Parisiis*, 1500.)
In-4°, goth., 32 l., sign. A—C. [725]

1205. C. Crispi SALLUSTII opera cum commentario Laurentii Vallensis. (*Lugduni*, 1495?)
In-4°, 2 caract., f. chiffr. lxiij, titr., initiales. [815³]

1206. Fratris Benedicti SONCINATIS propositiones ex omnibus libris Aristotelis excerptae, et per fratrem Theophilum ord. Praed. emendatae. *Venetiis, Joh. et Gregorius de Gregoriis*, 1493.
In-4°, sign. a, &, A—M, registre, titres. [802²]

1207. TAXE sacre Penitentiarie apostolice.
In-4°, goth., 4 f., 33 l. [E 1453, t. II]

1208. TERMINI causaȝ in Ro. cu. seruari soliti in causa beneficiali.
In-4°, goth., 4 f., 40 l., sign. a. [E 1453, t. II]

1209. TORTELLII commentaria grammatica de orthographia... *Tarvisii*, *Hermannus Levilapis*, 1477.
In-fol., 344 f., 44 l., sign. [193³]

Hain, 15565, indique une édition absolument pareille, seulement l'imprimeur est Michel de Manzolinus, de Parme.

LISTE

des livres imprimés sur vélin qui se trouvent dans le catalogue précédent.

In-fol.

Durandi Rationale, 1459. N° 1.
Biblia sacra, 1462. 2 vol. 4.
Clementis V constitutiones, 1467. 10.
Priscianus, 1470. 27.
Breviarium Romanum, 1478. 245.
Josephus, de bello judaico, 1480. 330.
Missale Parisiense, 1481. 343.
Le tresor des humains, 1482. 379.
Missale Parisiense, 1489. 543.
—— Turonense, 1492. 658.
—— Eduense, 1493. 686.
—— Parisiense, 1497. 873.
—— Pictaviense, 1498. 881.

In-4°.

Ciceronis rhetorica, 1470. 28.
Gratiani decretum, 1480. 315.
Dionysius Areopagita, latine, 1492. 654.
Imitation de J.-C. en français, 1493. 703.
Histoire de la passion de J.-C., 1493. 708.
Anthologia graeca, 1494. 733.
Mathaei Bossi liber de instituendo animo, 1495. 777.
—— sermo de passione Christi, 1495. 780.
Heures à l'usage de Rome, 1498. 896.
Diurnale Fontisbraldense, (1500). 1177.

In-8°.

Breviarium Romanum, 1474. 118.
—— —— 1477. 230.
—— —— 1479, 2 vol. 267.
Heures à l'usage de Rome, 1491. 607.
Breviarium Cameracense, 1497, 2 vol. 838.
—— Bellovacense, (1497). 839.
Heures à l'usage de Rouen, 1497. 864.
Breviarium Eluense, 1500. 971.
Heures à l'usage de Rome, (1500) 1180.

TABLE CHRONOLOGIQUE

des lieux d'impression et des imprimeurs. ¹)

MAYENCE.

Fust et Schoiffer.

- 1. Durandi rationale. 1459, fol.
- 4. Biblia latina. 1462, 2 vol. fol.
- 7. Augustin. lib. IV doctr. christ. 1465—68, fol.
- 10. Clementinae const. 1467, fol.
- 40. Thomae Aq. summae pars I^a. (1470), fol.
- 1073. Petri Aureoli de concept. b. Mariae. (1470), 4°.
- 57. Valerius Maximus. 1471, fol.
- 66. Biblia latina. 1472, fol.
- 68. Gratiani decretum. 1472, fol.
- 97. August. de civit. Dei. 1473, fol.
- 161. Bernardi sermones. 1475, fol.
- 162. —— speculum de honesta vita. (1475), 4°.
- 163. Cyrilli speculum sap. sive apolog. (1475), 4°.
- 250. Turrecrem. in ps. 1478, fol.
- 438. Herbarius. 1484, 4°.

Guttemberg.

- 2. Catholicon. 1460, fol.

Erhard Reuwich.

- 475. Breydenbach, peregrinationes. 1486, fol.

P. Friedberg.

- 702. Jacobi Wymphelingi elegantiae. 1493, 4°.
- 787. Lamsheym, de rosario. 1495, 4°.

* * *

- 137. Leonardi de Utino sermones de sanctis. (1470—77), fol.
- 1172. Franc. Aegidii aurea verba. 8°.

STRASBOURG.

Mentellin.

- 3. Catholicon. (1460—70), fol.
- 8. J. Chrysostomi in Math. (1460—70), fol.
- 18. Virgilius. (1470), fol.
- 39. Pauli Burgensis scrutin. script. (1470), fol.
- 98. Vinc. Bellov. spec. 1473, 8 vol. fol.

Martin Flach.

- 19. Gregorii reg. past. (1468—70), 4°.
- 141. J. Andr. de sponsalibus. (1470—77), fol.
- 142. Gasparini epistolae. (1470—77), f.
- 1112. Th. a Kempis imitatio Christi. 1487, 4°.
- 545. Augustini opuscula. (1489), fol.
- 603. Guill. de Ockam quodlib. 1491, f.
- 743. Gersonis opera omnia. 1494, fol.
- 924. Petri Heliae grammatica. 1499, 4°.
- 965. J. Bapt. contra judaeos. 1500, 4°.

Eggesteyn.

- 143. Tract. de arte moriendi (1470—77), fol.

C. W. (Wolf).

- 144. Nider, manuale confess. (1470—77), fol.

---

¹) La bibliothèque du Panthéon ne possède aucun des livres imprimés avant 1500 dans les villes de:
Harlem, Savilliano, Trèves, Jesi, Mondovi, Bude, Utrecht, Bruges, Westminster, Valence, Modène, Plebisacio, Reggio en Calabre, Lucques, Palerme, Chablis, Prague, Oxford, Londres, Urbin, Vienne en Autriche, Chambéry, Soncino, Lisbonne, Würtzbourg, Madrid, Cracovie.

Marc. Reinhard et Nic. Philippi.
378. Biblia latina. 1482. fol.

J. de Gruningen.

427. Opus sermonum Socci. 1484, fol.
871. J. Locher epistola. 1497. fol.
972. Hugonis de Prato sermones; fol.
1192. Horatius. 1498 , fol.

J. Pruss.

504. Viola sanctorum. 1487, 4º.
524. Gersonis opera omnia. 1488, 3 v. f.
554. —— operum 3ª pars. 1489, fol.

Martin Schott.

897. Petri Schotti opuscula. 1498, 4º.

* * *

140. Petri Comestoris hist. scholast. (1470—77), fol.
411. Sermonum thesaurus novus. 1483, fol.
437. Bern. de Compost. in decretales. 1484, fol.
530. —— in Sext. et Clem. 1488, fol.
531. Barth. Brix. casus et notab. Decr. (1488), fol.
569. Petr. de Alliaco in Sentent. 1490, f.
570. —— tractatus et serm. 1490, fol.
644. Jac. a Voragine legenda ss. 1492, f.
1117. Imitatio Christi, etc. 1489, 8º.

ROME.

Sweynheym et Pannartz.

5. Lactantius. 1465, fol.
6. Cicero de orat. (1465—68), 4º.
9. August. de civitate Dei. 1467, fol.
12. —— —— 1468, fol.
13. Hieronymus. 1468, 2 vol. fol.
14. Cicero de oratore. 1469, 4º.
17. Virgilius. (1469), fol.
20. Titus Livius. (1469—70), fol.
22. Ciceronis epist. ad Attic. &c. 1470, f.
23. Plinii hist. nat. 1470, fol.
24. August. de civitate Dei. 1470, fol.
25. Thomae cont. in evang. 1470, fol.
37. Suetonius. 1470, fol.
47. Calpurnius, Hesiodus, Sil. Ital. 1471, fol.
59, 60 et 1201. Ovidius. 1471—73, 3 v. f.
64. Nicolaus de Lyra. 1471, fol.
67. Titus Livius. 1472, fol.
69. Julius Caesar. 1472, fol,
70. Suetonius. 1472, fol.
71. Justinus. 1472, fol.
72. Terentius. 1472, fol.
74. Donatus in Terentium. 1472, fol.
94. Valer. Martialis. 1473, fol.
95. Plinii hist. nat. 1473, fol.
99. Polybius, lat., 1473, fol.
158. Senecae epistolae. 1475, fol.

164. Herodotus, lat., 1475, fol.
180. Fl. Josephus, lat., 1475, fol.
190. Th. Aquin. de veritate. 1476, fol.
256. Ptolemaei cosmogr. lat. 1478, fol.

Ulric Han (Udalr. Gallus).

11. Cicero de orat. 1468, 4º.
21. Titus Liv. (1469—71), fol.
30. Justinus. (1470), 4º.
31. Ciceronis orat. Philipp. (1470), 4º.
32. Plutarchi vitae, lat. (1470), fol.
33. Rod. Santii hist. hisp. (1470), 4º.
35. Quintiliani inst. 1470, fol.
36. Suetonius. 1470, fol.
48. Laur. Vallae elegantiae. 1471, fol.
63. Tortellius. 1471, fol.
105. August. de civitate Dei. 1474, fol.
216. Athan. in Paulum. 1477, fol.

Georges Laver.

34. Roderici Zamor. spec. vit. hum. (1470), fol.
50. Eutropius. 1471, 4º.

Phil. de Lignamine.

65. Fr. de Rovere de sanguine Christi. (1472), fol.
104. Homeri Ilias, latine. (1474), 4º.
112. Chronica. (1474), 4º.
113. Blondi Flavii Italia illustr. 1474, f.
157. Bened. de Nursia conserv. sanit. 1475, 4º.
197. Eusebii hist. eccles. lat. 1476, fol.

Schurener de Bopardia.

110. Plinii epistolae. (1474), 4º.
185. Ciceronis rhet. vetus et nova. 1475, fol.

Georges Sachsel de Reichenhall.

111. Ammianus Marcellinus. 1474, fol.

Gensberg.

121. Bern. Justiniani orationes ad Sixtum IV. (1474), 4º.

Guldinbeck.

134. Aeneas Silvius, de amoris remedio. (1470—77), 4º.
135. Pamphilus, de amore. (1470—77), 4º.
186. Ciceronis epistolarum liber I^{us}. (1475), 4º.
215. Horatius cum commento. (1476), f.

Vendelin de Willa.

188. Fr. Cauriensis oratio. (1475), 4º.

In domo de Cinquinis.

279. Augustini de Ancona summa de potest. eccl. 1479, 4º.

33

St. Plannck.

287. 312. 313. 314. 418. 419. 420. 459. 460. 463. 466. 468. 480. 533. 534. 535. 588. 589. 590. 622. 661. 664. 665. 666. 667. 669. 670. 672. 673. 674. 675. 710. 712. 713. 715. 716. 717. 718. 833. Discours, épîtres, bulles, pièces diverses, etc., 4°.
457. Pontificale Romanum. 1485, fol.
856. ——— ——— 1497, fol.

Euch. Silber ou Franck.

344. 464. 586. 587. 660. 662. 671. 673. 832. 910. 911. 1003. 1004. Bulles, discours, pièces diverses, 4°.
606. Mirabilia urbis Romae. 1491, 8°.
705. Hermolai Barbari castig. Plin. 1493, fol.
776. Campani opera. 1495, fol.
895. Annii Viterb. comm. 1498, fol.
963. J. Bapt. adv. Judaeos. 1500. 4°.

Herolt de Bamberg.

346 & 347. Ambr. Choriolan. in Reg. Aug. 1481, fol.

Pierre de Turre.

580. Ptolemaei cosmogr., lat. 1490, fol.

André Freitag.

663. 668. 711. Discours, etc. 1492 et 93, 4°.

Jean Besicken.

791. Leonelli de Chieregatis sermo. 1495, 4°.

* * *

58. Trionfi di Petrarca. 1471, 4°.
156. Philelphi consolatio. 1475, fol.
136. P. Candid. Dec. de genit. hom. (1470—77), 4°.
171. Statii silvae cum comm. 1475, fol.
186. Ciceronis epist. famil. 1475, fol.
239. Pompeii Festi collectanea. 1477, f.
310. P. de Heredia de conc. imm. M., 4°.
429. J. Biffi carmen de mirac. Mariae. 1484, 4°.
434. Manilius. 1484, fol.
687. Herodianus, latine. 1493, fol.
1127. Isidori Hisp. contra Judaeos. 4°.
1007. Speculum peccatorum &c. 4°.
311. 416. 417. 461. 462. 465. 467. 749. 750. 751. 792. 831. 867. 1005. 1006. 1207. 1208. Canons, bulles, discours, pièces, etc. 4°.

VENISE.

Jean de Spire.

15. Tacitus. (1468), fol.
16. Plinii hist. nat. 1469, fol.

Vendelin de Spire.

26. Quintus Curtius. (1470), 4°.
27. Priscianus. 1470, fol.
51. Cicero, de nat. deor. etc. 1471, 4°.
52. Cyprianus. 1471, fol.
61. Biblia in ling. volg. 1471, 2 vol., fol.
75. Boccacii genealogia deor. 1472, fol.
76. Strabo, latine. 1472, fol.
77. Priscianus. 1472, fol.
88. Boccacius, de montibus, silvis. 1473, fol.
149. G. Merulae opuscula. (1475—79), 4°.
170. Omnibonus in Lucanum. 1477, fol.
221. Petri Lombardi sententiae. 1477, f.
221 bis. Dante, col comm., etc. 1477, f.

Nic. Jenson.

28. Ciceronis rhetorica. 1470, 4°.
29. Justinus. 1470, 4°.
53. Quintiliani instit. 1471, fol.
54. Suetonius. 1471, fol.
55. Leon. Aret. de bello ital. 1471, 4°.
78. Plinii hist. nat. 1472, fol.
79. Diomedes, &c. (1472), fol.
89. Solinus. 1473, 4°.
91. Petrarca. 1473, fol.
174. Diogenes Laert., lat. 1475, fol.
177. Augustin. de civ. Dei. 1475, fol.
207. Hist. nat. de Plinio. 1476, fol.
208. Nonius Marcellus. 1476, fol.
209. Biblia lat. 1476, fol.
222. Gratiani decretum. 1477, fol.
244. Plutarchi vitae, lat. 1478, fol.
245. Breviarium Rom. 1478, fol.
280. Biblia latina. 1479, fol.
323. Thom. Aq. de veritate, etc. 1480, f.
324. Antonini summa theol. 1480, fol.

Clément de Padoue.

49. Mesue. 1471, fol.

Barthélemy de Crémone.

80. F. de Platea opus de restit. etc. 1472, 4°.
109. Modestus de re militari. 1474, 4°.

Valdarfer.

81. Leonardi Aretini epistolae. 1472, f.

Barthélemy Girardin.

82. Ciceronis libri de officiis. 1472, f.

Jean de Cologne et Manthen.

114. Cicero de officiis. 1474, 4°.
115. Calderinus in Martial. 1474, fol.
182. Martialis epigrammata. 1475, fol.
206. Aristotelis de animalibus, lat. 1476, fol.
226. Asconius in Ciceron. 1477, fol.

227. Antonini summae pars II ͤ. 1477, f.
253. Lactantius. 1478, fol.
270. Platinae vitae pontificum. 1479, f.

Jacques de Rossi (de Rubeis).

1104. Herodoti hist. lib. IX. 1474, fol.
165. Juvenalis cum comm. Calderini. 1475, 4°.
167. Justinianus, de vita Laurentii. 1475, 4°.
194. Hist. florentina di Leon. Aretino. 1476, fol.
196. Hist. florentina di Poggio. 1476, f.

Pierre de Trévise.

178. Augustinus de civit. Dei. 1475, f.
179. Le vite de santi padri. 1475, fol.

Antoine, fils de Barthélemy.

191. Hieronymi epistolae. 1476, fol.
481. Virgilius cum comm. 1486, fol.

André, fils de Jacques.

193. Diodorus Siculus, lat. 1476, fol.
228. Plinius (Aur. Victor) de vir. illust. 1477, fol.
229. Auli Gellii noctes atticae. 1477, f.

Philippe de Piero.

205. Lacerba di Cieco d'Ascoli. 1476, 4°.

Franc. de Hailbrun et Nic. de Francfordia.

1168. Thomae de Aq. 2ᵃ IIᵃᶜ. 1475, fol.
213. Marchesini mammotrectus. 1476. 4°.
230. Breviarium Romanum. 1477, 8°.
1091. Dion. Afri de situ orbis. 1478, 4°.
261. Pomponius Mela. 1478, 4°.
260. Thom. Aq. Iᵃ IIᵃᵉ. 1478, fol.
320. Biblia latina. 1480, fol.
409. Additiones ad Nic. de Lyra. 1483, f.
1128. Joh. Nivicellensis concord. bibliorum. 1483, fol.

Guerin.

225. Lucani Pharsalia. 1477, fol.

Erhard Ratdolt.

231. Appianus Alex. lat. 1477, 2 vol. fol.
262. Breve scrutariolum. 1478, 4°.
360. Abdilazi Alchabitius. 1482, 4°.
363. Euclides, lat. 1482, fol.
366. J. de Sacro Bosco sphera. 1482, 4°.
371. Regiomontani kalendar. 1482, 4°.
373. Hyginus. 1482, 4°.
376. Oratoriae artis epitomata. 1482, 4°.
397. Eusebii chronicon. 1482, 4°.
424. Ptolemaeus de stellis. 1484, 4°.
452. Fasciculus temporum. 1485, fol.
453. Abdilazi Alchabitius. 1485, 4°.
454. Repertorium prognosticon. 1485, 4°.

1059. Abraham, lib. de nativitatibus. 1485, 4°.
1102. Haly, liber in judiciis astrorum. 1485, fol.
1115. Imitatio Christi. 1488, 4°.
1131. Leupoldi de astrorum scientia. 1489, 4°.

Siliprand.

243. Plutarchi problemata. (1477), 4°.

Théod. de Reynsburg et Reinald de Nimègue.

248. Comm. degli trionfi di Petrarca. 1478, fol.
351. Fl. Josephus, latine. 1481, fol.
387. Plinii hist. nat. 1483, fol.

Philippus condam Petri.

276. Horatius. 1479, fol.
278. Justinus. 1479, fol.

Georges Walch.

281. Fasciculus temporum. 1479, fol.

Adam de Rotwyl.

315. Gratiani decretum. 1480, fol.
321. Astesani summa de casibus. 1480, f.

Nicol. G. (Girardenghus).

318. Ciceronis orationes. 1480, fol.

Nic. de Francfordia & Leon. Wild.

321. Astesani summa de casibus. 1480, f.
353. Biblia latina. 1481, fol.

Antoine de Strata.

325. Jac. de Voragine vitae sanctorum. 1480, fol.
349. Ant. Andreae quaest. subtilissimae. 1481, fol.

Jacq. de Paganinis.

331. Martialis cum com. Calderini. 1480, fol.
579. Alfons. Toletan. in Iᵘᵐ Sentent. 1490, fol.
583. Statii opera omnia cum comm. 1490, fol.

Barth. de Blavis et Andr. de Torresanis.

334. Breviarium Bituricense. 1481, 8°.
512. Hieronymi epistolae. 1488, 2 v. fol.
905. Alberti Magni summa, etc. 1498, 2 vol. fol.
954. Foro real de Spagna. 1500, fol.

Philippe de Venise.

350. Historia nat. di Plinio. 1481, fol.

Octavien Scot.

352. J. Canonici in physicam Aristotelis. 1481, fol.
385. Augustini opuscula. 1483, 4º.
390. Orosius. 1483, fol.
404. Statius cum comm. 1483, fol.
405. Juris vocabular. 1483, fol.
430. Dante con comm. 1484, fol.
1136. Nic. de Lyra postillae in Biblia. 1488, fol.
568. Avicennae opera. 1490, fol.
628. Catullus, Tibullus, Propertius. 1491, fol.
691. Quintiliani instit. 1493, fol.
706. Gaetanus Thienensis in Aristot. 1493, fol.
821. Burlaeus de intens. et remiss. formarum. 1496, fol.
846. Thom. Aq. in IVᵐ Sententiarum. 1497, fol.
898. Ant. Trombeta contra Averrh. 1498, fol.
930. Orosius. 1499, fol.
1009. Ant. Cermisoni consilia. fol.

Luc de Venise.

365. Quintiliani declamationes. 1482, f.

Jean et Grégoire de Forlivio.

370. Ciceronis tusculanae. 1482, fol.
497. Valer. Maxim. 1487, fol.
509. Alb. Magn. in phys. Arist. 1488, fol.
581. Ejusd. tract. de coelo et mundo. 1490, fol.
646. Petrarcae epistolae. 1492, 4º.
744. Alb. Magni metaphys. 1492, fol.
1094. Theoph. de Ferrariis propositiones ex Arist. libris collectae. 1493, 4º.
1206. Ben. Soncinatis prop. ex libris Arist. excerptae. 1493, 4º.

Bapt. de Tortis.

384. Silius Ital. cum comm. 1483, fol.
565. Suetonius. 1490, fol.

Bernardin. de Beualiis

396. Jac. Phil. (Foresti) suppl. chron. 1483, fol.
1114. Imitatio Christi, 1488, 8º.
592. Bern. Justiniani orat. et epist. 1490, fol.
653. Ejusd. liber de orig. Venet. 1492, f.

Hermann Liechtenstein.

400. Catholicon. 1483, fol.
502. Antonii de Rosellis monarchia. 1487, fol.

J. Herbort de Seligenstat.

401. Biblia latina 1483, fol.
431. —— 1484, 4º.

P. Loslein de Langencen.

407. Isidori Hispal. etymol. 1483, fol.

Pelegrin de Bologne.

426. Gramm. graeca. 1484, 4º.
1110. Gersonis imitatio Christi. 1485, 8º.

Jac. Britannicus de Brescia.

435. Nic. Perotti grammatica. 1474 (1484), 4º.

Annib. de Parme et Marin. Sarazin.

477. Thomae Aq. questiones quodl. 1486, 4º.
513. Matthaei Silvatici pand. medic. 1488, fol.

Jean Rouge de Verceil.

482. Fl. Josephus, lat. 1486, fol.
490. Fr. Philelphi epist. 1487, fol.
572. Hist. augustae script. 1490, fol.
593. Sallustius. (1490), fol.
594. Suetonius. (1490), fol.
595. Justinus et Florus. (1490), fol.
689. Celsus de medic. 1493, fol.
725. Thomae Aquin. catena in evang. 1494, fol.

Guillaume de Tridino.

483. Clavis sanationis. 1486, fol.

Bernardin de Novare.

485. Ovidius. 1486, fol.
511. Trionfi del Petrarca col com. 1488, fol.
514. Sonetti del Petrarca col com. 1488, fol.
551. Suetonius. 1489, fol.

François de Madiis.

487. Imitatio Christi. 1486, 8º.

Pierre de Bergame.

492. Celsi Maphaei defensiones canonic. 1487, 4º.

George de Rivabenis.

496. Biblia latina. 1487, 4º.

Jean Suigus de S. Germain.

498. J. Petri Ferrarii practica. 1487, 4º.

Denis Bertoch. de Bologne.

556. Rich. de Mediavilla in IVᵐ Sent. 1489, fol.
611. Augustini opuscula. 1491, 4º.

Pierre de Vérone.

571. Trionfi del Petrarca col comm. 1490, fol.

Bernardin de Choris de Crémone.

604. Petri Ravennatis phoenix. 1491, 4º.

Christophe de Crémone.
610. Carmina et preces. 1491, 4º.

Bernardin Hérasme.
625. Titus Livius. 1491, fol.

Pelegrin de Pasqualibus.
626. Augustini opuscula. 1491, 4º.
636. Aegid. Rom. in Iᵐ Sententiarum. 1492, fol.

Simon de Gara.
629. Biblia latina. 1491, fol.

Jean de Montferrat.
647. Marii Philelphi epistolae emendatae. 1492, 4º.

Fr. de Girardenghis et Ant. Lambilio.
649. Virgilius. 1492, fol.
652. Senecae trag. cum commentario. 1492, fol.
933. Henr. Institoris in err. monarch. 1499, fol.

Simon Bevilaqua de Pavie.
679. Lucanus. 1493, fol.
823. Suetonius cum comm. 1496, fol.
937. Plautus. 1499, fol.

Bernardin et Mathieu de Venise.
720. Alberti de Sax. tract. proport. 1494, 4º.
880. M. Ant. Sabellici enneades VII. 1498, fol.

Barthélemy de Zanis.
1202. Plinio, historia naturale, italice. 1489, fol.
724. Statius cum comm. 1494, fol.
822. Plinii hist. nat. 1496, fol.

Jean Eymeric de Spire.
727. J. Angeli Bavari astrolab. 1494, 4º.

Alde Manuce.
754. Theocritus, etc. 1495, fol.
784. Grammat. introd. etc. 1495, fol.
785. Aristot., graece. 1495—98, 6 v., f.
786. Psalterium graec. (1495), 4º.
835. Urbani gramm. 1497, 4º.
868. Dict. graecum, etc. 1497, fol.
887. Aristophanes. 1498, fol.
888. Angeli Polit. opera. 1498, fol.
922. Epistolae graecae. 1499, 2 v., 4º.
939. Astronomici veteres. 1499, fol.
944. Poliphili hypnerot. 1499, fol.

Martin Capcasa de Parme.
1116. Imitatio Christi, italice. 1489, 4º.
757. Marsil. Ficini epistolae. 1495, fol.

Jac. de Leucho.
804. Guill. Vorillong in IV libros Sent. 1496, 4º.
933. Heinr. Institoris in error. monarch. 1499, fol.

Théodore de Ragazonibus.
770. Lucretius. 1495, 4º.
852. L'aquila volante di Leon. Aretino. 1497, fol.

Jean Tacuin.
793. Jac. Bruti Cluriensis corona aurea. 1496, 4º.
859. Petri Pauli Vergerii liber de ing. mor. 1497, 4º.

Jérome de Paganinis.
858. Biblia latina. 1497, 8º.

Jean Eymeric de Spire et Luc Giunta.
886. Missale Romanum. 1498, fol.
962. Bened. Basil. Aug. et Franc. regulae. 1500, 4º.

Pierre de Quarengiis.
893. Fortunati Perusini consilium pro Monte pietatis. 1498, 4º.

Simon de Luere et André Torresan.
905. Albertus Magnus de coaequaevis. 1498, 2 vol., fol.
954. Foro real de Spagna, 1500, fol.

Christophe de Pensis ou Mandello.
906. Dionysii liber de situ orbis. 1498, 4º.

Andreas de Bonettis de Papia.
1080. Hubert. de Casali arbor vitae crucifixi... 1485, fol.

Perrinus Lathomi, Bonifacius Johannis et Joh. de Villa veteri.
1092. Durandi rationale. 1494, 4º.

Joh. Hamman de Landoia.
1065. Alphonsi regis tabulae astron. 1492, 4º.

Gabriel Grassis de Papia.
1066. Ambrosii de Spira quadragesimale. 1485, 4º.

Nic. Blastus et Calliergi.
929. Musuri etymologicon. 1499, fol.

* * *
151. Quintiliani institutiones. (1475—79), fol.
293. Agostino la cita de Dio. (1480), fol.
410. A. Andreae quaest. principiorum. (1483), fol.
499. Fr. Poggii facetiae. 1487, 4º.

1161. Guill. de Saliceto summa conservationis. 1490, fol.
640. Macrobius. 1492, fol.
677. Solinus. 1493, 4º.
767. Valerius Martialis. 1495, fol.
824. Zacuti tabulae coelest. motuum. 1496, 4º.
927. Ciceronis epistolae ad Atticum. 1499, fol.
1165. Simplicii hypomn. in Arist. categorias. 1499, fol.
1067. Ammonii com. in Porphyrium. 1500, fol.
1160. Joh. de Sacro Bosco sphaera. 1500, 4º.
1084. Ciceronis de officiis. (?) fol.
1010. C. Plinii jun. epist. 4º.
1011. Valerius Max. fol.

FOLIGNO.

Emilien de Orsinis et Numeister.

38. Leon. Aretin. de bello italico. 1470, fol.

BALE.

Michel Wenssler.

42. Thom. Aquin. summae pars IIIª. (1470), fol.
268. August. de civit. Dei, cum com. 1479, fol.
322. Breviar. Basiliense. 1480, 4º.

Berthold Rodt.

43. Gregorii papae moral. libri XXXV. (1470), fol.

Erhard Fromolt..

336. Joannis de Turrecremata flos theolog. 1481, fol.

Jean de Amerbach.

357. Guarini Veron. breviloq. vocab. 1481, fol.
394. Guill. Alverni Par. ep. rhetor. divina. (1480—86), fol.
395. Effrem de compunctione cordis. (1480—86), fol.
488. Marii Philelphi epist. 1486, 4º.
539. August. de civitate Dei, cum. com. 1489, fol.
540. August. de Trinitate. 1489, fol.
656. Gerardi de Zutph. tract. de refor. 1492, 8º.
707. Augustini epistolae. 1493, fol.
828. Petrarchae opera latina. 1496, fol.

Nicolas Kessler.

523. Vincentii Ferrarii serm. 1488, fol.
745. Werneri liber deflorat. patrum. 1494, fol.

1105. Hieronymi (S.) epistolae. 1497, fol.
973. J. Nivicellensis concord. script. f.

Froben de Hammelburg.

619. Biblia latina. 1491, 8º.
655. J. de Lapide resol. dubior. 1492, 8º.
774. Biblia latina. 1495, 8º.

Michel Furter.

1188. (Jac. Philippi) reform. cleric. 1444 (94), 8º.
874. Methodii revelationes. 1498, 4º.
919. Ivon. Carnot. panormit. 1499, 4º.

Bergman de Olpe.

853. Sebast. Brandt navis stultifera. 1497, 4º.

* * *

356. Biblia latina. 1481, fol.
358. Panormit. in Iᵐ Decret. 1481, fol.
506. Imitatio Christi. 1487, 8º.
507. Jac. de Vorag. sermones. (1487), f.
855. Fel. Hemmerlin opusc. 1497, fol.

EICHSTADT.

Reyser.

41. Thomae Aq. 2ª IIᵃᵉ. (1470), fol.

PARIS.

Gering, Crantz, Friburger, Rembolt.

44. Jacobi Magni sophologium. (1470—72), fol.
86. Ambrosius de officiis. (1472), fol.
92. Nider, manuale confess. 1473, fol.
96. Guidonis de Monte Roch. manip. curat. 1473, fol.
172. Roderici Santii speculum vitae hum. 1475, fol.
175. Jacobi de Vorag. legenda sanct. 1475, fol.
176. Gregorii papae homiliae. 1475, fol.
202. Aug. de Aretio. tract. de crim. f.
210. Biblia latina. (1476), 2 vol., fol.
242. Sallustius, etc. (1477—79), 4º.
1145. Nideri de mor. lepra. 1477, 4º.
1146. Ejusd. praeceptorium. 1478, 4º.
247. J. Caroli exempla scripturae. 1478, 4º.
254. Virgilius. 1478, 4º.
255. Petr. de Osoma in symb. Quicumque. (1478), 4º.
257. Leonardi de Utino quadr. de legibus. (1478), fol.
259. Nider, consol. conscient. 1478, 4º.
273. Nider, manuale confess. 1479, 4º.
295. Cypriani sermo de or. domin. (1480), 4º.
402. Nic. de Lyra sup. Psalmos. 1483, 4º.

403. Magnini regim. sanitatis. (1483), 4°.
489. Marii Philelphi epistol. (1480—90), 4°.
555. Rob. Holkot in Sap. Salomonis. 1489, 4°.
719. Psalterium cum cantu. 1494, 4°.
775. Gregorii papae moralia lib. XXXV. 1495, fol.
798. Nic. Perotti cornucopia. 1495, fol.
808. Diurnale Parisiense. 1496, 16°.
838. Brev. Cameracense. 1497, 2 v., 8°.
873. Missale Parisiense. 1497, fol.
889. Gregorii papae hom. in Ezech. 4°.
890. Gregorii dialogus de vitis patr. 4°.
891. Gregorii liber curae pastoralis. 1498, 4°.
890. Gregorii liber curae pastoralis. 4°.
920. Gregorii IX decretales. 1499, fol.
1152. Nic. Perotti cornucopia... 1500, fol.

Pierre Cesaris et J. Stol.

90. Solinus. 1472, 4°.
93. Guid. de Mont. Roch. man. curat. 1473, fol.
103. Sermones de IV noviss. (1473), 4°.
130. Roder. Santii spec. vitae. (1470—77), 4°.
131. Florius de amore Camilli, etc. (1470—77), 4°.
132. Aen. Silvius de duobus amant. (1470—77), 4°.
198. Guid. de Mont. Roch. man. cur. 1476, 4°.
1069. Aristotelis ethica. (1474), 4°.
1071. Augustini (S.) de conflictu vitior... (1474), 4°.
1087. Cordiale. (1477), 4°.
224. Alb. de Eyb margarita poetica. 1477, fol.
237. Ciceronis rhetor. etc. 1477, fol.
282. Sallustius. 1479, 4°.
283. Aug. Dati lib. in eloq. (1479), 4°.
297. Guill. Tardivi rhetor. (1480), 4°.
1132. Joh. de Lignano de pluralitate benefic. (1488), 4°.

Pasquier Bonhomme.

189. Les gr. chron. de France. 1476, 2 vol., fol.

Jean Dupré.

343. Missale Parisiense. 1481, fol.
543. —— —— 1489, fol.
544. —— Andegavense. 1489, fol.
585. —— Nivernense. 1490, fol.
637. —— Parisiense. 1492, fol.
819. Compend. divin. offic. 1496, 4°.

Antoine Caillaut.

391. Lotarii (Innoc. III) liber de cond. hum. 1483, 4°.

392. Bonaventura, de corp. Christi. (1483), 4°.
398. Petrus de Alliaco, in Cant., in Ps. (1483), 4°.
501. Le livre des bon. moeurs par J. le Grant. 1487, 4°.
528. Rob. Gaguin de conc. Mariae. 1488, 4°.
562. Car. Fern. in Gaguin. de conc. Mariae. 1489, 4°.
763. Guill. Tardivi antibalbica. 1495, 4°.
764. Thom. Aq. confessionale. (1495), 4°.
765. Hugon. speculum sacerd. (1495), 4°.
882. Oliv. Maillard sermones. 1498, 4°.
979. Aeneas Silv. de duobus amant. 4°.
980. Ejusd. lib. de remed. amoris. 4°.
981. Libellus de modo confitendi. 4°.
1097. Gaguini ars versificandi. 4°.
1166. Spec. animae peccat. 8°.

Antoine Verard.

447. Valère le Grand en franç. (1485—1500), fol.
458. Jules César en franç. 1485, fol.
470. Mystère de l'Incarn. 1485, fol.
518. Ethique d'Aristote en françois. 1488, fol.
549. Politique d'Aristote en françois. 1489, 4°.
621. Orose en françois. 1491, fol.
682. Boccace, louange des dames, en fr. 1493, fol.
697. Anc. chroniq. de France. 1493, 3 vol., fol.
771. Miroir hist. de Vinc. de Beauv. 1495, 5 vol., fol.
803. Le livre de bien mourir. 1496, fol.
854. Manuale ecclesiae Paris. 1497, 4°.
997. Therence en françois. fol.
998. La vie de J.-C. en françois, fol.
999. La nef de santé. 4°.
1000. Le tresor des poures. 4°.
1001. Heures de Notre-Dame. 4°.

Pierre Levet.

476. Monachi glosa cum textu Alex. 1486, fol.
491. Eberardi Bit. graecismus. 1487, fol.
508. Exempla script. sanctae. (1487), 8°.
510. Modus legendi abbreviat. 1488, 4°.
935. Reginaldeti speculum fin. 1499, 8°.

Pierre le Rouge.

495. Guill. Ockam quodlibeta VII. 1487, 8°.
516. La mer des histoires. 1488, 2 v., f.
1062. Alb. de Sax. sophismata. 1489, 4°.
1195. Nic. de Lyra, postilles sur les pseaumes. 2 vol., fol.

Jean Higman.

536. Imitatio Christi. 1489, 8°.

686. Missale Eduense. 1493, fol.
731. —— Cenoman. 1494, fol.
806. Jord. Nemor. arithm. 1496, fol.
866. Missale Traject. 1497, fol.
875. Dion. Areopag. opera quaedam. 1498, fol.

Georg. Wolf et Thielm. Kerver.

538. Rob. Caraczoli sermones de sanctis. 1489, 4°.
584. Alb. de Saxonia sophism. 1490, 4°.
631. Gregorii papae homiliae. 1491, 4°.
864. Heures à l'us. de Rouen. 1497, 8°.
903. Cicero de officiis. 1498, fol.
926. Isidori Hispal. etymol. 1499, fol.

Wolfgang Hopyl.

548. Buridani quaest. morales. 1489, fol.
558. Martini de Magistr. quaest. mor. 1489, fol.
1137. Ejusd. tract. consequentiarum. 1489, 4°.
577. Ejusd. opus de vitiis et virtut. 1490, fol.
722. J. de Sacro bosco sphaera. 1494, f.
732. Aeneae Sylvii de duobus amant. 1494, 4°.
1070. Arist. quaest. polit. (1500), fol.

Jean Bonhomme.

560. Guill. (Arverni) lib. de VII sacram. 1489, 4°.
1147. Nideri manuale confess. 1489, 4°.
1148 —— tract. de lepra mor. 1490, 4°.

Guyot Marchand.

573. Martyrologium. 1490, fol.
575. Odonis Camer. expositio missae. 1490, 4°.
576. P. Fausti Andrelini Livia. 1490, 4°.
730. Odonis Camer. expositio missae. 1494, 8°.
734. Bonavent. dialogus devot. anim. 1494, 8°.
735. Articuli fidei. (1494), 8°.
736. Stella clericorum. (1494), 8°.
755. Th. Bradward. arithm. 1495, 4°.
756. Petri Sanchez de Cirvelo algorism. 1495, 4°.
799. De dedicatione ecclesiae Parisiens. 1496, 4°.
807. Hier. Savonarole revelationes. 1496, 4°.
809. P. Andrelini carminum libri II. 1496, 4°.
820. J. Consobrini tractatus de justitia com. 1496, 4°.
1149. Odonis Camer. exp. missae. 1496, 4°.
1103. Herman. de Gouda silva odarum. 1497, 4°.
1090. Math. de Cracovia de sacram. altaris. 1497, 8°.

1158. Libellus de sacramento... 1497, 8°.
1177. Ars bene vivendi.... 1497, 8°.
876. J. de Sacro busto sphaera. 1498. fol.
923. Remundi libri de laudibus Mariae. 1499, fol.
941. J. Raulin, collatio ad Cluniacenses. 1499, 8°.
942. Interro. sacerd. ad confiten'æm. (1499), 8°.
943. Modus confitendi. (1499), 8°.
989. Nic. de Clemangis de Filio prodigo, etc. 4°.
990. Ant. de Raimundia, contra benef. reserv. 4°.
991. Juliani Quimoni tract. de refor. mon. 4°.
992. Epist. ad diffam. status monast. 4°.
1086. Colloquium peccatoris et crucifixi. 8°.
1141. Modus confitendi. 8°.
1185. Nic. de Clemangis exhortatio peccatoris.... 4°.

Georges Mittelhus.

1064. Petri de Alliaco de arte obligandi. 1489, 4°.
578. Bonaventurae stimul. div. amoris. 1490, 8°.
651. Odonis Camer. expositio missae. 1492, 4°.
1121. Imitatio Christi. 1496, 8°.
1083. Cato cum glosa. 1500, 4°.
994. Ciceronis paradoxa. 4°.
1187. Ant. Fareni confessio. 4°.

Philippe Pigouchet, Simon Vostre...

607. Heures à l'usage de Rome. 1491, 8°.
613. Imitatio Christi. 1491, 8°.
614. Gerson, de passionibus animae. (1491), 8°.
615. Nic. de Lyra praecept. (1491), 8°.
617. Guill. Houppelande de immort. anim. 1491, 8°.
642. Imitatio Christi. 1492, 8°.
643. —— alter. edit. 1492, 8°.
896. Heures à l'usage de Rome. 1498, 4°.
960. Guill. Altissiod. summa. 1500, fol.
995. Ovidii de remedio amoris. 4°.

Alexandre de Milan.

659. Ant. Mancinelli regulae construct. 1492, 4°.

Anguilbert de Marnef.

698. Guill. Houppelande de immort. animae. 1492, 4°.

Jean Lambert.

703. L'Imitation en français. 1493, 4°.

708. L'hist. de la Passion par Maillard. 1493, 4°.
993. Basilius de vita solitaria, etc. 8°.
1075. Bonaventurae soliloquium. 8°.

Jean, fils de Philippe.

759. Vita et processus Th. Cantuar. 1495, 4°.
761. Bertrand de jurisd. eccles. 1495, 4°.

Antoine Denidel.

768. Jasonis Mayni epithalam. 1495, 4°.
863. Guido Juvenalis in eleg. L. Vall. 1497, 4°.
1135. Jac. Lupi de assertion cath. 1497, 8°.
899. Horatii epistolae. 1498, 4°.
900. Ovidii libellus de nuce. 4°.
988. Anthonii Fornerii dial. de peccat. orig. 8°.
1197. Joh. Lupi lib. de republica. 4°.

Pierre le Caron.

782. Le blason de toutes armes. 1495, 8°.

André Bocard.

783. Georgius in text. Petr. Hispani. 1495, 4°.
837. Ant. Rampegoli figurae biblicae. 1497, 8°.
847. Fr. Guillelmi postilla evangel. 1497, 4°.
1061. Aesopi fabulae cum com. 4°.

Denis Roce.

795. Petri Tatereti quaest. in eth. Arist. 1496, 4°.
938. Philippi Beroaldi orat. 1499, 4°.
996. Illustr. virorum epistolae. 4°.

Jean Petit. Le Dru, Gerlier... &c...

860. Bonavent. dieta salutis. 1497, 8°.
865. Duns Scot in IVᵐ Sent. 1497, fol.
1098. Gaguini opera. 1498. 4°.
1123. Imitatio Christi. 1498, 8°.
921. Minorica elucid. fr. Min. 1499, 8°.
955. Rob. Gaguin de Franc. gestis. 1500, fol.
983. Bocaccius de casib. illustr. vir. fol.
984. Horatii satirae. 4°.
985. M. Ant. Sabellici epistolae. 4°.
986. Le roman des trois pelerinaiges par de Guilleville. 4°.
987. Petr. de Alliaco in I, II et IV Sent. 8°.
1063. Petri de Alliaco insolubilia. 4°.
1093. Facetus cum glosa. 4°.
1096. Gaguini de vitae hum. incomm. 4°.

Godefroy de Marnef.

877. Seb. Brandt navis stult. 1498, 4°.

881. Missale Pictaviense. 1498, fol.
953. Le coustumier du Poictou. 1500, f.

Michel le Noir.

878. Bapt. Mantuan. de calamit. nostri temp. 1498, 4°.
1124. L'eternelle consolacion. 1500. 4°.

Guillaume Anabat.

1191. Heures à l'us. de Rome. (1500). 4°.

Jean Pivard.

936. P. Lombardi sentent. cum. com. 1499, 4°.
956. Biblia latina. 1500, 4°.

Josse Bade et Bernard Aubry.

946. Bapt. Mantuan. contra impud. scrib. 1499, 4°.
1140. Ejusd. idem. 4°.

Guillaume Merlin.

Oeconomia domus Domini. 1500, 8°.

Michel Tholose.

1184. Joh. Chabuti semita divers. viarum. 4°.

Rob. Gourmont et Oliv. Senant.

982. Joh. de Hese itiner. 4°.

* * *

235. Baldi et alior. tract. jur. 1477, 4°.
267. Breviar. Paris. 1479, 2 vol., 4°.
275. August. de confl. vitior. 1479, 4°.
298. Breviar. Paris. (1480), 4°.
368. Greg. de Arimino in I Sent. 1482, f.
379. Le trésor des humains. 1482, f.
381. Traictie de paix de Louis XI.... 1482, 4°.
386. J. Consobrini de justitia comm. 1483, 4°.
446. Valere Max. en franç. (1480—85), f.
726. Bernard. epist. (1494), 4°.
740. Ejusd. sermones in Cant. 1494, 4°.
741. Ejusd. sermones de tempore, (1494), 4°.
747. Rich. de S. Victore de XII Patriarch. (1494), 8°.
748. Ejusd. de arca mystica. (1494), 8°.
839. Breviar. Bellovac. (1497), 8°.
913—918. Pièces sur la mort de Charles VIII et sur l'avènem. de Louis XII. (1498), 4°.
947. Martini de Magistr. expos. praed. Porphyrii. (1499), 4°.
952. Ordonnances de la prévoté des marchands. 1500, fol.
1002. Le Roman de la Rose. fol.
1076. Bonaventurae (S.) sermones de morte. 1495, 8°.
1077. Buridani, sophismata. 4°.
1082. Casus papales... 8°.

34

1089. Gilb. Crab tractatus terminor. moralium. 8º.
1099. Gaguini de virg. Mariae conceptu... 4º.
1107. Gersonis de passionibus animae. 8º.
1108. Imitatio Christi. 8º.
1138. Mart. de Magistris expositio super Salve Regina. 4º.
1169. Thom. de Aquino quaternarius. 8º.
1186. Diurnale Fontisebrald. 1500, 4º.
1181. Bonaventurae de modo celebrandi missam. 4º.
1199. Fr. de Mayronis exp. super Ave Maria. 4º.
1204. Libellus de vener. Sacramento. 4º.

COLOGNE.

Arnold. Ther Hoernen.

45. Adriani Cartus. de remediis utr. fort. 1471, 4º.
147. J. Sarisbery policraticus. (1470—77), fol.

Nicolas Goetz.

87. J. Magni sophologium (1473), fol.
133. Aeneas Sylvius, de duobus amant. (1470—77), fol.

Ulric Zell.

102. Rod. Santii ad Bessar. epistolae. (1473), fol.
146. J. Nideri liber formicarii. (1470—77), fol.

Jean Koelhoff.

120. Fr. de Platea opus restitutionum. (1474), fol.
212. Thom. Aq. in III^m Sent. 1476, f.

Veldener.

145. J. Nideri de contract. mercat. (1470—77), 4º.

Liiskyrchen.

306. Tres tract., Thomae, &c. (1480), 4º.

Barthélemy Unkel.

1068. Annii de fut. Christ. triumphis. 1482, 4º.

Henri Quentel.

657. Quatuor novissima. 1492, 4º.

* * *

1178. Augustini tract. diversi. (1475), 4º.
1179. S. Bernardini sermo de B. Maria. (1475), 4º.
359. Fasciculus temporum. 1481, 4º.
969. Legenda decem milium martyrum. 1500, 4º.

AUGSBOURG.

Jean Schussler.

1193. Josephi lib. antiquit. 1470, fol.
46. Petr. de Crescentiis de comm. rur. 1471, fol.
1081. Cassiodori historia trip. 1472, fol.

Antoine Sorg.

1111. Imitatio Christi (germanice). 1486, 4º.

Erhard Ratdolt.

1174. Albumasar, de magnis conjunct. 1489, 4º.

Gunther Zainer.

1126. Imitatio Christi. (1471), fol.

* * *

439. Expositio miss. germanice. 1484, f.

PADOUE.

Martin des Sept arbres.

73. Sonetti, trionfi di Petrarca. 1472, f.

Barthélemy de Val de Zoccho.

107. Hierocles, latine. 1474, 4º.

Pierre Maufer.

116. Petr. Paduban de physion. 1474, 4º.
203. Alb. Magni de mineralibus. 1476, f.

Jean Herbort.

204. Avicennae opera, lat. 1476, 2 vol., f.

Adam de Venise.

354. Horatius cum com. 1481, fol.
355. Persius cum com. 1481, fol.

Mathieu Cerdonis.

425. Divinae philosophor. acad. 1484. 4º.

VÉRONE.

Jean fils de Nicolas.

83. Valturius, de re militari. 1472, f.

Pierre Maufer.

330. Fl. Josephi de bello judaico, lat. 1480, fol.

Bonin de Boninis.

382. Valturius, de re milit. 1483, fol.
383. Valturio volgarizz. 1483, fol.

MANTOUE.

Georges, Paul et Columbino.

84. Dante. 1472, fol.

Jean Wurster.
117. Math. Sylvatici pand. med. 1474, f.

Vincent Bertoch. de Reggio.
902. Mathaei Bossi epistolae familiares. 1498, fol.

BOLOGNE.
Scipion Malpighi.
85. La bello mano di Giusto de Conti. 1472, 8º.

Hugues de Rugeriis.
106. Manilius. 1474, fol.
108. Valerius Flaccus. 1474, f.
503. Troilus de Malvitiis, de canoniz. 1487, fol.
1078. Nic. Burtii opusc. musices. 1487, 4º.
758. Lud. Bolognini textus juris... 1495, fol.

Plato de Benedictis.
546. Aphorismi Raby Moses, 1489, 4º.
547. Aphorismi J. Damasceni. 1489, 4º.
605. J. Mich. Alb. de augenda memoria. 1491, 4º.
692. Math. Bossi recuper. fesulanae. 1493, fol.
693. Dionis opusculum de regno, latine. 1493, 4º.
695. Herodianus, latine. 1493, 4º.
729. Celsi Maphaei liber contra usurp. bon. eccles. 1494, 4º.
773. Gasp. Fantutii oratio. 1495, 4º.
777. Math. Bossi disputationes. 1495, 4º.
780. Math. Bossi sermo in pass. Dom. 1495, 4º.
869. Lud. Bolognini interp. utriusque juris. 1497, fol.
974. Peregrini Serapti silva Belpodium. 4º.

Bazalerius de Bazaleriis.
559. Marii Philelphi epist. 1489, 4º.
699. Herodianus, latine, 1493, 4º.
760. Phil. Beroaldi opusculum de felicitate. 1495, 4º.

Benoît, fils d'Hector.
739. Antiochi Tiberti chiromantia. 1494, 4º.
796. J. Pici Mirand. opuscula. 1496, f.
805. Ejusdem disput. contra astrol. 1496, fol.
1174. Beroaldi declamatio... 1497, 4º.
964. Apuleii asinus aureus. 1500, fol.

Jérome de Benedictis.
870. Lud. Bolognini interpretatio 2ª. 1497, fol.

ESSLINGEN.
Conrad Fyner.
100. Gerson super Magnificat. 1473, f.
101. Henr. Gorichem de superst. casibus. (1473), 4º.
139. Ludolphi libellus de terra sancta. (1470—77), fol.

TURIN.
J. Fabri et Joh. de Petro.
118. Brev. Rom. 1474, 8º.
234. Cronica Martini Poloni. 1477, 4º.
252. Rod. Roland. sum. notar. 1478, fol.

Nicolas de Benedictis.
721. Alex. de S. Elpidio, de Eccl. pot. 1494, 4º.

SAVONE.
Bonus Johannes.
119. Boetii consolatio. 1474, 4º.

LOUVAIN.
J. de Westphalie.
138. J. Fabri breviar. in cod. (1470—77), fol.
303. Nideri de lepra morali. (1480), 4º.
304. Nideri manuale confess. (1480), 4º.
412. Aeneae Silvii epist. famil. 1483, f.
597. J. Annii de triumphis xp̄ianor. 4º.
1109. Gerson, de contemptu mundi. 4º.
1043. Mich. de Hungaria sermones. 4º.

CASSEL.
Jean Faber.
148. Jacobi Magni sophologium (1475—79). fol.

NAPLES.
Blaise Romer.
159. Senecae opera. 1475, fol.

Moravus.
201. Plinii junioris epistolae. 1476, f.
957. Biblia. 1476, fol.

Franc. de Tuppo.
542. Const. ecclesiae Neapolit. 1489, 4º.

Ayolfo de Cantono.
639. L'aquila di Leon. Aretino. 1492, f.

* * *
567. Juniani Maii opus de propr. verborum. 1490, fol.

VICENCE.
Jean de Reno.
166. Terentius. 1475, fol.
183. Epistolae Phalaridis. 1475, 4º.

Hermann Lichtenstein.
192. Ant. de Butrio speculum confess. 1476, 4º.
332. Durandi rationale. 1480, fol.

Jacques Dusensis.
364. Claudianus. 1482, fol.

Henri libraire.
456. Leon. de Nogarolis de beatitudine. 1485, fol.

Simon Bevilaqua de Pavie.
552. P. Bruti victoria contra judaeos. 1489, fol.

Léon. de Bâle et Guill. de Pavie.
566. Agricultura de Piero de Crescentiis. 1490, fol.
623. Arn. de Villanova, de virt. herbarum. 1491, 4º.
624. Ejusd. libri editio alt. (1491), 4º.

TRÉVISE.
Gérard de Flandres.
173. Pii II epistola ad Mahum. II. 1475, 4º.
648. P. Haedi anterotica. 1492. 4º.

Michel Manzolo.
211. Fr. Maronis opus in I^m Sentent. 1476, fol.
277. Ameto di Bocaccio. 1479, 4º.

Bernardin Celere.
317. Dionys. Halicarn., lat. 1480, fol.

Jean de Verceil.
327. Strabo, latine. 1480, fol.
377. Titus Livius. 1482, fol.
406. Plinii junioris epistolae. 1483, 4º.
442. Platinae vitae ss. Pont. Roman. 1485, fol.
443. Titus Livius. 1485, fol.

Denis de Bologne.
374. Quintiliani institut. 1482, fol.

Hermann Levilapis.
1209. Joh. Tortellii de orthographia. 1477, fol.

Bernard de Cologne.
1139. Jun. Maii de prisc. propr. verborum. 1477, fol.
1163. Senecae opera. 1487, fol.

LUBECK.
Luc de Brandiss de Schass.
181. Fl. Josephus, latine. (1475), fol.

PLAISANCE.
J. P. de Ferratis.
184. Biblia latina. 1475, 4º.

MILAN.
Ant. Zarot.
1060. Acronis exp. in Horatii opera. 1474, 4º.
195. Aesopi vita et fabulae. 1476, 4º.
217. Jul. Caesar. 1477, fol.
238. Ovidius. 1477, fol.
286. Simonetae Sfortiada. 1479, fol.
299. Bonini Mombritii vitae sanct. (1480), 2 vol., fol.
328. Titus Livius. 1480, fol.
633. Simoneta, de persecutor. 1492, fol.
635. Chronica Bossiana. 1492, fol.
700. Biffi poemata. 1493, fol.

Christoph. Valdarfer.
199. Justinus. 1476, 4º.
301. Barthol. de Chaimis interrog. 1480, 4º.
361. Missale Ambrosianum. 1482, fol.

Philippe Lavagna.
220. Lucani Pharsalia. 1477, 4º.
223. Paulus Vergerius, de moribus et studiis. 1477, 4º.

Benigne et Jean Antoine de Honate.
526. Thom. Aquin. opuscula. 1488, fol.

Léonard Pachel.
582. Ambrosii opuscula. 1490, fol.
694. Georgii Trapezuntii rhetorica. 1493, fol.
933. Missale Ambrosianum. 1499, fol.

Udalric Scinzenzeler.
627. Suetonius. 1491, fol.
836. Luciani opera nonnulla. 1497, 4º.
884. Sidonius Apollinaris. 1498, fol.

Philippe de Mantegatiis.
638. Petri Apollonii Collatii fasti maj. 1492, 4º.

Alexandre Minutian.
904. Ciceronis opera omnia. 1498—99, 4 vol., fol.

Demetrius Chalcondyle.
940. Suidas. 1499, fol.

* * *

150. Tacitus. (1475—79), fol.
241. Ambrosii opuscula. (1477), fol.
265. Philelphi conv. mediol. (1478), 4º.
300. Crastoni lexicon. (1480), fol.
342. Psalterium graeco-lat. 1481, fol.

ET IMPRIMEURS   269

701. Biffi carmen in laudem Mariae. (1493—94), 4º.
948. Marii Aequicoli oratio de passione Christi. 1499, 4º.

NUREMBERG.
Fred. Creusner.
200. Henr. Jerung elucidarius script. 1476, fol.

Ant. Coburger.
218. Rainerii de Pisis pantheologia. 1477, 3 vol., fol.
219. Antonini summa. 1477, 4 vol., fol.
246. Leonardi de Utino sermones de sanctis. 1478, fol.
258. Biblia latina. 1478, fol.
319. Biblia latina. 1480, fol.
337. Platinae vitae pontificum. 1481, fol.
340. Aeneae Sylvii epistolae. 1481, fol.
341. Duns Scoti quodlibeta. 1481, fol.
362. Astesani sum. de casibus. 1482, f.
389. Vincentii Bellov. spec. hist. 1483, 2 vol., fol.
433. Antonini chronica. 1484, 3 vol., fol.
474. Panormitanus in Iam part. Decretalium. 1486, fol.
478. Aeneae Silvii epistolae. 1486, 4º.
634. Angeli de Clavasio summa de casibus. 1492, fol.
690. Hartmanni Schedelii liber chronic. 1493, fol.
797. Guill. Alverni Par. ep. opera de fide... 1496, fol.
810. Summa quae dicitur destruct. vitior. 1496, fol.
872. Psalterium cum interpr. Brunonis. 1497, fol.

Georges Stuchs.
515. Nic. de Ausmo supplem. sum. Pis. 1488, fol.
848. Breviarium Salzburgense. 1497, 8º.

Gaspard Hochfeder.
742. Imitatio Christi. 1494, fol.

LYON.
Barthél. Buyer.
232. La légende des SS. nouveaux. 1477, 4º.
233. Le N. Test. en français. (1477), fol.
272. Compend. livre du miroir hist. 1479, fol.

Mathieu Huss.
251. Math. Silvatici pandectae med. 1478, fol.
338. Duranti rationale. 1481, fol.
432. Pauli Flor. brev. juris. 1484, fol.

447. Le livre de Valere le Grant en fr. 1485, fol.
455. Le propriét. des choses. 1485, fol.
1190. Joh. Herolt sermones. 1489, 4º.
746. Biblia latina. 1494, fol.

Pierre de Hongrie.
375. Barth. Anglici, proprietates rerum. 1482, fol.

Nicolas fils de Philippe.
517. Pragmatica sanctio, cum. com. 1488, 4º.
1106. Expositio hymnorum. 4º.
1170. Turrecremata, exp. psalterii. 4º.

Michelet Topie et Jacques Heremberetz.
521. Peregrinacion de oultremer, par Nicole le Huen, 1488, fol.

Jean Dupré.
529. Auctores VIII cum glossa. 1488, 4º.
608. Justiani instit. 1491, fol.

Guillaume Balsarin.
1156. Pragmatica sanctio. 1488, 4º.

Neumeister.
537. Breviarium Viennense. 1489, 8º.

Jean Trechsel.
550. Guill. Vorillong in IV libros Sent. 1489, fol.
553. Imitatio Christi. 1489, 4º.
738. Guill. Ockam dial. de hereticis. 1494, fol.
762. Ejusd. opus 90 dierum. 1495, fol.
778. Ejusd. centilogium theolog. 1495, f.
779. Ejusd. comm. in IV libros Sent. 1495, fol.
811. J. de Turrecremata summa de eccles. 1496, fol.
812. Ejusd. tract. de potestate papae. 1496, fol.
815. Guill. de Ockam de potest. papae. 1496, fol.
816. Ganiveti amicus medic. 1496, 4º.
817. Ricardi defens. curator. 1496, fol.
840. Rob. Holkot in IV libros Sent. 1497, fol.

Jean Syber.
599. Le propriétaire des choses. 1490, f.

Jacques Maillet.
1171. Le songe du Vergier. 1491, fol.

Jean Fabri.
728. Floretus. 1494, 4º.

Jean de Vingle.

766. Jac. Magni sophologium. 1495, 4°.

Pierre Mareschal et Barnabé Chaussard.

829. Goneti facetia loquendi. 1496, 4°.
1164. Sermones funebres. 8°.
1200. J. de Monteville... 4°.

Jac. Sachon.

885. Seb. Brant navis stultifera. 1488 (1498), 4°.

Jean Bachelier.

967. Bernard de Compost. casus longi super Decretal. 1500, fol.

* * *

413. Le fardelet des tems. 1483, f.
769. Pratique de Bern. Gordon. 1495, 4°.
834. Petri Carae oratio. 1496, 4°.
1194. G. Juvenalis in Terent. interpretatio. 1495, 4°.
1205. Sallustii opera. 4°.

FLORENCE.

Nicolo de Lorenzo.

236. Monte santo di Dio. 1477, fol.
263. Celsus, de medicinea. 1478, fol.
339. Dante. 1481, fol.

A S. Jacques de Ripoli.

264. Quinto Curtio volgare. 1478, 4°.

Barthél. Mischomini.

335. Epistole di Luca Pulci. 1481, 4°.
557. Pacifici Maximi hecatelegium. 1489, 4°.

François Bonaccorsi.

441. Comm. di Poggia sopra Petrarca. 1485, 4°.
772. Hier. Savonarolae revelationes. 1495, 4°.
800. 801. 802. 849. 850. Pièces relatives à Savonarole. 4°.

Jacq. fils de Charles et Bonaccorsi.

519. Le vite di philosofi. 1488, 4°.

Bernard et Nerius Nerilii.

522. Homerus, graece. 1488, 2 vol., f.

Bart. P. (Pio).

645. Hist. florentina di Fr. Poggio. 1492, fol.
688. Fl. Josepho, la guerra de Giudei. 1493, fol.

Laurent fils de Franc. de Alopa.

654. Dionys. Areop. interp. Mars. Fic. 1492, 4°.
733. Anthologia, graece. 1494, 4°.
826. Apollon. Rhod., graece. 1496, 4°.
827. Euripidis tragediae IV, graece. (1496), 4°.

Ant. Mischomini.

680. Mars. Ficin. de sole. 1493, 4°.
685. Zachariae Lilii orbis breviarium. 1493, 4°.

Laurent de Morgianis.

841. Georg. Benigni propheticae solutiones. 1497, 4°.
844. J. Nesii oraculum de novo seculo. 1497, 4°.
851. Defensio Savonarolae. (1497), 4°.
931. Georg. Benign. de natura coel. spir. 1499, 4°.
932. Ejusdem LXXVII mirabilia... (1499), 4°.

Junta.

825. Luciani opera, gr. 1496, fol.

Pierre de Maganza.

1122. Gerson de imit. Christi. 1497, 8°.

* * *

269. Il driadeo de Pulci. 1479, 4°.
449. Pacificus Maximus de componendo versu. 1485, 4°.
450. Ejusdem carmen ad Salviatum. 1485, 4°.
451. Ejusd. oratio in vexillorum assignatione. (1485), 4°.
596. Christ. Landini quaest. Camaldul. (1490), fol.

GENÈVE.

Adam Steinchaver.

249. Le livre des SS. Anges par Eximines. 1478, fol.

Louis Garbin.

388. Vocabulaire latin-franç. 1483, 4°.

* * *

790. Fasciculus temporum, en françois. 1495, fol.

BRUXELLES.

266. Aegidi Carlerii sporta fragmentorum. 1478, fol.
440. Legende Henrici et Cunegondis. 1484, fol.

COLLE.

Bonus Gallus.

1150. Oppiani helieutica. 1478. 8°.

NIMÈGUE.

Jean de Westphalie.
271. Engelberti Cultrificis epist. de mendic. 1479, 4º.

PAVIE.

François de S. Pierre.
274. Phalaridis epistolae. 1479, fol.

Jean Antoine de Birreta.
479. Pauli de Castro consilia. 1486, fol.
632. (Gastideni) rosa anglica. 1492, fol.
714. Jasonis de Mayno oratio Alex. VI. 1493, 4º.

POITIERS.
284. Landulphi de Columna breviar. hist. 1479, 4º.

SPIRE.

Pierre Drach.
302. Petri de Aquila in IV libros Sentent. (1480), 4º.
* * *
602. Lud. Saxonis interpr. psalmorum. 1491, 4º.

DEVENTER.

Richard Paffroed.
305. Liber creaturarum. (1480), fol.
561. Quatuor novissima. 1489, 4º.
564. Karoli Menigken formulae epist. 1490, 4º.

Jacques de Breda.
975. Quatuor novissima. 4º.

PARME.

André Portilia.
316. Plinii histor. natur. 1480, fol.

Steph. Corallus.
1151. Ovidii metamorphoseos. 1478, fol.

Ange Ugolet.
612. Augustini opuscula. 1491, fol.
* * *
345. Silius Italicus. 1481, fol.
348. Joh. de Magistris quaest. de tota philosophia. 1481, fol.

GOUDA.

Gérard Leeu.
326. Historiae notabiles. 1480, fol.

FRIOUL.

Gérard de Flandres.
329. La cronica de S. Isidoro menore. 1480, 4º.

ULM.

Léonard Hol.
367. Ptolemaei cosmographia, latine. 1483, fol.

Jean Zainer.
1113. Imitatio Christi. 1480, 8º.

Jean Reger.
818. Guill. Caoursin opuscula historica. 1496, fol.

DELFT.
380. Cordiale. 1482, 4º.

GAND.

Arnold fils de César.
393. Guill. Alverni Paris. episc. rhetorica divina. 1483, 4º.

ROUEN.
* * *
414. Coutume de Normandie. 1483, fol.

Martin Morin.
630. Breviar. Rothomagense. 1491, fol.
781. Missale Rothomagense. 1495, fol.
842. —— Ebroicense. 1497, fol.
1008. Nic. de Lyra, tract. de differ. 8º.

Jean le Bourgeois.
907. L'imitation en françois. 1498, 4º.

Richard Auzout.
912. Le débat des héraulx d'armes. (1498), 4º.

Pierre Regnault.
968. Missale Sagiense. 1500, fol.

BRESCIA.

J. Britannic. Brix.
444. Statii Achilleis. 1485, fol.

Bonin de Boninis.
445. Macrobius. 1485, fol.

Angelus Britannicus.
1153. F. Philelphi odae. 1497, 4º.

Bernardin Misinta.
928. Pamphili Saxi epigrammata, &c. 1499, 4º.

ABBEVILLE.
Jean Dupré et Pierre Gérard.
484. La cité de Dieu de S. Aug. en fr. 1486, 2 vol,, fol.

AQUILÉE.
Adam Rotwill.
486. Fasciculus temporum. 1486, fol.

REUTLINGEN.
Jean Otmar.
520. Gabr. Biel lectura super canonem missae. 1488, fol.

BESANÇON.
525. Rod. Santii speculum vitae hum. 1488, 4º.

ORLÉANS.
Mathieu Vivien.
1143. G. de Monterocherii manuale curatorum. 1490, 4º.

MEMMINGEN.
Albert Kune.
598. Cypriani epistolae. (1490), fol.

BAMBERG.
609. Bonavent. in I^m Sent. 1491, fol.

DIJON.
Pierre Metlinger.
620. Privilegia ord. Cisterc. 1491, 4º.

SÉVILLE.
Pierre Brun.
641. Nobiliarium spagnuolo. 1492, fol.
Meyn. Ungut et Stanislas Polonus.
1133. Lopez de Ayale. Cronica de don Pedro. 1495, fol.

CRÉMONE.
Bernardin de Misinta et César de Parme.
650. Petrarca de remediis utriusque fortunae. 1492, fol.
Charles de Darleriis.
814. Constantii Applani solil. 1496, 4º.

NANTES.
Etienne Larcher.
681. Les lunettes des princes par Meschinot. 1493, 4º.

LUNEBOURG.
Jean Luce.
684. Imitatio Christi. 1493, 4º.

FERRARE.
André fils de Gallus.
696. Alfragani rudim. astron. 1493, 4º.
Laurent de Rubeis.
843. Jac. Phil. (Foresti) opus de claris mulieribus. 1497, fol.

BARCELONE.
Jean de Rosembach.
723. Constitutiones de Cathalunya. 1494, fol.

LEIPZIG.
Grégoire Boettiger.
788. Balthasari expositio misteriorum. missae. (1495), 4º.
Arnold de Cologne.
789. Isidorus Hispal. de summo bono. (1495), 4º.

BURGOS.
Fadrique de Bâle.
1120. Gerson. El mosprecio del mundo. 1495, 4º.
Baccalarius Wolfgang.
861. Lavacrum conscientiae sacerdotum. 1497, 4º.
862. Quatuor novissima. 1497, 4º.
Melchior Lotter.
901. Henr. de Hassia, secreta sacerdotum. 1498, 4º.
925. J. de Lapide, resolutorium dubiorum circa missam. 1499, 4º.

* * *

290. Gruner de missa (ante 1480). fol.
291. Ejusd. editio altera (ante 1480). fol.

STOCKHOLM.
Jean Fabri.
813. Breviarium Upsalense. 1496, 4º.

TRESEN près STOCKHOLM.
830. Privilegia fratrum Min. et Praed. 1496, 8º.

HAGUENAU.
Henri Gran.
857. Jac. de Voragine legenda sanctorum. 1497, 4º.
961. Acta conc. Constantiensis. 1500, 4º.

SCHIEDAM.

908. Legenda virginis Lydwie. 1498, 4°.

TUBINGEN.

Fred. Meynberger et J. Otmar.

958. Gabr. Biel sermones. 1500, 4°.

* * *

945. Gabr. Biel expos. missae. 1499, 4°.

TOLÈDE.

Hagembach.

950. Missale Mozarab. 1500, cum Breviario, 1502, 2 vol. fol.

ANVERS.

Gérard Leeu.

959. Libellus de modo confitendi. 1400. (1500), 4°.

Godfried Back.

1173. Alb. Magni secreta mulier.... (1495), 4°.

MESSINE.

970. Russi thes. musices 1500, 4°.

PERPIGNAN.

Jean de Rosembach.

971. Breviarium Elnense. 1500, 8°.

IMPRIMEURS SANS DÉSIGNATION DE LIEU.

Olivier Servius de Tholentino.

428. Boetius in topica Cicer. 1484, fol.

Jacques Maillet.

683. Tractatus munerum a Petro Antiboli. 1493, 4°.

Antoine d'Avignon.

1051. M. Ant. Coccii Sabellici libri de vetustate patriae Aquileiensis, etc. 4°.

ÉDITIONS SANS DÉSIGNATION DE LIEU NI D'IMPRIMEUR.

1072. Aurbach, de sacramentis. Fol.
1079. Canon de domibus celi fabricandis. 4°.
1088. Cordiale. 4°.
1095. Formularium instrumentorum. 4°.
1100. Gritsch quadragesimale. Fol.
1101. Guillelmi Paris. postilla super epist... Fol.
1118. Imitatio Christi. 1498, 8°.
1125. —— —— etc. 4°.
1130. De laude caritatis. 4°.
1142. Guid. de Monterocherii manipulus curat. 4°.
1154. Piccolomini, epist. ad Mahumet. 4°.
1155. Marco Polo, de consuetudinibus orient. regionum. 4°.
1157. Joh. Quintini sermones. 4°.
1159. De venerabili sacramento... 4°.
1162. Samuelis epist. ad rabbi Isaac. 4°.
1167. Speculum animae peccatricis. 4°.
1175. Joh. Andreae arbor consanguinitatis. Fol.
1176. Ars moriendi. Fol.
1180. S. Bernardi speculum de honestate vite. 4°.
1182. Breviarium Tornacense. 8°.
1183. Casus papales, etc. 4°.
1189. Joh. de Galandia penitentiarius. 4°.
1196. Le roman de la Rose. fol.
1198. Manuale parrochialium. 4°.
1203. Pronostication perpetuelle... 4°.

TABLE ALPHABÉTIQUE DES VILLES. *)

Abbeville. 272.
Anvers. 273.
Aquilée. 272.
Augsbourg. 266.

Bâle. 262.
Bamberg. 272.
Barcelone. 272.
Besançon. 272.
Bologne. 267
Brescia. 271.
Bruxelles. 270.
Burgos. 272.

Cassel. 267.
Colle. 270.
Cologne. 266.
Crémone. 272.

Delft. 271.
Deventer. 271.
Dijon. 272.

Eichstadt. 262.
Esslingen. 267.

Ferrare. 272.
Florence. 270.
Foligno. 262.
Frioul. 271.

Gand. 271.
Genève. 270.
Gouda. 271.

Haguenau. 272.

Leipsick. 272.
Louvain. 267.
Lubeck. 268.
Lunebourg. 272.
Lyon. 269.

Mantoue. 266.

Mayence. 256.
Memmingen. 272.
Messine. 273.
Milan, 268.

Nantes. 272.
Naples. 267.
Nimègue. 271.
Nuremberg. 269.

Orléans. 272.

Padoue. 266.
Paris. 262.
Parme. 271.
Pavie. 271.
Perpignan. 273.
Plaisance. 268.
Poitiers 271.

Reutlingen. 272.
Rome. 257.
Rouen. 271.

Savone. 267.
Schiedam. 273.
Séville. 272.
Spire. 271.
Stockholm. 272.
Strasbourg. 256.

Tolède. 273.
Tresen. 272.
Trévise. 268.
Tubingen. 273.
Turin. 267.

Ulm. 271.

Venise. 258.
Vérone. 266.
Vicence. 267.

Sans nom de ville. 273.

*) Les numéros de pages de cette table renvoient à la *Table chronologique* des lieux d'impression et des imprimeurs.

TABLE ALPHABÉTIQUE
DES IMPRIMEURS.

Adam, de Venise, (Padoue).
Aliate de Milan, Alexandre de, (Paris).
Alopa, Laurent de, (Florence).
Amerbach, Jean d', (Bâle).
Anabat, Guillaume, (Paris).
André, fils de Gallus, (Ferrare).
André, fils de Jacques, (Venise).
Antoine d'Avignon, (Sans lieu).
Antoine, fils de Barthélemy, (Venise).
Arnold, fils de César, (Gand).
Aubry, Bernard, (Paris).
Auzout, Richard, (Rouen).

Baccalarius, Wolfgang, (Leipsick).
Back, Godfried, (Anvers).
Bachelier, Jean, (Lyon).
Bade, Josse, (Paris).
Bâle, Fadrique de, (Burgos).
Bâle, Léonard de, (Vicence).
Balsarin, Guillaume, (Lyon).
Bazalerius de Bazaleriis, (Bologne).
Benaliis, Bernardinus de, (Venise).
Benedictis, Jérome de, (Bologne).
Benedictis, Nicolaus de, (Turin).
Benedictis, Plato de, (Bologne).
Benedictus, fils d'Hector, (Bologne).
Bergame, Pierre de, (Venise).
Bergman de Olpe, (Bâle).
Bernardinus de Cologne, (Trévise).
Bernardinus de Venise, (Venise).
Bertochius de Bologne, Denis, (Venise).
Bertochius de Reggio, Vincent, (Mantoue).
Besiken, Jean, (Rome).
Bevilaqua de Pavie, Simon, (Venise).
Le même, (Vicence).
Birreta, Jean-Ant. de, (Pavie).
Blastus, Nicolaus, (Venise).
Blavis, Barth. de, (Venise).
Bocard, André, (Paris).
Boettiger, Grégoire, (Leipsick).
Bologne, Denis de, (Trévise).
Bonaccorsi, Franc., (Florence).
Bonettis de Papia, André, (Venise).
Bonhomme, Jean, (Paris).
Bonhomme, Pasquier, (Paris).

Boninis, Bonin de, (Brescia).
Le même, (Vérone).
Bonus Gallus, (Colle).
Brandis de Schass, Luc de, (Lubeck).
Breda, Jacques de, (Deventer).
Britannicus de Brescia, Jacq., (Brescia)
Le même, (Venise).
Brun, Pierre, (Séville).
Buyer, Barthélemy, (Lyon).

Caesaris, Arnold, (Gand).
Caesaris, Pierre, (Paris).
Caillaut, Antoine, (Paris).
Calliergi, (Venise).
Cantono, Ayolfo de, (Naples).
Capcasa de Parme, Math., (Venise).
Celere, Bernardin, (Trévise).
Cerdonis, Mathieu, (Padoue).
Chalcoudyle, Démétrius, (Milan).
Chaussard, Barnabé, (Lyon).
Choris de Cremona, Bernardinus de, (Venise).
Cinquinis, In domo de, (Rome).
Clément de Padoue, (Venise).
Coburger, Antoine, (Nuremberg).
Columbino, Georges, Paul et, (Mantoue).
Cologne, Arnold de, (Leipsick).
Cologne, Jean de, (Venise).
Corallus, Stéphane, (Parme).
Crémone, Christ. de, (Venise).
Creussner, Frédéric, (Nuremberg).

Dacleriis, César de, (Crémone).
Denidel, Antoine, (Paris).
Drach, Pierre, (Spire).
Dupré, Jean, (Abbeville).
Dupré, Jean, (Lyon).
Dupré, Jean, (Paris).
Dusensis, Jacques, (Vicence).

Eggesteyn, (Strasbourg).

Fabri, Jean, (Lyon).
Fabri, Jean, (Stockholm).
Fabri, Jean, (Turin).

Flach, Martin, (Strasbourg).
Flandres, Gérard de, (Frioul).
Le même, (Trévise).
Forlivio, Grégoire de, (Venise).
Forlivio, Jean de, (Venise).
Francfordia, Nicolaus de, (Venise).
Franck ou Silber, Eucharius, (Rome).
Friburger, Michael, (Paris).
Friedberg, P., Mayence.
Freitag, André, (Rome).
Froben de Hammelburg, Bâle.
Fromolt, Erhard, (Bâle).
Furter, Michael, (Bâle).
Fust, Jean, (Mayence).
Fyner, Conrad, (Esslingen).

Gallus ou Han, Ulric, (Rome).
Gara, Simon de, (Venise).
Garbin, Louis, (Genève).
Gensberg, (Rome).
Gering, Ulric, (Paris).
Gerlier, Durand, (Paris).
Gérard, Pierre, (Abbeville).
Girardenghis, Fr. de, (Venise).
Girardenghus, Nicolaus, (Venise).
Girardin, Barthélemy, (Venise).
Giunta, Luc, (Venise).
Goetz, Nicolaus, (Cologne).
Gourmont, Robert de, (Paris).
Gran, Henri, (Haguenau).
Grassis de Papia, Gabriel de, (Venise).
Gregoriis, Jean et Grégoire de, (Venise).
Grunigen, J. de, (Strasbourg).
Guerin, (Venise).
Guldinbeck, (Rome).
Gutenberg, (Mayence).

Hagenbach, (Tolède).
Hailbrunn, Renner de, (Venise).
Hamman de Landoia, Jean, (Venise).
Han ou Gallus, (Rome).
Hardouin, Gilles, (Paris).
Hectoris, Benedictus, (Bologne).
Henri, libraire, (Vicence).
Herembercktz, Jacques de, (Lyon).
Herasme, Bernardin, (Venise).
Herbort de Seligenstadt, Jean, (Padoue).
Le même, (Venise).
Hérolt de Bamberg, (Rome).
Higman, Jean, (Paris).
Hochfeder, Caspar, (Nuremberg).
Hol, Léonard, (Ulm).
Honate, Benignus de, (Milan).
Honate, Jean Ant. de, (Milan).
Hongrie, Pierre de, (Lyon).
Hopyl, Wolfgaug, (Paris).
Huss, Mathieu, (Lyon).

In domo de Cinquinis, (Rome).

Jacques, fils de Charles, (Florence).

Jean, fils de Nicolas, (Paris).
Jean, fils de Philippe, (Paris).
Jenson, Nicolas, (Venise).
Johannis, Boniface, (Venise).
Junta, (Florence).

Kerver, Thielman, (Paris).
Kessler, Nicolaus, (Bâle).
Koelhoff, Jean, (Cologne).
Kune, Albert, (Memmingen).

Lambert, Jean, (Paris).
Lambillon, Antoine, (Venise).
Larcher, Etienne, (Nantes).
Lathomi, Pierre, (Venise).
Lavagna, Philippe, (Milan).
Laver, Georges, (Rome).
Lebourgeois, Jean, (Rouen).
Ledru, (Paris).
Leeu, Gérard, (Anvers).
Le même, (Gouda).
Lenoir, Michel, (Paris).
Lerouge, Pierre, (Paris).
Leucho, Jacques de, (Venise).
Levet, Pierre, (Paris).
Levilapis, Hermann, (Trévise).
Liechtenstein, Hermann, (Venise).
Le même, (Vicence).
Liguamine, Phil. de, (Rome).
Lorenzo, Nic. de, (Florence).
Lotter, Melchior, (Leipsick).
Loslein de Laugencen, P., (Venise).
Luc de Venise, (Venise).
Luce, Jean, (Lunebourg).
Lyskirchen, (Cologne).

Madiis, Franc. de, (Venise).
Maillet, Jacques, (Lyon.
Malpighi, Scipion, (Bologne).
Mandello ou de Pensis, Christ., (Venise).
Mantheu, Jean, (Venise).
Mantegatiis, Phil. de, (Milan).
Manuce, Alde, (Venise).
Manzolo, Michael, (Trévise).
Marchand, Guiot, (Paris).
Mareschal, Pierre, (Lyon).
Marnef, Anguilbert de, (Paris).
Marnef, Godefroy de, (Paris).
Masselt, Jacques, (sans lieu).
Mathieu de Venise, (Venise).
Maufer, Pierre, (Padoue).
Le même, (Vérone).
Mentelin, Jean, (Strasbourg).
Merlin, Guillaume, (Paris).
Metlinger, Pierre, (Dijon).
Meynberger, Fred., (Tubingen).
Milan, Alex. de Aliate de, (Paris).
Minutianus, Alex., (Milan).
Mischominus, Ant., (Florence).
Mischominus, Barth., (Florence).
Misinta, Bernardinus, (Brescia).

Misinta, Bernardinus, (Crémone).
Mittelhuss, Georges, (Paris).
Montferrat, Jean de, (Venise.)
Moravus, Mathieu, (Naples).
Morgianis, Laurent de, (Florence).
Morin, Martin, (Rouen).

Nerlius, Bernard, (Florence).
Nerlius, Nerius, (Florence).
Neumeister, Jean, (Foligno).
Le même, (Lyon).
Nicolas, fils de Philippe, (Lyon).
Nimègue, Reynald de, (Venise).
Novare, Bernardinus de, (Venise).

Orsinis, Emilien de, (Foligno).
Otmar, Jean, (Reutlingen).
Otmar, Jean, (Tubingen).

Pachel, Léonard, (Milan).
Paffroed, Richard, (Deventer).
Paganinis, Jac. de, (Venise).
Paganinis, Jérome de, (Venise).
Pannartz, Arnoldus, (Rome).
Parme, César de, (Crémone).
Parme, Michel de, (Venise).
Pavie, Guill. de, (Vicence).
Pelegrin de Bologne, (Venise).
Pelegrin de Pasqualibus, (Venise).
Pensis, Christophe de, ou Mandello, (Venise).
Petit, Jean, (Paris).
Petro, Joh. de, (Turin).
Petrus de Maganza, (Florence).
Philippe de Venise, (Venise).
Philippi, Johannes, (Paris).
Philippi, Nicolaus, (Lyon).
Le même, (Strasbourg).
Philippus condam Petri, (Venise).
Pivard, Jean, (Paris).
Planuck, Stephen, (Rome).
Portilia, André, (Parme).
Pruss, Jean, (Strasbourg).

Quarengiis, Petrus de, (Venise).
Quentell, Henri, (Cologne).

Ragazonibus, Théod. de, (Venise).
Ratdolt, Erhard, (Venise).
Reger, Jean, (Ulm).
Regnault, Pierre, (Rouen).
Reinhard, Marcus, (Strasbourg).
Rembolt, Berchtold, (Paris).
Renner, de Hailbrunn, (Venise).
Reno, Jean de, (Vicence).
Reuwich, Erhard, (Mayence).
Reynsburg, Théod. de, (Venise).
Reyser, Michael, (Eichstadt).
Richard, Jean, (Rouen).
Ripoli, à Saint-Jacques de, (Florence).
Rivabenis, Georges de, (Venise)).
Roce, Denis, (Paris).
Rodt, Berthold, (Bâle).
Romer, Blaise, (Naples).
Rosembach, Jean de, (Barcelone).
Le même, (Perpignan).
Rossi ou de Rubeis, Jacques, (Venise).
Rotwyl, Adam, (Venise).
Le même, (Aquilée).
Rouge de Verceil, Jean, (Venise).
Rubeis, Laurent de, (Ferrare).
Rugeriis, Hugues de, (Bologne).

Schussler, Jean, (Augsbourg).
Sorg, Antoine, (Augsbourg).
Stanislaus Polonus, (Séville).

Toulouse, Michel, (Paris).

Uugut, Meynard, (Séville).
Unkel, Barth. de, (Cologne).

Villaveteri, Jean de, (Venise).
Vivien, Mathieu, (Orléans).

Zainer, Jean, (Ulm).
Zanis, Bartholomaeus de, (Venise).

TABLE SYSTÉMATIQUE

des livres contenus au précédent catalogue.

Iᵉ CLASSE. BELLES-LETTRES.

1. Dictionnaires et grammaires.

940. Suidae lexicon. Mediol., 1499, fol.
300. Crestoni lexicon. (Mediol., 1480), fol.
868. Dict. gr. lat., etc. Venet., Aldus, 1497, fol.
929. Musuri etymol. magn. Venetiis, 1499, fol.
784. Grammatici graeci veteres. Venet., Aldus, 1495, fol.
491. Ebrardi graecismus. Paris, 1787, fol.
426. Gramm. graeca. Venet., 1484, 4º.
835. Urbani gramm. gr. Venet., Aldus, 1497, 4º.
  2. Joannis (Balbi) de Janua catholicon. Moguntiae, 1460, fol.
  3. —— —— (Argentor., 1460—70), fol.
400. —— —— Venet., 1485, fol.
618. —— —— Venet., 1491, fol.
357. Guarini Veronens. breviloq. vocabular. Basil., 1481, fol.
388. Dictionnaire latin-français. Genève, 1485, 4º.
239. Pompeius Festus. (Romae), 1477, fol.
208. Nonius Marcellus. Venet., Jenson, 1476, fol.
 79. Diomedes, etc... Venet., Jenson, (1462), fol.
 27. Priscian. Venet., Vind. de Spira, 1470, fol.
 77. —— —— 1472, fol.
476. Monachi glosa cum textu Alexandri. Paris, 1486, fol.
435. Perotti grammatica lat. Venet., 1474 (84), 4º.
1152. —— —— Parisiis, 1500, fol.
924. Petri Heliae gramm. hexametro carmine. Argentorati, 1499, fol.
 63. Tortellius de orthographia dictionum. Romae, Han, 1471, fol.
1209. Ejusdem commentaria de orthographia. Tarvisii, Heruĩ. Levilapis, 1477, fol.
567. Jun. Maii parthen. opus de proprietate verborum. (Neapoli), 1490, fol.
1139. —— —— Tarvisii, 1477, fol.
659. Ant. Mancinelli regulae constructionis. Paris, (1492), 4º.
 48. Laur. Vallae de elegantia latin. linguae. Romae, 1471, fol.
863. Guido Juvenalis in elegantias L. Vallae. Paris, 1497, 4º.
702. Jac. Wympfeling elegantiarum medulla. Moguntiae, 1493, 4º.
1097. R. Gaguini de arte versificandi. Parisiis, 4º.

2. Rhéteurs et orateurs.

904. Ciceronis opera omnia. Mediol., 1498, &c., 4 vol., fol.
  6. —— de oratore. (Mon. Subl. 1465—68), 4º.
 11. —— —— Romae, Han, 1468, 4º.
 14. —— —— Romae, 1469, 4º.
 28. —— rhetorica ad Herenn. Venet., Jenson, 1470, 4º.
185. —— —— vetus et nova. (Romae), 1475, fol.
214. —— —— —— 1476, fol.

TABLE SYSTÉMATIQUE 279

237. Ciceronis rhet. ad Heren., Tusculanae quaest., de finibus. Paris, 1477, fol.
318. —— orationes. Venet., 1480, fol.
31. —— Philippicae. Romae, Han, (1470), 4°.
51. —— de nat. Deorum. etc. Venet., 1471, 4°.
114. —— de officiis, etc. Venet., 4°.
82. —— —— (Venet., B. Gir., 1472), fol.
794. —— —— .... 1496, fol.
903. —— —— Paris, 1498, fol.
1084. —— —— (Venetiis, 1474), fol.
370. —— Tusculanae quaestiones. Venet., 1482, fol.
994. —— paradoxa. Paris, 4°.
186. —— epistolae familiares. (Romae), 1475, fol.
187. —— epistolar. famil. liber I^s. (Romae, 1475), 8°.
22. —— epistolae ad Brutum, Atticum... Romae, 1470, fol.
309. —— —— —— (1479—81), fol.
927. —— —— —— Venet., 1499, fol.
1085. —— —— —— 1470, fol.
226. Asconius Pedian. in orat. Ciceronis. Venet., 1477, fol.
428. An. Man. Ser. Boetius in Ciceronis topica, 1484, fol.
35. Quintiliani institut. Romae, in via papae, 1470, fol.
53. —— —— Venet., Jenson, 1471, fol.
151. —— —— (Venet., 1475—79), fol.
374. —— —— Tarvisii, 1482, fol.
691. —— —— Venet., Scot, 1493, fol.
365. —— declamationes. Venet., 1482, fol.
694. Georgii Trapezontii rhetorica. Mediol., 1493, fol.
283. August. Datus de praeceptis eloquentiae. (Parisiis, 1479), 4°.
376. Oratoriae artis epitomata... Venet., Erh. Ratdolt, 1482, 4°.
297. Guill. Tardivi rhetorica. (Paris., 1480), 4°.
763. —— —— Antibalbica. Paris, 1495, 4°.
1018. Hier. Balbi dialogus de glorioso rethore... 4°.
1074. Phil. Beroaldi declamatio an orator sit philosopho et medico anteponendus... Bononiae, 1497, 4°.
121. Bern. Justiniani oratio ad Xystum IV. (Romae, 1474), 4$_0$.
773. Fantutii oratio. Bononiae, 1495, 4°.
Variae variorum orationes tum funebres, tum gratulatoriae, ad Innocent. VIII, ad Alexandrum VI... etc... etc... 1475—1500. Nos 188, 287, 312, 313, 314, 416—420, 459—466, 480, 494, 533, 534, 586—591, 660—676, 710—717, 749, 750, 751, 791, 792, 831—834, 911, 948, 1003.

3. EPISTOLAIRES.

155. Guillelmi Saphonensis ars epistolar. conficiendar. (1475—79), 4°.
564. Karoli Menigken formulae epistolarum. Daventriae, 1490, 4°.
488. Marii Philelphi epistolare. Basileae, 1486, 4°.
489. —— (Paris, Gering, 1488), 4°.
559. —— Felsinae, 1489, 4°.
922. Epistolae philosophorum, oratorum... graece. Ven., Ald., 1499, 2 vol., 4°.
183. Phalaridis epist. latine. Vicentiae, 1475, 4°.
274. —— Papiae, 1479, fol.
110. Plinii junioris epistolae. (Romae, 1474), 4°.
201. —— Neapoli, 1476, fol.
406. —— Tarvisii, 1483, 4°.
1010. —— (Venet.), 4°.
996. Illustrium virorum epistolae ab Angelo Politiano editae. Paris, 4°.
646. Petrarchae epistolae. Ven., 1492, 4°.
340. Aeneae Silvii epistolae. Nuremberg, 1481, fol.
412. —— Lovanii, 1483, fol.
478. —— Nuremberg, 1486, fol.
173. (Ejusdem) Pii II epistola ad Mahum. Tarvisii, 1475, 4°.
1154. —— —— 4°.

152. Mahumeti magni turci epistolae. (1475—80), 4°.
142. Gasparini epistolae. Argentorati, Flach, fol.
154. —— 1475—80, 4°.
757. Marsilii Ficini epistolae. Ven., 1495, fol.
902. Mathaei Bossi epistolae. Mantuae, 1498, fol.
985. M. Ant. Sabellici epistolae. Paris, 4°.
81. Leonardi Aretini epistolae. (Venet.), 1472, fol.
490. Fr. Philelphi epistolae. Venet., 1487, fol.
156. —— epistola consolatoria ad Marcellum. Romae, 1475, 4°.
647. Marii Philelphi epistolae. Ven., 1492, 4°.
102. Roderici Santii epistola ad Bessarionem. (Coloniae, 1473), fol.
867. Bern. Carvajal epistola consolatoria... Romae, 1497, 4°.
718. Christoph. Colom. epistola. (Romae), 4°.

4. Fables, Romans, Facéties, etc. (en prose).

195. Æsopi vita et fabulae. Mediol., 1476, 4°.
1061. Fabulae Æsopi. Parisiis, 4°.
163. Cyrilli apologia sive speculum sapientiae. (Moguntiae, Schoiffer, 1475), 4°.
964. Apuleii Asinus aureus cum com. Beroaldi. Bononiae, 1500, fol.
131. Fr. Florii liber de amore Camilli et Aemiliae. Turonis (Paris, 1475), 4°.
132. Aeneas Silvius. De duobus amantibus. (Paris, 1475), 4°.
133. —— —— (Coloniae, 1475), fol.
153. —— —— (1475—79), 4°.
732. —— —— Paris, Hopyl, 1494, 4°.
979. —— —— Paris, Caillaut, 4°.
133. —— de amoris remedio. (Coloniae), 4°.
134. —— —— (Romae), 4°.
980. —— —— Paris, Caillaut, 4°.
944. Fr. Columnae Poliphili Hypnerotomachia. Ven., Aldus, 1499, fol.
648. P. Haedi de amoris generibus libri III. Tarvisii, 1492, 4°.
499. Poggii facetiarum liber. Ven., 1487, 4°.
829. Goneti de Prato facetia loquendi. 1496, 4°.

5. Poètes.

522. Homeri opera, graece. Florentiae, 1488, 2 vol., fol.
104. —— Ilias, latine. Romae, 1474, 4°.
827. Euripidis trag. IV, graece. (Florentiae, 1496), 4°.
887. Aristophanes, graece. Ven., Aldus, 1498, 4°.
754. Theocritus...., graece. Ven., Aldus, 1495, fol.
826. Apollonius Rhod., graece. Florent., 1496, 4°.
733. Anthologia graeca. Florent., 1494, 4°.
937. Plautus cum comm. Ven., 1499, fol.
72. Terentius. Romae, 1472, fol.
166. —— Vicentiae, 1475, fol.
168. —— 1475, 4°.
169. —— (1475)...., fol.
74. Donatus in Terent. Romae, 1472, fol.
997. Therence en franç. avec le latin. Paris, Verard, fol.
1194. Guido Juvenalis in Terent. interpretatio. Lugduni, 1495, 4°.
770. Lucretius. Ven., 1495, 4°.
1184. —— Veronae, 1486, fol.
628. Tibullus, Catullus, Propertius. Ven., 1491, fol.
17. Virgilius. Romae, (1469), fol.
18. —— (Argentorati, Mentelin, 1469), fol.
254. —— Paris, Gering, 1478, 4°.
481. —— cum Servii comment. Venet., 1486, fol.
649. —— cum comm. Donati, Servii etc. Ven., 1492, fol.
1058. —— cum comm. Servii, etc... fol.

276. Horatius. Ven., condam Petri, 1479, fol.
215. —— cum comm. Acronis, etc. (Romae, 1476), fol.
354. —— cum iisdem comm. Patavii, 1481, fol.
1192. —— cum annot. Jac. Locher, Argentorati, Gruninger, 1498, fol.
899. —— Epistolae. Paris, Denidel, 4º.
984. —— Satirae. Paris, J. Petit, 4º.
1060. Acronis expositio in Horatium. Mediolani, 1474, 4º.
59. 69. 1201. Ovidius. Romae, 1471—73, 3 vol., fol.
238. —— Mediol., Zarotus, 1477, fol.
485. —— Ven., Bern. de Novaria, 1486, fol.
1151. —— Parmae, 1478.
995. —— de remedio amoris, cum com. Paris, Pigouchet, 4º.
900. —— de nuce. (Paris, Denidel, 1498), 4º.
106. Manilius. Bononiae, 1474, fol.
434. —— Romae, 1484, fol.
652. Senecae trag. cum com. Venet., 1492, 4º.
220. Lucanus. Mediol., 1477, 4º.
225. —— Venet., Guerin, 1477, fol.
679. —— cum argum. Sulp. Verul. etc. Ven., 1493, fol.
170. Omnib. Leonic. in Lucanum. Ven., (Vind. de Spira), 1475, fol.
404. Statius cum com. Ven., Scot, 1483, fol.
583. —— —— Ven., Jac. de Pagan., 1490, fol.
724. —— —— Ven., Barth. de Zanis, 1494, fol.
444. —— Achilleis cum com. Brixiae, 1485, fol.
171. —— Silvae cum com. Romae, 1475, fol.
108. Valerius Flaccus. Bononiae, 1474, fol.
47. Silius Italicus, cum Calphurnio, Hesiodo, etc. Romae, 1471, fol.
345. —— Parmae, 1481, fol.
384. —— cum com. Ven., 1483, fol.
355. Persius, cum com. (Patavii), 1481, fol.
165. Juvenalis, cum com. Ven., Jac. de Rubeis, 1475, fol.
94. Martialis epigr. Romae, 1473, fol.
182. —— Venet., J. de Colonia, 1475, fol.
115. Dom. Calderini in Martialem. Ven., J. de Colon., 1474, fol.
331. —— —— Ven., (Jac. de Pagan.), 1480, fol.
767. —— —— Ven., 1495, fol.
798. Nic. Perotti Cornucopia sive com. in Martial. Paris, 1496, fol.
1152. —— —— Parisiis, 1500.
364. Claudianus. Vicentiae, 1482, fol.
884. Sidonius Apollin. Mediol., Scinzenzeler, 1498, fol.
473. Macri Floridi carmen de viribus herbarum. (1480—90), 4º.
976. Alani parabolae, cum com. (Paris), 4º.
1057. Veteris Vigelli speculum stultorum. 4º.
429. Joannis Biffi carmen de Mariae miraculis. Romae, 1484, 4º.
701. —— in laudem Mariae. (Mediol., 1493—94), 4º.
700. —— poemata. Mediol., Zarot., 1493, fol.
638. Petri Apollonii Collatii fasti majores. Mediol., 1492, 4º.
1184. Guillelmi Chabuti semita quatuor viarum. Parisiis, Tholose, 4º.
878. Baptista Mant. de calamitatibus nostri temporis. Paris, 1498, 4º.
946. —— opusculum contra impudice scribentes. Paris, 1498, 4º.
1140. —— —— Parisiis, 4º.
557. Pacifici Magni hecatelegium. Florentiae, 1489, 4º.
450. —— carmen ad J. Fatalem Salviatum. (Florentiae, 1485), 4º.
449. —— de componendo hexam. (Florent., 1485), 4º.
451. —— oratio in assignatione vexillorum. (Florent., 1485), 4º.
853. Sebastiani Brandt navis stultifera. Basileae, 1497, 4º.
877. —— —— Paris, 1498, 4º.
885. —— —— (Lugduni), 1488 (98), 4º.
809. Publii Fausti Andrelini carminum libri II. Paris, 1496, 4º.
576. —— Livia. Paris, 1490, 4º.
928. Pamphili Saxi carmina. Brixiae, Misinta, 1499, 4º.

135. Pamphilus de amore. (Romae, 1470—77), 4°.
136. (Petri) Candidi (Decembrii) carmen de genitura hominis. (Romae, 1470—77), 4°.
1040. Dominici Mancini carmen de passione Christi. 4°.
768. Jasonis Mayni in nuptiis Maximiliani epithalamion. Paris, 1495, 4°.
974. Peregrini Scrapti Pontremulensis silva. Paris, 1495, 4°.
610. Carmina pia et preces. Venet., 1491, 4°.
84. Dante. Mantuae, 1472, fol.
221 bis. —— col com di Benvenuto. Vinegia, 1477, fol.
339. —— —— di Landino. Firenze, 1481, fol.
430. —— —— —— Vinegia, Scot, 1484, fol.
58. Petrarcha, trionfi, sonetti, etc. Roma, 1471, 4°.
73. —— —— Patavii, 1472, fol.
91. —— —— Ven., (Jenson), 1473, fol.
248. Il com. de li triumphi del Petrarca, da Bern. da Seva. Ven., 1478, fol.
514. —— —— Ven., 1488, fol.
514. Sonnetti del Petrarcha col com. di Filelfo. Ven., 1488, fol.
571. Trionfi del Petrarcha col com. di Bern. da Seva e di Filelfo, Vinegia, 1490, fol.
441. Comm. di J. Poggio sopra il tr. della fama di Petrarca. Firenze, 1485, 4°.
205. La cierba del Cicco d'Ascoli. Ven., 1476, 4°.
85. La bella mano di Giusto de Conti. Bologna, 1472, 8°.
269. Luca Pulci il Driadeo. Florent., 1479, 4°.
335. —— pistole. Florent., 1481. 4°.
1153. Francisci Philelphi odae. (Brixiae), 1497, 4°.
277. Ameto di Bocaccio. Triviso, 1479, 4°.
1002. Le Rommaut de la rose. (Paris), fol.
1196. —— —— fol.
986. Le roman des trois pelerinages par de Guilleville. Paris, fol.
1029. Le livre de bonne vie ou Mandevie par Dupin. fol.
469. Estrif de fortune et vertu par Martin Franc. fol.
681. Lunettes des princes par Meschinot. Nantes, 1493, 4°.
470. Mystère de l'Incarnation et Nativité. (Paris, Verard), fol.
1096. Rob. Gaguini de variis vite humane incommodis elegia. Parisiis, 4°.
1103. Hermanni de Gouda silva odarum. Parisiis, 1497.

6. POLYGRAPHES, CRITIQUES.

825. Luciani opera, graece. Flor., 1096, fol.
836. —— opera quaedam, latine. Mediol., 1497, 4°.
229. Auli Gellii noctes atticae. Ven., 1477, fol.
445. Macrobius. Brixiae, 1485, fol.
640. —— Venet., 1492, fol.
529. Auctores octo cum glossa, etc. Lugduni, 1488, 4°.
1093. Facetus cum glosa. Parisiis, 4°.
98. Vincentii Burgundi sive. Bellov. speculum quadrupl. Argentor., Mentelin, 1473, 8 vol., fol.
389. —— speculum historiale. Nuremberg, 1483, 2 vol., fol.
771. —— le miroir historial en franç. Paris, 1495, 5 vol., fol.
828. Petrarcae opera latina. Basileae, 1496, fol.
224. Alberti de Eyb margarita poetica. Paris, 1477, fol.
493. —— —— 1487, fol.
776. Campani opera. 1495, fol.
888. Angeli Politiani opera. Ven., Aldus, 1498, fol.
265. Franc. Philelphi convivia Mediolanensia. (1478), fol.
592. Bern. Justiniani orationes, epistolae, etc. Ven., (1490), fol.
938. Philippi Beroaldi orationes, carmina. Paris, Roce, 1499, 4°.
760. —— liber de felicitate. Bononiae, 1495, 4°.
596. Christophori Landini quaestiones Camaldul. (Florent., 1490), fol.
223. Petri Pauli Vergerii liber de moribus et studiis, etc. Mediol., 1477, 4°.
859. —— —— Ven., 1497, 4°.

692. Mathaei Bossi recuperationes Fesulanae, etc. Bon., 1493, fol.
777. —— liber de instituendo animo, etc. Bonon., 1495, fol.
793. Jac. Bruti Cluriensis corona aurea, etc. Ven., 1496, fol.
871. Jac. Locher Philomusi opera varia. Argent., 1497, 4º.
897. Petri Schotti lucubratiunculae, epistolae, carmina. Argent., 1498, 4º.
149. Georgii Merul. opuscula varia. (Ven., Vind. de Spira, 1475—79), 4º.
1098. R. Gaguini epistolae, orationes, etc. Parisiis, 1498, 4º.

IIᵉ CLASSE. HISTOIRE.

1. Géographie et voyages.

76. Strabo, latine. Venet., Vind. de Spira, 1472, fol.
327. —— (Tarvisii), J. Vercell., 1480, fol.
256. Ptolemaei cosmographia, latine. Romae, 1478, fol.
367. —— —— Ulmae, 1482, fol.
580. —— —— Romae, 1490, fol.
906. Dionysius de situ orbis, latine. Ven., 1498, 4º.
1091. —— —— Venetiis, 1478, 4º.
261. Pomponius Mela. Venet., 1478, 4º.
678. —— —— (1493), 4º.
89. Solinus. Ven., Jenson, 1473, 4º.
90. —— (Paris, 1473), 4º.
677. —— Ven., 1493, 4º.
1155. Marco Polo. De consuetudinibus orientalium regionum. 4º.
139. Ludolphi libellus de terra sancta, etc. (Esslingae, Fyner), fol.
1200. Jean de Monteville, voyage. Lyon, Barnabé Chaussard, 4º.
475. Bern. de Breydenbach peregrinationes. Moguntiae, 1486, fol.
521. Nicole le Huen peregrinacion de oultremer. Lyon, 1488, fol.
982. J. de Hese iter ad Hierusalem, etc. Paris, fol.

2. Chronologie, chroniques.

397. Eusebii chronicon. Ven., Ratdolt, 1483, 4º.
112. Chronica pontificum, imperatorum, etc. Romae, 1474, 4º.
234. Chronica. Taurini, 1477, 4º.
329. La cronica di santo Isidero menore. Friuli, 1480, 4º.
433. Antonini chronica. Norimbergae, 1484, 3 vol., fol.
284. Landulfi de Columna breviar. historiale. Pictaviis, 1479, 4º.
281. (Werneri Rollewinck). Fasciculus temporum. Venet., 1479, fol.
359. —— —— Col., 1481, fol.
452. —— —— Venet., 1485, fol.
486. —— —— (Aquilae), 1486, fol.
413. —— en franç. Fardelet des tems. Lyon, 1483, fol.
790. —— —— Genève, 1495, fol.
880. Marci Antonii Sabellici Enneades VII. Venet., 1498, fol.
635. Chronica Bossiana. Mediol., Zarot., 1492, fol.
690. (Hartmanni Schedelii) liber chronicarum. Nuremberg, 1493, fol.
396. Jac. Phil. (Foresti) Bergom. supplem. chronicarum. Ven., 1483, fol.
516. La mer des histoires. Paris, 1488, 2 vol., fol.
272. Compendieux livre du miroüer historial. Lyon, 1479, fol.

3. Anciens historiens grecs et latins.

164. Herodotus, latine. Romae, 1475, fol.
1104. —— Venetiis, 1474, fol.
1055. Thucydides, latine. fol.
193. Diodorus Siculus, latine. Ven., 1476, fol.
317. Dionysius Halycarn., latine. Tarvisii, 1480, fol.
231. Appianus Alex., latine. Venet., 1477, 2 vol., 4º.

99. Polybius, latine. Romae, 1473, fol.
32. Plutarchi vitae, latine. (Romae, 1470), fol.
244. —— —— Ven., Jenson, 1478, fol.
687. Herodianus, latine. Romae, 1493, fol.
695. —— —— Bononiae, Plato de Bened., 1493, fol.
699. —— —— Bononiae, Bazaler., 1493, 4º.
1194. Fl. Josephi antiq. judaic. et historia belli judaici, latine. Augustae, Joh. Schussler, 1470, fol.
181. —— —— —— (Lubeck, 1475), fol.
351. —— —— —— Ven., 1481, fol.
482. —— —— —— Ven., 1486, fol.
1129. —— —— —— Ven., (1481), fol.
180. —— historia belli judaici, latine. Romae, 1475, fol.
330. —— —— —— Veronae, Maufer, 1480, fol.
688. —— la guerra di Giudei, ital. Firenze, 1493, fol.
29. Justinus. Ven., Jenson, 1470, 4º.
30. —— (Romae, 1470), 4º.
71. —— Romae, 1472, fol.
199. —— Mediolani, 1476, 4º.
278. —— Venet., 1479, fol.
595. —— cum Floro. Ven., (1490), fol.
390. Paulus Orosius. Venet., 1483, fol.
930. —— Venet., 1499, fol.
621. —— en français. Paris, 1491, fol.
26. Quintus Curtius. (Venet., 1470), 4º.
264. —— tradotto da P. Candido. Florentiae, 1478, 4º.
20. Titus Livius. Romae, Sweynh. et Pann., (1469), fol.
21. —— —— Han, (1479), fol.
67. —— Romae, 1472, fol.
328. —— Mediolani, Zarot., 1480, fol.
377. —— Tarvisii, J. Vercell., 1482, fol.
443. —— Tarvisii, J. Vercell., 1485, fol.
625. —— Venet., 1491, fol.
228. C. Plinii (Aur. Vict.) liber illustr. virorum. Ven., 1477, 4º.
50. Eutropius et Paulus Diaconus. Romae, 1471, 4º.
242. Sallustius. Paris, Gering, (1477—79), 4º.
282. —— Paris, (P. Cesaris), 1479, 4º.
593. —— Venet., (1490), fol.
1205. —— (Lugduni, 1495), fol.
69. Jul. Caesar. Romae, 1472, fol.
217. —— Mediol., 1477, fol.
458. —— en français. (Paris), 1485, fol.
590. Julii Caesaris oratio ad milites, etc. (Romae), 4º.
15. Tacitus. (Ven., Vind. de Spira, 1469), fol.
150. —— (Mediol., 1475—79), fol.
36. Suetonius. Romae, in via papae, 1470, fol.
37. —— —— Sweynh. et Pann., 1470, fol.
54. —— Venet., Jenson, 1471, 4º.
70. —— Romae, 1472, 4º.
551. —— cum Spartiano, etc. Ven., 1489, fol.
594. —— (Venet., 1490), fol.
565. —— cum comm. Venet., 1490, fol.
627. —— —— Mediol., 1491, fol.
823. —— —— Venet., 1496, fol.
572. Vitae Caesarum scriptae a Spartiano, etc., cum Eutropio, etc. Venet., 1490, fol.
111. Ammianus Marcellinus. Romae, 1474, fol.
1081. Cassiodori historia tripartita. Aug. Vindelic., 1472.
895. Annii Viterb. comm. sive excerpta histor. veter. Romae, 1498, fol.

4. Histoire moderne.

189. Les grandes chroniques de France. Paris, 1476, 2 vol., fol.
697. —— Paris, 1493, 3 vol., fol.
421. Les croniques de France abrégées jusqu'en 1483. 4º.
955. Rob. Gaguini compendium de Francorum gestis. Paris, 1500, fol.
1047. Praeclara Francorum facinora. 8º.
381. Traicté de paix entre Louis XI et le duc d'Autriche en 1482. 4º.
422. Etats tenus à Tours en 1483. fol.
423. —— 4º.
912. Débats des héraulx d'armes de France et d'Angleterre. Rouen, (1498), 4º.
913—918. Pièces relatives à la mort de Charles VIII et à l'avènement de Louis XII, en 1498. 4º.
113. Fl. Blondi Italia illustrata. Romae, 1474, fol.
639. Leonardo Aretino (Bruni). L'aquila volante. Napoli, 1492, fol.
852. —— —— Ven., 1497, fol.
38. —— de bello ital. adv. Gothos. Fulginei, 1470, fol.
55. —— —— Venet., Jenson, 1471, fol.
194. —— historia florentina. Ven., 1476, fol.
196. Fr. Poggio (Bracciolini). Historia florentina. Ven., 1476, fol.
645. —— —— Firenze, 1492, fol.
606. Mirabilia Romanae urbis. Romae, 1491, 8º.
1051. M. Ant. Sabellicus de vetustate Aquileiensis patriae, etc. 4º.
653. Bern. Justiniani liber de origine Venetiarum. Ven., 1492, fol.
286. J. Simonetae Sfortiada. Mediol., Zarot., 1479, fol.
818. Guill. Caoursin opuscula historica, obsidio Rhodiae, etc. Ulmae, 1496, fol.
1144. De moribus Turcorum. 4º.
33. Roderici Santii comp. histor. Hispan. (Romae, 1470), 4º.
1133. Lopez de Ayala. Cronica del rey don Pedro. Sevilla, 1495, fol.

5. Histoire ecclésiastique.

845. Ludolphi de Saxonia vita Christi. Paris, 1497, fol.
1039. —— —— fol.
998. —— vie de J.-C. translatée en françois. Paris, fol.
197. Eusebii historia ecclesiastica, latine. Romae, 1476, fol
140. Petri Comestoris historia scholastica. (Argentorati, 1470—77), fol.
270. Platinae vitae pontificum. (Venet.), 1479, fol.
337. —— —— Nuremberg, Koburger, 1481, fol.
442. —— —— (Tarvisii), J. Vercell., 1485, fol.
179. Le vite de santi Padri.... Venet., 1475, fol.
299. Bonini Mombritii vitae sanctorum. (Mediol., circa 1480), 2 vol., fol.
175. Jac. de Voragine legenda sanctorum. Paris, Gering, 1475, fol.
325. —— —— Venet., 1480, fol.
541. —— —— Argentinae, 1489, fol.
644. —— —— Argentinae, 1492, fol.
753. —— —— ....., 1495, 4º.
857. —— —— Haganoae, 1497, 4º.
232. La légende des saints nouveaux, en françois. Lyon, 1477, fol.
504. Viola sanctorum. Argentinae, 1487, 4º.
505. —— —— (1480—90), fol.
372. Passio 11000 virginum, etc. 1482, 4º.
969. Legenda 10000 martyrum. Coloniae, 1500, 4º.
440. Legenda Henrici et Kunegundis. Bruxellis, 1484, 8º.
908. Legenda virginis Lydwie, etc. Schiedam, 1498, 4º.
369. J. Andreae Hieronimianus. 1482, fol.
759. Vita et processus Thomae Cantuariensis, etc. Paris, 1495, 4º.
167. Bernard. Justinianus de vita beati Laurentii. Ven., 1475, fol.
752. Decem nationes Christianitatis. (1494), 4º.

6. Extraits et mélanges historiques.

57. Valerius Maximus. Moguntiae, Schoeffer, 1471, fol.
497. —— —— Venetiis, 1487, fol.
446. —— en français. (Paris, 1480-85), fol.
447. —— —— Lyon, Math. Huss, 1485, fol.
448. —— —— Paris, Verard, (1485—1500), fol.
1011. —— Venetiis, fol.
326. Historiae notabiles. Goudae, 1480, fol.
75. Boccacius de genealogia deorum. Ven., Vind. de Spira, 1472, fol.
983. —— de casibus illustrium virorum. Paris, fol.
682. —— louange des dames (trad. franç.). Paris, 1493, fol.
843. Phil. (Foresti) Bergom. liber de claris mulieribus. Ferrariae, 1497, fol.
641. Nobiliario spagnuolo. Sevilla, 1492, fol.
782. Le blason de toutes armes et escuts. Paris, 1495, 8°.

IIIe CLASSE. PHILOSOPHIE.

1. Matières générales.

174. Diogenis Laertii vitae philosophorum, latine. Ven., Jenson, 1475. fol.
519. La vita di philosophi extr. da Diog. Laertio. Florentiae, 1488, 4°.
1016. Septem sapientum apophtegmata, cum Pythagorae vers. aur. 4°.
107. Hierocles in Pythagorem, latine. Patavii, 1474, 4°.
785. Aristotelis (et Theophrasti) opera, graece. Ven., Aldus, 1495—98, 6 vol., fol.
206. —— libri de animalibus, latine. Ven., 1476, fol.
518. —— les Ethiques d'Aristote tr. en françois. Paris, 1488, fol.
1069. —— ethicorum libri X. (Parisiis, 1474), 4°.
1070. —— quaestiones Politicorum. Parisiis, (1500), fol.
1094. Theophili de Ferrariis propositiones ex omnibus Aristotelis libris philosophicis... collecta. Venetiis, 1493, 4°.
1165. Simplicii hypomnemata in Aristotelis categorias, graece. Ven., 1499, fol.
—— politiques d'Aristote tr. en franç. Paris, 1489, fol.
1067. Ammonius Parvus Hermias. Commentarius in Porphyrium. Ven., 1500, fol.
905. Albertus Magnus de IV coaequaevis, etc. Venet., 1498, 2 vol., fol.
744. —— de metaphysica. Venet., 1494, fol.
509. —— in physicam Aristotelis. Venet., 1488, fol.
581. —— de coelo et mundo. Venet., 1490, fol.
203. —— de mineralibus. Paduae, 1476, fol.
308. —— de secretis mulierum et virorum. 4°.
1173. —— —— Antwerpiae, G. Back, 4°.
584. Alberti de Saxonia liber de sophismatibus. Paris, 1490, 4°.
720. —— de proportionibus. Venet., 1494, 4°.
1062. —— sophismata. Parisiis, 1489, 4°.
349. Antonii Andreae quaestiones subtilissimae. Venet., 1481, fol.
410. —— quaestiones libri sex principiorum. (Venet., 1483), fol.
548. Buridani quaestiones morales. (Paris), Hopyl, 1489, fol.
704. —— sophismata. Paris, Baligault, 1493, 4°.
1077. —— —— (Parisiis), 4°.
821. Burlaei tractatus de intentione et remiss. formarum. Venet., 1496, fol.
352. J. Canonici quaestiones super libr. phys. Arist. Venet., 1481, fol.
1063. P. de Aliaco insolubilia. Parisiis, 4°.
706. Gaetani Thienensis expositio in libr. Aristot. de anima. Ven., 1493, fol.
783. Georgii interpretatio summularum, etc. Paris., 1495, 4°.
348. Jo. de Magistris quaest. super philos. Aristotelis. Parmae, 1481, 4°.
737. Martini de Magistris tractatus consequentiarum. Paris., 1494, 4°.
1137. —— —— Parisiis, 1489, 4°.
558. —— quaestiones morales. Paris., Hopyl, 1499, fol.
577. —— de virtutibus et vitiis. Paris., Hopyl, 1490, fol.
1138. —— expositio super Salve regina. (Parisiis), 4°.

947. —— expos. praedicabilium Porphyrii. (Paris), 4°.
796. Pici Mirandulae opuscula. Bononiae, 1496, fol.
805. —— liber adversus astrologiam. Bonon., 1496, fol.
305. (Raymundi de Sabunde) liber creaturarum seu naturae, etc. Daventriae, (1480), fol.
795. Tatareti quaestiones super ethicam Aristotelis. Paris., 1496, 4°.
898. Trombetae tractatulus contra Averroistas, etc. Venet., 1498, fol.
1206. Benedicti Soncinatis proposit. ex libris Aristotelis. Ven., de Gregoriis, 1493, 4°.
966. Anselmi Meiani philosophi enchiridion naturale. 1500, 4°.
604. Petri Ravennatis foenix sive memoria artificiosa. Venet., 1491, 4°.
605. Mich. Alb. Carrariensis libellus de augenda memoria. Bonon., 1491, 4°.

2. Morale et politique.

159. Senecae opera omnia. Neapoli, 1475, fol.
1163. —— —— Tarvisii, 1478, fol.
158. —— epistolae. Romae, 1475, 4°.
62. Plutarchae libellus de pueris educandis, latine. 1471, 4°.
243. —— problemata, latine. (Venet., 1477), 4°.
119. Boetius de consolatione. Savona, 1474, 4°.
650. Petrarca de remediis utriusque fortunae. Cremonae, 1492, fol.
45. (Adr. Cartus.) de remediis utriusque fortunae. Coloniae, 1471, fol.
288. Catho moralizatus. (1479—81), fol.
1083. —— cum glosa. Parisiis, 1500, 4°.
34. Roderici Santii ep. Zamor. speculum vitae hum. (Romae, Laver), fol.
129. —— —— Coloniae, (1470—77), 4°.
130. —— —— (Paris., P. Cesaris), 4°.
172. —— —— Paris., Gering, 1475, 4°.
525. —— —— Bisuncii, 1488, 4°.
44. Jacobi Magni sophologium. Paris., Gering, (1470—72), fol.
87. —— —— (Coloniae, Goetz, 1473), fol.
148. —— —— (Cashel, 1475—79), fol.
472. —— —— (1480—90), 4°.
766. —— —— Lugduni, de Vingle, 1495, 4°.
501. Le livre des bonnes moeurs par Jacques le Grant. Paris, Caillaut, 1487, 4°.
1089. Gilberti Crab tractatus terminorum moralium. (Parisiis), 8°.
693. Dionis opusculum de regno, latine. Bononiae, 1493, 4°.
147. Joannis (Parvi) Salisberiensis policraticus. (Coloniae), fol.
1064. P. de Alliaco de arte obligandi. Parisiis, 1489, 4°.
1171. Le songe du Vergier. Lyon, 1491, fol.
1187. Joh. Lupi liber de republica. Paris, Denidel, (1498), fol.

3. Histoire naturelle et agriculture.

16. Plinii historia naturalis. Venet., J. de Spira, 1469, fol.
23. —— Romae, 1470, fol.
78. —— Venet., Jenson, 1472, fol.
95. —— Romae, 1473, fol.
316. —— Parmae, 1480, fol.
387. —— Venet., 1483, fol.
822. —— Venet., 1496, fol.
207. Hist. nat. de Plinio tr. in lingua fiorentina da Landino. Ven., 1476, fol.
350. —— —— —— Venetiis, Philippus Venetus, 1481, fol.
1202. —— —— —— Venet, Barth. de Zanis, 1489, fol.
705. Hermolai Barbari castigationes Plinianae. Romae, 1493, fol.
375. Bartholomei Anglici (de Glanvilla) de rerum proprietatibus liber. (Lugd.), 1482, fol.
455. Le propriétaire des choses en franç. Lyon, 1485, fol.
599. —— —— Lyon, Cyber, (1490), fol.

88. Boccacii de montibus, silvis, etc. Venet., (Vind. de Sp.), 1473, fol.
46. Petri de Crescentiis commoda ruralia. Augustae, 1471, fol.
566. Il libro dell' agricultura di P. Crescentii. Vicentiae, 1490, fol.

4. MÉDECINS ARABES, GRECS, LATINS, FRANÇAIS.

1106. Hippocratis libellus de medicorum astrologia. Venetiis, 1485.
204. Avicennae opera, latine. Patavii, 1476, 2 vol., fol.
568. —— latine. Venet., 1490, 4º.
49. Mesue, latine. Venet., Clemens Patavinus, 1471, fol.
546. Aphorismi Raby Moses, etc. Bononiae, 1489, 4º.
547. Aphorismi J. Damasceni, Rasis, etc. Bononiae, 1489, 4º.
56. Liber Servitoris, Bulchasi, etc. Venet., Jenson, 1471, 4º.
263. Corn. Celsus de medicina. Florentiae, 1478, fol.
117. Mathaei Silvatici pandectae. (Mantuae), 1474, fol.
251. —— —— Lugduni, 1478, fol.
513. —— —— Venet., 1488, fol.
1161. Guil. de Saliceto summa conservationis. Venetiis, 1490, fol.
149. Georg. Merulae opera, etc. (Venet., Vind. de Sp.), 1475), 4º.
483. Simonis (a Cordo) clavis sanationis. Venet., 1486, fol.
632. (Gastideni) rosa anglica. Papiae, 1492, fol.
816. J. Ganiveti amicus medicorum. Lugduni, 1496, 4º.
1009. Ant. Cermisoni consilia. Venetiis, fol.
157. Benedictus de Nursia de conservatione sanitatis. (Romae, 1475), 4º.
403. Magnini regimen sanitatis. Paris., 1483, 4º.
116. Petri Padubanensis liber de physionomia. Paduae, 1474, 4º.
240. Mich. Scot de procreatione hominis et de physionomia, 1477, 4º.
136. Candidus (Decembrius) de genitura hominis. (Romae), 4º.
438. Herbarius. Moguntiae, 1484, 4º.
623. Ant. de Villanova, de virtutibus herbarum. Vincentiae, 1491, 4º.
624. —— —— (Vincentiae, 1490—92), 4º.
769. Pratique de médecine de Bern. Gordon. Lyon, 1495, 4º.
999. La nef de santé. Paris, Verard, 4º.
1000. Le tresor des poures. Paris, Verard, 4º.
333. Le regime (de santé) très utile. 1480, 4º.

5. MATHÉMATIQUES.

363. Euclides, latine. Venetiis, 1482, fol.
755. Thomae Bravardini arithmetica speculativa, etc. Paris., 1495, 4º.
756. Algorismus sive arith. practica, a J. Sanchez de Cirvelo, Paris., 1495, 4º.
805. Jordani Nemorarii elementa arithm. Paris., 1496, fol.
1102. Haly, filii Abenrazel, liber in judiciis astrorum. Venetiis, 1485.
939. Astronomici veteres. Venet., Aldus, 1499, fol.
373. Iginii poeticon astron. Venet., 1482, 4º.
424. Ptolemaei liber de stellis, etc., latine. Venetiis, 1484, 4º.
1065. Alphonsi regis Castellae tabulae astronomicae. Venetiis, 1492, 4º.
680. Marsilius Ficinus in librum de sole. Florent., 1493, 4º.
366. J. de Sacro Bosco liber de sphaera. (Venetiis), 1482, 4º.
722. —— —— Paris., Hopyl, 1494, fol.
876. —— —— Paris., 1498, fol.
1160. —— —— Venetiis, 1500, 4º.
1079. Canon de domibus celi fabricandis. 4º.
1013. Petri de Alliaco et aliorum opuscula cosmographica. fol.
696. Alfragani rudimenta astronomica. Ferrariae, 1493, 4º.
371. J. de Monte Regio tabulae astronomicae. Venet., E. Ratdolt, 1482, 4º.
1131. Leupoldus dux Austriae de astrorum scientia. Venetiis, 1489, 4º.
824. Zacuti tabulae celestium motuum. (Venet.), 1496, 4º.
685. Zachariae Lilii breviarium orbis. Florentiae, 1493, 4º.

727. Joannis Angeli astrolabium planum. Venet., 1494, 4º.
360. Abdilazi alchabitius. Venetiis, 1482, 4º.
452. —— Venetiis, 1485, 4º.
1174. Albumasar, de magnis conjunctionibus. Augsbourg, Ratdolt, 1489, 4º.
454. Repertorium pronosticon in mutationes aeris, etc. Venet., 1485, 4º.
739. Antiochi Tiberti chiromantia. Bononiae, 1494, 4º.
425. Divina philosophorum academia sive chiromantia. Paduae, 1494, 4º.
1059. Abraham Aben Ezra liber de nativitatibus. Venetiis, 1485, 4º.

6. Arts.

978. Ant. Russi thesaurus musices. Messanae, 1500, 4º.
1049. Flores musicae. 4º.
1078. Nicolai Burtii opusculum musices. Bononiae, 1487.
109. Modestus de re militari, etc. Venet., 1474, 4º.
83. Rob. Valturius de re militari. Veronae, 1472, fol.
382. —— —— Veronae, 1483, fol.
383. Precetti militari di Valturio, etc. Veronae, 1483, fol.
1021. L'arbre des batailles, (par Bonnor). fol.
1150. Oppianus de piscatu libri III. Colle, 1478, 4º.

IVᵉ CLASSE. JURISPRUDENCE (Civile).

608. Justiniani institutiones. Lugduni, 1491, fol.
532. Casus longi super instituta Justiniani. (1485—90), fol.
138. J. Fabri breviarium super Codicem. (Lovanii), fol.
758. Lud. Bolognini tabula textuum et glosarum. Bononiae, 1495, fol.
869. —— novae interpretationes. Bononiae, 1497, fol.
870. —— secunda interpretatio, etc. Bononiae, 1497, fol.
510. Liber dans modum legendi abreviaturas juris. Paris, 1488, fol.
405. Juris vocabularium. Venetiis, 1483, fol.
1020. J. Berberii viatorium utriusque juris. 4º.
252. Rolandini summa artis notariatus. Taurini, 1478, fol.
498. J. Petri Ferrarii practica juridicialis. Venet., 1497, 4º.
479. Pauli de Castro consilia et allegationes. Papiae, 1486, 4º.
683. Petri Antiboli tractatus munerum. 1493, 4º.
202. Angeli Gambilionis de Aretio, tract. de criminibus. Paris, 1476, 4º.
235. Baldi et aliorum tractatus juridici. Paris, 1477, 4º.
344. Formularium procuratorum. Romae, 1481, 4º.
1019. Bartholi de Saxo Ferrato tract. judiciorum cum processu Satanae, etc. 4º.
1056. Joannis de Urbach processus judiciarius Satanae, etc. 4º.
1014. (Jac. de Ancharano) processus Luciferi contra Jesum. 4º.
952. Ordonnances de la Prevosté des marchands. Paris, 1500, fol.
414. La coutume de Normandie. 1483, fol.
953. Le coutumier de Poitou. Paris, 1500, fol.
954. Foro real de Spagna. Venetiis, 1500, fol.
879. Ordenanças reales, etc. 1498, fol.
723. Constitutions de Cathalunya. Barchinonae, 1494, fol.

Vᵉ CLASSE. THÉOLOGIE.

1. Bibles.

342. Psalterium graeco-latin. Mediol., 1481, 4º.
786. —— graecum. Venet., Aldus, (1495), 4º.
4. Biblia latina. Moguntiae, 1462, 2 vol., fol.
66. —— Moguntiae, 1472, fol.
184. —— Placentiae, 1475, 4º.
209. —— Venet., Jenson, 1476, fol.
210. —— Paris, Gering, (1476), 2 vol., fol.
258. —— Nuremberg, Coburger, 1478, fol.
280. —— Venet., Jenson, 1479, fol.

290 TABLE SYSTÉMATIQUE

319. Biblia latina. Nuremb., Cob., 1480, fol.
320. —— Venet., Hailbrun, 1480, fol.
351. —— Venet., Wild., 1481, fol.
356. —— (Basil.), 1481, fol.
378. —— Argentorati, 1482, fol.
401. —— Venet., Herbort, 1483, fol.
431. —— Venet., Herbort, 1484, 4º.
496. —— Venet., J. de Rivabenis, 1487, 4º.
619. —— Basil., Froben, 1491, 8º.
629. —— Venet., Simon de Gara, 1491, fol.
746. —— Lugd., Huss, 1494, fol.
774. —— Basil., Froben, 1495, 8º.
858. —— Venet., Hier. de Pagan., 1497, 8º.
956. —— (Paris), Pivard, 1500, 4º.
957. —— (Neapoli, Moravus, 1476), fol.
61. Biblia in lingua volgare. (Venet.), 1471, oct., 2 vol., fol.
233. Le nouveau testament en français. Lyon, (1477), fol.

Commentaires sur la Bible.

64. Nicolaus de Lyra in Biblia. Romae, 1471, fol.
1136. —— —— Venetiis, 1488, 2 vol., fol.
402. —— super Psalmos. Paris, Gering, 1483, 4º.
1195. —— —— en français. Paris, Pierre Lerouge, fol.
1008. —— differentia nostrae translationis ab hebr. Rothomagi, Morin, 8º.
615. —— praeceptorium sive expositio decalogi. (Paris), Pigouchet, (1491), 8º.
409. Pauli de S. Maria addit. ad postillam Nic. de Lyra. Venet., 1483, fol.
39. —— scrutinium Scripturarum. (Argent., Ment., 1470), fol.
250. J. de Turrecremata expositio super Psalterio. Mogunt., Schaeffer, 1478, fol.
1170. —— —— (Lugduni), 4º.
602. Ludolfi Saxonis interpretatio Psalmorum. Spiris, 1491, 4º.
872. Psalterium cum interpretatione Brunonis. (Nuremberg), 1497, 4º.
555. Nic. Holkot in Sapient. Salomonis. (Paris, Gering, etc.), 1489, 4º.
1026. Somnia Danielis. 4º.
847. Guilhelmi postilla evangelior. Paris, Bocard, 1497, 4º.
1101. —— —— (Argentorati), fol.
200. (Henrici Jerung) elucidarius Scripturarum. Nuremb., 1476, fol.
213. (Marchesini) mammotrectus. Venetiis, 1476, 4º.
247. J. Caroli exempla Scripturae sacrae. Paris, Gering, 1478, 4º.
508. Exempla sacrae Script. Paris, Levet, (1487), 8º.
837. Aut. Rampegoli figurae bibliae. Paris, 1497, 8º.

2. Liturgies.

1. Duranti rationale divin. offic. Moguntiae, 1459, fol.
332. —— —— Vicentiae, 1480, fol.
338. —— —— Lugduni, 1481, fol.
1030. —— —— fol.
1092. —— —— Venetiis, 1494, 4º.
93. Guidonis de Monte Rocherii manipulus curatorum. Paris, 1473, fol.
96. —— —— Paris, Gering, 1473, fol.
198. —— —— Paris, 1476, 4º.
1048. —— —— 4º.
1142. —— —— 4º.
1143. —— —— Orléans, 1490, 4º.
290. Vincentii Gruner expositio missae. fol.
291. —— —— alt. editio. fol.
575. Odonis Cameracensis expositio missae. Paris, 1490, 4º.
651. —— —— Paris, 1492, 4º.
1149. —— —— Parisiis, 1496, 8º.
730. —— —— Paris, 1494, 4º.

TABLE SYSTÉMATIQUE   291

520. Gab. Biel lectura super canonem missae. (Rutlingae), 1488, fol.
945. —— —— Tubingen, 1499, fol.
788. Petri Balthazar tractatus de missa, etc. Lipsiae, (1495), 4º.
655. Jo. de Lapide resolutorium dubior. circa missam. Basil., 1492, 8º.
925. —— —— Lips., 1499, 4º.
439. Expositio missae, germanice. Augustae, 1484, fol.
125. Alberti de Ferrariis opusculum de horis canonicis. (1470—77), fol.
1012. —— —— 4º.
573. Martyrologium cum regula officii canonici. Paris, 1490, fol.
1138. Martini de Magistris expositio super Salve regina. (Parisiis), 4º.
799. De dedicatione ecclesiae Parisiensis. Paris, 1496, 4º.
457. Pontificale Romanum. Romae, 1485, fol.
856. —— Romae, 1497, fol.
854. Manuale ecclesiae Parisiensis. Paris, 1497, 4º.
1041. —— —— Senonensis. 4º.
1198. —— parrochialium. 4º.
819. Compendium sive tabula divin. officiorum. Paris, 1496, 4º.
361. Missale Ambrosianum. Mediol., 1482, fol.
934. —— —— Mediol., 1499, fol.
544. —— Andegavense. Paris, 1489, fol.
731. —— Cenomanense. Paris, 1494, fol.
842. —— Ebroicense. Rothomagi, 1497, fol.
686. —— Eduense. Paris, 1493, fol.
950. 951. —— Mozarabicum (cum breviario). Toleti, 1500, 2 vol., fol.
585. —— Nivernense. Paris, 1490, fol.
343. —— Parisiense. Paris, 1489, fol.
543. —— —— Paris, 1489, fol.
873. —— —— Paris, 1497, fol.
881. —— Pictaviense. Paris, 1498, fol.
601. —— Romanum. (1490), fol.
886. —— —— Venet., 1498, fol.
781. —— Rothomagense. Rothom., 1495, fol.
968. —— Sagiense. Rothom., 1500, fol.
866. —— Trajectense. Paris, 1497, fol.
1042. —— Trecense. fol.
658. —— Turonense. 1492, fol.
126. Breviarium Ambianense. (1470—77), 4º.
322. —— Basileense. Basileae, 1480, 4º.
839. —— Belvacense. Paris, 1497, 8º.
334. —— Bituricense. Venet., 1481, 8º.
838. —— Cameracense. Paris, 1487, 2 vol., 8º.
971. —— Elnense. Perpiniani, 1500, 8º.
267. —— Parisiense. Paris, 1479, 2 vol., 4º.
298. —— —— (Paris, 1480), 8º.
637. —— —— Paris, 1492, fol.
118. —— Romanum. Taurini, 1474, 8º.
230. —— —— Venet., 1477, 8º.
245. —— —— Venet., 1477, fol.
630. —— Rothomagense. Rothom., 1491, fol.
848. —— Salzburgense. Nuremb., 1497, 8º.
1182. —— Tornacense. 8º.
813. —— Upsalense. Holmiae, 1496, 4º.
537. —— Viennense, Lugduni, 1489, 8º.
1186. Diurnale Fontisebraldense. 1500, 4º.
808. —— Parisiense. Paris, 1496, in-16º.
719. Psalterium cum cantu ad usum eccles. Parisiens. Paris, 1494, 4º.
1001. Heures de Notre-Dame. Paris, Verard, 4º.
607. Heures à l'usage de Rome. Paris, 1491, 8º.
896. —— —— Paris, 1498, 8º.
1191. —— —— Paris, Guill. Anabat, 4º.
864. —— à l'usage de Rouen. Paris, 1497, 8º.

3. Conciles et droit canon.

961. Acta concilii Constantiensis. Hagenoae, 1500, 4°.
285. Statuta synodi Lingonensis. 1479, 4°.
616. —— —— per J. d'Amboise. 1491, 4°.
563. Liber synodalis diœcesis Cenomanensis. 1489, 4°.
542. Constitutiones ecclesiae Neapolitanae. Neapoli, 1489, 4°.
68. Gratiani decretum cum glossis.... Moguntiae, 1477, fol.
222. —— —— Venet., Jenson, 1477, fol.
315. —— —— Venet., 1480, 4°.
1034. —— —— fol.
10. Clementis V constitutiones. Moguntiae, 1467, fol.
920. Gregorii IX decretales. Paris, 1499, fol.
535. Bullae XIV, etc. (Romae, 1488), 4°.
468. Innocentii VIII bulla ex com. (Romae, 1485), 4°.
622. —— bulla de resign. benefic. Romae, 1491, 4°.
949. Alexandri VI bulla. 1499, 4°.
1025. Correptorium Flamingorum, etc. 4°.
531. Barthol. Brixiensis casus Decret. (Argent., 1488), fol.
437. Bern. de Compostella casus longi super Decret. Argentor., 1484, fol.
967. —— —— —— Lugduni, 1500, 4°.
530. —— —— (Argent.), 1488, fol.
919. Ivonis Carnot. panormia sive liber decretorum. Basil., 1499, 4°.
358. Panormitani lectura super I^m Decretalium. Basil., 1481, fol.
474. —— —— —— Nuremberg, 1486, fol.
432. Pauli Florentini breviarium decret., etc. Lugduni, 1484, fol.
471. Martini Poloni margarita decreti. (1480—90), fol.
973. Jo. Nivicellensis concordantia scripturae pro jure canonico. (Basil.), fol.
1128. —— —— —— Venetiis, 1483, fol.
202. Angeli Gambilionis tract. de criminibus seu maleficiis. Paris, Gering, 1476, 4°.
311. Episcopi Civitatensis canones poenitentiales. (Romae, 1480), 4°.
80. Fr. de Platea opus restitutionum, etc. Venet., 1472, 4°.
120. —— —— —— Colon., Koelhoff, 1474, fol.
141. Jo. Andreae summula de sponsalibus, etc. (Argent., Flach), fol.
128. Titulus de sponsalibus, etc. (1470—77), 4°.
893. Consilium Montis pietatis, etc. Venet., 1498, 4°.
894. —— —— —— (Venet., 1498), 4°.
574. Formularium instrumentorum. Romae, 1490, 4°.
1095. —— —— 4°.
1005. Stilus Romanae curiae. (Romae), 4°.
1006, 1207. Taxae cancellariae et poenitentiariae Romanae. (Romae), fol. et 4°.
1208. Termini causarum in Rom. curia.... 4°.
909. Regulae cancellariae, etc. (Romae, Planck, 1498), 4°.
910. —— —— (Romae, Silber, 1498), 4°.
1004. Casus papales, episc., abbat. (Romae, Silber), 4°.
1082. —— —— —— (Parisiis), 8°.
467. Modus in prosecutione gratiae expectativae. (Romae), 4°.
1045. —— —— —— 4°.
990. Ant. de Raimundia tractatus contra reserv. benef. 4°.
503. Troilus de Malvitiis de canonizat. sanctorum. Bononiae, 1487, fol.
729. Celsi Maphaei Ver. dissuasoria ne census eccl. usurpentur. Bon., 1494, 8°.
279. Augustini de Ancona summa de eccl. potestate. Romae, 1479, 4°.
1017. —— —— —— fol.
1132. Joh. de Lignano de pluralitate beneficiorum. Parisiis, 4°.
502. Ant. de Rosellis tract. de potest. imperatoris et papae. Ven., 1487, fol.
933. Henr. Institoris opusculum in errores monarchiae, etc. Ven., 1499, fol.
721. Alex. de S. Elpidio tract. de eccl. potestate. Taurini, 1494, 4°.
1050. Fr. Poggii liber de potestate papae et concilii. 4°.
761. Bertrandi libellus de jurisd. ecclesiast. Paris, 1495, 4°.

TABLE SYSTÉMATIQUE 293

517. Pragmatica sanctio glossata, etc. Lugduni, 1488, 4º.
1156. —— —— Lugduni, 1488, 4º.
962. Benedicti, Basil., August. et Francisci regulae. Ven., 1500, 4º.
346. Ambr. Choriolani comm. in reg. August. Romae, 1481, fol.
347. —— defensorium ord. s. August. (Romae, 1481), fol.
492. Celsi Maphaei Ver. defensiones canonic. reg. Ven. 1487, 4º.
620. Privilegia ord. Cisterciensis. Divione, Metlinger, 1491, 4º.
830. —— fr. Minorum et Praedic. Tresis, 1496, 8º.
921. Minorica elucidativa separ. fr. Minorum. Paris, 1499, 8º.
271. Engelberti Cultrificis ep. declar. jurium mendicant. Novimagii, 1479, 4º.
817. Ricardi Radulfi defensio curatorum. (Lugduni), 1496, fol.
1027. Defensorium curatorum. 4º.
1028. —— altera editio. 4º.
991. Juliani Quimoni tract. de reformatione status monastici. (Paris), 4º.
992. Epistola ad diffamatores status monastici. (Paris), 4º.
709. Etablissemens des chevaliers de S. Jean-de-Jerusalem. (1493), fol.

4. THÉOLOGIENS.

Théologiens des cinq premiers siècles.

654. Dionysius Areopagita, latine. Florentiae, 1492, 4º.
875. —— et aliorum opuscula, epist., &c., lat. Paris, 1498, fol.
52. Cypriani epistolae. Ven., Vind. de Spira, 1471, fol.
598. —— —— (Memmingae), 1490, fol.
295. —— sermo de oratione dom. (Paris, Gering, 1480), 4º.
5. Lactantius. In Monast. Sublacensi, 1465, fol.
253. —— Ven., 1478, fol.
216. Athanasius in Paulum, latine. Romae, 1477, fol.
395. Effrem de compunctione cordis, etc., latine. (Basil., Amerbach), fol.
8. Chrysostomus in Mathaeum, latine. (Argent., Mentellin), fol.
993. Basilius de vita solitaria, latine, etc. Paris, Lambert, 8º.
86. Ambrosii de officiis libri III. (Paris, Gering, 1472), fol.
241. —— opuscula. (Mediol., 1477), fol.
582. —— epistolae. (Mediol., Pachel), fol.
13. Hieronymi epistolae. Romae, 1468, fol.
191. —— —— Venet., 1476, fol.
512. —— —— Venet., 1488, fol.
1105. —— —— Basileae, 1497, fol.
9. Augustini de civitate Dei libri XXII. (In Monast. Sublac.), 1467, fol.
12. —— —— —— Romae, 1468, fol.
24. —— —— —— Romae, 1470, fol.
105. —— —— —— Romae, 1474, fol.
177. —— —— —— Venet., Jenson, 1475, fol.
178. —— —— —— Venet., J. de Tarvisio, 1475, fol.
97. —— —— cum comm. Moguntiae, 1473, fol.
268. —— —— —— Basil., 1479, fol.
292. —— —— —— 1480, fol.
539. —— —— —— Basil., 1489, fol.
293. —— —— volgarizzata. (Ven., 1480), fol.
484. —— —— —— en français. Abbeville, 1486, 2 vol., fol.
7. —— libri IV de doctrina christiana. Moguntiae, Fust, fol.
275. —— liber de conflictu vitiorum, etc. Paris, 1479, 4º.
1071. —— —— —— —— (Parisiis, 1474), 4º.
294. —— enarrationes in psalmos III^{ae} quinquagenae. (1480), fol.
540. —— de trinitate libri XV. Basileae, 1489, fol.
1178. —— tractatus diversi. 4º.
385. —— opuscula, etc. Venet., Scot, 1483, 4º.
545. —— —— Argentinae, Flach, 1489, fol.
611. —— —— Venet., 1491, 4º.

612. Augustini opuscula, etc. Parmae, 1491, fol.
626. —— —— Venet., 1491, 4°.
707. —— epistolae. Basileae, 1493, fol.

Théologiens des siècles VI—XII.

19. Gregorii papae liber regulae pastoralis. (Argent., Flach), 4°.
891. —— —— (Paris, Gering), 4°.
892. —— —— —— Paris, Gering, 1498.
43. —— moralium libri XXXV. (Basileae, Rodt), fol.
775. —— —— —— Paris, Gering, 1495, fol.
889. —— homiliae in Ezechiel. (Paris, Gering), 4°.
176. —— homiliae in evang. Paris, Gering, 1475, fol.
631. —— —— —— Paris, Wolf, 1491, 4°.
890. —— dialogus de vita patrum, etc. (Paris, Gering), 4°.
407. Isidori Hispalensis etymologiae et de summo bono, etc. Ven., 1483, fol.
926. —— —— Paris, Wolf, 1499, fol.
789. —— —— de ortu et obitu prophetarum, etc. (1480—85), 4°.
408. —— de summo bono libri III. Lipsiae, (1495), 4°.
1127. —— contra Judaeos. (Romae), 4°.
874. Methodii revelationes. Basileae, Furter, 1498, 8°.
1015. Anselmi Cantuariensis opuscula. 4°.
161. Bernardi sermones. Moguntiae, Schoiffer, 1475, fol.
740. —— —— super Cantica. Paris, 1494, 4°.
741. —— —— de tempore. (Paris, 1494), 4°.
726. —— epistolae. Paris, 1494, 4°.
162. —— speculum de honesta vita. (Moguntiae), 1475, 4°.
1080. —— —— —— 4°.
728. Floretus (Bernardo attributus) cum comm. Lugduni, 1494, 4°.
747. Richardi de S. Victore, de minori contemplatione... (Paris), 1494, 8°.
748. —— —— —— de arca mystica. (Paris, 1494), 8°.
715. Werneri liber deflorationum Patrum. Basil., 1494, fol.
221. Petri Lombardi sententiarum libri IV. Ven., Vind. de Spira, 1477, fol.
936. —— —— cum comm. Paris, 1499, 4°.
391. Lotarii (Innoc. III) liber de vilitate conditionis hum. Paris, 1483, 4°.

Théologiens du XIIIe siècle.

960. Guillelmi Altissiodorensis summa in IV libr. Sent. Paris, 1500, fol.
560. —— Arverni, Paris. episc., de VII sacramentis, etc. Paris, 1489, 4°.
797. —— —— de fide, legibus, etc. Nuremberg, 1496, fol.
393. —— —— rethorica divina. Gandavi, 1483, 4°.
394. —— —— —— (Basileae, 1480—86), fol.
1035. —— —— —— &c. 8°.
1036. —— —— dialogus de VII sacramentis. 8°.
40—42. Thomae Aquinatis summa. (Moguntiae, Eustadii et Basileae, 1470, etc.), 3 vol., fol.
260. —— —— summae 1^a II^{ae}. Venetiis, 1478, fol.
1168. —— —— —— 2^a II^{ae}. Venetiis, 1475, fol.
25. —— —— continuum in evang., etc. Romae, 1470, fol.
212. —— —— comm. in libr. III Sent. Coloniae, 1476, fol.
846. —— —— comm. in libr. IV Sent. Venet., 1497, fol.
190. —— —— quaestiones de veritate. Romae, 1476, fol.
323. —— —— libri IV de veritate. Ven., Jenson, 1480, fol.
725. —— —— catena super evangel. Ven., 1494, 4°.
477. —— —— questiones quodlibeticae. Ven., 1486, 4°.
764. —— —— confessionale (Paris, 1495), 4°.
1053. —— —— —— 4°.
526. —— —— opuscula. (Mediol.), 1488, fol.
306. —— —— de mirabili quidditate, etc. Colon., (1480), 4°.

TABLE SYSTÉMATIQUE 295

1169. Thomae Aquinatis quaternarius (Parisiis), 8°.
609. Bonaventurae com. in libr. I Sentent. Bamberg, 1491, fol.
392. —— tractatus corporis Christi. Paris, Caillaut, (1483), 4°.
578. —— stimulus divini amoris. Paris, 1490, 8°.
860. —— dieta salutis. Paris, 1497, 8°.
1075. —— dialogus sive soliloquium. Parisiis, 8°.
1181. —— de modo celebrandi missam. (Paris, 1500), 4°.
1076. —— sermones de morte. Parisiis, 1495, 8°.
1162. Rabbi Samuel epistola ad Rabbi Isaac. 4°.
1130. De laude caritatis. 4°.
556. Ricardi de Media villa. comm. in IV^{um} Sententiarum. Ven., 1489, fol.
923. Raimundus (Lullius) de laudibus virginis Mariae, etc. Paris, 1499, fol.

Théologiens du XIVe siècle.

341. J. Duns Scoti quodlibeta et comm. in III^m et IV^m Sent. Nuremberg, 1481, fol.
965. —— expositio IV^i Sentent. Paris, 1497, fol.
636. Aegidii Romani comm. in IV Sent. 1492, fol.
1073. Petri Aureoli, de conceptione virginis Mariae. (Moguntiae, 1470), 4°.
579. Alfonsi Toletani lectura in I^m Sent. Ven., 1490, fol.
779. Guill. de Ockam quaestiones in IV libros Sent. Lugduni, 1495, fol
415. —— in I^m Sentent. 1483, fol.
495. —— quodlibeta VII. Paris, 1487, 4°.
603. —— —— Argentinae, 1491, fol.
762. —— opus XC dierum. Lugduni, 1495, fol.
778. —— centilogium theologicum. Lugduni, 1495, fol.
738. —— dialogus de hereticis. Lugduni, 1494, fol.
815. —— de potestate papae. Lugduni, 1496, fol.
122. Augustini de Ancona laudes Mariae virginis. (1470—77), 4°.
211. Franc. de Mayronis in I^m Sentent. Trivisiae, 1476, fol.
1199. —— expositio sup. Ave Maria. 4°.
218. Rainerii de Pisis pantheologia. Nuremberg, 1477, fol.
321. Astexani summa. Venet., 1480, fol.
362. —— Nuremberg, 1482, fol.
127. Barth. de S. Concordio summa pisana. (1470—77), fol.
840. Rob. Holkot, quaestiones in IV libros Sent. Lugduni, 1497, fol.
368. Gregorii de Arimino lectura I^i Sent. Paris, 1482, fol.
569. Petri de Alliaco, quaestiones in IV libr. Sent. Argentinae, 1490, fol.
987. —— —— in I, III et IV Sent. Paris, 8°.
570. —— tractatus et sermones. Argentinae, 1490, fol.
398. —— expositio super Cantica. (Paris), 1483, 4°.
399. —— meditationes in VII psalmos poenit. (Paris, 1483), 4°.
302. Petri de Aquila com. in IV libros Sent. (Spirae, 1480), 4°.
249. Le livre des SS. Anges par Fr. Eximines. Genève, 1478, fol.

Théologiens du XVe siècle.

524. Jo. Gersoni opera. (Argent., Pruss), 1488, 3 vol., fol.
554. —— operum III^a pars. (Argent., Pruss), 1489, 4°.
743. —— opera. (Argent., Flach), 1494, fol.
100. —— collectorium super Magnificat. (Esslingae), 1473, fol.
614. —— de passionibus animae. (Paris, Pigouchet, 1491), 8°.
1107. —— —— (Parisiis), 8°.
1031. —— de praeceptis Decalogi. 4°.
1032. —— astrologia theologisata. 4°.
1033. —— de modo vivendi. 4°.
336. Jo. de Turrecremata flos theologiae. (Basil.), 1481, fol.
811. —— summa de ecclesia. Lugduni, 1496, fol.
812. —— tractatus super potest. papali. Lugduni, 1496, fol.

219. Antonini summa theologiae. Nuremberg, 1477, 4 vol., fol.
227. —— summae pars secunda. Ven., 1477, fol.
324. —— —— Ven., 1480, fol.
810. Summa nuncupata Destructorium vitiorum. Nuremb., 1496, fol.
1135. Jacobi Lupi, liber de assertionibus catholicis apostoli. Parisiis, 1497, 8°.
266. Aegidi Carlerii sporta fragmentorum. Bruxellis, 1478, fol.
515. Nic. de Ausmo supplem. summae Pisanellae. Nuremb., 1488, 4°.
634. Angeli de Clavasio summa de casibus. Nuremberg, 1492, fol.
550. Guill. Vorillong opus super IV libr. Sent. Lugduni, 1489, fol.
804. —— —— Venet., 1496, 4°.
1054. Thomae Atrebatensis quaestiones super IV libr. Sent. 4°.
500. Alfonsi de Spina fortalicium fidei. 1487, fol.
255. Petri de Osoma com. in symbolum Quicumque. Paris, (1478), 4°.
65. Fr. de Rovere (Sixtus IV) de sanguine Christi, etc. Romae, (1470—72), fol.
617. G. Houppelande de immortalitate animae. Paris, 1491, 8°.
698. —— —— Paris, 1493, 8°.
101. Henrici Gorichem de superstitiosis casibus, etc. (Esslingae, 1473), 4°.
386. Jo. Consobrini tract. de justitia commutatiua. Paris, 1483, 4°.
820. —— —— Paris, 1496, 8°.
855. Felicis Hemmerlin opuscula, etc. Basileae, 1497, fol.
456. Leonardi de Nogarolis liber de beatitudine. Vincentiae, 1485, fol.
552. Petri Bruti victoria contra judaeos. Vincentiae, 1489, fol.
963. Joannis Baptistae liber contra judaeos. Romae, 1500, 4°.
965. —— —— Argentorati, Flach, 1500, 4°.
597. Jo. Annii opus de christianor triumphis in Turcos. Lovanii, 4°.
1068. —— —— Coloniae, 1482, 4°.
633. Bonifac. Simonetae epistolae, etc., de persecutione christian. Mediol., 1492, fol.
310. Pauli de Heredia disputatio de imm. concept. (Romae), 4°.
923. Remundi Lullii libri de laudibus Mariae, etc., Paris, 1499, fol.
988. Ant. Fornerii dialogus de peccato orig. et imm. conc. Mariae. Paris, 8°.
978. Gaguini tract de puritate conceptionis. Mariae. (Paris), 1488, 4°.
528. —— carmen de conceptione Mariae. (Paris), 1488, 4°.
1099. —— —— Parisiis, 1490, 4°.
977. —— elegia de conditione hominis, etc. (Paris), 4°.
562. Fernandi comm. in Gaguinum de conc. Mariae. Paris, 1489, 4°.
787. Johannis de Lamzheym de rosario et confr. Mariae V. Moguntiae, 1495, 4°.
844. J. Nesii oraculum de novo saeculo. Florentiae, 1497, 4°.
841. Georgii Benigni de Salviatis propheticae solutiones. Flor., 1497, 4°.
931. —— de natura coelestium spirituum, Flor., 1499, fol.
932. —— mirabilia reperta, etc. Flor., (1499), 4°.
807. (Savonarolae) revelatio nostrorum temporum, etc. Paris, 1496, 4°.
772. —— compendium revelationum. Florentiae, 1495, 4°.
801. Benivieni, etc., de Savonarolae doctrina opuscula. Flor., (1496), 4°.
1172. Aegidii (Francisci) aurea verba de gratia dei. (1475), 8°.
735. Articuli fidei. (Paris, 1494), 8°.
379. Le tresor des humains. Paris, 1482, fol.
305. Raymundi de Sabunde liber creaturarum. Daventriae, (1480), fol.
1090. Mathaei de Cracovia dialogus de accedendo ad sacramentum altaris. Parisiis, 1497, 8°.
1072. Joh. de Aurbach, summa de sacramentis. Fol.

5. Sermonnaires.

507. Jac. de Voragine sermones. (Basileae, 1487), fol.
523. Vincentii Ferrarii sermones. Basileae, 1488, fol.
527. Jo. Herolt sive Discipuli sermones. 1488, 4°.
1190. —— —— Lugduni, Math. Huss, 1489, 4°.
972. Hugonis de Pratoflorido sermones. (Argent., Gruninger), fol.
1037. Joh. abbatis Vercellensis sermones vademecum. 4°.
411. Sermonum thesaurus novus. Argentinae, 1483, fol.
427. Opus sermonum Socci. Argentinae, 1484, fol.

137. Leonardi de Utino sermones de sanctis. (Moguntiae, 1470—77), fol.
161. —— —— 1475, fol.
246. —— —— Norimbergae, 1478, fol.
257. —— sermones quadragesimales. Paris, (1478), fol.
1043. Michaelis de Ungaria sermones. 4º.
1066. Ambrosius de Spira quadragesimale. Venetiis, 1485, 4º.
124. Roberti Caraczoli opus quadragesimale. (1470—77), fol.
123. —— opus de timore divin. judicior. (1470—77), fol.
538. —— sermones de sanctis. Paris, 1489, 4º.
1100. Gritsch quadragesimale. Fol.
958. Gabrielis Biel sermones. Tubingae, 1500, 4º.
1179. S. Bernardini sermo de virgine Maria. (Cologne, 1475?) 4º.
882. Oliv. Maillard sermones dominicales. Paris, 1498, 4º.
883. —— —— de stipendio peccati. (Paris, 1498), 4º.
708. —— histoire de la Passion. Paris, 1493, 8º.
1157. Joh. Quintini sermones super evangelia. 4º.
941. Jo. Raulin concio ad Cluniacenses. Paris, 1499, 8º.
780. Math. Bossi Veron. sermo in passione Christi. Bononiae, 1495, 4º.
948. Marii Aequicoli oratio de passione Christi. Mediol., 1499, 4º.
307. Sermones de IV novissimis. (1480), 4º.
1164. Sermones funebres. Lugduni, 8º.

6. Mystiques, Ascétiques.

487. Imitatio Christi. Ven., 1486, 8º.
506. —— (Basil.), 1487, 8º.
536. —— Paris, 1489, 8º.
553. —— Lugduni, 1489, 4º.
613. —— Paris, 1491, 8º.
642. —— Paris, 1492, 8º.
643. —— alt. edit. (Paris), 1492, 8º.
684. —— Lunebork, 1493, 8º.
742. —— Nuremberg, 1494, fol.
703. —— en français. Paris, 1493, 4º.
907. —— —— Rouen, 1498, 4º.
1108. —— (Parisiis), 8º.
1109. —— (Lovanii, 1485), 4º.
1110. —— Venetiis, 1485, 8º.
1111. —— en allemand. Augsbourg, 1486, 4º.
1112. —— Argentinae, 1487, 4º.
1113. —— Ulmae, 1487, 8º.
1114. —— Venetiis, 1488, 8º.
1115. —— Augustae Vindel., 1488, 4º.
1116. —— en italien. Venetiis, 1489, 4º.
1117. —— Argentinae, 1489, 8º.
1118. —— 1492, 8º.
1119. —— Romae, 1493, 8º.
1120. —— en espagnol. Burgos, 1495, 4º.
1121. —— Parisiis, 1496, 8º.
1122. —— Florentiae, 1497, 8º.
1123. —— Parisiis, 1498, 8º.
1124. —— en français. Paris, 1500, 4º.
1125. —— 4º.
1126. —— (Augustae Vind.), fol.
289. Johannis de Tambaco consolatio theologiae. (1480), fol.
656. Gerardi de Zutphania de reformatiorum virium animae. (Basil.), 1492, 8º.
92. Nyderi manuale confessorum et de lepra morali. Paris, 1473, fol.
144. —— manuale confessorum. (Argent., Wuolf, 1470—77), fol.
1147. —— —— Parisiis, 1489, 4º.
273. —— —— et de lepra morali. Paris, 1479, 4º.
304. —— —— (Lovanii, J. de Westph., 1480), 4º.

303. Nyderi de lepra morali. (Lovanii, 1480), 4°.
1145. —— —— Parisiis, 1477, 4°.
1148. —— —— Parisiis, 1490, 4°.
145. —— de contractibus mercatorum (Coloniae, Veldener), 1470—77, 4°.
146. —— liber formicarii. (Coloniae, Zell, 1470—77), fol.
259. —— consolatorium timoratae conscientiae. Paris, 1478, 4°.
1146. —— praeceptorium legis. Parisiis, 1478, 4°.
814. Constantii Aplani soliloquia. Cremonae, 1496, 4°.
989. Nic. de Clamengiis tract. de filio prodigo, etc. Paris, 4°.
1185. —— exhortatio peccatoris ad poenitentiam. Paris, Mercator, (1498), 4°.
943. Modus confitendi. (Paris, 1499), 8°.
1044. —— —— 4°.
1141. —— —— (Parisiis), 8°.
959. Libellus de modo confitendi et poenitendi. Antwerpiae, 1400 (1500), 4°.
981. —— —— —— (Paris), 4°.
600. Eruditorium poenitentiale. (1490), 4°.
942. Interrogationes sacerdotis ad poenitentem. (Paris, 1499), 8°.
1157. Ant. Fareni confessio. Parisiis, G. Mittelhus, 4°.
301. Barth. de Chaimis interrogatorium. (Mediol.), 4°.
262. Celsi Maphaei scrutariolum pro confessionibus. (Ven.), 1478, 4°.
1080. Hubertini de Casali arbor vitae crucifixi Jesu. Venetiis, 1485, 4°.
861. Lavacrum conscientiae omnium sacerdotum. Lips., 1497, 4°.
736. Stella clericorum. (Paris, 1494), 8°.
1052. —— —— 4°.
1188. (Jac. Philippi) reformatorium vitae clericor. Basil., 1444 (1494), 4°.
1204. Libellus de venerabili sacram. et valore missarum. 4°.
1158. —— —— —— Parisiis, 1497, 8°.
1159. —— —— —— 4°.
1106. Expositio hymnorum. 4°.
787. Jo. de Lamszheym libellus de rosario, etc. Moguntiae, 1495, 4°.
765. Speculum ecclesiae auctore Hugone a S° Caro. (Paris, 1495), 4°.
296. —— animae peccatricis auct. H. a S° Caro. (Paris, 1479), 4°.
192. —— de confessione, ab Ant. de Butrio. Vicent., 1476, 4°.
1007. —— peccatorum a Bernardino. (Romae), 4°.
1167. —— aureum animae peccatricis. 4°.
1166. —— —— —— Parisiis, 8°.
935. —— finalis retributionis a Reginaldeto. (Paris), 1499, 8°.
1038. —— animae, ab H. Langesteyn de Hassia. 4°.
901. Secreta sacerdotum, ab H. (Langesteyn) de Hassia. Lips., 1498, 4°.
103. Liber IV novissimorum sive cordiale. (Paris, 1473), 4°.
380. —— —— —— Delft, 1482, 4°.
1022. —— —— —— 4°.
1023. —— —— —— alt. édit. 4°.
1024. —— —— —— 8°.
1087. —— —— —— (Parisiis, 1474), 4°.
1088. —— —— —— (1480), 4°.
561. Quatuor novissima cum exemplis, etc. Daventriae, 1489, 4°.
657. —— —— —— Coloniae, Quentell, 1492, 4°.
802. —— —— —— Lipsiae, 1497, 4°.
975. —— —— —— Daventriae, Jac. de Breda, 4°.
1176. Ars moriendi. Fol.
143. Tract. bonus et utilis de arte moriendi. (Argent., Eggesteyn, 1470—77, fol.
803. Le livre de bien vivre et bien mourir. Paris, Verard, 1496, fol.
1177. Ars bene vivendi et moriendi. Parisiis, G. Mercator, 1497, 8°.
1086. Colloquium peccatoris et crucifixi Jesu Christi. (Parisiis), 8°.
236. (Bettini) Monte santo di Dio. Firenze, 1477, 4°.

TABLE ALPHABÉTIQUE DES AUTEURS.

Abbano. Voyez Apono.
Abdilazi, 360, 453.
Abraham Aben Ezra, 1059.
Acro, 1060.
Adrianus Carthusianus, 45.
Aegidius Franciscus, 1172.
Aesopus, 195, 529, 1061.
Alanus de Insulis, 529, 976.
Albertus Carrariensis, 605.
Albertus de Ferrariis, 125, 308, 1012.
Albertus Magnus, 203, 509, 581, 744, 905, 1173.
Albertus de Saxonia, 584, 720, 1062.
Albumasar, 1174.
Alexander VI, 909, 910, 949.
Alexander de S. Elpidio, 721.
Alfraganus, 696.
Petrus de Alliaco, 398, 399, 569, 570, 987, 1013, 1063, 1064.
Alphonsus rex Castellae, 1065.
Alphonsus de Spina, 500.
Alphonsus Toletanus, 579.
Ambrosius Choriolanus sive de Cora, 346, 347.
Ambrosius Mediolanensis, 86, 241, 582.
Ambrosius de Spira, 1066.
Ammianus Marcellinus, 111.
Ammonius Alexandrinus, 868.
Ammonius Parvus Hermias, 1067.
Anacharsis, 922, 996.
Jac. de Ancharano, 1014.
Johannes Andreae, 141, 1175.
Andrelinus Faustus, 576, 809.
Angelus, 727.
Annius Viterbiensis, sive Nannis, 597, 895, 1068.
Anselmus Cantuariensis, 1015.
Anselmus Meianus, 966.
Antibolus, 683.
Antiochus Tibertus, 739.
Antoine d'Avignon, 1203.
Antoninus (S.), 128, 219, 227, 324, 433.
Antonius Andreae, 349, 410.
Apollonius, 784.

Apollonius Collatius, 638.
Apollonius Rhodius, 826.
Petrus de Apono, de Abano, Padubanensis, 116, 454.
Appianus Alexandrinus, 231.
Appianus Mediolanensis, 814.
Apuleius, 964.
Aratus, 2, 5, a, 106, 939.
Aristophanes, 887.
Aristoteles, 206, 518, 549, 706, 785, 795, 922, 996, 1069, 1070.
Arnoul de Villeneuve, 333, 623, 624, 1000.
Asconius Pedianus, 226.
Astesanus, 321, 362.
Athanasius (S.), 216.
Augustinus de Ancona, 122, 279, 1017.
Augustinus Hypponensis (S.), 7, 9, 12, 24, 97, 105, 177, 178, 268, 275, 292, 293, 294, 385, 484, 539, 540, 545, 611, 612, 626, 707, 1071, 1178.
Aulus Gellius, 229.
Johannes de Aurbach, 1072.
Aurelius Victor, 228.
Petrus Aureolus, 1073.
Nicolaus de Ausmo, Auximo, etc., 515.
Avicenna, 204, 568.

Baduarius, 667.
Balbi de Janua, 2, 3, 400, 618.
Hier. Balbi, 1018.
Baldus de Perugio, 235.
Balthazar, 788.
Hermolaus Barbarus, 705.
Bartholomaeus anglicus, de Glanvilla, 455, 599.
Bartholomaeus Brixiensis, 531.
Bartholomaeus de Chaimis, 301, 531.
Bartholomaeus de Sancto Concordio, 127.
Bartholus de Saxoferrato, 235, 1019.
Barzizi (Gasparin), 142, 154.
Basilius Artus, 993.
Bassi Angelus Politianus, 888.

J. Bathelier, 232.
Benedictus de Nursia, 157.
Benevenutus de Sº Georgio, 712.
Benignus de Salviatis. Voyez Drachisich.
Benivieni, 800, 801, 802.
Bentivolus, 674.
Berberius, 1020.
Bernardino de Fanciulli, 849.
Bernardino da Verona, 628.
Bernardinus, 1007, 1179.
Bernardus, abbas Claraevallis, 161, 162, 529, 726, 728, 740, 741, 1180.
Bernardus Compostellanus, 437, 530, 967.
Bernardus Saracenus, 937.
Bernardus de Sena, 248.
Beroaldus, 628, 760, 938, 1074.
Bertrandus, 761.
Bettini, 236.
Biel, 520, 945, 958.
Biffi, 429, 700, 701.
Blondus Foroliviensis, 113.
Boccacius, 75, 88, 277, 682, 983.
Boethius, 119, 428.
Bologninus (Ludovicus), 758, 869, 870.
Bonaventura sive Fidanza, 392, 578, 609, 734, 860, 1075, 1076, 1181.
Bounor (Honoré), 1021.
Donatus Bossus, 635, 692.
Mathaeus Bossus, 692, 777, 780, 902.
Brandolinus, 1003.
Brandt, 853, 877, 885, 993.
Bravardinus, 755.
Breydenbach, 475, 521.
Brugman, 908.
Bruni (Leon. Aretin.), 38, 55, 81, 194, 639, 852.
Bruno Herbipolensis, 872.
J. Brutus Cluriensis, 793.
Petr. Brutus Venetus, 552.
Buridanus, 548, 704, 1077.
Burlaeus, 821.
Burtius, 1078.
Butigella, 591.
Antonius de Butrio, 192.

C. Jul. Caesar, 69, 217, 458, 590.
Domitius Calderinus, 115, 331, 404.
Calphurnius, 47.
Campanus, 776.
J. Campegius, 894.
Candidus Decembrius, 136, 264.
Joannes Canonicus, 352.
Caoursin, 459, 709, 818.
Care, 834.
Caraczoli, (Robertus de Litio), 123, 124, 538.
Alex. Caraffa, 542.
Aegid. Carlerius, 266.
Joannes Carolus, 247.
Carvajal, 662, 867.

Hubertinus de Casali, 1080.
Cassiodorus, 1081.
Paulus de Castro, 479.
Cataneus, 665.
Cato, 288, 529, 1083.
Catullus, 628.
Cecco d'Ascoli (Francesco degli Stabili), 205.
Celsus, 263, 689.
Cermisonus, 1009.
Johannes Chabutus, 1184.
Bartholomaeus de Chaimis, 301, 531.
Charles VIII, 913, 914, 915.
Chevrerius, 460.
Leonellus de Chieregatis. Voyez ce nom.
Johannes Chrysostomus (S.), 8.
Cicero, 6, 11, 14, 22, 28, 31, 51, 82, 114, 185, 186, 187, 214, 237, 309, 318, 370, 794, 903, 904, 927, 994, 1084, 1085.
Petrus Sanchez Cirvelo, 756.
Claudianus, 364.
Angelus de Clavasio, 634.
Nic. de Clamengis, 989, 993, 1185.
Clément V, 10.
Clopinel ou Jean de Meung, 1002.
Cola Montanus, 312.
Collatius. Voyez Apollonius.
Christ. Colomb., 718.
Aegid. Rom. de Columna, 636.
Franc. Columna, 944.
Landulphus de Columna, 284.
Petrus Comestor, 140.
Johannes Consobrinus, 386, 820.
Giusto de Conti, 85.
J. Corbichon, 455, 599.
Simon a Cordo, 483.
Crab, 1089.
Mathaeus de Cracovia, 1090.
Crates, 922, 996.
Crestonus, vel Crastonus, vel Cresconus, 300.
Petrus de Crescentiis, 46, 466.
Quintus Curtius, 26.
Cyprianus, 52, 295, 598.
Cyrillus, 163.

Dalburgius, 463, 464.
Daniel propheta, 1026.
Dante, 84, 221 bis, 339, 430.
Aug. Datus, 283.
Decembrius Candidus. V. Candidus.
De Guilleville. Voyez Guilleville.
Democrite, 922, 996.
Demosthenes, 922, 996.
Diodorus Siculus, 193.
Diogenes Laertius, 174, 519.
Diomedes, 79.
Dion, 693.
Dionysius Alexandrinus, 906, 1091.
Dionysius Areopagita, 654, 875.

DES AUTEURS 301

Dionysius de Leewis, 561.
Dionysius Halicarnas., 317.
Ael. Donatus, 74, 649, 1058.
Donatus Bergomensis, 588.
Drachisich sive Benignus de Salviatis, 841, 931, 932.
Dupin (J.), 1029.
Durandus (Guill.), 1, 332, 338, 1030, 1092.
Dynus de Mugello, 235.

Ebrardus Betuniensis, 491.
Engelbert Messmaker, 271.
Ephrem (S.), 395.
Nic. Mar. Estensis, 710, 711.
Euclides, 363.
Euripides, 827.
Eusebius, 13, 197, 397.
Eutropius, 50.
Eximenes, 249.
Albertus de Eyb, 224, 493.

Faber Burdigalensis, 138.
Facetus, 1093.
Bernardin de Fanciulli, 849.
Fantutius, 773.
Antonius Fareni, 1187.
P. Ferget, 445, 599.
Fernandus Brugensis, 562.
Albertus de Ferrariis, 125.
Theophilus de Ferrariis, 1094.
J. P. Ferrarius, 498.
Pompeius Festus, 239.
Marsilius Ficinus, 680, 757.
Firmicus, 939.
Fliscus, 461.
Florius, 131.
Florus, 595.
Fornerius (Ant.), 988.
Foresti, 396, 843.
Fortunat Perus., 893.
Martin Le Franc, 469.
Franciscus, episcopus Cauriensis, 188, 313.

Gaetanus Thyenensis, 706.
Gaguinus, 458, 528, 562, 955, 977, 978, 1096, 1097, 1098, 1099.
Johannas de Galandia, 1189.
Ant. Gambilio de Aretio, 202.
Ganivetus, 816.
Gasparinus, 142.
Theod. Gaza, 784.
Gastidenus, 633.
Gentilis Aretinus, 670, 671.
Georgius Bruxellensis, 783.
Georgius Trapezuntius, 694.
Geraldinus, 480.
Gerardus de Zutphania, 656.
Gerson, 100, 487, 524, 536, 554, 613, 614, 642, 743, 1013, 1031, 1032, 1033.

Bartholomaeus de Glanvilla, Anglicus, 375, 455, 599.
Gonetus de Prato, 829.
Bernardus Gordon, 769.
Henricus de Gorichem, 101.
Gratianus, 68, 222, 315, 1034.
Gregorius de Arimino, 368.
Gregorius Britannicus. Voyez sermones funebres, 1164.
Gregorius I papa, 19, 43, 176, 631, 775, 889, 890, 891, 892.
Gregorius IX, 920.
Gritsch, 1100.
Gruner, 290, 291.
Guarinus Veronensis, 357.
Guido Lingonensis, 285.
Guigo carthusianus, 993.
Guilhelmus Bout, 235.
Guillelmus Antissiodorensis, 960.
Guillelmus Alvernus episc. Parisiensis, 393, 394, 560, 797, 1035, 1036, 1101.
Guillelmus Saphonensis, 155.
Fr. Guillelmus, 847.
De Guilleville, 986.
Guymier, 517.

Haedus, 648.
Haly Abbohazen, 1102.
Henrichus de Gorichem, 101.
Henricus de Hassia, 901, 1038.
Henricus Institor, 933.
Henricus de Saxonia, 308.
Helias (Petr.), 924.
Hemmerlin. Voyez a Kempis.
Héraclite, 922, 996.
Hermannus de Gouda, 1103.
Herodianus, 687, 695, 699, 784.
Herodotus, 164, 1104.
Joannes Herolt, 527, 1190.
Paulus de Heredia, 310.
Johannes de Hese, 982.
Hesiode, 47, 754.
Hierocles, 107.
Hieronymus, 13, 179, 191, 512, 1105.
Hippocrates, 454, 922, 996, 1106.
Holkot, 555, 840.
Holywood. Johannes de Sacrobosco,
Homerus, 104, 522.
Horatius, 215, 276, 354, 899, 984, 1192.
Houppelande, 617, 698.
Le Huen, 521.
Hugo de Sancto Caro, 296, 765.
Hugo de Prato florido, 972.
Hyginus, 373.

Innocentius III (Lotarius Conti), 391.
Innocentius VIII, 468, 622.
Henricus Institor, 933.
Isidorus Hispalensis, 407, 408, 789, 926, 1127.

Isidorus minor vel Pacensis, 329.
Isocrates, 592.
Ivo vel Yvo Carnotensis, 919.

Jean d'Amboise, 616.
Jean de Meung, 1002.
Jerung, 200.
Johannes Andreae, 141, 235, 369.
Johannes Baptista (Gratia Dei), 963, 965.
Johannes Britannicus, 444.
Johannes Canonicus, 352.
Johannes Chrysostomus (S.), 8.
Johannes Consobrinus, 386.
Johannes Damascenus Rassus, 547.
Johannes Nemorarius, 806.
Johannes Salisberiensis, 147.
Johannes Vercellensis, 1037.
Jordanus Nemorarius, 806.
Josephus, 180, 181, 330, 351, 482, 688, 1129, 1193.
Maistre Juliant, 232.
Julius Capitolinus, 572.
Justinianus imp., 608.
Bernardus Justinianus, 121, 592, 653.
Leonardus Justinianus, 592.
Justinus, 29, 30, 71, 199, 278, 595.
Decius Juvenalis, 165, 863.
Guido Juvenalis, 1194.

a Kempis, Hemmerlin, Malleolus, 506, 553, 643, 684, 703, 742, 855, 907.

Lactantius, 5, 253.
Lampride, 592.
Johannes de Lamszheym, 787.
Landinus, 430, 596, 649, 1058.
Henr. Langensteyn de Hassia, 901, 1038.
Johannes de Lapide, 655, 925.
Lascaris Rhyndanensis, 733.
Dion. de Leewis, 561.
Leonardus Aretinus. Voyez Bruni.
Leonardus Mathaei de Utino. Voyez Leonardus Mathei.
Leonellus de Chieregatis, 494, 587, 791, 792, 911.
Leonellus Traguriensis, 533, 534, 660, 661.
Leupoldus, dux Austriae, 1131.
Ph. de Lignamine, 112.
J. de Lignano, 235, 1132.
Zachar. Lilius, 685.
Thomas Linacer, 939.
Titus Livius. Voyez Titus.
Locher, 871.
Petrus Lombardus, 221, 936.
Lopez de Ayala, 1133.
Guill. de Lorris, 1002, 1196.
Louis XI, 915.

Louis XII, 916, 917, 918.
Lucanus, 220, 225, 679.
Lucianus, 825, 836.
Lucretius, 770, 1134.
Ludolphus de Saxonia, 602, 845, 1039.
Ludolphus Cartus., 998.
Ludolphus, rector in Suchen, 139.
Ludovicus Imolensis, 314.
Lupius, 1135.
Johannes Lupus, 1197.
Nicolaus de Lyra, 64, 306, 402, 409, 615, 1008, 1136, 1195.

Macer Floridus, 473.
Macrobius, 445, 640.
Jacobus Magnus (le Grand), 44, 87, 148, 472, 501, 766.
Magister vel de Magistris, 348, 558, 577, 737, 947, 1137, 1138.
Magnini, 403.
Mahumet II, 152.
Oliverius Maillard, 708, 882, 883.
Junianus Maïus Parthenopeus, 567, 1139.
Malleolus, Hemmerlin. Voyez a Kempis.
Mancinellus Veliternus, 659, 1058.
Mancini, 1040.
Jean de Mandeville ou de Monteville, 1200.
Marcus Manilius, 106, 434, 939.
Antonius Manilius, 672, 673.
Mantuanus. Voyez Spagnolus.
Maphaeus Veronensis, 262, 492, 729.
Marchesinus, 213.
Marius Aequicola, 948.
Marlianus, 462.
Martianus, 462.
Fr. Maro vel de Mayronis, 211, 1199.
Petrus Marsus, 419, 420, 794.
Martialis, 94, 115, 182, 331, 767.
Martinus Polonus. Voyez Streppus.
Martinus de Viana, 750, 751, 833.
Matheus Leonardus de Utino, 137, 160, 246, 257.
Jaso de Mayno, 714, 715, 768.
Franciscus de Mayronis, 211, 1199.
Pomponius Mela, 261, 678.
Menigken, 564.
Merula (Georg.), 149.
Meschinot, 681.
Messmaaker sive Engelbert, 271.
Mesue, 49.
Methodius, 874.
Jean de Meung, 1196.
Mexia (Feranto), 641.
Middleton sive Richardus de Media villa, 556.
Modestus, 109.
Mombritius, 299.
Monachus, 476.
Dias de Montalvo, 879.

Marius Montanus, 713.
Nicolaus Montanus, 312.
Guido de Monte Rocherii, 93, 96, 198, 1048, 1142, 1143.
Jean de Monteville ou de Mandeville, 1200.
Rabi Moses, 546.
Muller sive Regiomontanus, de Monte regio, 371.
Musurus, 929.

Nannis. Voyez Annius.
Nemesien, 47.
Nesius Florentinus, 844.
Nicolaus episc. Modrusiensis, 466.
Nicolle de la Chesnaye, 999.
Nider vel Nyder, 92, 144, 145, 146, 259, 273, 303, 304, 1145, 1146, 1147, 1148.
Nimereus, 749.
Johannes Nivicellensis, 973, 1128.
Leonardus de Nogarolis, 456.
Nonnius Marcellus, 208.
Nursia. Voyez Benedictus.

Ockam, 415, 495, 603, 738, 762, 778, 779, 815.
Odo Cameracensis, 575, 651, 730, 1149.
Ognibene de Lonigo (Omnibonus Leonicenus), 170, 1011.
Oppianus, 1150.
Nicolas Oresme, 518.
Orosius, 390, 621, 930.
Petrus de Osoma vel de Osmo, 255.
Ovidius, 59, 60, 238, 485, 900, 995, 1151, 1201.

Pacificus Maximus, 449, 450, 451, 557.
Pamphilus Maurilianus, 135.
Pamphilus Saxo, 928.
Panormitanus Nicolaus de Tudeschis, 358, 474.
Paulus II papa, 535.
Paulus Burgensis, de Sancta Maria, 39, 409.
Paulus Diaconus, 50.
Paulus Florentinus, 432.
Bernardus Perger, 717.
Nicolaus Perottus, 435, 436, 798, 1152.
Persius, 355.
Petrarca, 58, 73, 91, 248, 441, 511, 514, 571, 646, 650, 828.
Petrus de Aquila, 302.
Petrus Hispanus, 783.
Petrus Ravennas, 604.
Petrus de Vicentia, 586.
Phalaris, 183, 274.
Franciscus Philelphus, 156, 265, 490, 1153.

Marius Philelphus, 488, 489, 559, 647.
Philostrates maj., 825.
Philostrates min., 825.
Phocylide, 754.
Piccolomini (Aeneas Sylvius, Pie II), 132, 133, 134, 153, 173, 340, 412, 418, 478, 732, 979, 980, 1154.
Picus Mirandula, 796.
Planude, 733.
Franciscus de Platea, 80, 120, 270.
Platina (Sacchi de Piadena), 270, 337, 442.
Platon, 923, 996.
Plautus, 937.
Plinius major, 16, 23, 78, 95, 207, 316, 350, 387, 822.
Plinius junior, 110, 201, 228, 406, 1010.
Plutarchus, 32, 62, 243, 244.
Poggio (Franc. Bracciolini), 196, 441, 499, 645, 1050.
Poggio (Jac. Bracciolini figl.), 645.
Ang. Politianus (Bassi), 695, 888, 996.
Marco Polo, 1155.
Polybius, 99.
Pompeius Festus, 239.
Pomponius Mela. Voyez Mela.
Porphyrius, 947.
Proclus Diadochus, 939.
Propertius, 628.
Priscianus, 27, 77.
Ptolemaeus, 256, 367, 424, 580.
Jac. Publicius, 376.
Luca Pulci, 296, 335.
Pythagore, 754, 1016.

Julianus Quimonus, 991.
Quintilianus, 35, 53, 151, 365, 374, 691.
Johannes Quintinus, 1157.
Quintus Curtius, 26, 264.

Ric. Radulphus, 817.
Ant. Rampegolus, 837.
Raoul de Praesles, 484.
Raulin, 941.
Petrus Ravennas, 604.
Ant. de Raymundia, 990.
Raymundus Lullus, 923.
Raymundus de Sabunde, 305.
Raynerus de Pisis, 218.
Reginaldus, 935.
Regiomontanus. Voyez Muller.
Rhases, 547.
Ricobaldus de Ferrariis, 112.
Richardus de Media Villa. V. Middleton.
Richardus de Sancto Victore, 747, 748.
Rolandinus de Passageriis, 252.

TABLE ALPHABÉTIQUE

Rollewinck, 121 *bis*, 281, 359, 413, 452, 486, 790.
J.-B. Roselli, 894.
Ant. de Rosellis, 502.
Ant. Russus, 970.
Ruvere, Sixtus IV, 65.

Marcus Antonius Coccus Sabellicus, 880, 985, 1051.
Raymundus de Sabunde, 305.
Johannes de Sacro Bosco, Sacro Busto, Holywood, 366, 722, 876, 1160.
Guillelmus de Saliceto, 1161.
Johannes Salisberiensis, 147.
Sallustius, 242, 282, 593, 1205.
Benignus de Salviatis, sive Drachisich, 841, 931, 932.
Rabbi Samuel, 1162.
Rodericus Sanctius de Arevalo, episc. Zamorensis, 33, 34, 102, 129, 130, 172, 525.
Savonarola, 772, 807, 850, 851.
Schedelius, 690.
Schottus, 897.
Scoptius, 598.
Duns Scotus, 341, 865.
Michael Scotus, 240.
Seneca, 158, 159, 652, 1166.
Serapion, 56.
Seraptus, 974.
Servius, 649, 1058.
Sidonius Apollinaris, 884.
Silius Italicus, 47, 345, 384.
Mathaeus Salvaticus, 117, 251, 513.
Simon de Hesdin, 440, 447, 448.
Bonifacius Simoneta, 633.
Johannes Simoneta, 286.
Simplicius, 1165.
Soccus, 427.
Solinus, 89, 90, 677.
J. Sommerfelt, 924.
Benedictus Soncinas, 1206.
Spagnoli sive Baptista Mantuanus, 878, 946, 1140.
Spartien, 572.
Spinola, 666.
Statius, 171, 404, 444, 583, 724.
Strabo, 76, 327.
Streppus sive Martinus Polonus, 471.
Suetonius, 36, 37, 54, 70, 551, 565, 594, 627, 823.
J. Sulpitius Verulamius, 679.
Suidas, 940.
Synesius, 922, 966.

Tacitus, 15, 150.
Johannes de Tambaco, 289.
Tardivus, 297, 763.
Tartaretus, 795.
Teramo. Voyez Ancharano.
Terentius, 72, 166, 168, 169, 997.

Petrus Terrasse, 417.
Thegliati, 831, 832.
Theocritus, 754.
Theodulus, 529.
Theognis, 754.
Theon, 939.
Thomas de Aquino (S.), 25, 40, 41, 42, 190, 212, 260, 306, 323, 477, 526, 725, 764, 846, 1053, 1168, 1169.
Thomas Abrebatensis, 1055.
Thomas Cantuariensis (S.), 759.
Thomas ex Capitaneis, 416.
Thucydides, 1055.
Tibertus Caesenas, 939.
Tibullus, 628.
Tigrinus, 662, 664.
Titus Livius, 20, 21, 67, 328, 377, 443, 625.
Tortellius, 63, 1209.
Thimotheus de Totis, 716.
Trebellius Pollio, 572.
Triumphi (Aug.), 122, 279.
Troilus de Malvitiis, 503.
Trombeta, 898.
Nicolaus de Tudeschis, abbas Panormitanus, 358, 474.
Turrecremata, Torquemada, 250, 336, 811, 812, 1170.

Johannes de Urbach, 1056.
Urbanus Bellunensis, 835.
Pierre d'Urfé, 913.

Valascus, 465.
Valerius Flaccus, 108.
Valerius Maximus, 57, 446, 447, 448, 497, 1011.
J.-P. Valla, 937.
Laurentius Valla, 48.
Valturius, 83, 382, 383.
Vergerius, 223, 859.
Martinus de Viana, 750, 751, 833.
Vincentius Burgundus Bellovacensis, 98, 272, 389, 771.
Vincentius Ferrarius, 523.
Virgilius, 17, 18, 245, 481, 649, 1058.
Vopiscus, 572.
Jacobus de Voragine, 175, 325, 507, 541, 644, 753, 857.
Vorillong, 550, 804.
Vulcatius Gallicanus, 572.

Werner, 745.
Wimpheling, 702.
Wireker, 1057.

Yvo vel Ivo Carnotensis, 919.

Zacutus, 824.
Zeno, 675.

TABLE ALPHABÉTIQUE

des ouvrages anonymes.

Alchabitius, 360, 453.
Anthologia graeca, 733.
Aphorismi medicinae, 546, 547.
Apophtegmata VII sapientum, 1016.
Ars bene vivendi, 1177.
Ars moriendi, 143, 1174.
Articuli fidei, 735.
Astronomici veteres, 939.
Auctores cum glossa, 529.

Biblia, 4, 61, 66, 184, 209, 210, 258, 280, 319, 320, 353, 356, 378, 401, 431, 496, 619, 629, 746, 774, 858, 956, 957,
Blason de toutes armes, 782.
Breviarium Ambianense, 126.
—— Basileense, 322.
—— Belvacense, 839.
—— Bituricense, 334.
—— Cameracense, 838.
—— Elnense, 971.
—— Parisiense, 267, 298, 637.
—— Romanum, 118, 230, 245.
—— Rothomagense, 630.
—— Salzburgense, 848.
—— Tornacense, 1182.
—— Turonense, 658.
—— Upsalense, 813.
—— Viennense, 537.
Bullae, 535.

Canon de domibus celi, 1079.
Canones poenitentiales, 311.
Carmina pia, 610.
Casus super Instituta Justiniani, 532.
Casus papales, episcopales, 1004, 1082, 1183.
Catho moralizatus, 288, 529.
Chiromantica scientia, 425.
Chronica summorum pontificum, 112, 234.
Chroniques de France, dites de S. Denis, 189, 697.

Chroniques de France abrégées, 421.
Colloquium crucifixi, 1086.
Compendium divinorum officiorum, 819.
Concilii Constantiensis acta, 961.
Consilia pro Monte pietatis, 893, 894.
Constitutiones de Cathalunya, 723.
Constitutiones ecclesiae Napolitanae, 542.
Cordiale sive liber de IV novissimis, 103, 307, 380, 561, 657, 862, 975, 1087, 1088.
Correptorium Flamingorum, 1025.
Coutume de Normandie, 414.
Coutumier du Poictou, 953.

Debat des heraults d'armes, etc., 912.
Decem nationes christianitatis, 752.
Dedicatio ecclesiae Parisiensis, 799.
Defensio regis Romanorum, 676.
Defensorium curatorum, 817, 1027, 1028.
Distructorium vitiorum, 810.
Dictionarium graecum, 868.
Dictionarium latino-gallicum, 388.
Diurnale Fontisebraldense, 1186.
Diurnale Parisiense, 808.

Entrée du roi Loys XII, 917.
Epitaphes (les) de Loys onziesme, 915.
Epistola ad diffamatores status monastici, 992.
Epistolae illustrium virorum, 996.
Epistolae philosophorum, 922.
Eruditorium poenitentiale, 600.
Etats tenus à Tours, 422, 423.
Exempla sacrae scripturae, 508.
Expositio missae, 439.
Expositio hymnorum, 1106.

Formularium instrumentorum, 574, 1095.
Formularium procuratorum, 344.

39

Foro real de Spagna, 954.
Francorum facinora, 1047.

Gesta Romanorum, 326.
Grammatica graeca, 426.
Grammatici graeci veteres, 784.

Herbarius, 438.
Heures, 607, 864, 896, 1191.
Historia augusta sive vita Cesarum, 572.
Historiae notabiles, ex gestis Romanorum, 326.
Horae canonicae, 322.

Imitatio Christi, 487, 506, 536, 553, 613, 642, 643, 684, 703, 742, 907, 1107, 1108, 1109, 1110, 1111, 1112, 1113, 1114, 1115, 1116, 1117, 1118, 1119, 1120, 1121, 1122, 1123, 1124, 1125, 1126.
Interrogationes, 942.

Jouttes faites à Paris... après l'entrée de Loys XII, 918.
Juris vocabularium, 405.

Laude (de) caritatis, 1130.
Lavacrum conscientiae sacerdotalis, 861.
Legenda Henrici et Kunegundis, 440.
Legenda decem millium martyrum, 969.
Legende des saints nouveaux, 232.
Libellus de sacramento eucharistiae, 1158, 1159, 1204.
Libellus dans modum quomodo horae canonicae, 322.
Livre de bien vivre et bien mourir, 803.

Manuale ecclesiae Parisiensis, 854.
Manuale ecclesiae Senonensis, 1041.
Manuale parochialium, 1198.
Martyrologium, 573.
Mer des histoires avec un martyrologe, 516.
Minorica elucidativa..., 921.
Missale Ambrosianum, 361, 934.
—— Andegavense, 544.
—— Cenomanense, 731.
—— Ebroicense, 842.
—— Eduense, 686.
—— Mozarabicum (cum breviario), 950, 951.
—— Nivernense, 585.
—— Parisiense, 343, 543, 873.
—— Pictaviense, 881.
—— Romanum, 601, 886.
—— Rothomagense, 781.
—— Sagiense, 968.
—— Trajectense, 866.

Missale Trecense, 1042.
—— Turonense, 658.
Mirabilia urbis Romae, 606.
Modus confitendi, 943, 959, 981, 1044, 1144.
Modus gratiae expectativae, 467, 1045.
Modus legendi abbreviaturas in utroque jure, 510.
Modus vacandi beneficia, 1046.
Pro Monte Pietatis consilia, 893, 894.
De moribus Turcorum, 1144.
Musicae flores, 1049.
Mystère de l'Incarnation, 470.

Nef de santé, 999.
Nobiliario spagnuolo, 641.
Nouveau Testament en françois, 233.

Ordenanças reales, 879.
Ordonnances de la prévôté des marchands, 952.
Oratoriae artis epithomata, 376.
Oratio, 287.

Passio undecim millium virginum, 372.
Pièces relatives à la mort de Charles VIII, 913, 914, 915.
Pièces relatives à l'avènement de Louis XII, 916, 917, 918.
Pontificale Romanum, 457, 856.
Pragmatica sanctio, 517, 1159.
Privilegia Cisterciensium, 620.
Privilegia fratrum Minorum, 830.
Prognosticon repertorium, 453.
Pronostication, 1203.
Psalterium graecum, 786.
Psalterium graeco-latinum, 342.
Psalterium cum interpretatione Brunonis, 872.
Psalterium cum cantu ecclesiae Parisiensis, 719.

Reformatorium vitae clericorum, 1188.
Regulae Benedicti, Basilii, Augustini, Francisci...., 962.

Sacre du roy Loys (XII), 916.
Senonensium oratio ad Alexandrum VI, 668, 669.
Sermones de IV novissimis, 103, 307, 380, 561, 657, 862, 975, 1021, 1023, 1024.
Sermones funebres, 1164.
Sermonum thesaurus novus, 411.
Servitoris liber, 56.
Speculum animae peccatricis, 1166, 1167.
Stella clericorum, 736, 1052.
Stilus curiae romanae, 1005.
Synodalis liber ecclesiae Cenomanensis, 563.

Synodi Lingonensis statuta, 285, 616.

Taxae cancellariae et poenitentiariae Romanae, 1006, 1207.
Termini causarum...., 1208.
Nouveau Testament en françois, 233.
Tractatus de arte moriendi, 143.
Traité de paix entre Louis XI et le duc d'Autriche, 381.

Trésor des humains, 379.
Songe du Vergier, 1171.
Viola sanctorum, 504, 505.
Vita et processus Thomae Cantuariensis, 759.
Vitae Caesarum sive historia augusta, 572.
Vocabulaire latin-françois, 388.

ADDITIONS
ET
CORRECTIONS.

5 lisez [66] au lieu de [10].
18 —— [123] au lieu de [68].
34 n'existe pas dans Hain.
47 ajoutez Hain *14733 pour le Silius Italicus.
74 lisez [100] au lieu de [98] et Hain *6384 *et* *15373.
96 —— H. 8172 au lieu de 8173.
103 le n° [724] manque mais il existe un double au *Suppl* 9 ; ajoutez Hain 5694.
121 effacez Hain *9641.
121 *bis* ajoutez Hain 6917.
131 —— [313].
134 effacez Hain *131.
146 ajoutez Hain *11831.
148 —— Hain 10474.
157 lisez [722¹] au lieu de [164¹].
162 —— [723¹] au lieu de [*Deux exemplaires* 723 *et* 312²] et ajoutez Hain *2901.
175 manque.
188 manque dans le recueil [352].
227 ajoutez [504].
251 —— Hain *15197.
292 (incomplet), ajoutez Hain 2061.
309 lisez [180] au lieu de [160].
311 —— H. *4338 au lieu de peut-être Hain 4339.
313 ajoutez Hain *7337.
315 —— —— *7882.
322 —— —— 6266.
332 lisez H. *6482 au lieu de *6480.
343 —— [228] au lieu de [223].
356 —— [356] au lieu de [465] et ajoutez Hain *3081.
365 ajoutez Hain 13658.
392 —— —— *5755.
413 —— —— 6941.
416 —— —— *4377.
480 —— —— *7613.
489 —— [771] et in-4°.
499 lisez [715¹] au lieu de [775].
504 ajoutez Hain 10870.
506 n'existe pas dans Hain.
509 lisez [581] au lieu de [381].
513 ajoutez Hain *15200.
518 —— —— 1759.
530 lisez Hain *13812 au lieu de *2935 ?
532 ajoutez Hain *4665.
538 —— —— 4479.
545 —— —— *1948.
548 —— —— *4106.
550 lisez 1489 au lieu de 1498.
562 ajoutez Hain 7415.
576 lisez Hain 1086 au lieu de 1090.
578 —— [383] au lieu de [615³].
590 ajoutez Hain *4228.
592, l. 2. lisez Isocratis. Nicoclem regem.
593 lisez [609¹] au lieu de [563¹].
594 —— [609¹] —— [565¹].
595 —— [309¹] —— [565¹].
604 —— [759] —— [752].
610 ajoutez Hain 8333.
612 lisez *Parmae*... 1491 et non 1492.
622 n'existe pas dans Hain.
624 (incomplet) ajoutez Hain *1807.
628 lisez Hain 4765 ? au lieu de H. *4753.
658 —— [264] au lieu de [254].
659 —— Mancinelli —— Mancelline.
685 —— [732¹] —— [696¹].
689 —— Hain *4837 —— H. *8437.
690 —— [467 et 467¹] —— [467 et 472¹].
702 —— [804 *manque*].
727 —— [806¹] au lieu de [806].
730 —— Hain 11961 —— H. 10961.
745-746 —— [390] —— [658].
764 n'existe pas dans Hain.
794 lisez Hain *5280 au lieu de H. 5288.
814 —— [823] —— [323].
816 —— [674] —— [67].
839 —— [361¹] —— [863¹].
841 —— Hain 2779 —— H. 2279.

ADDITIONS ET CORRECTIONS

854 lisez Hain 10721 au lieu de H. 10724.
863 —— [804 *manque*].
875 —— Hain *6233 au lieu de Hain *6283.
877 —— *3753 —— 3754.
879 ajoutez Hain 11562.
919 lisez [693] au lieu de [603].
922 ajoutez Hain *6659.
932 lisez [732] au lieu de [722].
944 ajoutez Hain *5501.
945 lisez Hain *3179 au lieu de Hain 3180.
949 —— *628 —— *629.
974 —— [manque] et ajoutez Hain 14697.
977 —— [725] au lieu de [788].
995 ajoutez Hain 12234.
996 —— Hain 6661.
1007 n'existe pas dans Hain.
1025 lisez [833] au lieu de [853].
1029 —— Hain 6460 —— H. 6458.
1037 ajoutez [722] et lisez Hain *9431.
1039 n'existe pas dans Hain.
1043 ajoutez Hain *9045.
1044 [788] a déjà été décrit au n° 981.
1045 ajoutez Hain *15350.
1046 —— Hain *11526.
1047 —— Hain 7355.
1081 lisez Hain *4573 au lieu de H. *4753.
1091 —— Hain *6227 —— *6027.
1101 —— Hain *8228 —— *8288.
1129 effacez Hain 9453.

TABLE GÉNÉRALE.

INTRODUCTION	Page	v
PRÉFACE	„	1
EXPLICATION DES SIGNES ABRÉGÉS	„	3
EXPLICATION DES CITATIONS ABRÉGÉES	„	5
ÉDITIONS DE 1459—1470	„	9
ÉDITIONS DE 1471—1475	„	25
ÉDITIONS DE 1476—1480	„	70
ÉDITIONS DE 1481—1485	„	99
ÉDITIONS DE 1486—1490	„	128
ÉDITIONS DE 1491—1495	„	151
ÉDITIONS DE 1496—1500	„	185
OUVRAGES OMIS PAR DAUNOU	„	233
TABLE DES LIVRES IMPRIMÉS SUR VÉLIN	„	255
„ CHRONOLOGIQUE DES VILLES ET DES IMPRIMEURS . . .	„	256
„ ALPHABÉTIQUE DES VILLES	„	274
„ „ „ IMPRIMEURS	„	275
„ SYSTÉMATIQUE DES OUVRAGES	„	278
„ ALPHABÉTIQUE DES AUTEURS	„	299
„ „ „ OUVRAGES ANONYMES	„	306
ADDITIONS ET CORRECTIONS	„	308

ACHEVÉ D'IMPRIMER

à LA HAYE

PAR

GIUNTA D'ALBANI FRÈRES,

le 8 juin 1892.

www.ingramcontent.com/pod-product-compliance
Lightning Source LLC
Chambersburg PA
CBHW050800170426
43202CB00013B/2504